JN059039

発刊の辞

松岡幹夫
創学研究所所長

関係各位の方々のご協力、また読者の皆様による温かいご支援のおかげで、ここに『創学研究Ⅱ――日蓮大聖人論』を上梓することができました。創学研究所の所員一同、何よりもまず、お世話になったすべての方々に心より感謝御礼申し上げる次第です。

創価学会の信仰の学を探究すべく、二〇一九年三月に創学研究所が設立されてから、はや四年の歳月が流れました。前例のない試みであるため、文字通り暗中模索の四年間でした。そのような中で、内外の識者の方々からいただいた評価が何よりの励ましとなりました。実名は伏せますが、創価信仰学への期待の声を二、三紹介したいと思います。

ある著名な宗教思想の研究者は、創価学会という組織を生きた統一体として導いている血脈が「学会精神」であり、それを言語化し体系化する試みが創価信仰学ではないかと論評されています。気鋭のジャーナリストのある方は、創価学会の立場から一級の知性たちとタブーのない議論をするという困難に挑戦する創価信仰学は重要であり、創価学会を深く理解したいと考えている人々に応えるものである、との見解を示しています。

近現代の日本政治史の研究者でもある元政治家の方は、池田思想の本格的展開を待望してきた者にとって『創学研究Ⅰ――信仰学とは何か』が非常に興味深く、今に生きる創価学会員にとっての必読書ではないか、と高い評価を寄せてくださいました。

このように、各分野の専門研究者の方々から創価信仰学に期待する声や、前著『創学研究Ⅰ』の内容に踏み込んだ感想などが、少なからず寄せられています。今回の書籍では、そうした一例として仏教学者の羽矢辰夫氏による『創学研究Ⅰ』の読後感を掲載しました。

さて、本書『創学研究Ⅱ』は日蓮大聖人論をテーマに掲げています。私は、創価学会の信仰には三つの柱があると思っています。すなわち、御書根本、日蓮大聖人直結、御本尊根本の三つです。『創学研究Ⅰ』では、一つ目の御書根本の信仰に基づき、現代の仏教学や宗教学の見解、また近代以降の日蓮研究の成果をどのように取り扱うべきかについて、種々の観点から論じました。

それに続く本書において、私たちは二つ目の日蓮大聖人直結の信仰に立ち、現代の学問的な日蓮論をどう解釈すべきかを考察しました。昨年、当研究所の研究会にお招きした仏教学者の末木文美士氏と日本思想史学者の佐藤弘夫氏は、この問題を深く考えるための貴重な手がかりを与えてくださいました。両氏と私たちとの間で交わされた議論の数々は、本書の第一章に詳細に収録されています。

さらに第二章では、日蓮本仏論に対する私の理解を述べさせていただきました。創価学会の信仰の根幹にかかわるテーマであり、丁寧に説明しないと誤解を招きかねない内容のため、かなりの大部となりました。信仰を尊重する心を持った読者の忌憚ないご批評を待ちたいと思います。当然のことですが、本論は個人の一私論であって、もとより創価学会としての見解などではありません。この点、ご承知おきください。

その他、今回は教育心理学者の関田一彦氏からの寄稿も掲載しています。私たちの目下の課題は、主として創価学会の信仰に近接する仏教学や宗教学をどうとらえるかにあります。ただ、そこで信仰学の基礎的な枠組みを作り終えた後は、次の段階として広く諸学問を信仰の中に位置づける作業が待っています。関田氏の論考は、それに先駆けた取り組みと言えます。短文ながら、信仰と研究の両面にわたる著者長年の歩みが凝縮されたような内容になっています。

以上、本書『創学研究Ⅱ』の趣旨をご理解いただくために、若干の説明を施しました。創学研究所の使命は、創価学会の周辺にあって有益な試論を提供するところにあります。試論の立場を明確にするため、私たち研究員が執筆を行うにあたっては、創価三代の会長の言葉を引用する際に必ず出典を示すこと、既存にない独自の解釈を行う際に個人の考えである旨を記すこと、筆者の主観と客観的な事実認識を立て分けること等々を、常に心がけているつもりです。多少の落ち度はあるかもしれませんが、具体的な指摘があれば、速やかに検討したいと思います。

創価信仰学は創価学会にかかわる「神学」の一つであって、純学術的な仏教学や宗教学とは違います。創価学会の信仰から出発して現代の哲学・思想・科学等を縦横に論じ、あくまで仏法者の立場で世界の知性を啓発してきたのが、創価学会第三代会長の池田大作先生でした。創価信仰学は、この師の実践に続こうとする試みであり、もとより一般の学術活動と異なることをご理解いただけると幸いです。念のために書いておきますが、私たちは何も学術的な批判を受け付けないわけではありません。信仰学は仏教学や宗教学と同じカテゴリーで議論できない、と主張しているのです。その前提に立って、私たちはむしろ学術的批判に積極的に応答することを目指しています。この点、本書を読み進めていただければ、自（おの）ずと明らかになるかと思います。

二〇二一年十一月に出版された『日蓮大聖人御書全集　新版』は、世界宗教としての創価学会の正典に位置づけられるものです。全世界の学会員が信仰と生活の拠り所とすべき根本の一書であると考えます。創価学会の御書は、単に学問的に吟味された古典の集成ではありません。ゆえに、その深い信仰上の意義を読み解いていくには、文献学でなく信仰学によらねばならないと信ずるものです。

本書が一つの試論として、創価学会にかかわる方々にとって折々の思索の材料となるならば、これに過ぎる喜びはありません。

二〇二三年八月二十四日　東京にて

凡例

一、日蓮遺文の引用について、学術的には立正大学日蓮教学研究所編『昭和定本　日蓮聖人遺文』（身延山久遠寺、一九五二年）に準拠するのが通例であるが、本書ではその内容を鑑み、創価学会版の『日蓮大聖人御書全集　新版』（二〇二一年）を用い、その引用箇所には（新〇〇頁）とページ数とともに記した。また、『日蓮大聖人御書全集』（堀日亨編、一九五二年）のページ数も（全〇〇頁）と付記した。

一、堀日亨編『富士宗学要集』（創価学会、一九七四〜七九年、全一〇巻）からの引用は、「富要」と表記して巻数とページ数を記した。なお、漢文体については筆者が書き下ろし文に改めた。

一、外国語の引用文献については原典名を略し、代表的な邦訳のみ記した。

一、引用文は原則として出典元の表記に従ったが、読み易さを考慮し、旧漢字を常用漢字に、旧仮名遣いを現代仮名遣いに改めたところがある。また、編集の判断でふりがなを加えた箇所もある。

一、引用文の内容を補う際は＝の下に記した。

創学研究Ⅱ――日蓮大聖人論　目次

第2章　——講　演——　松岡幹夫「日蓮本仏論再考——救済論的考察」　174

第3章「理性と信仰」をめぐる研究会（下）　361

第3部　文献学／歴史学と信仰の学　363

装　幀　阿部照子（テルズオフィス）
本文レイアウト　安藤 聡
編集協力　前原政之、中野千尋

各章の解説

三浦健一（創学研究所研究員）

第1章「日蓮大聖人」をめぐる信仰学研究会

二〇二二年十月、東京大学名誉教授の末木文美士氏、東北大学大学院教授の佐藤弘夫氏を講師に迎え、日蓮大聖人をテーマとした研究会を開催しました。本章では当該研究会における創学研究所研究員、また末木氏、佐藤氏の論考及び講演を掲載すると共に、討論、総合討論の内容も掲載しています。

冒頭、松岡幹夫所長による「開会の辞」があり、前半は創学研究所の蔦木栄一研究員、三浦健一研究員の発表が行われました。蔦木研究員は池田先生の日蓮大聖人観を小説『人間革命』を通して紐解き、池田先生の信仰の確信に基づいて、創価学会が日蓮大聖人を歴史的事実とともに信仰の事実としても捉えてきたのではないかと提起しています。また、三浦研究員は牧口先生と戸田先生の日蓮大聖人観を池田先生の『新・人間革命』の記述を土台として明らかにし、三代会長の日蓮大聖人観が本質において一貫している点を指摘しています。その後、討論においては釈尊と日蓮大聖人、また御本尊と日蓮大聖人の関係性等について質問があり、研究員が応答しました。

続いて後半は佐藤（弘）氏、末木氏、そして松岡所長の講演が行われました。佐藤（弘）氏は日蓮大聖人において宗教体験における飛躍が重要な意味をもっており、一般的な神秘体験に対して、宗教体験には正式なプロセスといった「型」がなければならないと指摘されています。また「本地と垂迹」という話から、この世を現実において救済する垂迹の仏、生身の仏の重要性を論じられました。そして、創価学会の信仰における日蓮本仏論は「仏とは生命なり」との戸田先生の悟達に基づいており、宗教的権威を集中させる思想ではない、との見解を述べられました。

次に末木氏は「思想史から見た日蓮遺文」との題で講演を行いました。末木氏は鎌倉時代における二重王権や、兼修兼学が可能な当時の仏教界の状況について触れながら、当時はどの仏教運動も何らかの形で王権との関わりをもっており、相互の交流があったことを述べられています。また、日蓮大聖人の御書における『御義口伝』などの相伝書（日蓮C　※末木氏の分類）にも重要な実践の思想が語られていると指摘した上で、日蓮本仏論は自己実現と救済の両面を重視しているとの見解を示されました。

最後に松岡所長は「創価信仰学から見た日蓮大聖人―日蓮大聖人の真意をめぐる考察―」と題して講演を行いました。また、第2章「日蓮本仏論再考――救済論的考察」には講演の内容がさらに詳述されています。松岡所長は、「万人を仏にする」という日蓮仏法の理想を本仏論の文脈で論ずるなら「人間本仏」の思想になるだろう、と問題提起します。続いて、従来の日蓮本仏論がもっぱら史実論として考究されてきた歴史に触れ、信仰者の立場から救済論的に論じる必要性を唱えています。

その後に、日蓮本仏論の根拠となる『御義口伝』『本因妙抄』『百六箇抄』等の相伝書が、日蓮本仏論の文献学的・解釈学的根拠となりうることが論じられます。その中で、相伝書に見られる「AはAである」というトートロジー（同語反復）の論理を指摘しつつ、論理を突き詰めた信仰の究極においては、日蓮大聖人の御書を一字一句仏の言葉として素直に拝する姿勢が求められると述べている点が注目されます。最後に、松岡所長は救済論的な立場からの日蓮本仏論史を略示して講演を終えています。

三人の講演を経て、総合討論では『御義口伝』などの相伝書や日蓮大聖人の御本尊信仰等について闊達な議論が行われ、創学研究所の大島光明顧問が「閉会の辞」を述べて研究会は閉会しました。

本章では前章における松岡幹夫所長の講演をさらに詳述した内容を掲載しています。本講演は著者積年の思索の結晶と思われ、分量的にも大部であって、なかなか平易に概要を記すことができません。その真価は後世になって定まるものと信じます。ここでは、あくまで私（三浦）個人の所感を述べたいと思います。

松岡所長は日蓮本仏論の本質を「人間本仏」の思想であるとして、「多一本仏」「中道本仏」といった表現も用いながら説明しています。日蓮本仏論は現実において、御本尊を通した師匠と弟子の感応によって実践可能になるため、師匠と弟子の境涯の差を踏まえた唯一性を帯びています。しかし、万人が仏であるという前提に注目すれば、平等性を徹底した思想でもあります。松岡所長は日蓮本仏論について唯一性を重んじる「縦軸の本仏論」、平等性を強調する「横軸の本仏論」という形でこれまでの議論を整理しています。

また本章の特徴は松岡所長が信仰学的なアプローチとして「準備」「予型」「過程」「真意」という概念を設け、救済論の観点から日蓮本仏論を再考している点にあるように思います。日蓮本仏論をこの四つの概念に当てはめれば、「準備」は日蓮本仏論の足場となった中古天台の思想等を指し、天台大師の経論等は日蓮本仏論の予兆となった思想として「予型」に当たります。また「準備」「予型」が歴史を論じる救済史の原理であるのに対して、「真意」（日蓮大聖人の本意である日蓮仏法）と「過程」（日蓮仏法に誘導する過程として釈尊の仏法を立てること）は布教における教化の原理に相当します。松岡所長は、この四つの救済論的原理を用いて日蓮本仏論を救済史の視点から紐解きます。すなわち、第一に日蓮大聖人による御本尊御図顕といった「真意の顕示」があり、第二に日興上人による「真意の実践」が行われ、第三に日有上人を中心とした「真意の表明」を経て、第四に日寛上人が教義的な「真意の確立」を成し遂げたことを論じていきます。そして、二十世紀に入ると釈尊本仏や大聖人の御影（みえい）本尊といった教化のための「過程」の段階が終わり、創価学会の登場によって日蓮本仏論の「真意の流布」が名実共に現実になったと結論付けています。また、真意である日蓮本仏論が明らかになった段階においては、本地は仏であるが人々を救うためにあえて菩薩の姿となって現れた「菩薩仏」の意味において、創価学会を釈尊の正統である法華経に予証された地涌の菩薩の教団と位置づける言論が重要になってきているとの指摘も見られます。

なお、本講演では日蓮本仏論が近現代において、布教上の要請として釈尊との一体性を強調した「二元一体」「異名同体」といった立場を強調するようになったことをさまざまな文献を通して考察しています。加えて、現在は日蓮大聖人の権威を強調する唯一本仏論の立場、また戦後民主主義的な価値観を色濃く反映し、平等性に力点を置いた平等本仏論の立場に日蓮本仏論の潮流が大きく分かれていることも明らかにしています。これに対して、松岡所長は池田先生が提唱する人間主義の日蓮本仏論は唯一性と平等性が並立する「中道本仏論」とも呼ぶべき立場にあるとの見解を示し、創価学会の信仰において日蓮本仏論は日蓮大聖人が本仏であり、万人が本仏でもあるという「多一本仏」の立場ではないかと私見を述べています。

第3章「理性と信仰」をめぐる研究会（下）

二〇二〇年六月、オンラインで開催された「理性と信仰」をめぐる研究会の後編を掲載しています。前編（『創学研究Ⅰ——信仰学とは何か』に掲載）では創学研究所の松岡幹夫所長、東京大学名誉教授の黒住真氏、作家で同志社大学客員教授の佐藤優氏がそれぞれの立場からコロナ禍を論じ、社会的な危機に対する信仰の在り方について主に議論がなされました。

後編ではキリスト教の歴史を参照しながら、主要な議題として文献学や歴史学と信仰はどのように関わり、向き合っていくべきなのか、闊達な議論が行われました。まず松岡所長から佐藤（優）氏と黒住氏の著作を通して、キリスト教に関する佐藤（優）氏の見解、また近代思想に関する黒住氏の見解がそれぞれ参照されます。

佐藤（優）氏はキリスト教について、あらゆる学問はあくまで神学の補助学であり、信仰で受容されている書物については文献学的真実よりも宗教的真実を重んじ、聖典に反映していることを指摘しています。また、個人の主観よりも共同体としての共同主観、また歴史的真実よりも信仰次元の宗教的真実を重視する点を述べられます。また黒住氏は人間の思惟における文字の重要性について論じながら、写本から印刷が主流の時代に移行する中で、文献の正確性がより重要視されるようになったことに注目しています。さらに、近代は映像など視覚的認識を使う場面が多く、人間の感覚に偏りがある点も鋭く指摘されています。

そうした両氏の見解を踏まえた上で、松岡所長はキリスト教の歴史は世界宗教化する創価学会を考える上で極めて重要な示唆を与えてくれるものであり、近代は人間の生命感覚の衰退をもたらしているとの見解を述べられます。そして、両氏の立場は師匠と弟子の心が生命次元で通じ合う「感応道交」「観仏体験」などを土台に、大乗非仏説に対して法華経を釈尊の直説と捉える池田先生の立場と軌を一にしていると述べられます。

さらに終盤の議論では、キリスト教において歴史学的に明らかにされる「史的イエスの探究」、また信仰次元の「宣教されたキリスト」の立て分けがある点についても触れられました。また、宗教的な歴史観であるキリスト教の「原歴史」という考え方が、法華経に説かれる「虚空会（こくうえ）の儀式」といった創価学会における信仰に基づく歴史観と類似している点についても語り合われました。その他、創価学会による御書新版の発刊と日蓮正宗との関係、国家主義と宗教、人間性に根ざした学問研究の重要性など、多岐にわたるテーマについて有意義な議論が交わされ、創価学会のあるがままの信仰を外部に積極的に発信することが重要であるとの意見も表明されました。

第4章 講義「創価信仰学とは何か（1）」（三浦健一）

東日本国際大学東洋思想研究所に設置された池田大作思想研究会において、三浦健一研究員によって行われた公開講座の内容を掲載しています。創価信仰学とはそもそも何なのか詳しく知りたい方、専門的な内容は難しいのでよくわからないと思われる方はぜひ、第4章を最初に読まれることを推奨します。「創価信仰学とは何か（1）」では、既存の教学、仏教学、神学といった学問と創価信仰学を比較しながら、その概要について詳述しています。さらに、創学研究所が目指す「理性と信仰の統合」「内在的論理の普遍言語化」がなぜ重要なのか、世界的な規模で進展する創価学会の思想運動と関連させながら論じています。

創価信仰学は「創学」「創価の信仰学」「創価の信仰の学」といった呼称も用いて表現されますが、キリスト教における神学に代表されるように、信仰を土台とした学問が世界宗教には必然的に要請されるという認識を前提にしています。一般的な学問では価値中立を原則としてなるべく主観を排し、批判的に思考することが求められます。それに対して、信仰は絶対的な「信」を土台としています。この一見矛盾する二つの営みを統合し、信仰によって理性を蘇生させ、活用することを目指しているのが「信仰学」と称する所以です。そのため、創価信仰学では「日蓮大聖人」「池田先生」といった敬称表現を使用しながら、客観的な記述方法を用いています。加えて、こうした信仰と理性を統合する信仰学の営みは創価学会において、牧口先生の「価値論」、戸田先生の「生命論」、池田先生の「人間主義」として結実しています。創学研究所では創価学会三代会長の確立した創価学会の信仰の学を継承し、さらに発展させることを目的に研究活動を行っています。

また、創価学会では日蓮仏法を教学として学んでいます。教学はもちろん、創価学会の信仰を持たない人にも門戸は開かれていますが、信仰者を主たる対象にしていると言えます。それに対して、創価信仰学では信仰における内在的論理を外部に向けて普遍言語化することを目指しています。しかし、創価学会では創価学会会憲において「永遠の師匠」と定められた三代会長の言説に基づいて日蓮仏法を学んでいるため、成仏を「人間革命」と現代的に表現することに象徴されるように、教学と信仰学が一体になっている側面があります。こうした現代社会に開かれた信仰の在り方は創価学会の宗教的な独自性の重要な一翼を形成していると言えるでしょう。本講座は第一回のため、創価信仰学の輪郭を明らかにすることを主眼にしており、第二回以降でさらに創価信仰学の中身について論じていきます。

第5章　寄稿

本章では創価大学名誉教授である羽矢辰夫氏の「書評にかえて　創学研究所編『創学研究Ⅰ――信仰学とは何か』」、また創価大学教授の関田一彦氏の「仏法から見た協同教育――十界論から授業を観る」と題した寄稿文を掲載しています。本章の内容は寄稿者の私論であり、創学研究所の見解を示すものではありません。

羽矢氏は仏教学者としての専門的な知見だけでなく、創価大学における学生との交流、また二〇二二年八月に行われた羽矢氏を招いての創学研究所研究会での議論を踏まえて本論を執筆されています。羽矢氏は冒頭、創価学会員との触れ合いの中で、創価学会の信仰を「法華経も日蓮も、すべてが池田名誉会長の法華経観、日蓮観を通しての理解であるということ」（四七四〜四七五頁）を実感されたと記しています。その上で、池田思想研究が特に日本においてあまり盛んではないとの認識を示され、「これから創価学会が国際的にも発展するにあたって、池田思想を研究することは不可欠的に必要なのではないかと思います」（四七五頁）と池田思想研究のさらなる広がりに期待を示されます。

そして、客観的な学問を通した研究は研究者に多少のブレーキがかかるが、創価信仰学は信仰を土台としているため、池田思想を相対化して語る必要がない点に注目されます。さらに、ご自身の研究に基づき苦悩の原因として「サンカーラ（自他分離的な自己を形成する力）」という概念を明示され、創価学会の信仰実践がサンカーラを静めるという点において「ゴータマ・ブッダないし仏教の原点として提示されたものとほぼ合致している」（四八四〜四八五頁）との見解を述べられます。最後に羽矢氏は創価信仰学について、大勢の納得感を得ることが重要であるとの認識に立ち、丁寧な論理展開の必要性についても指摘されています。

次に「仏法から見た協同教育――十界論から授業を観る」は関田氏の専門である教育学の見地に基づき、協同教育を日蓮仏法の十界論から論じた論文です。協同教育はグループダイナミクスの考え方を背景に、教育分野においてすでに確立された指導方法です。関田氏は協同教育を「子どもたちに菩薩の振る舞いを促すことを視野に入れた教育実践」（四九二頁）と再定義し、学級全体の境涯（生命状態）をより良い方向へ高める教育手法であるという視座を示されます。また創価信仰学への共感と期待を表明された上で、本論が「創価信仰学で言う「信仰の証明学」の一分にあたるようにも思います」（四八八頁）とも述べられています。関田氏は池田先生の言説を紐解きながら、教育界におけるいじめや不登校などの問題について「仏法の生命論、なかんずく十界論の観点から子どもたちの学校生活を考えるという発想が乏しい」（四九二頁）との見解を提示し、協同教育の重要性を日蓮仏法に基づいて指摘されています。

第1章 「日蓮大聖人」をめぐる信仰学研究会

1 開会の辞

松岡幹夫
創学研究所所長

皆さん、おはようございます。本日は朝早くから、また土曜日のところお集まりいただいてありがとうございます。司会も兼ねさせていただく創学研究所の松岡と申します。今日は、当研究所が主催する信仰学研究会の第三回になります。ご参加くださり、本当にありがとうございます。

私どもの研究所について、少々お話しさせていただきます。創学研究所の「創学」とは「創価信仰学」が正式な名称です。創価学会の信心、信仰に基づいて、学問的な考察を行う研究所です。創価学会の伝統的な教学と違う点を敢えて言うならば、学問的な考察を加味していくところです。二〇一九年三月十二日に創学研究所の開所式を行いまして、約三年半が経ちました。

二つの研究の方向性

これまでいろいろな議論を積み重ねてまいりました。その中で、研究の方向性が少しずつ見えてきたように思います。私個人の考えですが、創価信仰学の研究体制は、今後、大きく信仰学部門と証明学部門の二つに分かれていく気がします。信仰学部門とは、信仰の言語――「一念三千」とか「師弟不二」とか、創価学会の日蓮教学には難しい用語がいっぱいありますけれども――そういった教団の言語を普遍的な言語に変換する。普遍化して説明する。つまり、創価学会の信仰の論理を、教団内部でしか通用しないものではなくて、外部に普遍的に説明していく試みが、信仰学部門の研究と言えます。

それから証明学部門というのは、自分たちの信仰の証明のために学問的な仮説を立てる研究を担います。キリスト教の神学では、文献学とか歴史学を神学の補助学とも位置づけます。これに対し、日蓮仏法の立場は「世法即仏法」です。補助学という捉え方からもう一段進めて、仏法の正しさを証明するために世間の法(世法)である文献学や歴史学を活用しなければならない。学問と仏法を、ある面で一致させていくわけです。したがって、私たちの場合は「補助学」でなく「証明学」と称しています。証明学部門の研究は、本日の研究会で私が初めて試みます。

午前中の発表の蔦木栄一さん「池田大作先生の日蓮大聖人観」と三浦健一さん「牧口常三郎先生と戸田城聖先生の日蓮大聖人観」に関しましては、信仰学部門の発表になるかと思います。

信仰学研究会の歩み

ここで、過去二回の信仰学研究会を振り返ります。第一回の研究会は、「啓蒙主義と宗教」というテーマで、二〇一九年九月六日に行われました。外部ゲストとして作家の佐藤優さんにお越しいただき、有益な議論を行うことができました。詳細は、二〇二一年に発刊した『創学研究I――信仰学とは何か』(第三文明社)の中に収められています。第二回目の研究会は、コロナ禍のためオンライン開催でしたが、「理性と信仰」というテーマで二〇二〇年六月三十日に開催しました。これには、佐藤優さんに加えて日本思想史学の黒住真さんにもご参加いただきました。この内容も、『創学研究I』に一部掲載しております。

今回の第三回の信仰学研究会は二〇二二年十月二十九日、テーマは「日蓮大聖人論」です。お招きした外部ゲストの方々は、仏教学の末木文美士さんと日本思想史学の佐藤弘夫さんです。簡単にお二人のプロフィールを紹介させていただきます。

末木さんのご専門は日本仏教です。東京大学文学部人文社会系研究科教授、国際日本文化研究センター教授を歴任され、現在東京大学名誉教授、また未来哲学研究所の所長として精力的に活動を続けておられます。当研究所との関わりを申しますと、二〇一九年に私（松岡）が末木さんと対談をさせていただきました。「仏教哲学と信仰」と題して『創学研究Ⅰ』に収録されています。末木さんの今の関心は、私がうかがったところでは〝語ろうにも語りえないもの〟にあるそうです。言うなれば「人間を超えたもの」を考えようとしておられ、私たち宗教者にとって学ぶべき点が多々あろうかと思います。そこで今回も、ご講演をお願いし、快くお引き受けいただいた次第です。

それから佐藤弘夫さんですが、専門は日本中世精神史で、現在東北大学の日本学国際共同大学院の教授を務めておられます。日本中世の仏教の研究で、多大な功績をもっておられます。特に日本人の精神世界、「中世のコスモロジー」と言われていますけれども、そういったものを探究してこられました。近年では「死」と「カミ」をテーマに考察されていると聞いています。近代以前の人々の精神世界を内在的に読み解くというところに、日蓮仏法を探究する私たちとの接点が見出せるのではないか。そう思いまして、ご講演をお願いしました。

人物呼称のあり方

さて、私たちの研究所が取り組むのは一種の仏教神学であって、新しい試みと言えます。そのため、普通の学術学会とは趣が違う方法を採っています。一番の特色は、創価学会の信仰を学問的に表現する立場から、現在の学会の信仰活動で用いられている人物の呼称をそのまま用いるところかと思っています。私も、通常の学術学会で発表するときには敬称を略して「日蓮」と言うわけですが、この信仰学研究会では創価学会員の方と同じように「日蓮大聖人」という言い方をします。

同様の理由で、創価学会の三代の会長は「牧口先生」「戸田先生」「池田先生」と称します。日蓮正宗の歴代法主についても、私の場合は創価学会で使われている表現をそのまま用いています。これは少し複雑になります。「日寛上人」とか「堀日亨上人」とか「上人」を付けて呼ぶ人もいれば、「日淳法主」「日達法主」のように「法主」を付けて呼ぶ場合もある。その反面、「阿部日顕」のように敬称や職名を用いない場合もあるわけです。創価学会の信仰から見て、許容できない行動をした法主に関しては、そういう言い方をするということです。その他、近代以降の人物は基本的に「氏」を付けて表現します。近代以前の人物については、もうすでに歴史的人物ですから敬称を略しています。

これらは、あくまで創学研究所の側の人物呼称法です。当然、今日いらっしゃっている末木さんや佐藤さんなど外部の識者の方々には、「日蓮」「天台智顗（ちぎ）」等々、一般の学術的な言語で論じていただきます。

それと、もう一点、ご説明すべきことがあります。私どもの信仰学研究会には、毎回、本当に素晴らしい先生方に来ていただいています。どなたも社会的に著名な方ばかりです。そうした方々に恐縮ながら、「さん」付けで呼ばせていただくことを、いつもお願いしています。と言うのも、創価学会の信心の世界では三代会長のみを「先生」と称するのが原則だからです。二〇一七年十一月十八日に制定された「創価学会会憲」という会の憲法があります。その会憲の第三条（三代会長）に、次のような規定があります。

〈創価学会会憲　第三条（三代会長）
初代会長牧口常三郎先生、第二代会長戸田城聖先生、第三代会長池田大作先生の「三代会長」は、広宣流布実現への死身弘法の体現者であり、この会の広宣流布の永遠の師匠である。
2．「三代会長」の敬称は、「先生」とする。〉
（創価学会の公式ウェブサイトより）

もちろん、創価学会員も社会的な場面では常識に配慮し、外部の大学教授や政治家等に対して「先生」と呼ぶ場合が多いです。ただ、私どもの信仰学研究会は信仰の論理を考える場です。したがって、信仰とそれ以外の事柄を立て分ける意味からも、「先生」を付けるのは基本的に三代会長のみとし、その他の方々はすべて「さん」付けで呼ぶことにしているのです。この点、ご理解いただければ幸いです。本日、東洋哲学研究所の桐ケ谷章所長がお見えですが、東洋哲学研究所でも基本的に研究員同士はみんな「さん」付けで呼び合っています。ここでも、お互いに「さん」付けで呼ばせていただきます。

そして、信仰と学問の調和がどうしたら可能になるのかを、常に考えていきたいと思います。調和と言っても、妥協するわけではなく、両者の違いをはっきりさせることが前提になります。信仰と学問の違いをはっきりさせることで、逆に両者の接点を見つけたいのです。朝から夕方まで長時間にわたる研究会になりますが、どうか最後までお付き合いください。よろしくお願い申し上げます。

信仰と学問の調和を目指して

こういう議論のルールは、今後さらに議論を重ねながら練り上げていくつもりです。創学研究所は、人間に喩えればまだ幼児期にあります。その研究所の研究会に、最高水準の研究者である末木さんや佐藤さんに来ていただけたのは望外の喜びです。心より感謝申し上げます。本日のお二人の講演からしっかりと学び、今後の糧（かて）にしていきたいと思います。

2 論考①

池田大作先生の日蓮大聖人観──『人間革命』を題材として

蔦木栄一
創学研究所研究員

はじめに

これまで私は、国内外で法華経の写本やその伝播の歴史を紹介する展示会（東洋哲学研究所企画・制作「法華経──平和と共生のメッセージ」展）に取り組んできました。こうした中で、仏教、また創価学会の信仰を普遍化していくこと、私たちの創価学会の信仰の言語を、信仰を持っていない方々にどのように説明していくのかということについて、日々意識を持っています。理性や合理性を重視する傾向の強い現代において、信仰のあり方を見直し、どのように私たちが血肉化していくのかを考える上で、信仰学研究会は極めて貴重な機会になると思っています。

池田大作先生の日蓮大聖人観は、創学研究所において根本になるべきテーマです。後に述べますが、池田先生の著作及び発言はあまりにも膨大で、私がそのすべてを軽々に論じることは当然できませんが、本発表では小説『人間革命』（以下、『人間革命』）全十二巻を通して、午後の末木さんと佐藤さん、また松岡さんの講演につながる基盤となる研究発表としたいと思っています。

創価学会における日蓮大聖人と池田先生

創価学会において、日蓮大聖人が現在どのような位置づけになっているかを確認します。創価学会の最高法規である創価学会会憲の前文では、次のように定義されています。

〈釈尊に始まる仏教は、大乗仏教の真髄である法華経において、一切衆生を救う教えとして示された。末法の御本仏日蓮大聖人は、法華経の肝心であり、根本の法である南無妙法蓮華経を三大秘法として具現し、未来永遠にわたる人類救済の法を確立するとともに、世界広宣流布を御遺命された。〉（創価学会の公式ウェブサイトより）

大聖人は最も重要であり、根本の存在であると定義していますが、創価学会が誕生してより、その信仰の態度が揺らいだことはありません。日蓮大聖人が認めた曼荼羅は「本尊」として、遺文は「御書」として位置づけられています。この大聖人を三代会長、なかんずく池田先生がどのように捉えていたのかについて考察していくことは、創価信仰学が伸張していく上で必要不可欠であると考えています。

当然、先に述べたように池田先生の著作や発信は膨大であり、そのすべてを一度に論じていくことは極めて困難です。そのためここでは、創価学会員の信仰活動を行うにあたって必携の書籍である『人間革命』を題材としたいと思います。

その前段階として、池田先生の主要な著作が『池田大作全集』全百五十巻に収録され十二項目に分類されていることを示したいと思います。この十二項目は、①論文②対談③随筆④講義⑤日記⑥詩歌・贈言⑦小説⑧挨拶⑨教育指針⑩対話⑪メッセージ⑫スピーチです。この中で、学会員以外との対談、創価学会を超えた社会への発信が見られるのは、①論文②対談⑨教育指針と思われます。残りの九項目のうち、学会員の信仰の深化に向けた記述は、特に③随筆④講義⑦小説⑫スピーチに多く見られます。④講義は、大聖人の御書を講義・解説したものですから、必然的に大聖人を中心に論じられていることは当然です。③随筆⑫スピーチは学会員を対象に書き、語ったものですから、これも講義に準じると言えます。

この中にあって『人間革命』および『新・人間革命』は、小説という特筆すべき形態ではありますが、その影響力は極めて大きいと言えます。特に『新・人間革命』は二〇二二年現在、海外十三言語で翻訳・出版されています。そして学会員以外への広がりも見せています。

　両書は小説という形態により、実在の人物の名前が変更されたり、複数人が一人になるなどしているため「歴史的テキストとは言えないのではないか」という指摘があります。しかし、池田先生が綴った両書には、宗教者・平和運動家・教育者としての実践と闘争を積み重ねた智慧・確信・体験に裏づけられた信仰上の解釈が綴られていると考えます。つまり、大聖人の御書を仏教書としてではなく、現実に生きる人々のために現代的に解釈し、展開しているのです。

　イエス・キリストの長血の女性の話があります。長年出血に悩む女性が、イエスの衣服に触れたことで回復するという奇跡譚でありますが、これを女性の穢れや差別的な文脈で読むのではなく、イエスが穢れも恐れずに人々の中に入っていったと読むのが神学です。事実と前者を事実とすれば、後者は真実とされます。事実と真実の違いについては、キリスト教神学に留まるものではなく、仏教においても議論が続けられています。

『人間革命』には次のような記述があります。

〈人間の網膜に映った事実が、必ずしも真実であるとは限らないものだよ。たとえば、貧しい人に大金を恵んだ男がいたとしよう。彼が施しをしたということは、まぎれもない事実だ。ある人は、その事実から、この男は情け深い奇特な人であると考えるだろう。

　しかし、必ずしも、そうとは限らない。将来に、なんらかの見返りを期待しての、計算ずくの行為であったのかもしれないし、あるいは、誰かの歓心を買うために行ったことかもしれないではないか。

　つまり、事実から、真実をどう読み取るかだよ。事実だけに目を奪われてしまうと、かえって、真実が見えなくなってしまう場合もある。〉（『人間革命』第一二巻、『池田大作全集』第一四九巻、二八二頁）

〈法華経を勉強するといったって、ただ読んで解釈するだけなら、砂文字を読むと同じことだ。何も残らず、はかなく消えてしまうだけだよ。その砂文字を掘り起こし、その下にある法華経の真実をとらえなくてはならない。〉（『人間革命』第八巻、

『池田大作全集』第一四七巻、三四四頁）

仏教の経典においても、解釈や読み方の議論が歴史上なされてきました。信仰に基づいたテキストの拝し方がどのようなものであるかに着目していかなければ、内在する論理や信仰観を普遍的に説明することは難しいと考えます。創学研究においては「創価学会員が信仰者として、社会人として、一個の人間として生きていくための指針が『人間革命』に込められている」、すなわち『人間革命』は「創価学会史の書」であるととらえています。『人間革命』は仏教の専門書ではなく、あるいは解説書でもないため、仔細については述べられていないことが多いですが、そこに綴られた内容は池田先生の信仰上の肉声であると考えます。

また『人間革命』は、基本的に第二代会長の戸田城聖先生を中心にしたストーリーとなっているため、その発言はすべて戸田先生によるものとなっています。この戸田先生の発言を池田先生が書き記していることから、その本質が池田先生にも受け継がれ、教義の骨格となっていることは間違いありません。本論において、『池田大作全集』全百五十巻にも収録されている『人間革命』を基礎テキストとして、大聖人がどのようにとらえられているかについて考察していきます。

社会との接触と世俗的価値

池田先生が歴史的、学術的な側面において日蓮大聖人をどのように位置づけているのか。あるいは位置づけられていると記述しているかについて述べていきます。本論で述べていく教義上の大聖人は、いわゆる内部的な論理とも言えます。そのため、外部的な論理についてどのような理解をしているのか、また実際にテキストを読む創価学会員に対して、その理解をどのように披瀝しているかについて見ることは、内部的な論理をつかむ上で必要なプロセスと考えます。

先にも述べたように、『人間革命』は学会員だけでなく、外部にも向けて創価学会の内在論理を綴ったものですから、大聖人についての一般的、学術的な知見や考察を排除しているわけではありません。

『人間革命』では通常、信仰の深化を目的として「御本仏」あるいは「日蓮大聖人」と呼称して文章を綴っていますが、第六巻「七百年祭」の章では「日蓮」と記し、歴史上の大聖人の軌跡である生誕から立宗宣言までが、じつに三〇ページ以上にわたって綴られています（『人間革命』第六巻、聖教ワイド文庫、一四〜四八頁）。

この部分では、淡々と歴史的事実が述べられつつ「日蓮」となっていますが、だからといって尊崇の対象から外れているわけではないことは充分に理解できます。『新・人間革命』においては、同様の形式で釈尊、キリスト、ムハンマドの生涯がかなりの紙片を割いて綴られています。ここでの「日蓮」の呼称は、それと同様の考えとして、客観性を帯びた記述を確保するためではないかと考えられます。

他宗の典籍等についても、それが教団の発展の中で用いられた、あるいは必要とされた時期があった場合には、そのことも記述されています。戸田先生が「獄中の悟達」をされたきっかけとなった法華三部経が収められたのが『日蓮宗聖典』であることや、初代会長の牧口常三郎先生が使用していた御書が霊艮閣版『日蓮聖人御遺文』であることも、歴史的事実として記されています。こうした記述を通して、池田先生は大聖人の客観的な歴史的事実や、過去に使用された他宗の典籍等について否定的あるいは記述しないという態度を取っていないことがわかります。

また、大聖人の教義の現代的展開についても、戸田先生の時代から視野に入れられていました。戸田先生の言葉として〈大聖人の時代は、四箇の格言であったが、今は、それだけを振り回してもだめです。現代では、人間を駄目にしたり、無気力にするような悪思想、悪主義を叩き壊すことです。大聖人が説かれた生命の大哲理を、真っ向から振りかざしていかなければなりません。〉（『人間革命』第三巻、『池田大作全集』第一四五巻、一五〇頁）との指摘もあるように、こうした現実を踏まえた進歩的な言説も、いくつか散見されます。

さらに『大白蓮華』（教学理論誌）発刊の際には、戸田先生による編集の方針が示されています。

〈『大白蓮華』を出すについて、いちばん肝心なことは、広く社会の風波のなかで論戦し、一切の誤った哲学を打破していくことだ。その覚悟がなくては、断じてなりません。ぼくらの仲間だけ、宗門だけに通ずる言葉で、あれこれ言う時代は、もう過ぎた。もっと極端な私の考えを言えば、宗教の分野だけに通用する理屈で事足れりとしている時代では、絶対なくなっている。広宣流布というのは、他の宗教の誤りだけ破っていればすむことでは決してない。あらゆる思想を比較研究して、大聖人の大生命哲学の偉大さを証明していくんです。これからは、それが最も大事になる〉(『人間革命』第四巻、『池田大作全集』第一四五巻、二四三～二四四頁)

これは本日の研究会にも通じると思います。創価学会の教義への絶対的確信と、それを補助する研究や資料・表現の扱い方についても、慎重な姿勢であり続けていくべきことが示されています。

学術・客観との関係性／御書の読み方

その上で、世俗的価値をそのまま受け入れるのではなく、それを包み生かす形で日蓮大聖人像が展開されているのが『人間革命』です。「獄中の悟達」以降、戦時中に壊滅状態にあった創価学会の再建に立ち上がった戸田先生は、戦後に法華経講義をスタートさせています。本来、大聖人の御書講義から始めることを期していた戸田先生は、受講者の理解の状況から、当初法華経の講義から始めることとなりました。しかし、それについて後に戸田先生自身が大聖人の本義から離れてしまったことへの心情をこう述べられています。

〈大聖人の仏法の根本義を明かした「御義口伝」をもとにして講義したつもりであったが、受講者は、なかなか理解しなかった。そこで天台の『摩訶止観』の精密な論理を借りて話すと、よくわかる。いきおい受講者が理解したものは、大聖人の法華経ではなくて、いつの間にか天台流の臭味(しゅうみ)のある法華経になってしまったのだ。〉(同前、四二〇頁)

こうした戸田先生の痛烈な悔恨の述懐は『人間革命』内で随所に見られます。別の箇所では、次のように綴られています。

〈「『御義口伝』といいまして、大聖人様の口伝(くでん)書(しょ)なんです。今まで、法華経の講義は山ほどあります。本多日生(ほんだにっしょう)氏にしても、織田得能(おだとくのう)氏にしても、小林一郎氏にしても、法華経の講義はしている。しかし、全部、大聖人様の奥義が明かされた『御義口伝』を知らない講義だから、だめです。この私が、ひどい目にあった体験をもっている。彼らの講義は、みんな天台流なのです。あんなものに感心してしまうと、身は大聖人の門下でありながら、心は天台の弟子になる恐れが十分にある。根本を誤れば、すべてが間違った方向にいってしまう」〉(『人間革命』第七巻、『池田大作全集』第一四七巻、五一頁)

〈「五老僧も、大聖人様が生きていらした時には、南無妙法蓮華経を弘めなければならぬと思っていたにちがいないが、大聖人様滅後において、弾圧が加わると、もう、総大将がいないので怖くなってしまったんでしょう。そこで卑怯にも、われもわれもと、『天台沙門』などと言いだして、ごまかしたのです。

ただ、たった一人、日興上人だけは、動じなかった。そこで、『けしからん。天台沙門とは、何事だ。真の日蓮門下は天台派では絶対にない。久遠元初の自受用報身如来、上行所伝の南無妙法蓮華経を、われわれは弘めんとしているのだ』と、五老僧を叱咤なさったのであると、私は思うんです」〉(同前、七六頁)

戸田先生は自身の悔恨を幾度となく記すとともに、日蓮宗各宗派の誤りが大聖人入滅直後から始まっていることを通して「今後の創価学会にとっての、重要な戒め」(同前、一一五頁)としたかったとしています。日蓮仏法が、社会や世俗的価値と接近する過程の中で、そのアプローチを補助学として活用することはありますが、そこで陥りがちな傾向への警鐘であると考えられます。つまり、既存の日蓮宗各派と創価学会の違いは何かということが、世俗の権威(天台宗)への迎合を正すという形で示されているのが見て取れます。

こうして戸田先生の悔恨や日蓮門下が世俗との接触によって教義が揺らいでいくことへの戒めが述べられています。その後、戸田先生自身がマスコミや研究者からのインタビューを受けた際や、日蓮宗と法論となった小樽問答、創価学会が政界へと進出した公明党の結成の際などに、大聖人が根本であることがその都度確認され、御書と照らし合わせてその歩みに誤りがないということが『人間革命』には記されています。

また、現代の宗教に学問からアプローチし、学問から宗教を位置づけてきた潮流についても言及されています。西欧の仏教学に関して、東京大学法華経研究会の学生に対して、戸田先生は次のように述べています。

〈「そこで教えているのは、ロンドン仏教なんだよ。根本仏教という言い方もなされているが、初期仏教に着目するあまり、大乗仏教を位置づけきれていない。釈尊にしてみれば、もっと大きく眼を開き、教え全体を見なさいと言っているかもしれんな」〉(『人間革命』第八巻、『池田大作全集』第一四七巻、三三九頁)

〈「イギリスは、仏教の研究もやったが、これは古代インドの仏跡や、石碑や、文献などを手がかりにしたもので、現在、わずかに残っているセイロンなどの仏教にとらわれて、それを仏教の全体と思い込んでしまった。実証主義の悲劇です。初期仏教だけしか仏教と認めず、その後の大乗仏教は仏説に非(あら)ずとして、大乗非仏説を唱えているんです。

しかし、もともと、釈尊の教えには、大乗仏教的な真実が内在している。『撰時抄』を読めばわかることだが、その教えが、竜樹、天親を経て、時とともに展開し、やがて中国に入り、朝鮮を経て日本に伝来した。そして、日本において、末法の仏法を日蓮大聖人が確立して、今日に至っているわけです。このような仏法の歴史の流れを、ヨーロッパの仏教学者は、仏跡や文献にとらわれてしまって、もっとダイナミックに展望しようとしない。

これがイギリスを中心とする仏教学者の仏教観といってよい。初期仏教のみを仏説とする、いわゆる実証主義的な仏教研究は、ロンドンで確立をみたわけで、そこへ西洋崇拝の日本の学者などが留学して、イギリスの学者から仏教を学ぶという珍現象になってしまった。それをまた、帰ってきた学者が、大学で得意になって講義するという始末だ」〉(同前、三三九～三四〇頁)

全体として、学術的な成果や方法論を全面的に否定するのではないが、その上で、その手法が招いた混乱や仏教への影響に言及しています。つまり、戸田先生におけるこうした実証的な仏教研究への批判は、これから述べる信仰への絶対的な確信があるからこそと考えられます。この絶対的な確信の上から、受容するものはし、糾すべきものは糾すという態度がとられています。これは、巷間にあふれる日蓮門徒観や創価学会観とは異なるものであり、決して排他的なものではないのではないでしょうか。

御本仏としての日蓮大聖人 ——信仰の確信の上から

では『人間革命』において、日蓮大聖人を根本とする信仰上の態度はどのように述べられているのでしょうか。本発表の最後にこの部分をもってきたのは、信仰の確信についての説明が最も難しいからです。ここでは、多角的な文献や歴史的な位相などから、大聖人を根本とするとは何かに迫っていきます。根本が根本足り得ることは絶対的な確信の上から語られるものです。それは一度の説明では十分ではなく、同様の表現が形を変えて、幾度となく繰り返さなければ本意を伝えるのは難しいのです。

特に『人間革命』においては、日蓮正宗大石寺との関係から、教義的な説明の難しさについても指摘されます。本発表ではその点ではなく、大聖人その人に対する態度、大聖人の言説に対する態度について見ていくことで、『人間革命』の中で大聖人をどのようにとらえているかを考察していきたいと思います。『人間革命』では以下のように記されています。

〈「日蓮大聖人の御化導の次第を考えますと、まず立宗宣言において題目を唱えられ、念仏の充満した社会に題目を流布する戦いを開始されました。次に竜の口の法難で発迹顕本されてからは、末法の御本仏としての御境界から、一切衆生の幸福の根源である御本尊を御図顕されたのでありま す」〉(『人間革命』第五巻、『池田大作全集』第一四六巻、一一四頁)

〈「『されば無作の三身とは末法の法華経の行者なり』

これはすごいところです。無作三身というのは、誰がつくったものでもない。生まれてきた凡夫そのままの、末法の法華経の行者その人が、無作三身である。御本仏である。ここで明らかに、大聖人は、御自身のことを言っておられる」〉（『人間革命』第七巻、『池田大作全集』第一四七巻、五四頁）

〈「大聖人は、御内証は御本仏でありますが、仏自体の立派な姿を現されることはなく、凡夫の立場で、仏になる本因の菩薩道を説き、行じられた。ゆえに、大聖人様は、本因の仏となります。

御書のどこを拝しても、大聖人は、〝私は、既に仏なのだから、みんなを救ってやろう〟などとは、おっしゃっておりません。大聖人が、生まれながらにして御本仏の体を現し、御本仏の行を行じられたとしたならば、それは菩薩道ではなくなってしまう。ここに、本果妙の釈尊の仏法と、本因妙の教主釈尊、すなわち、日蓮大聖人の仏法との大きな相違がある」〉（『人間革命』第一二巻、『池田大作全集』第一四九巻、四三七頁）

これらに見られるように、『人間革命』においては「御本仏」と表現されている箇所はそれほど多くはありません。しかし御本仏がどのような存在であるかについては、今述べたように、絶対的な確信として複数回にわたって綴られています。仏教の歴史的な流れの中で、釈尊への言及がありつつ、それを否定するのではなく「相違」として、差別ではなく区別していることが見て取れます。

その区別とは、本因妙と本果妙の仏法の違いです。つまり、大聖人の不惜身命の闘争によって本因妙の仏法の本義が明らかになったことであると考えられます。創価学会初代会長・牧口先生、第二代会長・戸田先生は、獄死と獄中での闘争という殉教の歴史の中で、この大聖人の仏法を身読しました。その闘争を第三代会長である池田先生が受け継ぎ、社会に仏法を展開する中で、初代・二代の身読と同様の体験と絶対的確信を得たものと思われます。その三代の戦いを通じて、御本仏・大聖人を信仰の真実として創価学会員が捉えることができるようになったのではないかと考えます。

本発表では池田先生による『人間革命』の中から、池田先生自身そして創価学会に貫かれる大聖人観について述べてきました。最初に述べたように、池田先生の著作は膨大であり、今回の『人間革命』についても、その全体や深義を網羅したとはとうてい言えません。しかし、本発表を池田先生の大聖人観を考える端緒として、『人間革命』以外の著作の研究や、御書の御文の解釈が他宗とどのように異なっているかなどを、今後の研究課題としていきたいと思っています。

3 論考②

牧口常三郎先生と戸田城聖先生の日蓮大聖人観

――池田大作先生の『新・人間革命』を中心に――

三浦健一
創学研究所研究員

はじめに

本論は創価学会初代会長・牧口常三郎先生（以下、牧口先生）、第二代会長・戸田城聖先生（以下、戸田先生）の日蓮大聖人観を信仰学的なアプローチを用いて明らかにすることを目的にしています。一般的な学問手法では、当事者の著作を対象とした帰納的な研究を行うことが多いです。しかし、本論は信仰学的研究を志向していることから、創価学会の信仰において受容されている牧口先生、戸田先生の日蓮大聖人観を明らかにすることが目的になります。そのため、第三代会長・池田大作先生（以下、池田先生）の描き出す牧口先生、戸田先生の日蓮大聖人観を明らかにすることが重要になってきます。創価信仰学（以下、創学）では、「基点からの歴史」[※1]を掲げ、池田先生の思想と実践を基点として、創価学会の信仰に即した仏教理解を試みます。こうした前提から、当事者の真意が弟子によって明らかになったと受け止め、池田先生の言説の中に牧口先生、戸田先生の日蓮大聖人観が結実していると考えます。このように、本論では徹頭徹尾、牧口先生、戸田先生の精神的遺産の一切を受け継いだ池田先生の視点に立ち、牧口先生、戸田先生の日蓮大聖人観を紐解いていきたいと思います。

上述した目的を達成するため、本論ではまず創価学会の最高法規として二〇一七年十一月十八日より施行された創価学会会憲において、「不変の規範」（創価学会会憲前文）と位置付けられている牧口先生の「殉教」、戸田先生の「獄中の悟達（ごだつ）」に焦点を絞り、池田先生の主著である『新・人間革命』における言説に基づいて考察を試みます。その後、牧口先生、戸田先生の日蓮大聖人観を紐解き、創価学会の信仰において受容されている牧口先生、戸田先生の日蓮大聖人観を明らかにしていきたいと思っています。創価学会会憲には、牧口先生の「殉教」と戸田先生の「獄中の悟達」についてこのように記述されています。

〈第二次世界大戦中、国家神道を奉ずる軍部政府に対して国家諫暁（かんぎょう）を叫ばれ、その結果、弾圧・投獄され、獄中にて逝去された。牧口先生は、「死身弘法」の精神をご自身の殉教によって後世に遺（のこ）されたのである。〉（創価学会会憲前文）

〈戸田先生は、牧口先生とともに投獄され、獄中において「仏とは生命なり」「我、地涌の菩薩なり」との悟達を得られた。戦後、創価学会の再建に着手され、人間革命の理念を掲げて、生命論の立場から、大聖人の仏法を現代に蘇生させる実践を開始された。〉（創価学会会憲前文）

創価学会の信仰において、牧口先生の戦時下における殉教は「死身弘法」[※2]の精神を体現するものであり、仏法を現代に蘇生させた戸田先生の「獄中の悟達」と共に、「創価学会の精神の原点」（『新・人間革命』第二十九巻、三四頁。同第三〇巻上、一三六頁）と位置付けられます。また、牧口先生と戸田先生の獄中における信仰実践、信仰体験は、創価学会の信仰において「師弟不二」（創価学会会憲前文）と呼ばれる師弟関係の規範にもなっています。こうした牧口先生、戸田先生の示された「学会精神」（創価学会会憲前文）は、創価学会会憲において「牧口先生と戸田先生の御構想をすべて実現」（創価学会会憲前文）と記述されているように、池田先生に結実しています。このような信仰上の理解に基づいて、創価学会員は池田先生との「師弟不二」の実践を通して、「学会精神」を体現することを目指し、日々の信仰活動に励んでいるわけです。

創価学会会憲の内容からもわかるように、牧口先生の「殉教」、戸田先生の「獄中の悟達」は創価学会の信仰において、極めて重要な意義を持っています。こうした前提を踏まえた上で、池田先生の『新・人間革命』の記述を通して考察を進めていきたいと思います。

一章

牧口常三郎先生の「殉教」について

一項　創価学会の信仰に継承される「殉教の精神」

池田先生は『新・人間革命』において、牧口先生のことを「殉教の先師」（第二二巻、第二四巻、第三〇巻）、「殉教した師」（第二六巻、第二九巻、第三〇巻）、「誉れの殉教者」（第二四巻）、「死して獄門を出た先師」（第二四巻）といった呼称を用いて語っています。このような呼称からもわかる通り、牧口先生の体現した「殉教の精神と実践、その偉大な人格」（『新・人間革命』第二五巻、四二頁）こそ、池田先生が牧口先生を通して論じる日蓮仏法の核心です。

一般に「殉教の精神」と聞いて想起されるのは、戦中、死のう団事件を起こした日蓮会殉教衆青年党に象徴されるような煽動的な思想かもしれません。しかし、牧口先生の「殉教の精神」を体現する創価学会の思想運動において、戦中における日蓮会のような事件は起こっていません。つまり、創価学会の信仰において強調される「死身弘法」「不惜身命[※3]」といった信仰姿勢は、死を礼賛するような思想ではないのです。池田先生は『新・人間革命』において、「殉教の精神」についてこのように論じています。

〈席上、彼は熱原法難に触れながら、現代における殉教の精神に言及していった。

「広布の前進も大河の時代に入った今日においては、一人の犠牲者もなく、一人も残らず、福運と長寿の人生を勝ち取っていくことが大切です。そして、それが、私の心からの祈りであり、願いであります。

信心への大確信をもって、何があっても強盛に唱題し抜く。皆に仏法を教え、励まし、広宣流布のために、生きて生き抜いて、幸せの実証を示しきっていく――それが、殉教の精神に通じることを知っていただきたいのであります」

殉教とは、本来、死を礼讃するヒロイズムなどではない。〝広布こそ、わが人生！〟と定め、日々、現実社会で格闘しながら、忍耐強く信心に励み、幸福の王者となりゆくなかに、現代における仏法者の大道があるのだ。〉

（『新・人間革命』第二九巻、三八頁）

池田先生は現代における「殉教の精神」は死を礼賛するヒロイズムなどではなく、信仰に生き抜くことにあると語っています。また、池田先生は同章において「〝断じて殉教者を出すような状況をつくってはならない。もしも殉難を余儀なくされるなら、私が一身に受けよう！〟」（同前、三五頁）、「死身弘法の覚悟とは、〝人生の根本目的は広布にあり〟と決めることだ」（同前）とも論じています。「広宣流布（広布）」とは、法華経に説かれた妙法を弘めることを意味する言葉であり、創価学会の信仰における最大の目的です。池田先生は牧口先生の「殉教」を「信心の大確信」を体現した姿として描写し、現代における「殉教の精神」は信仰に生き抜くことにあると指摘しているのです。

創価学会会憲において「広宣流布の永遠の師匠」（創価学会会憲第一章総則〈三代会長〉第三条）と定められている牧口先生の弟子である創価学会員にとって、「殉教の精神」とは逆説的ではありますが、信仰に生き抜いて人生を全うすることにあるのではないでしょうか。つまり、殉教した師匠の「信心の大確信」を継承しながら、その遺志を果たすために人生を生き切ることが、創価学会の信仰における「殉教の精神」に通じているのです。この点、「殉教」という表層的な結果を美化した一般的な意味での「殉教」の使われ方とは明確な区別をしておかなければならないと思います。

二項　熱原法難に連なる「御本尊根本の信心」

『新・人間革命』において、「殉教」という表現は第三巻における目連への言及、また第五巻でのローマ帝国時代のキリスト教弾圧の歴史を語った二カ所の例外を除いて、牧口先生と熱原法難について論じる場合にのみ使用されています。熱原法難とは、建治元年（一二七五年）頃から弘安六年（一二八三年）頃にかけて、駿河国富士下方の熱原地域（現在における静岡県富士市厚原）で起こった法難です。法難の渦中、日蓮大聖人門下の農民信徒二十人が逮捕され、鎌倉へ護送。そのうち神四郎、弥五郎、弥六郎の三人の信徒が斬首されたと言われています。日蓮大聖人は『聖人御難事』と呼ばれる御書を著し、熱原法難について触れると共に、同御書において自らが生まれてきた目的、「出世の本懐」を果たしたことを記しています。また熱原法難では駿河国富士上方上野郷の地頭をしていた南条時光、六老僧の一人である日興上人が門下の外護と育成の中心的な役割を果たしていたとされます。[※4] 熱原法難は創価学会の信仰において、日蓮大聖人の「出世の本懐」の機縁となる重要な信仰的意義を持っています。池田先生は熱原法難と牧口先生の「殉教」を対比させながら、このように論じています。

〈熱原の法難をもって、大聖人が出世の本懐を遂げられたのも、殉難をも恐れぬ、農民信徒の強盛なる信心に、衆生の発迹顕本を御覧になったからであろう。

熱原の農民信徒のなかでも、神四郎、弥五郎、弥六郎の三人は、命に及ぶ大難のなかで、微動だにすることなく正法正義を貫き、殉教していった。その振る舞い、境涯は、地涌の菩薩であり、御本仏・日蓮大聖人の弟子たる本地を顕した姿といえよう。

この熱原の三烈士の殉難は、悲愴なドラマではない。法難に立ち向かうなかで、生死の苦しみの縛を離れ、成仏という永遠なる絶対的幸福境涯を確立したのである。

正法のために、殉教していった人もいる。また、生きて戦い抜いた人もいる。いずれにせよ、広宣流布に一切を捧げ抜くことを深く決意し、果敢な実践を開始していくなかに、発迹顕本があるのだ。

初代会長・牧口常三郎は、一九四三年（昭和十八年）ごろから、「学会は発迹顕本しなくてはならん」と、口癖のように語っていた。戸田城聖をはじめ、牧口の門下生は、その意味がわからなかった。

そして、軍部政府による、あの大弾圧が学会を襲ったのだ。牧口は捕らえられるが、むしろ国家諫暁の好機ととらえ、仏法の正義を叫び抜いて、殉難の生涯を閉じた。永遠の創価の師・牧口の発迹顕本といえよう。〉

(『新・人間革命』第二六巻、二一五~二一六頁)

池田先生は「殉教」した神四郎、弥五郎、弥六郎を「三烈士」と表現し、「〝三烈士の大精神は、わが学会にある。学会ある限り、正法正義は滅びはしない!〟」(『新・人間革命』第二九巻、三九頁)とも述べています。また熱原法難を「衆生の発迹顕本」として位置付けると共に、牧口先生の「殉教」を「永遠の創価の師・牧口の発迹顕本」とも表現しているのです。「発迹顕本」とは、天台大師智顗(ちぎ)が法華経如来寿量品で釈尊がインドで初めて成仏したとする「始成正覚」の立場を破り、久遠の昔における成道、「久遠実成」を明かしたことを説明した際に使用した言葉とされます。本義においては、迹(仮の姿)から本(本来の境地)を顕すことを意味しています。[※5]

池田先生は日蓮大聖人の竜の口の法難を論じながら、「発迹顕本」について「日蓮は、凡夫の生命から、久遠元初の自受用報身如来、すなわち末法の本仏の生命を顕したのである。発迹顕本の瞬間であった」(『新・人間革命』第一一巻、三八九~三九〇頁)と語っています。「久遠元初の自受用報身如来」とは、「久遠元初」という永遠の根源において、覚知した法の功徳を自ら受け自在に用いる仏を意味します。[※6] 創価学会の信仰における「発迹顕本」とは、凡夫の姿において「久遠元初の自受用報身如来(本仏の生命)」を顕すことを指します。熱原の農民信徒、牧口先生は自らの仏の生命を凡夫の姿のまま顕現させたという点において、信仰上の共通項を見出すことが出来るのです。

また、池田先生は「その大法を、御本仏の大生命を、末法の一切衆生のために、御本尊として御図顕されたのである」(『新・人間革命』第二九巻、四三〇~四三一頁)と日蓮大聖人による御本尊御図顕の意義を明らかにし、「創価学会は、初代会長の牧口常三郎以来、御本尊根本の信心を会員に徹底し、皆がその精神を確立することによって、各人が大功徳の実証を示してきた」(同前、七三頁)と結論付けています。[※5] こうした日蓮大聖人の御図顕された十界文字曼荼羅を御本尊として貴ぶ信仰の在り方は、御本尊に日蓮大聖人の内なる生命を見出すという宗教的な視座に基づいています。

このように、「発迹顕本」とは創価学会の信仰において凡夫の姿のまま仏の生命を顕すことですが、末法の衆生が仏の生命を顕すためには「御本尊根本の信心」が必要とされます。熱原の農民信徒と牧口先生はどちらも御本尊を一心に求め、その力を得ることで身命を惜しまぬ信仰心を獲得するに至ったのではないでしょうか。[※7]そしてまた、熱原法難が日蓮大聖人における「出世の本懐」の機縁となったように、両者の「殉教」は共に御本尊を通して日蓮大聖人に直結する信仰の在り方を象徴しているように思います。

三項　牧口常三郎先生の「殉教」と創価学会の発展

これまで論じてきたように、創価学会の信仰における「殉教の精神」とは死という結果を礼賛しているのではなく、その前提となる「信心の大確信」を表象しています。また「殉教の精神」には逆説的ではありますが、殉教した師匠の分も信仰に生き抜くという姿勢も含意されています。さらに、池田先生は熱原の農民信徒と牧口先生の「殉教」について、凡夫の姿のまま仏の生命を顕現した「発迹顕本」として論じており、両者には「御本尊根本の信心」によって日蓮大聖人に直結する信仰も象徴されています。

加えて、池田先生は上述した信仰的意義を有する牧口先生の「殉教」と対比する形で、「信教の自由」を否定して牧口先生を弾圧した当時の軍部政府を批判しています。また、神札容認などの行為を正しい仏法の在り方、「正法正義」に違背したとして、当時の宗門についても厳しい批判を行っているのです。牧口先生の「殉教」は当時の軍部政府、また宗門とも一線を画した行動の結果であり、創価学会の宗教的独自性が創立当初より存在していたことを物語っていると言えます。池田先生は創価学会が牧口先生の「殉教の精神」を弟子として継承し、未曽有の発展を遂げたことを次のように指摘しています。

〈学会も、初代会長の牧口先生は獄死された。戸田先生という弟子がいなければ、学会も壊滅していたし、大聖人の仏法も滅していた。

さらに今後、私たちが何をするかだ。もし、学会が滅びてしまえば、真実の仏法を伝えることはできない。牧口先生の価値創造の哲学も、戸田先生の平和思想も滅びてしまうことになる。いや、牧口先生の死も犬死にになってしまう。

ともかく、残った弟子がすべてに勝つ以外にない。自分に勝ち、宿命に勝ち、逆境に勝ち、人間王者になることだ。大勝が仏法を、広宣流布を永遠ならしめる。また、大勝のなかにこそ、信仰の大歓喜がある。〉（『新・人間革命』第五巻、一七九頁）

牧口先生の「殉教」は弟子である戸田先生にとって、創価学会再建を志す重要な機縁になっています。つまり、創価学会の発展を支える信仰上の原動力こそ、「殉教の師（先師）」に報いたいという弟子の決意にあると言えるでしょう。池田先生は自らを牧口先生の「孫弟子」と位置付けた上で、このように言及しています。

〈孫弟子の私は牧口先生にお目にかかることはできませんでした。しかし、その高潔な人柄、そして、社会の救済に立ち上がられた尊きご精神については、戸田先生から常々お聞きしてまいりました。

牧口先生亡きあとは、戸田先生が死身弘法の大精神をそのまま受け継ぎ、国のため、法のため、人びとの幸福のために、苦闘に苦闘を重ねられ、今日の創価学会を築いてくださいました。私は、この偉大なる先師牧口先生、戸田先生の後を継いで、第三代会長に就任いたしましたが、あまりにも未熟でございます。しかし、一日一日を、ただただ、誠心誠意をもって戦い抜き、両先生にお応えしていこうとの思いでいっぱいでございます。

創価学会には、初代会長の大精神が、力強く脈打っております。〉

（『新・人間革命』第二巻、二六二〜二六三頁）

池田先生は戸田先生を通して牧口先生の人柄や精神を知ったと述べた上で、牧口先生の「死身弘法の大精神」を創価学会が継承していると指摘しています。これまで論じてきたように、「死身弘法の大精神」は創価学会において、日蓮大聖人の十界文字曼荼羅を御本尊として貴び、御本尊を通して日蓮大聖人に直結する信仰を土台としています。さらに、師匠の遺志を実現するために弟子が信仰に生き抜くという、師匠と弟子が一体となった「師弟不二」と呼ばれる信仰の在り方も象徴されています。その意味で、牧口先生の「殉教」は創価学会の発展を信仰面において下支えする原点の役割を果たしており、「広宣流布」を目的とした創価学会の多方面にわたる活動の原動力になっていると言えるのではないでしょうか。

二章

戸田城聖先生の「獄中の悟達」について

一項 「獄中の悟達」が示した「宿命の転換」の方途

戸田先生は第二次世界大戦中に牧口先生と共に投獄され、獄中において「仏とは生命なり」「我、地涌の菩薩なり」との悟達を得たと述懐しています。この悟達は創価学会において「獄中の悟達」と呼称され、『新・人間革命』では「学会の精神の機軸」（第四巻）、「学会の魂」（第二二巻）、「創価学会の「確信」の原点」（第二三巻）などと表現されています。このことからもわかる通り、創価学会の信仰は戸田先生の「獄中の悟達」なしには成立しません。創学においては、戸田先生の「獄中の悟達」を創価学会の信仰における「根源的事実[※8]」と位置付けています。池田先生は『新・人間革命』の「あとがき」において、このように述べています。

〈小説『人間革命』も、『新・人間革命』も、その主題は、ともに「一人の人間における偉大な人間革命は、やがて一国の宿命の転換をも成し遂げ、さらに全人類の宿命の転換をも可能にする」である。

では、「宿命の転換」は、いかにしてなされるのか——。

その方途を示したのが、戸田先生の「獄中の悟達」である。〉

（『新・人間革命』第三〇巻下、四四五頁）

創価学会では成仏を「人間革命」という現代的表現に言い換え[※9]、その原理を「宿命の転換」として示しています。また「人間革命」は「生命の変革作業」（『新・人間革命』第三〇巻下、四四七頁）とも説明され、戸田先生の「獄中の悟達」は「宿命の転換」をいかにして果たすことが出来るのか、という信仰実践の方途を明らかにしたと池田先生は語っています。「宿命の転換」とは創価学会の信仰において、運命論に陥りがちな過去の行いによる善因楽果、悪因苦果という一般的な因果観を超え、仏の生命を我が身に顕現し、過去の罪障を消滅することを意味しています。[※10] それでは、「獄中の悟達」で示された「宿命の転換」の方途とは、具体的にどのような信仰の在り方なのでしょうか。続いてより具体的に、「獄中の悟達」が持つ信仰的意義について考察を進めたいと思います。

二項 「仏とは生命なり」との悟達が持つ信仰的意義

戸田先生による『人間革命』の記述によれば、「仏とは生命なり」との悟達は仏の実体について無量義経の文に依り、御本尊を心に念じながら題目と思索を繰り返し得られた悟達であると記述されています。この「仏とは生命なり」との悟達によって、戸田先生は自分自身の中に仏の生命があることを悟り、「我、地涌の菩薩なり」との悟達に達します。[※11]「地涌の菩薩」とは、法華経従地涌出品において娑婆世界の大地を破って下方の虚空（こくう）から涌き出た無数の菩薩たちのことであり、仏の滅後において法華経を弘めることを託された存在でもあります。[※12] 戸田先生はまず「仏とは生命なり」と悟達され、仏の生命と自分自身の生命が同じであるとの確信に導かれ、「我、地涌の菩薩なり」との悟達を得ることが出来たと述べています。つまり、「仏とは生命なり」「我、地涌の菩薩なり」という悟達は一体不可分の関係にあったと言えるのではないでしょうか。池田先生は「仏とは生命なり」との悟達について、次のように言及しています。

〈第二代会長の戸田先生は、師の牧口先生と共に投獄され、獄中にあって、「仏とは生命なり」と悟達された。これによって、人びとの現実生活からかけ離れているかのように思われていた仏法が、生命の法理として輝きを放ち、現代に蘇ったのだ。〉（『新・人間革命』第二一巻、二三頁）

〈「法華経というのは、人間の生命を解明した法理といえます。

軍部政府の弾圧によって捕らえられた私の恩師である戸田城聖先生は、法華経を読み切ろうと決意され、牢獄で唱題と思索を重ねました。そのなかで『仏とは生命である』と覚知されたんです。

それによって、仏法というものが、時代を超えた普遍の生命哲学として、現代に蘇ったといえます。今日、私ども創価学会が大発展したのは、こ

の恩師の悟達があったからです」〉

（同前、一四九～一五〇頁）

戸田先生の「獄中の悟達」について、大正期における「生命」に関する思想的潮流の影響を指摘する議論もあります。戸田先生の悟達は法華経の開経とも呼ばれる無量義経の文に依り、御本尊を心に念じながら題目を唱え、難解な仏の実体について思索した結果として得られた結論です。池田先生は「仏とは生命なり」の悟達によって、仏法が「時代を超えた普遍の生命哲学」として現代に蘇ったと語り、創価学会の発展も「獄中の悟達」があったからだと述べています。こうした池田先生の信仰理解に基づけば、むしろ「獄中の悟達」を現代が希求していることの証左として、「生命」に関する思想的潮流が育まれたとも言えるでしょう。少なくとも、信仰学的な理解においては時代の潮流が戸田先生の悟達を下支えしたと考えることも出来るのではないかと思います。また池田先生は仏法を「生命論」「生命哲学」として語ることの意義についてこのように指摘しています。

〈仏法の法理を、「生命論」や「生命哲学」として論じていくことで、広く人びとが仏法を理解する素地をつくることができる。仏法の展開のためには、時代に対応しながら、さまざまな現代の哲学、科学の成果を踏まえ、わかりやすく論じていくことが不可欠だ。仏法を、いかに時代に即して展開していくか——それは、広宣流布を推進するうえで、最重要のテーマといえよう。その責任を放棄し、努力を怠れば、広宣流布の道は閉ざされてしまうことになる。だからこそ、学会では、そこに最大の力を注いできたのだ。その着実な努力があったからこそ、世界の指導者、識者も、日蓮仏法に刮目（かつもく）し、共感を寄せ、世界宗教へと発展してきたのである。〉

（『新・人間革命』第二八巻、二〇～二一頁）

池田先生は創価学会が仏法を「生命論」「生命哲学」として論じることで、世界的な規模で「広宣流布」を推進することが出来たと指摘しています。確かに、難解な仏の実体を広く理解させるためには「生命」という表現への言い換えが決定的な意味を持っていました。特に世界の国々に仏法を弘めるという観点に立ったとき、「仏とは生命なり」との悟達は創価学会の思想運動にとって欠かすことの出来ない役割を果たしたことが池田先生の記述からうかがえます。仏法を民衆に伝え、世界にわかりやすい形で展開するための哲学的土台として、「仏とは生命なり」との悟達は現在においてもなお、創価学会の信仰活動における機軸となっているのです。

三項　「我、地涌の菩薩なり」との悟達が持つ信仰的意義

戸田先生は自身が日蓮大聖人と同じ法華経に説かれる虚空会の会座（えざ）に連なっていたことを覚知され、自らの使命が「広宣流布」にあることを悟達されます。「獄中の悟達」を原点とする創価学会の信仰において、自らが法華経に登場する「地涌の菩薩」であるという自覚は、創価学会員共通のアイデンティティにもなっています。池田先生は「我、地涌の菩薩なり」との悟達についてこのように記述しています。

〈創価学会の確信の精髄は、戸田城聖の「獄中の悟達」にある。法華経に説かれた「在在諸仏土　常与師倶生（在在の諸仏の土に　常に師と倶に生ず）」（法華経三一七㌻）の文を生命で読んだ戸田の、「われ地涌の菩薩なり」との悟達こそが、学会の魂である。〉（『新・人間革命』第二三巻、二一頁）

池田先生は「我、地涌の菩薩なり」との悟達について、「在在諸仏土　常与師倶生」という法華経化城喩品の文を引いて説明しています。戸田先生は「我、地涌の菩薩なり」との悟達を通して、虚空会の会座において師匠である日蓮大聖人と自らが同座していたことを覚知します。つまり、「我、地涌の菩薩なり」との悟達は仏法における師匠と弟子の関係が今世限りのものではないことを象徴し、永遠の師弟関係を明かしているのです。また「仏とは生命なり」との悟達に基づき、法華経を「生命で読んだ」ことで「我、地涌の菩薩なり」との悟達を得られたことも論じられています。このことから、仏の生命と自分自身の生命が等しいという深い確信に立脚することで、永遠の師弟関係を悟ることが出来るという信仰の道筋が見えてくるのではないでしょうか。さらに、「我、地涌の菩薩なり」と

の悟達は、戸田先生の提唱した「地球民族主義」を思想的に裏付ける拠り所にもなっています。

〈第二代会長・戸田城聖は、一九五二年（昭和二十七年）二月、青年部研究発表会の席上、「地球民族主義」を提唱した。それは、国家や民族など、あらゆる壁を超えて、人間は誰もが、同じ地球民族であるとの思想である。この思想が今、アメリカの青年たちにも受け継がれ、「世界は一つ」という歌声となったのだ。

戸田の、この主張の根底には、人間は皆、等しく「仏」という尊極無上の生命を具え、人類の幸福を実現するために出現した地涌の菩薩なのだという、仏法の生命哲理がある。

万人の尊厳と平等を認め合う生命哲理があってこそ、〝世界は一つ〟という夢を現実のものとすることができるのだ。〉（同前、一七五〜一七六頁）

「地涌の菩薩」とは仏の滅後において、仏法を流布することを使命とした法華経に登場する無数の菩薩たちのことを指します。「我、地涌の菩薩なり」との悟達は、潜在的に全ての人間が等しく仏の生命を具えているという「仏とは生命なり」との悟達に立脚しており、特定の人間だけを特別視する選民思想ではありません。むしろ、人間は誰もが潜在的に「地涌の菩薩」であるという差別のない平等な人間観に基づいているのです。戸田先生は「我、地涌の菩薩なり」との悟達を「地球民族」として現代的に展開し、創価学会における平和運動の基盤としたのではないでしょうか。

小結　池田大作先生の「殉教」「獄中の悟達」に関する信仰的理解

これまで牧口先生の「殉教」、戸田先生の「獄中の悟達」について、池田先生の『新・人間革命』の言説から信仰学的な考察を行ってきました。牧口先生の「殉教」は創価学会の信仰において何があっても崩れることのない「信心の大確信」を象徴しており、死という表層的な結果を賛美しているのではありません。また、師匠の遺志を継ぎ、弟子として信仰に生き抜くことが「殉教の精神」に通じていると受け止めるのが池田先生の信仰的理解だと言えるでしょう。さらに、『新・人間革命』において「殉教」という言葉は主に熱原法難と牧口先生を論じる場合に用いられており、両者には日蓮大聖人の御図顕された十界文字曼荼羅御本尊を根本とした信仰の在り方が共通しています。また、自らの信仰を通して日蓮大聖人に直結し、凡夫の姿のまま仏の生命を顕現するという、創価学会の信仰における「発迹顕本」と呼ばれる成仏観を象徴する事例でもあります。加えて、師匠の遺志を弟子が継承する信仰実践が創価学会において極めて重要な意義を持っており、牧口先生の「殉教」は師匠と弟子が一体であることを教えた「師弟不二」の信仰における原点にもなっていると言えます。

続いて戸田先生の「獄中の悟達」は運命論に傾斜しがちな一般的な因果観を超え、仏の生命を我が身に顕し、過去の罪障を消滅する「宿命の転換」の方途を示しました。具体的には日蓮大聖人の御図顕された御本尊に顕れている本仏の生命に感応し、法華経に描かれた虚空会の会座に集った「地涌の菩薩」として信仰に励むことが、「獄中の悟達」において示された「宿命の転換」の方途です。さらに、池田先生は「仏とは生命なり」との悟達によって仏法が「生命論」「生命哲学」として現代に蘇り、創価学会が発展した大きな原動力になっているとも指摘しています。また戸田先生の提唱した「地球民族主義」は「我、地涌の菩薩なり」との悟達を思想的背景としており、創価学会が展開する平和運動の原点には、全人類は皆、潜在的に「地涌の菩薩」であるという人間観が土台となっているのです。このように、牧口先生の「殉教」と戸田先生の「獄中の悟達」は創価学会の信仰において欠かすことの出来ない「創価学会の精神の原点」であり、創価学会の宗教的な独自性を形成する核になっていると言えるのではないでしょうか。

三章　牧口常三郎先生の日蓮大聖人観

一項　不屈の信仰者としての日蓮大聖人

ここからは前述してきた牧口先生の「殉教」、戸田先生の「獄中の悟達」についての信仰学的な意義を踏まえ、牧口先生、戸田先生の日蓮大聖人観に迫っていきたいと思います。資料として残されている牧口先生の獄中書簡には、「信仰一心にして居ます」(『牧口常三郎全集』第一〇巻、二七六頁)、「信仰がお互に第一です」（同前、二七八頁）、「信仰第一にしてゐる」（同前、二八一頁）、「信仰を一心にする」（同前、二八四頁）、「身体丈夫ニ信仰第一デス」（同前、二九五頁）、「何処でも、信仰が第一です」（同前、二九九頁）、「信仰ガ、一バン大切デスヨ」（同前、三〇〇頁）といった言葉が散見されます。牧口先生が獄中において自らの述懐として、また親しい親族への激励において「信仰一心」「信仰第一」の姿勢を強調していることは極めて重要な事実です。こうした何よりも信仰を大切にする姿勢は創価学会において、「信心根本」の信仰として受け継がれています。具体的に次のような池田先生の記述が挙げられます。

〈皆さんは、尊い地涌の菩薩です。さまざまな宿命と日々格闘しながら、それを乗り越えて、仏法の大功徳を証明し、広宣流布の使命を果たしゆく方々です。すべての苦悩は、大幸福境涯にいたるステップです。何があっても、信心根本に悠然と進み、意義深き黄金の思い出をつくってください。

人の一生には、さまざまな出来事がある。しかし、長い目で見た時、真面目に信心に励んだ人は、必ず勝利し、輝いています。背伸びする必要はありません。ありのままの自分でいい。学会と共に進んでいくことです。

仏にも悩みはある。悩みは常につきまとうものです。しかし、煩悩即菩提・生死即涅槃です。苦悩を歓喜へ、幸福へと転じていけるのが南無妙法蓮華経です。濁世の、せちがらい苦労だらけの世の中で、自他共の幸せを築いていくために出現したのが、地涌の菩薩である皆さんです。幸福を勝ち取るために、自分に勝ってください。私も、お題目を送ります〉

（『新・人間革命』第三〇巻上、二八二～二八三頁）

池田先生は「信心根本」の信仰について語りながら、「仏にも悩みはある」と指摘し、あらゆる苦悩をどんな困難にも屈しない不動の境地を確立するためのステップと捉えることの重要性を教えています。牧口先生も自らの境遇と日蓮大聖人の生涯を重ねながら、獄中において信仰心が試されているという実感を持っていたことがうかがわれます。

〈大聖人様の佐渡の御苦しみをしのぶと何でもあ里ません。過去の業が出て来たのが経文や御書の通りです。〉（『牧口常三郎全集』第一〇巻、二八二頁）

この記述などはその証左であり、牧口先生が日蓮大聖人を不屈の信仰者として最大限に尊敬していたことが文面から理解出来ます。牧口先生は単にプラグマティックな生活法として仏法を信仰し、その唱道者として日蓮大聖人を受容していたのではありません。牧口先生にとって信仰は手段ではなく目的であり、どこまでも最優先にすべき人生の最大事でした。また、不屈の信仰を貫く日蓮大聖人を常に心に描きながら、日蓮大聖人門下としての生涯を全うしたことを指摘しておきたいと思います。

二項　「変毒為薬」を体現した殉難者

牧口先生の獄中書簡では「変毒為薬」という言葉が幾度か登場します。「変毒為薬」とは大智度論を典拠としており、大薬師が毒を薬としたという記述から、煩悩、業、苦の三道を法身、般若、解脱という仏の三徳へと転じることを意味しています。つまり、人間の煩悩を滅却するのではなく、そのまま菩提へと転じさせることを指します。[※13]牧口先生は次のように述懐しています。

〈災難と云ふても、大聖人様の九牛の一毛です、とあきらめて益々信仰を強める事です。広大無辺の大利益に暮す吾々に、斯くの如き事は決してうらめません。経文や御書にある通り、必ず「毒変じて薬となる」ことは今までの経験からも後で解ります。〉（『牧口常三郎全集』第一〇巻、二七八頁）

〈信仰さへして居れば必ず「変毒為薬」は経文通り、今までの通りと、信して居ればこそ、此冬を元気で、くらせたのです。さて日にまし暖になり、元気で居るから心配せぬで。〉（同前、二九一頁）

〈何処でも、信仰が第一です。必ず朝夕ハ怠ることなかれです。私も無事です。何の不安もない。必ず「変毒為薬」となると存じます。〉

（同前、二九九頁）

牧口先生は獄中の苦労を「九牛の一毛」と表現し、偉大な殉難者として日蓮大聖人を受け止めています。また、日蓮大聖人が数々の法難を全て乗り越え、その度に信仰者として飛躍していった姿を想定されながら、経文通りの大利益を受けているという実感を吐露しています。また、「今までの経験からも後で解ります」という言葉からは、こうした信仰を以前より強く堅持していたことが理解出来ます。「変毒為薬」に象徴される苦難を活力とする信仰は現在においても創価学会に強く根付いており、池田先生は『新・人間革命』において阪神・淡路大震災で被災した学会員に向けてこのように語っています。

〈すべては壊れても、生命に積んだ福徳は、永遠に壊されることはありません。一遍でも題目を唱えたならば、成仏できるのが大聖人の仏法です。亡くなられた同志は、今世で宿命を転換し、来世も御本尊のもとに生まれ、幸せになれることは間違いありません。

また、『変毒為薬』とあるように、信心によって、毒を変じて薬にすることができる。大聖人は『大悪をこれば大善きたる』(御書一三〇〇ジペー)と仰せです。

今は、どんなに苦しくとも、必ず幸せになれることを確信してください。いや、必ずなってください。強い心で、強い生命で、見事に再起されるよう祈り待っています〉

(『新・人間革命』第三〇巻下、三九三〜三九四頁)

創価学会では「三世の生命」を説き、生命が過去、現在、未来へと永続していることを教えています。「変毒為薬」という信仰もこの「三世の生命」観を前提としており、牧口先生も死でさえも奪えない福徳を確信していたが故に、「変毒為薬」という信仰を貫けたのではないかと思います。だからこそ、獄中において「何の不安もない」と断言出来たのではないでしょうか。検閲により原文は削除されているものの、牧口先生は獄中書簡に「心一つで地獄にも楽しみがあります」(『牧口常三郎全集』第一〇巻、二八五頁)と記しています。こうした発言には、日蓮大聖人を「変毒為薬」を体現した殉難者として受容し、自らも師匠に続こうとする力強い信仰が現れているように思われます。

三項　御本尊を御図顕した救済者

創価学会において、日蓮大聖人が御図顕した十界文字曼荼羅を御本尊として貴び、御本尊に日蓮大聖人の仏の生命を見出す「御本尊根本の信心」は牧口先生以来の伝統とされます。牧口先生が獄中において、御本尊を一心に求める信仰を貫いていたことは書簡の端々から垣間見ることが出来ます。具体的には次のような記述が挙げられます。

〈御本尊様を身につけて居ないと、怪我をする。〉
（『牧口常三郎全集』第一〇巻、二七四頁）

〈御本尊様を一生けんめいに信じて居れば、次々に色々の故障がでて来るが皆直ります。〉
（同前、二八二頁）

〈御守り御本尊、母ののでも入れて下さい。これは特に御願ひして下さい。信仰を一心にするのが、この頃の仕事です。これさへして居れば、何の不安もない。心一つのおき所で、〔地獄〕〈原文削除〉に居ても安全です。〉（同前、二八四頁）

〈さて、〔御守り御本尊たのんで差入れてもらいたい。〕〈原文削除〉〉（同前、二八五頁）

〈アトハ御本尊様ニ御マカセデス。〉
（同前、二九四頁）

牧口先生は獄中を地獄と表現し、地獄も心一つで楽しみもあり、安全であると語っています。また牧口先生がそうした心情に至ることが出来た背景として、御本尊を一心に求める信仰が前提にあったことが理解出来ます。獄中において、食事や衣類などの生活必需品よりも御本尊の差し入れを懇願していた事実は、牧口先生の「御本尊根本の信心」がどれだけ強かったかを物語っているのではないでしょうか。一部は検閲によって削除されていますが、検閲があることを理解しながらも、牧口先生は御本尊の差し入れを求めていたのです。池田先生は信心の基本は御本尊根本に帰着するとした上で、次のように論じています。

〈生命が御本尊と合致していれば、どんな苦難も、必ず乗り越えていくことができる。信心の極意は、何があっても御本尊に向かい、題目を唱え抜いていくことしかありません。

苦しい時も、悲しい時も、嬉しい時も、この姿勢を貫き通していくことが、〝御本尊根本〟の信心であり、それが正信なんです。

そうすれば、御本尊が助けてくれないわけがない。困難を乗り越える大生命力が、智慧が、湧かないわけがありません。常に、根底の一念を御本尊に定め、その信心を持続することが、現世安穏・後生善処の人生につながっていくことを知っていただきたい。

また、よく〝信心の根を張る〟というが、それは、〝持続の信心〟ということなんです〉

（『新・人間革命』第二九巻、一〇二〜一〇三頁）

池田先生は「御本尊根本の信心」について、「御本尊が助けてくれないわけがない」「常に、根底の一念を御本尊に定め、その信心を持続する」と語っています。牧口先生は獄中において「御本尊様ニ御マカセデス」という言葉を吐露していますが、こうした牧口先生以来の御本尊を根本とした信仰は現在においても、創価学会の基盤になっています。そしてまた、こうした「御本尊根本の信心」の前提には御本尊を御図顕した日蓮大聖人を救済者として渇仰する信仰を見て取ることが出来ます。「御マカセデス」という言葉には、救済者としての日蓮大聖人に我が身を託す牧口先生の率直な心情が現れているように思われます。

四章　戸田城聖先生の日蓮大聖人観

一項　「南無妙法蓮華経即宇宙生命」という仏の実体

戸田先生は獄中において「仏とは生命なり」「我、地涌の菩薩なり」との悟達を得ました。「獄中の悟達」を通して、戸田先生にはいかなる日蓮大聖人観が形成されたのでしょうか。戸田先生による『人間革命』には、「獄中の悟達」の様子がこのように記されています。

〈思案を打切って題目を唱えだした声が独房に響

き渡り、それが消えると、彼は死物狂いの思索に入っている。

「仏とは生命なんだ！」

巌さんが机の前で叫んだ時、凍った海底のように、寒さを湛えてシン！ となっていた部屋に、強く両手を打合わせた音がぱあん！ と響いた。

「仏とは、生命の表現なんだ！ 外にあるものではなく、自分の命にあるものだ！ いや、外にもある！ それは宇宙生命の一実体なんだ！」

巌さんは独り叫びつづける。紅い血が頬に躍っており、眼鏡の底の眼が妖しいまでに輝いている。〉（『戸田城聖全集』第八巻、五〇一頁）

戸田先生は「仏の実体」について思索を深める中で、仏とは生命であり、外在的には宇宙生命の一実体として仏の本質を覚知しました。この悟達によって、戸田先生には「南無妙法蓮華経即宇宙生命」という信仰理解が生じることになります。池田先生もこうした信仰を継承し、次のように記しています。

〈伸一は、宇宙生命に内在する〝法〟こそが〝究極の実在〟であり、この〝法〟は、宇宙のさまざまな現象を起こし、かつそれらの現象の間に厳然と調和を保つ、あらゆる法則の根源であることを力説した。
その話に、博士は目を輝かせながら、耳を傾けていた。それは、宇宙の根本法たる妙法への開眼であったにちがいない。〉
（『新・人間革命』第一六巻、二〇三〜二〇四頁）

この言及は「究極の実在」について、仏教の考え方に共感を寄せた歴史学者のアーノルド・J・トインビーに対して池田先生が語った内容です。ここでは「宇宙生命に内在する〝法〟」という表現が使われていますが、創価学会の信仰においては南無妙法蓮華経を指し示しており、「南無妙法蓮華経即宇宙生命」という信仰が池田先生にも受け継がれていることがわかります。また戸田先生は「南無妙法蓮華経即宇宙生命」について、このように述べています。

〈天台以前においても天親、竜樹、馬鳴（めみょう）、堅慧（けんね）のこれらの人々は十界互具、一念三千を知っておったと説かれている。いうまでもなく、真に実大乗経を研究するならば、いっさい宇宙はこれ南無妙法蓮華経であり、南無妙法蓮華経即宇宙生命であることを知るのは当然である。されば古代の真の仏教研究者が、これに到達したということは、なんらの疑いもないことであろう。〉

（『戸田城聖全集』第七巻、一五七頁）

戸田先生は「南無妙法蓮華経即宇宙生命」という信仰に立脚することで、日蓮大聖人を大宇宙に遍満する宇宙大の広がりを持った存在として理解するようになります。次項でも詳述しますが、こうした考え方は決して戸田先生の新奇な立場ではなく、十界が互いに具わっていると考える「十界互具」、一念に三千世間が具足すると考える「一念三千」など、仏教の伝統的な思想を現代に蘇生させ、現代人にもわかりやすく哲学的に表現したものだと言えるでしょう。

二項　宇宙的スケールの日蓮大聖人

戸田先生は「南無妙法蓮華経即宇宙生命」と覚知しましたが、その帰結として宇宙的なスケールの人間像を日蓮大聖人に見出すに至ります。戸田先生は日蓮大聖人の立宗がこの地球だけを対象にしているのではなく、大宇宙全体を視野に入れていたことを次のように記述しています。

〈人間の力というものは弱いものである。自己自身に生きていると、いかに力んでみても、他人に支配され、対境に支配されやすいものなのである。されば、いかに観念的に、自己自身、自ら生きていると力んでみても、それで、幸福であると言いえない場合が多い。そこで、自己自身の生命が、もっとも強く、もっとも輝かしく、もっとも幸福であるためには、十界互具、一念三千の仏法に生きる以外にはないと、吾人は信ずるものである。

これこそ、七百余年前に、日蓮大聖人が、大宇宙に対して呼号なされた大哲理である。〉

（『戸田城聖全集』第一巻、一八四頁）

日蓮大聖人が大宇宙に対して呼号されたとする戸田先生の見解は、「十界互具」「一念三千」などの法理から導かれる、個に即しながら、なおかつ、個の実在を超越した日蓮大聖人観を前提にしています。そのため、戸田先生の指摘する「大宇宙」は仏法の世界観に基づいた現代的な表現であり、我々が想像する物理的宇宙空間のみを想定しているのではない、ということも指摘しておきたいと思います。その上で、池田先生は戸田先生の志向した宇宙的なスケールの日蓮大聖人観をさらに人間観にまで適用し、「宇宙的ヒューマニズム」として展開しています。

〈仏法では、人間が地上の支配者であり、そのほかの生物や自然を、征服すべき対象とは考えません。

大宇宙それ自体が一つの生命体であり、人間もそのなかで生きる一個の小宇宙ととらえます。そして、人間も、他の生物も、また、自分を取り巻くあらゆる存在が、互いに依存し、支え合い、調和することによって、生を維持していると考えます。

事実、もし人間が、自らがこの世の支配者であるかのように慢心し、強大な科学技術の力をもって、すべての森林を伐採し、動物を絶滅させ、海を汚染し、自然を破壊していけば、どうなるでしょう。

それでは、人間自身が、生命を維持すること自体が、困難になってしまう。つまり、自分と、他の人びと、また、周囲の動植物など、人間を取り巻くあらゆる環境を対峙的にとらえるのではなく、一つの連関と見て、調和の上に、人間の幸福を創造していくことが、仏法のヒューマニズムの一つの特徴といえます。その意味では、宇宙的ヒューマニズムといってもよいかもしれません〉

(『新・人間革命』第五巻、一九～二〇頁)

池田先生は「大宇宙それ自体が一つの生命体」「人間もそのなかで生きる一個の小宇宙」と語っていますが、創価学会の信仰においては「我即宇宙」「宇宙即我」とも表現されます。このように、池田先生は戸田先生が見出した宇宙的な規模にまで拡大した日蓮大聖人観を踏まえながら、「宇宙的ヒューマニズム」としてさらにその裾野を人類全体にまで広げ、信仰の垣根を超えた思想運動として展開しているのです。

三項　日蓮大聖人を通した御本尊信仰と永遠の師弟関係

戸田先生は牧口先生以来の「御本尊根本の信心」を継承し、日蓮大聖人を通した御本尊信仰を強く打ち出しています。池田先生は戸田先生のそうした信仰を受け継ぎ、『新・人間革命』において「帰命（きみょう）する対境には、『人』と『法』がある。『人』とは、文底の釈尊であり、人本尊である日蓮大聖人です。『法』とは、末法の法華経であり、法本尊である、南無妙法蓮華経です。つまり、人法一箇の御本尊に帰命することが、真実の帰命となります」（『新・人間革命』第六巻、三三九頁）と記し、日蓮大聖人を通して御本尊を信仰する重要性を教えています。当然、このような立場はこれまで論じてきた宇宙的なスケールの日蓮大聖人観や、万人に開かれた仏法の人間主義を前提にしていることは言うまでもありません。そのため、創価学会における日蓮大聖人を通した御本尊信仰を個人崇拝（祖師信仰）という文脈で理解することは誤りです。そうした前提を踏まえた上で、戸田先生は御本尊を正しく讃嘆することの意義について次のように語っています。

〈三大秘法の義に照らし、御本尊即日蓮大聖人であり、日蓮大聖人即御本尊であると信ずるところに、御本尊を讃嘆する義があるので、この讃嘆こそ身口意三業の讃嘆というべきではなかろうか。〉

（『戸田城聖全集』第一巻、二五九頁）

このように、戸田先生における日蓮大聖人直結の信仰は、人法一箇の御本尊信仰を土台としています。また、戸田先生の日蓮大聖人観は「我、地涌の菩薩なり」との悟達によって覚知された永遠の師弟関係という観点からも説明が出来ると思います。戸田先生は「在在諸仏土　常与師倶生」という法華経の文の通りに「我、地涌の菩薩なり」との悟達を得たとされますが、池田先生はその時の様子を次のように記述しています。

〈戸田城聖は獄中にあって、「われ地涌の菩薩なり」と感得した時、「御義口伝」の「霊山一会儼然未散（りょうぜんいちえげんねんみさん）」（霊山一会儼然として未だ散らず）の御文を生命の実感として拝することができた。

さらに牧口と自分との師弟の関係もまた、法華経化城喩品の「在在諸仏土　常与師倶生」の文のままに、久遠の昔より永遠であることを覚知したのだ。

地涌の菩薩の使命は広宣流布にある。

その使命を、深く深く自覚した戸田は、牢獄の中で感涙にむせびながら叫んでいた。

「これで俺の一生は決まった。今日の日を忘れまい。この尊い大法を流布して、俺は生涯を終わるのだ！」〉（『新・人間革命』第一七巻、二二三頁）

戸田先生は「獄中の悟達」において、日蓮大聖人との師弟関係が永遠であると悟り、自らと牧口先生の師弟関係も今世限りのものではないと覚知します。戸田先生は「久遠元初に拝し奉りし御本仏を、まのあたり再び拝し得て、歓喜にもえ立つのであるから、久遠元初の姿にもどって、ただただ御本尊を讃歎し、人々に、久遠の本仏を思い出すようにすすめるのである」（『戸田城聖全集』第一巻、七七〜七八頁）と、御本尊を拝することで久遠の本仏を「まのあたり再び拝し得て」「思い出す」ことが出来ると語っています。戸田先生も指摘しているように、「御本尊根本の信心」によって永遠の師弟関係を現実において体得することが出来るのです。

おわりに

これまで牧口先生と戸田先生の日蓮大聖人観について詳述してきました。牧口先生は獄中において「信仰第一」の姿勢を貫き、日蓮大聖人の生涯を追慕されながら不屈の信仰者としての日蓮大聖人を思い描かれています。また「変毒為薬」という言葉を用いながら、数々の法難を受けられた殉難者としての日蓮大聖人に我が身を重ね、過去、現在、未来と誰人にも奪うことの出来ない信仰の功徳を体感しています。さらに、獄中において幾度も御本尊の差し入れを求めるなど、「御本尊根本の信心」を実践し、救済者としての日蓮大聖人に我が身を任せるという心境に達していました。

戸田先生は「獄中の悟達」を経て「仏とは生命なり」と悟られ、仏とは外在的には宇宙生命の一実体であると覚知し、「南無妙法蓮華経即宇宙生命」という信仰に立脚します。それにより、日蓮大聖人は大宇宙に遍満する宇宙的なスケールの存在として理解されるようになりました。池田先生はそうした戸田先生の日蓮大聖人観を人類全体にまで拡大し、「宇宙的ヒューマニズム」として思想的に展開しています。また戸田先生は「我、地涌の菩薩なり」との悟達から仏法における師弟関係が永遠であることを悟ると共に、日蓮大聖人を通した御本尊信仰を強く打ち出し、永遠の師匠として日蓮大聖人を受容しています。

これまで池田先生の「殉教」観、「獄中の悟達」観を明らかにし、牧口先生、戸田先生の日蓮大聖人観を信仰学的なアプローチで考察してきました。創価学会会憲において「広宣流布の永遠の師匠」（創価学会会憲第一章総則〈三代会長〉第三条）と定められている牧口先生、戸田先生、池田先生の日蓮大聖人観は細かな表現の相違はあっても、その本質において寸分違わない一貫性を有していることがわかります。牧口先生が貫いた日蓮大聖人と御本尊を恋慕渇仰する「信仰第一」「信仰一心」の態度は池田先生において、「信心根本」「御本尊根本」の信仰として脈々と受け継がれています。また池田先生は戸田先生の「獄中の悟達」に基づく宇宙的スケールの日蓮大聖人観を発展的に継承し、生命の尊厳を基調とする仏法の人間主義を創価学会の平和運動における機軸としています。こうした具体例からも明らかなように、牧口先生と戸田先生の日蓮大聖人観の核心は現在においても創価学会の信仰の在り方に多大な影響を与えており、これからさらなる研究の発展が望まれるでしょう。創価学会の信仰において、日蓮大聖人は単なる過去の先覚者ではなく、宇宙的スケールの根源の師であり、信仰の対象として今もなお人々を救い続ける永遠の仏です。そのことを結論として申し上げ、本論を終わりたいと思います。

注

※1　創学研究所編『創学研究Ⅰ——信仰学とは何か』（第三文明社）における松岡幹夫著「創価信仰学の基礎」では、「基点からの歴史」について「創価信仰学では、現在の池田先生の思想を基点として過去の仏教思想を解釈していく。創価信仰学の方法論である「池田的解釈」「池田先生からの出発」は、仏教学者や歴史学者のように

「過去から現在へ」と仏教の歴史的な歩みを概観するのではなく、「現在から過去へ」の流れで仏教史を捉え直す。現在の池田先生を自宗教の基点として、それ以前の仏教の歩みを意味づける。いわば「基点からの歴史」を考えるのが、創価信仰学の立場である」（九三頁）と概説している。

※2　章安大師灌頂の『涅槃経疏』巻十二を典拠とする。創価学会公式サイト会員サポート教学用語解説「死身弘法」を参照。

※3　法華経勧持品第十三を典拠とする。創価学会公式サイト会員サポート教学用語解説「不惜身命」を参照。

※4　創価学会公式サイト会員サポート教学用語解説「熱原の法難」を参照。

※5　創価学会公式サイト会員サポート教学用語解説「発迹顕本」を参照。

※6　創価学会公式サイト会員サポート教学用語解説「久遠元初の自受用報身如来」を参照。

※7　池田先生は日興上人が御本尊を授与された信徒を在家・出家問わず記録した「弟子分本尊目録」（本尊分与帳）について触れながら、「日興上人が「在家人弟子分」と位置づけられた農夫などの庶民の門下十七人のなかには、一人として背信の者は見あたらない。このなかには殉教の誉れの勇者である「熱原の三烈士」（神四郎、弥五郎、弥六郎）も含まれている」（『池田大作全集』第七一巻、四四～四五頁）と指摘し、熱原法難の中心門下が御本尊を授与されており、篤い信仰を貫いたことを指摘している。

※8　創学研究所編『創学研究Ⅰ――信仰学とは何か』（第三文明社）における松岡幹夫著「創価信仰学の基礎」では、「根源的事実」について「根源的事実とは、我々が法華経に予言された末法の救済者・地涌の菩薩に他ならず、究極的には永遠の仏である宇宙生命と一体であるという「生命の真実」（『法華経の智慧』、『池田大作全集』第三一巻、二六頁）のことである。この根源的事実は、日蓮仏法の曼荼羅御本尊に具現されている。そのゆえに、創価学会の信仰者は文献史料でなく御本尊という根源的事実から出発して仏教を理解することができる」（三九頁）と概説している。

※9　『池田大作全集』第二九巻、四二頁を参照。

※10　創価学会公式サイト会員サポート教学用語解説「宿命転換」を参照。

※11　『戸田城聖全集』第八巻、五一一～五二〇頁を参照。

※12　創価学会公式サイト会員サポート教学用語解説「地涌の菩薩」を参照。

※13　創価学会公式サイト会員サポート教学用語解説「変毒為薬」を参照。

4 討論

東京大学名誉教授
末木文美士

東北大学大学院教授
佐藤弘夫

公益財団法人
東洋哲学研究所所長
桐ケ谷章

創学研究所所長
松岡幹夫

創学研究所研究員
蔦木栄一

創学研究所研究員
三浦健一

松岡幹夫　質疑応答に入ります。外部ゲストとしてお越しの末木さんと佐藤さんから、一言、感想やご質問をお話しいただければと思います。

末木文美士　それぞれの信仰の学問の研究会を、それぞれの宗派が持っています。そういった場所に私が講演に呼ばれることがあります。そういうときには内部の人たちの発表は聞かず、講演のときだけ会場に案内されるのが普通です。今回のように、研究会の場で創価学会の信仰者が熱く信仰を語る様子を初めて見ました（会場笑）。私としては非常に新鮮な体験でした。ありがとうございました。

佐藤弘夫　蔦木さんと三浦さんから興味深いお話を聞かせていただきましたので、本仏論についてあらためて確認したいと思います。現在の創価学会で、本仏論がどんなふうにとらえられているのか。特に歴史上の釈迦との関係です。真理の顕現として、釈迦と日蓮の両者は本質的に変わらない。そうとらえていいのか。そのあたりを確認したいと思うのです。それから、日蓮大聖人を通した御本尊信仰という三浦さんの議論を、もう少しかみ砕いた形で論じていただければと思います。

釈尊と日蓮大聖人の関係

蔦木栄一　佐藤さんの質問について、発表の題材である『人間革命』を参考にしながら、私の考えるところを述べてみます。

『人間革命』における釈尊と大聖人に対する記述を見たとき、仏教の歴史的な流れの中で両者の役割が違っているとする立場です。どう違うのかというのは、立ち入ったところまで読み解くのは非常に難しいところですが、「本果妙の釈尊仏法」と「本因妙の日蓮仏法」という対比が重要になるように思います。

ですから、本果妙と本因妙という点を今一度掘り下げて考えていく必要があるのではないでしょうか。単純に釈尊と大聖人を上下関係で見るべきではないでしょう。そうではなく、本果妙・本因妙という救済のあり方の違いをしっかりと考える。私個人は、ここが大きなポイントになるのではないかと考えています。

佐藤　「本因妙」と「本果妙」というのは、言葉としては理解できます。けれども、その中身をどんなふうに説明し、展開できるのか。一般の人に話をしていく、あるいは世界に向かって発信していくときに、どういうふうにわかりやすく論じられるのか。この点は、今後検討の余地があるかと思います。

蔦木　そのためにも、まず歴史的事実と信仰上の事実を立て分け、我々信仰者の側は主に救済論的な立場から御本仏日蓮大聖人を論じていく必要があると思う次第です。その上で、佐藤さんが言われるように、創価学会員以外の方々にどのような形で日蓮本仏論を説明していけばよいのか。私も引き続き、しっかり研鑽したいと思います。

松岡　司会の立場ですが、一言だけ申し上げます。創価学会では釈尊と日蓮大聖人を根源的に一体と見ていると思います。池田先生は、『法華経の智慧』の中で釈尊が師とした「根源の仏」について論じています（『池田大作全集』第三〇巻、二七〇頁）。この根源の仏を「宇宙生命」「南無妙法蓮華経如来」とも称するのが創価学会の信仰です。教義的に言えば、法華経寿量品の文底の真理において釈尊と大聖人は一体とみられるわけです。このあたり、大石寺教学では異名同体説や二元一体説として説明されています。ただし、真理の深みにおいて両者は一体なのですが、衆生を救っていく教化の立場では本因の立場、本果の立場という違いが出てくる。そういう理解の仕方があるわけです。

日蓮大聖人を通した御本尊信仰

松岡　では、続いて三浦さんに対する佐藤さんの質問に回答をお願いします。日蓮大聖人を通した御本尊信仰という教義について、もう少しわかりやすく説明してほしい、とのことでしたが。

三浦健一　創価学会における日蓮大聖人を通した御本尊信仰を、どうすればもう少しかみ砕いて説明できるのか。佐藤さんのご質問に対して、私なりの答えを述べさせていただきます。

日蓮大聖人は『経王殿御返事』という御書の中で「日蓮がたましいをすみにそめながしてかきて候ぞ」（新一六三三頁・全一一二四頁）と仰せです。創価学会の信仰では日蓮大聖人の本地を久遠元初の自受用身＝南無妙法蓮華経如来ととらえています。もっとわかりやすく言えば、根源の法を覚知した凡夫の仏だと考えているわけです。その、ほしいままに受け用いる自由自在の仏の生命を「日蓮がたましい」として顕示されたのが曼荼羅御本尊です。この曼荼羅御本尊を信受し、御本仏の生命の当体として拝することが、日蓮大聖人を通した御本尊信仰の実践です。

ですから、大石寺・第二十六世法主の日寛上人も『観心本尊抄』の講義の中で「一念三千の本尊、その体何物ぞや。謂く、蓮祖聖人これなり」（創価学会教学部編『日寛上人文段集』五四八頁）と論じています。我々は蓮祖＝日蓮大聖人を通して御本尊を信仰しているのであり、日蓮大聖人の境界を通してこそ御本尊は御本尊たりえるのです。しかも、「我等この本尊を信受し、南無妙法蓮華経と唱え奉れば、我が身即ち一念三千の本尊、蓮祖聖人なり」（同前）とも日寛上人は言います。御本尊に題目を唱える我々の身に、日蓮大聖人の仏の生命が涌現するという意味です。

このように見ると、創価学会における日蓮大聖人を通した御本尊信仰は、決して大聖人御一人を神格化するものではありません。むしろ万人の尊厳を徹底する信仰と言うべきです。そうした前提に立ち、戸田先生、池田先生は「御本尊即日蓮大聖人」「日蓮大聖人即御本尊」と言われているのです。日蓮大聖人を通した御本尊信仰こそ創価学会の師弟の精神の源流をなし、さらには師弟不二を目指す実践の中で、万人が仏であるという仏法の人間主義が現実において展開されるものと考えます。

救済の心で考える

松岡　ありがとうございました。その他、発表者の方からお話したいことがあれば、どうぞご発言ください。

蔦木　先ほど私は「人間の網膜(もうまく)に映った事実が、必ずしも真実であるとは限らないものだよ」(『人間革命』第一二巻、『池田大作全集』第一四九巻、二八二頁)という戸田先生の言葉を紹介しました。仏教学や思想史を研究する中で、文献をどう読みこんでいくのか。どこまで確からしさをもって読んでいくのかが非常に重要だと私は考えています。宗教、仏教とは、単なる文献上の教えではない。救済の行動と相まって、宗教は宗教たりえるものだと私は考えています。

身近な例でたとえるなら、いじめを受けている人に「いじめられるほうに原因があるんだよ」などと言うだけでは、一種の客観的、第三者的な分析で終わってしまう。厳しく言えば「他人事」です。現実に人を救っている実践者なら、これと正反対の見方をするでしょう。池田先生は、若い世代の人々に向けて「いじめは、いじめるほうが100%悪い」と断言しています（『希望対話』）。私自身も過去にいじめられた経験があるので、池田先生の言葉の意味がよくわかります。最終的には、いじめられた人間が自分自身で内発的な力を発揮して、厳しい試練を乗り越えていかなければなりません。ただ、その上で池田先生は「救済」の観点から「いじめるほうが100%悪いのだ」と言い切るのです。

仏教文献を読む際にも、これと同じような見方の違いが、研究者と実践者の間で生じているのではないでしょうか。宗教というものは、苦しんでいる人々を救済する行動の中にしかない。研究者がそのことを認め、尊重していくならば、より宗教の真実に迫れるのではないかと思うのです。

末木　今の蔦木さんのお話は、すごく大事な問題と思います。たとえば、日本が韓国を植民地支配したときに、それはそのときの日本の論理があって、侵略する側の論理がちゃんとあるわけです。「日本が遅れた国である韓国を近代化してあげるのだ」という論理があった。果たして、それでいいのだろうか。やっぱりそこは絶対にいけない。先ほどの「いじめるほうが100%悪いのだ」というのと一緒です。

あるいは最近よく問題になりますけど、性的な犯罪に対して「合意はあったのだ」という言い分があります。それでも、それは一〇〇%いけないと思うのです。ただ、その場合一〇〇%という根拠は何なのか。そこを突き詰めなければいけない。そうでないと、

「あっちもいいだろう」「こっちもいいだろう」「みんな違ってみんないい」みたいなことになりかねない。そこの突き詰め方が、すごく大きい問題ではないか、と私は思っています。すぐに「これが答えですよ」と出るわけではないけれども、そこを曖昧化することはできないのです。

松岡　ありがとうございます。末木さんは、学者の良心とともに救済の心でも発言されたように思います。佐藤さんはいかがでしょうか。

佐藤　私も、今の話は本質を突いた議論になっていると思います。今日もあとで話しますけれど、信仰というのは絶対に飛躍があるんですね。論理とか目に見える世界とか、そうしたところからの合理的な発想が通用しない世界です。そういうときに何が大事なのかが問題になってきます。

私は、比較的早い段階から創価学会の世界を見てきました。昭和四十年代の初めぐらい、創価学会員がどんどん増えているときに、私の身近に学会員がいっぱいいたのです。その中には、当時社会的に差別されていた方々もいました。「病人と貧乏人」という言い方は、今から見ると適切ではない言葉だけれども、そのように学会が言われていたのも事実です。そのころの創価学会には、じつにいろいろな人が入っていて、社会的立場も国籍も違う人たちが非常に仲良く、まったく差別なく同じように活動していたのです。しかも、学会は無理にお金を取ることもありません。みんな貧乏人ですから。そこで見てきた学会員の姿が、私の創価学会観の原点にあるのです。私は今でも創価学会にシンパシーを持っていますが、理屈や論理や教理ではなくて、そのときの平等で仲の良い人々の姿が目に焼きついているからなのです。

この研究会でも、これから日蓮の教義を考えていくときに、いろいろと解釈の違いが出てくるでしょう。しかし、表面的な教義の次元よりも背後にある信仰の内実がどうなのかという点が、非常に大事になってくるような気がするのです。実際に、そこで信仰している人たちが、どのような生き方をしているのか。世間にはいろんな教団がありますが、そこに所属する一人一人の信仰者の人間としての生きる姿勢が問われてくるのではないかと思います。

信仰学的な『御義口伝』のとらえ方

松岡　末木さん、佐藤さん、率直なご意見まことにありがとうございました。お二人の人間としての誠実さを実感できた気がします。

本日、東洋哲学研究所の桐ケ谷章所長がおいでですが、午後に退出されると聞きました。お話しいただけるとすれば、この機会しかございません。何か一言お願いできますか。

桐ケ谷章　学問として研究されていることと信仰との関わり合いについて、非常に興味深く聞かせていただきました。蔦木さんに、『御義口伝』についておうかがいします。『御義口伝』で言われていることは、仏教一般の解釈からすると論理が飛躍しているようにも見えます。しかし、そこには日蓮大聖人の深い悟りが込められている。

その意味で、我々の信仰は『御義口伝』を根本にしなければ成り立たないと思います。ただ、日興上人が「義道の落居無くして天台の学文すべからざること。」(新二一九六頁・全一六一八頁)と『日興遺誡置文』に言われるように、『御義口伝』を踏まえた上で、天台の、あるいはそれ以前のさまざまな仏教を研究して信仰を裏づけていくことも大事であろうと思います。そのあたり、信仰学的にどう考えているのかをうかがいたいです。

蔦木　『人間革命』の中では、戸田先生の言葉として次のような箇所があります。

〈「いきなりポンと、最高原理を決めてから説く方法は、東洋哲学の特徴で、演繹的と言います。これが、西洋哲学になると、帰納的と言って、だんだん論理をたどり、その組み立てのうえに、最後の結論を下すやり方です。

今日の日本人は、帰納的な学問で教育されてきたから、法華経の原理というものが、非常に理解しにくい頭の構造になっているんです」〉

(『人間革命』第一巻、『池田大作全集』第一四四巻、二二九頁)

ここにあるように、最高原理から演繹的に仏教を説くというのが、戸田先生、また池田先生の方法ではないでしょうか。両先生が『御義口伝』を非常に重視されたのは、まさにその最高原理が説き示されているからではないかと思います。質問にありましたように、『御義口伝』は究極の悟りを述べているので、頭でわかろうとしてもまず無理ではないでしょうか。我々は『御義口伝』を究極の教えとして信心で受け止める。その上で、『御義口伝』の教えの証明として天台の法華経解釈や一般仏教の思想を学んでいく。我々の信仰学では、これを「信仰の証明学」と呼んでいます。

こういう形で仏教を学ぶことを、戸田先生や池田先生も否定していません。だから、『人間革命』において「四箇の格言だけじゃ駄目だよ」「『大白蓮華』の中でいろいろな他宗の人や研究者と論じていくんだよ」などと記述されています。最初に結論を知っているから、整然と議論を広げていくことができる。一般の学問のように裾野から山に登っていくのではなくて、山の頂から裾野に下っていくという信仰学の方法で『御義口伝』の奥義を根本に据えていきたいのです。そうでないと、途中で遭難したり、迷ったり、あげくは「違う山がいいんじゃないか」ということにもなりかねない。私は『人間革命』を読む中で、そうしたことを痛感しました。

松岡　ありがとうございました。そろそろ時間がきましたので、第一部の討論はこのあたりで終わりたいと思います。

5 講演①

日蓮の信仰体験と立教開宗への道

佐藤弘夫
東北大学大学院教授

1 鎌倉仏教に見られる「飛躍」

今回の信仰学研究会のテーマは「日蓮大聖人論」です。私は研究者としての立場から話をさせていただきます。

日蓮の信仰を考えるにあたって、今回は体験の問題を取り上げてみたいと思います。日蓮は立教開宗し、新しい信仰体系を確立しました。日蓮の信仰は深く天台宗に根ざしたものであり、天台の教義を土台に独自の信仰を作り上げていきます。ただし、日蓮の思想には、天台教学の延長ではとらえきれない側面があります。

日蓮の最重要の著作とされる『観心本尊抄』には、「一念三千を識(し)らざる者には、仏、大慈悲を起こし、五字の内にこの珠(たま)を裹(つつ)み、末代幼稚(まつだいようち)の頸(くび)に懸(か)けしめたもう」（新一四六頁・全二五四頁）という有名な言葉があります。どんなに経典を読み込んでも、天台教学を突き詰めてみても、ここでいうような、一念三千が題目の五字に内包されているという結論は出てくることはありません。ここには明らかに論理の飛躍があります。それをもたらしたものは、いったい何なのでしょう。

純粋に教学的に見れば、日蓮のこの言葉には明らかに無理がありますし、合理的な説明がつかないところがあります。他方で、この飛躍を通じて、初めて題目による万人の成仏が説明できるようになったのであり、そこが日蓮の宗教の最大の魅力となっていることは否定できません。

その思想に論理の飛躍が見られるのは、日蓮だけに限りません。いわゆる鎌倉仏教の他の祖師にも見られる現象です。親鸞がそうです。親鸞も伝統的な浄土教学に根ざして新しい信仰体系を確立しますが、既存の文献に極めて独創的な解釈が施されていきます。

善導という中国の僧侶は、『観無量寿経』に註釈をつけた『観無量寿経疏』という書物を著しました。その中に、善導が「至誠心」を解釈した「三心釈」といわれる部分があります。次の文がそれです。

「経に、一に至誠心というは、至は真なり。誠は実なり。（略）外に賢善の相を現じ、内に虚仮を懐くことをえざれ」

至誠心とは何か。「外に賢善の相を現じ」るだけでは不十分だということです。いい格好をして外面が良さそうなふりをしつつ、心の中に虚仮（ウソや偽り）を抱いてはいけない。「外面ばかり良くて、心の中が真っ黒ではダメですよ」という意味です。至誠心とは、内と外が一致しなければいけないことなのだと善導は言っているのです。

では、親鸞はこれをどんなふうに解釈しているのでしょうか。親鸞の言葉です。

「外に賢善の相を現ずることをえざれ。内に虚仮を懐けばなり」（『教行信証』）

善導が「外面も内面も一致して良くなければいけない」と言っているのに対して、親鸞は「外面だけを取り繕おうとしてはいけない」と読むのです。外面と内面の間にギャップがあれば、偽善者になってしまう。末法に生きる人たちは、無理にいい子ぶってはいけないと解釈しているのです。

これを見て、「親鸞はこんな読み方しかできないのか。なんてお粗末なんだ」と批判する人がいるわけですが、私はそうは思いません。親鸞は誤読しているのではなく、あえて確信をもってこういう読み方をしているのです。ここにも、伝統的な教学の枠を逸脱する解釈が見られるのです。

2 「飛躍」の背景にある宗教体験

ここで問題になってくるのは、日蓮や親鸞が伝統教学から離脱していくその飛躍を可能にしたものとは、いったい何だったのかという点です。その背景にあったものは、神秘的な信仰体験だと私は考えています。論理では説明できない何らかの宗教体験で得た確信によって、日蓮や親鸞はこうした独自の読み方をするに至ったのではないでしょうか。

思想形成の背景にある宗教体験は、学術研究の分野ではテーマとしてうまく俎上に上がってきませんでした。研究者は、「日蓮は天台宗の教学を元にして、こんなふうに新しい解釈を加えていった」というように、日蓮の思想形成を合理的で整合的な解釈の流れの中で理解しようとしてきました。天台教学を継承する正統の系譜から、必然的にこういう読解が出てきたのだとして、両者の断絶を認めようとしないのです。

こういうとらえ方をしている限り、日蓮が味わったはずの宗教体験とその重要性は見えてきません。今までの研究では、論理の飛躍が持つ意味を十分浮かび上がらせることができなかったのではないでしょうか。

学術研究の分野だけでなく、宗学の分野でも同様の傾向があります。天台の教学をひたすら文献学的に解釈していったとき、一念三千の法門が妙法五字の中に含まれるという理解は絶対に出てこないはずです。ところが、それが宗学の分野で正面から問題にされることはありませんでした。

親鸞についても同様です。その部分をさらりとかわしてしまう。親鸞にとって一番大事な思想的展開があったはずなのに、学問の世界でも宗学の世界でも、宗教体験と解釈の飛躍の問題はずっと正面から扱われてきませんでした。

創学研究所は、創価学会の新しい信仰学の土台を作るという目標があるとうかがっています。今申し上げた体験の問題を、どういうふうに信仰学の中に組みこんでいくのか。研究所の皆さんには、ぜひこの点に真剣に取り組んでいただきたいと思います。

伝統教学との整合性を重視し、学問上の解釈の展開だけで日蓮という宗教家の誕生を説明しようとすると、どうしても心が躍らない人間像になってしまうのです。日蓮の人物像が宗教者ではなく、ただの思想家にとどまってしまう。同時に、教学も上からの説教のレベルに終始して、心を揺さぶる感動を与えることができないものになってしまうように思われるのです。

読解の飛躍と宗教体験をどう理解するかという問題を突き詰めることによって、信仰と教学の双方を活性化させることができるのではないか。最初にこの点を問題提起したいと思います。

3　日蓮の宗教体験

さて、論理を超えた体験と言っても、どんなふうにこの問題を考えていけばいいのでしょうか。日蓮の立教開宗の前提となった体験をめぐって、少し話を詰めていきたいと思います。その前に、わかりやすい例として親鸞のケースを取り上げます。

親鸞は若いときに精神的な彷徨を繰り返し、最後に法然の元にたどり着きます。その途中で、何回か参籠（さんろう）をして、そこで夢のお告げを得ます。一二〇一年（建仁元年）の夢が大変有名です。親鸞は一一七三年の生まれですから、二十代の後半ですね。この段階では、まだ法然にたどり着いていません。このとき親鸞は京都の六角堂に参籠しているのです。

写真は親鸞の絵伝に描かれているシーンです。親鸞がお籠もりをしているとき、九十五日目の明け方近くに白い袈裟をつけた観音菩薩が夢枕に現れて、親鸞に言葉を授けます。これがなかなか興味深い内容なのです。

〈行者宿報にしてたとひ女犯すとも
我れ玉女の身となりて犯せられむ
一生の間よく荘厳して
臨終に引導して極楽に生ぜしむ〉

念仏の行者が「宿報」によって女性と関係を持つようになったとしても、観音菩薩が、「私が美しい女性の姿をとってあなたのお相手をしましょう。一生の間あなたをよく守ってあげて、臨終のときにはあなたを極楽に連れて行ってあげましょう」と言ってくれているのです。なんて優しい観音菩薩でしょう。

この参籠の背景についてはいろいろ説がありますが、ともかく親鸞はあることで真剣に悩んでいた。おそらく女性問題と思われます。この時代には、お坊さんが妻帯することはごく普通になっていました。だから親鸞が女性と関係を持とうが、妻帯しようが、特に問題になることはなかったの

親鸞聖人絵伝（仏光寺本）六角夢想

です。しかし、仏教では本来僧の妻帯は禁止されています。適当に誤魔化してやり過ごすことのできない真面目な人柄だったのでしょう。そうした悩みを抱えての参籠だったのです。その親鸞に、まさにすべてを解決するような啓示が観音菩薩から下されるのです。

しかもご丁寧に、観音菩薩はこれに続けて「あなただけではなく、みんなにこの話を説き聞かせなさい」と告げるのです。こんな話を人に聞かせてどうなるのかと思いますが……。

この話は非常におもしろいですね。末法に生きる人間は、絶対に善人にはなれないのだ。いくら善人になろうとしても、心の中は悪でしかありえない。だから私たちはありのままの姿で救われるよう願っていかなければならないのだ――親鸞は夢中で告げられた観音菩薩の言葉を、「女犯」を一つの具体例として、戒律を守れない悪人が悪人のまま救われる道があることを示したものと受け取るのです。

このお告げによって、親鸞は新しい信仰に目覚めていくのです。「悪人正因」とか「悪人正機」と言われるものがそれです。「よく生きようとしてもできない悪人こそが救済の最も中心的な対象なのだ」という独自の信仰の核心に、急接近するのです。

じつは、今ご紹介した夢告とよく似た言葉が、『覚禅抄』（真言宗の百科全書）という著作に入っていることが指摘されています。親鸞自身もその存在を知っていたと推測されます。しかし、親鸞が『覚禅抄』を読んだときには、この言葉に心を動かされることはありませんでした。お籠もりをして、観音菩薩から直接言葉を与えられて初めて、『覚禅抄』のテキストの意味を自分のものとして納得していく。学僧だった親鸞が宗教者としての親鸞に生まれ変わっていく上で、この神秘体験は決定的に重要な役割を果たしているのです。

日蓮もいろいろな神秘体験をしています。

〈生身の虚空蔵菩薩より大智慧を給わりしことありき。「日本第一の智者となし給え」と申せしことを不便とや思しめしけん、明星のごとくなる大宝珠を給わって右の袖にうけとり候いし故に、一切経を見候いしかば、八宗ならびに一切経の勝劣、ほぼこれを知りぬ。〉（『清澄寺大衆中』、新一二〇六頁・全八九三頁）

生身の虚空蔵菩薩から大智慧を授かった。「日本第一の智者となし給え」と願っていたら、袖に大宝珠を受け取った。そのおかげで、一切経をあらあら知ることができるようになった。「日本第一の智者となし給え」という願いに虚空蔵菩薩が応えてくれたのだ——日蓮は若い時分にこういう驚くべき体験をしているのです。

ほかにも、日蓮にとって重要な体験があります。これは創価学会の教学にはあまり出てこないエピソードですけれども、日蓮は生身の不動明王と愛染明王とも対面しているのです。建長六年（一二五四年）のことですから、立教開宗（建長五年＝一二五三年四月二十八日）の後です。日蓮がその事件を記した「不動明王感見記」と「愛染明王感見記」の写真をご覧ください。図像学的にはいろいろ問題があるようですが、文字は日蓮のも

不動明王感見記

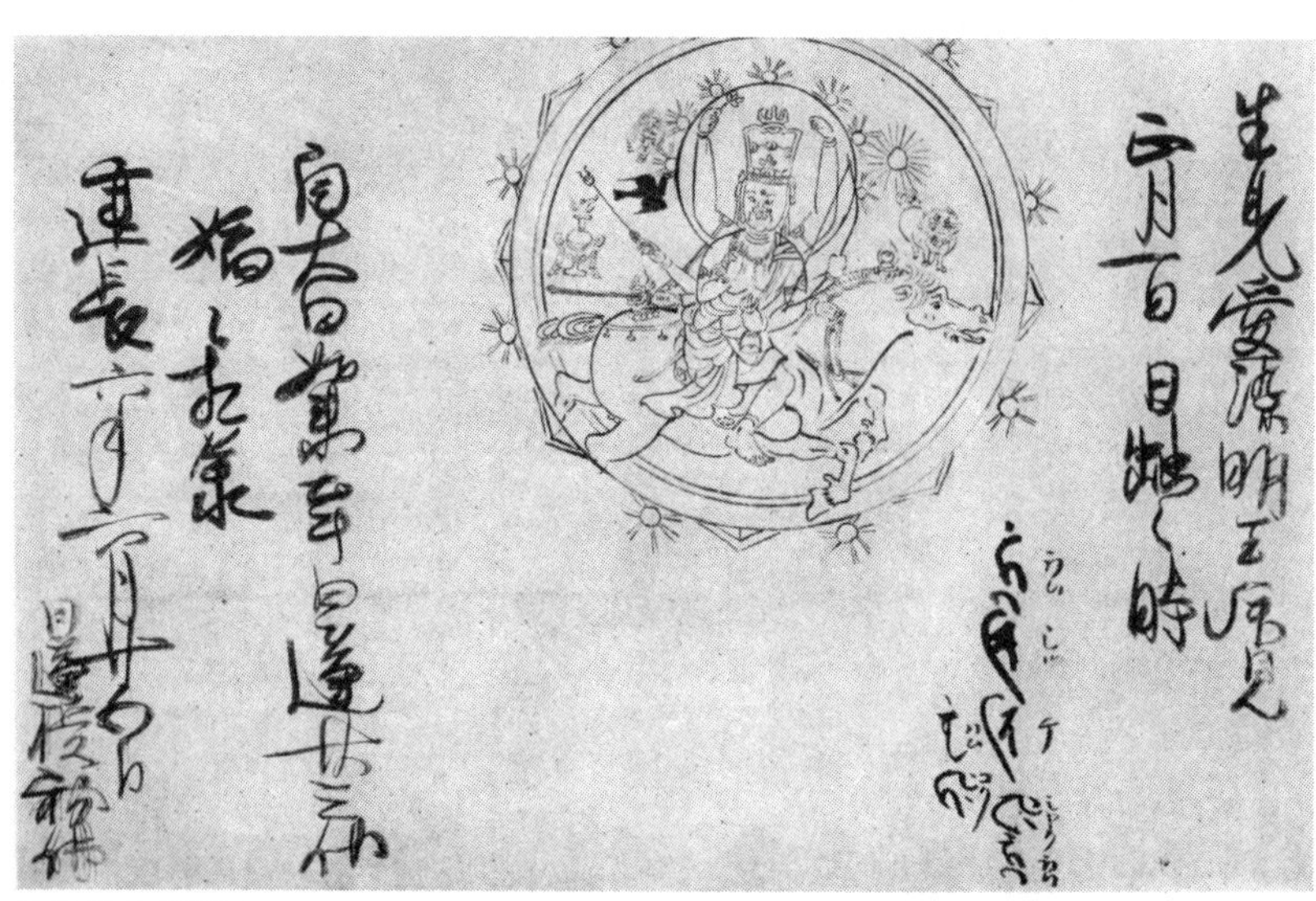

愛染明王感見記

ので間違いないと言われています。

立教開宗のあと、日蓮は虚空に出現した不動明王と愛染明王と対面した。これは十分ありうる話だと私は思います。日蓮の伝記（『日蓮　われ日本の柱とならむ』ミネルヴァ書房）にこの話をご紹介しましたので、興味がある方はご覧ください。日蓮が宗教者として飛躍していく上で、神秘体験が非常に重要な役割を果たしたのです。

私は日蓮と親鸞の思想の転換をもたらした宗教体験について述べてきました。ところが、こういう生々しい体験を今の学問や宗学はあまり表に出したがりません。神秘体験によって何かからお告げを受けたなどと言うと、現代社会ではものすごく胡散臭い目で見られてしまいます。なぜ昔はこういう不思議な現象が当たり前のように起こり、人々はそれを正面から受け止めることができたのか。なぜ近代になると見方が変わってくるのか。

宗教体験にきちんと向き合うことのできた鎌倉時代の歴史的・社会的な背景とは、いったい何だったのでしょうか。もう少し広いコンテクストの中で、この問題を考えてみたいと思います。

4　宗教体験が受け入れられた時代背景

鎌倉仏教は、中世と呼ばれる時代に生まれました。歴史学の分野では、十一世紀から十二世紀あたりを転換点として、古代と中世を分けるのが一般的です。

古代の人々にとっては、この世界こそがすべてでした。目に見える世界の背後に、別の世界が想定されることはありませんでした。人も神も仏も死者も、この世の中で共存しているのです。ところが十一世紀あたりから、そうした理解に変化が生じます。我々が認識できる世界の背後に、認識できないもう一つの世界がある。我々がその世界を見ることはできないけれども、紛れもなくそれは実在している。そしてその不可視の世界こそが、むしろ真実の世界なのだ——目に見えない世界に対するリアリティが、中世に入って一気に高まるのです。

浄土について語るとき、法然流の浄土教のように「この世界からはるか遠い彼方にある世界なのだ」と説明される場合があります。あるいは密教のように「この世界と表裏一体に実存している」という解釈もあります。現世と真実の世界＝浄土の距離の取り方は宗派によって異なりますが、この現実世界の背後に認識を超えた真実の世界があるという強いリアリティが共有されてくるのが、十一世紀から十二世紀にかけての転換期の時代なのです。

先ほども述べたように、古代人にとっては現世がほとんどすべてでした。最澄や空海のような天才的な宗教者は別ですが、一般の人がこの世と異なる世界を想像することは困難でした。『日本霊異記』（九世紀初頭に書かれた日本最古の仏教説話集）を読むと、仏教の役割はだいたいが現世利益です。病気が治ったとか、死にそうになったときその危機から逃れることができたとかいう、この世の問題解決が中心的な課題で、生死を超えた救済が問題になることはありませんでした。

中世に至ってようやく、人々の間で目に見えないもう一つの世界のリアリティが共有されるようになりました。私たちが生きる現世とは異なる真実の世界があるという認識が広がっていくのです。そういう世界観を前提として、初めて現世を超える救済、輪廻を跳出する救済を追求する鎌倉仏教が生まれ、人々がそれを受け入れていく土壌が整うのです。

5 「垂迹」と「生身」

ただし「現世の背後に、救済者がいる真実の浄土がある」と言われても、普通の人がその浄土を認識することは困難でした。浄土は目には見えないため、いくらそこが素晴らしい理想の国土だと言っても、一般の人はなかなか受け入れてくれません。誰も信じてくれなければ、浄土へ行くことを勧めても意味がない。そこで唱えられるようになるものが、浄土にいる目に見えない仏様は、この世界の人々を救うため目に見える姿をとって出現するという説です。それが垂迹にほかなりません。

本地垂迹というと、私たちは本地の仏が神様として日本に出現するという思想と捉えがちです。確かに中世の神様は、この世とあの世をつなぐ役割が非常に大きかった。人々を浄土にいざなうことが神の主要な任務でした。極楽往生を願って神社に参詣したという話は中世では全然珍しくありません。

しかし、衆生救済のために出現した垂迹は神だけではありませんでした。じつは仏像もそうだったのです。中世には二種類の仏様がいました。本物の仏と本物ではない仏です。本物の仏とは、我々が認識できない浄土の仏です。目の前にある仏像はあくまで仮の姿＝垂迹であって、真実の世界に我々を案内してくれる役割をもってこの世界に現れたのです。

それから、偉い人物――聖人も垂迹です。例えば聖徳太子は、この世とあの世をつなぐ存在として、磯長（大阪府）にあるその墓地は浄土信仰のメッカとなります。日蓮や親鸞も、あとになってから門弟たちによって、浄土の本仏が人々を導くために出現した垂迹とされるようになります。

これらの中で、最も信頼できる垂迹とは何でしょう。もちろんこれまで述べてきた神様や仏像、聖人も垂迹として大切な役割を果たすのですが、一番信頼できるのは、その人のためだけに現れてくれる垂迹なんですね。その人一人を導くためだけに出現する存在、それが中世で言う「生身」なのです。

「生身」という言葉は、あとの時代になると「血肉を備えた身」と解釈されるようになります。けれども、もともとの「生身」の意味は、「その人のために、目に見えないところから現れる存在」です。先ほどご紹介した不動・愛染感見記では「生身の不動・愛染」と記されています。日蓮のためだけに、虚空に不動明王と愛染明王が現れたのです。「生身」の顕現という現象は、十一世紀あたりからいろいろな史料に出てきます。たとえば十一世紀初めの『更級日記』です。菅原孝標女（すがわらのたかすえのむすめ）が阿弥陀仏を目撃した話が出てきます。

〈天喜三年十月十三日の夜の夢に、ゐたる所の家のつまの庭に、阿弥陀仏立ちたまへり。さだかには見えたまはず、霧ひとへ隔たれるやうに、透きて見えたまふを、せめて絶え間に見たてまつれば、蓮華の座の、土をあがりたる高さ三四尺、仏の御たけ六尺ばかりにて、金色に光り輝きたまひて、御手かたつ方をばひろげたるやうに、いまかたつ方には印を作りたまひたるを、こと人の目には、見つけたてまつらず、われ一人見たてまつるに、さすがにいみじくけおそろしければ、簾(すだれ)のもと近く寄りても見たてまつらねば、仏、「さは、このたびはかへりて、後に迎へに来む」とのたまふ声、わが耳ひとつに聞こえて、人はえ聞きつけずと見るに、うちおどろきたれば、十四日なり。この夢ばかりぞ後の頼みとしける。〉

（『更級日記』、『新編　日本古典文学全集』第二六巻、小学館、三五八～三五九頁）

地上に高さ三～四尺（約九〇センチ～一・二メートル）、身長六尺（約一・八メートル）の阿弥陀仏が現れた。阿弥陀仏は金色に光り輝いています。この仏が「後で迎えに来よう」とおっしゃったので、それを極楽往生の頼みとしている。そういう話です。他の人には見えません。このように彼岸の仏菩薩が目に見える形で現れ、実際に声をかけてくるという宗教体験が、きわめて重要な役割を果たすようになるのです。

次に紹介するのは『古今著聞集』という中世の説話集の一話です。臨終の枕元に仏像を置き、その仏様の力に後押しされて浄土に行くのがこの時代の一般的な信仰でした。

ところが藤原家隆というお公家さんは本尊を安置しなかったのです。なぜ本尊を拝まなかったのかというと、「ただいま生身の仏が来迎されたので、もはや本尊は意味がない」という理由でした。自分を迎えるために、生身の仏が来た。だから仏像を安置する必要はないと言うのです。

中世には来迎図が数多く描かれました。浄土から仏が迎えに来た様子を書いた絵がたくさん残っています。死ぬときに浄土の仏に迎えに来てもらう。中世人にとってはそれが理想なのです。それが「生身」の仏です。生身が現れるか否かが非常に大事であって、生身の出現が救済の確定を意味するという考え方が定着していくのです。

6　神秘体験における「型」の重要性

ただしここで大事なのは、神秘体験であればなんでもいい、というわけではなかったことです。正式な「型」を踏んだ上での体験であることが不可欠の前提でした。漫然と寝ているときに夢を見るのではなく、仏に会うことを心からに願い、所定のプロセスを踏む中で、神秘体験を得る必要があったのです。そのために、あらかじめ身を清め、霊場などの聖なる場に出かけていく。そこで一晩中一生懸命祈っていて、明け方にふとまどろんだ瞬間に「生身の仏」がフッと現れる。これが「型」を踏んだ典型的な神秘体験です。

「石山寺縁起」の絵巻物をご覧ください。参籠した菅原孝標女が寝ています。すると御簾（みす）を挙げて、内陣から何かが差し出された。仏がメッセージを授けようとしているところです。正式な作法を踏んでの生身との対面が、こうして実現するするのです。

繰り返しになりますが、何も願わず、ただ漫然と夢を見るだけでは駄目なのです。「型」を踏むことが非常に大事なのです。親鸞は六角堂にお籠もりしました。日蓮も所定の「型」による修行を続ける中で、不動明王と愛染明王が出現した。その神秘体験を通じて、普段は認知できないものと直接対話していく。彼岸からの声を聞く。これこそが、当人にとっては聖なる世界からの真実のメッセージなのです。

神秘体験によって本仏からの直接の教示を受け取り、その教えに基づいた独自の信仰を作り上げていくことには何ら問題はないのだ。誰がなんと言おうが、自分が直接聞いた仏の声は真実なのだ――そういうふうに神秘体験が位置づけられていくのです。中世という時代に起こったのは精神世界のこうした変化だったのです。

参籠する菅原孝標女・石山寺縁起

7　日蓮本仏論を考える

さらに踏み込んだ議論に立ち入りたいと思います。多くの議論を読んでいる「日蓮本仏論」について、どんなふうに考えればいいのでしょうか。その定義にもよりますが、私は日蓮本仏論と言われる考え方が出てきても、全然おかしくないだろうと考えています。すでに指摘したように、中世には「本地（目に見えない世界）の仏が実体を備えた垂迹としてこの世界に現れ、人々を救う」という理解が共有されていました。その際、本地はもちろん救済者として大事な存在ですが、じつは垂迹のほうがより重要な役割を果たすと考えられていたのです。

日蓮が生きた時代とほぼ同じころにできた『沙石集』という説話集に、こんな記述があります。

〈本地と垂迹はその体こそ同じであっても、機に臨んでの利益には勝劣がある。我が国では（日本にふさわしい姿をとって出現した）垂迹の方が、ご利益がより優れていらっしゃる〉（『沙石集』巻一）

本地は、それぞれの場所と時代と人々の機根に応じて、自在に姿を変えて出現します。それが垂迹です。今ここにいる人々が救われるために、一番ふさわしい姿をとって現れる存在、それが垂迹なのです。いくら本地が根源的な存在であると言っても、垂迹がいなければ救いの手は衆生に届くことはありません。だから垂迹は本地よりもむしろ大事な役割を果たす。こういう考え方が中世には根強くあったのです。

おそらく日蓮自身も、自分が目に見えない真実の世界とこの世界をつなぐ存在であることを、ある時期からかなり意識するようになったのではないでしょうか。弟子の時代になると、そこがますます強調されるようになります。「上行菩薩の再誕」としての日蓮像の形成です。

釈迦はたしかに仏教を開いた偉い人だ。ただし、過去のインドに最もふさわしい姿をとって現れた存在だ。過去に出現した釈迦よりも、鎌倉時代の人々を救うべく現れた日蓮のほうがもっと重要な役割を担っている——こういう主張は、十分ありえると思います。そういう意味での日蓮本仏論は成り立ちうると私は考えています。

ただし、これは私の個人的な意見ですけれども、日蓮本仏論とか「上行菩薩の再誕」という言い方は、日蓮一人に特権的な宗教的権威を集中させる論理ではありません。世界は真理に満ち溢れている。私たちすべての人間が、その真理を共有しているわけです。日蓮はその真実にいち早く目覚めた人間であっても、彼だけが特別の存在ではありません。自分の使命を自覚して、末法時機相応の信仰を立ち上げていったのが日蓮という人であると、私は考えています。

今申し上げた前提をスルーしてしまうと、教祖の権威が絶対化され、一人歩きして非常に危険な事態を招きかねません。戸田第二代会長は、「仏とは生命である」と述べておられます。創価学会は、少なくとも特定の人物を絶対視する立場をとっていないと私は理解しています。仏性は誰の命の中にも内在しており、誰か一人が独占できるようなものではありません。だいぶ言いたいことを言ってしまいましたが、この問題については後で皆さんと議論できればと思います。

8　鎌倉仏教に注目した戦後の近代主義者

宗教あるいは宗教体験が、これからの時代にどんな役割を果たしうるのでしょうか。今はポストモダンといわれる時代です。戦後まもなくして、日本は高度成長の時代に突入しました。経済はどんどん発展して生活が良くなっていく。この先、人間の理性もますます発達して、世界はどこまでも平和で豊かになり、みんなが幸福を享受できる日がやってくる。進化の先に理想的な世界が実現すると、誰もが信じ込んでいたのです。

ところが一九七〇年代あたりを境にして、どうも雲行きが怪しくなってきます。理想的な世界が実現するどころか、むしろ社会問題のほうが顕在化してくるのです。環境汚染の問題にしろ、核の問題にしろ、人類がみずからを絶滅させかねない時代になってしまいました。あちこちで危機感が噴出し、「人類は進歩し、進化する」というモダンの神話を共有できなくなりました。無条件の進歩を信用できない新たな時代思潮の中で、再評価されてくるのが神秘主義だったのです。

一九七〇年代から、宗教に対する風向きは大きく変わりました。戦後の宗教界では、宗教が理性に反しないことが強調されてきました。創価学会もそうでした。宗教が科学と矛盾するものでないことが主張され、人間の理性を信頼する「人間中心主義」が標榜されるのです。

それに対して、一九七〇年代あたりから、もう一つの新しいタイプの宗教が生まれます。いわゆる「新新宗教」です。「新新宗教」は、合理性とか科学との融和といったことを問題にしません。最初から神秘体験を売りにするのです。

日本の仏教史の分野では鎌倉仏教研究が非常に盛んだったのですが、ある時期を境にして、鎌倉仏教研究は衰退します。単に研究する人がいなくなっただけではなく、時代の雰囲気が変わった影響が非常に大きかったと考えられます。太平洋戦争で日本が敗れたとき、なぜあんなバカな侵略戦争をしてしまったのだろうという反省の声が、広く上がりました。軍部の暴走の原因とされたのが、日本がまだ近代化を実現できていなかったという点でした。その中心となったのが、丸山眞男や大塚久雄に代表されるいわゆる「近代主義」のグループです。敗戦の反省に立ち、日本が真の近代を実現していく必要性が主張されたのです。

彼らは欧米の近代思想を取り入れると同時に、過去の日本に近代化を先取りする要素はなかったのかを探ろうとします。それを見つけ出し、育てることによって、内在的な真の近代化が実現できるのではないかと考えるのです。過去の思想を遡(さかのぼ)ったとき、目に触れてくるのが鎌倉仏教です。鎌倉仏教には、人権の問題や平等の問題など近代を先取りする要素がありました。念仏による万人の平等な救済を説く親鸞の思想は、その代表的なものです。もう一つは江戸の儒学、とくに荻生徂徠(おぎゅうそらい)などの古学の思想です。丸山をはじめとする多くの研究者が、ここに近代思想に通じる萌芽があると確信するのです。

9　神秘主義の再評価とその危険性

これまで述べてきたように、鎌倉仏教は一貫して近代化の文脈の中で論じられてきました。ところが、その前提となる見取り図そのものが、一九七〇年代を境に崩壊してしまうのです。欧米をモデルとした近代化の図式が魅力を失ってしまうのです。そうなると、鎌倉仏教研究はどこに行ったらいいのかわからなくなってしまう。鎌倉仏教を近代化と合理主義の系譜に位置づける研究は衰退し、代わって生々しい神秘体験が再評価されるようになるのです。

これはある意味で当然の流れだと思います。長い人類の歴史から見れば、千年や二千年などほんの一瞬です。これくらいの時間の経過だけでは、人間はそんなに変わるものではありません。我々は誰もが心の中に、自分の心でありながら理解できない領域を抱えています。そこと折り合いをつけながら、人は生きていかなければいけません。あらためてそこにきちんと目を向けてみよう――文明の行き詰まりの中でそういう風潮が起こり、神秘主義が再評価されるようになったのは当然のことと思います。

一九七〇年代以降に起こった新しい宗教（新新宗教）は、神秘体験を積極的に表に出すようになりました。それは一面では非常に魅力的であると同時に、危険な面を抱え込んでいます。神秘体験を実現できる教祖だけが、突出して絶対化していくからです。オウム真理教が典型です。麻原彰晃という祖師の宗教的権威を相対化できるものは何もありません。「教祖が言えば、どんなことがあってもそれはもう絶対なのだ」ということになってしまう。もちろん新新宗教が全部危険なわけではありませんが、神秘体験を打ち出す宗教は、一面で非常に大きなリスクが伴うのです。

そのときに私が大事だと思うのは、先にも触れた「型」です。仏教がこれまで育ててきた「型」を大切にしていく必要があると私は思います。何百年、千年単位で培われてきた「型」を大事にして、それを守っていく。伝統的な「型」すべてに一律に旧弊というレッテルを貼ってマイナス評価を下すのではなく、その果たすべき役割を改めて検証していくのです。

誰か特別な人だけを絶対視するような権威を作らない。どこまでも「人はすべて仏なのだ」という大乗仏教の理念に立脚する。その「型」を踏まえた上で、創価学会の皆様には慈悲・利他の精神に根差した活動をぜひ推進していただきたいと思うのです。

10　天皇制存続のためにも大事な天皇の相対化

日本の天皇制は、七世紀後半から千三百年もずっと続いてきました。天皇制が続いてきた一番大きな原因は、その柔軟さにあると私は思います。柔軟性がなくなると、天皇制は非常に危うくなってくる。柔軟性がなくなったのが戦前戦中の時代でした。天皇の権威が一方的に膨らんでしまったのです。

江戸時代の十八世紀まで、天皇に匹敵する、あるいは天皇を超える宗教的な権威はほかにもありました。神や仏の権威とうまくバランスをとりながら共存してきたのが、日本の天皇制でした。ところが戦前戦中になると、天皇の宗教的権威が突出して、ほかのあらゆる宗教的を圧倒する存在にまで膨張してしまう。それが一九四五年の敗戦まで続くのです。

現在、天皇制はほとんどの国民から支持されていますが、いまでも天皇を超える宗教的な権威は実質的に存在しないと私は思っています。戦前のように天皇がある勢力に利用されてその権威が肥大化していったとき、それをくいとめる手段はないのです。天皇を相対化できる宗教的な権威を日本の中にいくつも作っていくこと、天皇に収斂しない公共空間をたくさん打ち立てていくことが、むしろ天皇制の安定した存続のために大事なことなのではないでしょうか。

作家の佐藤優さんがおもしろいことを言っています。「日本には沖縄、アイヌ、そして創価学会という、天皇神話を共有していない領域が三つある」。これはきわめて核心をついた言葉です。天皇の神話を共有しない、共有できない領域を作ることによって、むしろ社会が柔らかく協働できるようになる。そうした柔軟な構造を持った社会は、絶対的権力を持った一人の支配者を生み出すことがありません。創価学会の皆様には、この佐藤さんの言葉の持つ重みを十分に噛み締めていただきたいのです。

以上、かなり過激なものも含めて、いくつかの論点を提示しました。それを踏まえ、総合討論の場で皆さんと議論を深めることができれば、と思います。

6 講演② 思想史から見た日蓮遺文

末木文美士
東京大学名誉教授

1 特定の教団に属さない形の思想研究

初めに問題提起をします。研究会の冒頭で、松岡さんが信仰学と思想史、あるいは信仰の立場と学問の立場について言及されました。私の立場がどうなのか。私がやっていることはどこへ落としこめるのか。私がやっていることがまったくの客観学であり、自分の主体的な問題とは別のことをやっているのかと問われれば、そうではありません。私にとっての学問は、外にあるものを自分から切り離して研究するということではないのです。学問の中へ自分を投げこんでいき、自分の生き方の問題を学問の中から引き出してくる。こうしたあり方が、松岡さんが言うところの信仰学とどの点で一致し、どこが異なるのか。

先ほど来お話をうかがっていると、信仰学とは自分が属している宗派なり教団なり、そこにおける信仰体系を前提として、それをいかに受け入れるか。自分のものとするかということなのだろうと思います。私自身は、ある特定の教団なり宗派からは、できるだけ距離を置こうとしています。

その上で、実践的に私がどこと一番関係が深いのかと言うと禅宗です。私は禅の師匠、老師について坐禅を実践してきました。どの系譜の影響を一番受けているのかといえば、臨済禅の系譜の影響を受けています。ただし私の修行はかなりナマクラでありまして、とても特定の宗派なり教団の中に「属している」とまでは言えません。

先ほど言いましたように、特定の教団なり宗派なりから距離をとっているからといって、私が主体性のない客観的な学問に取り組んでいるというわけではありません。ある宗派や教団の固定したドグマを解体してしまい、客観的な学問も解体していく。教団や宗派が持つドグマにとらわれない、もっと根源的なものがありうるのではないのか。そんなことをずっと考えてきました。

このように、私は特定の教団や宗派にとらわれない形で、学問に取り組んでいます。と同時に、松岡さんのような立場の信仰学を否定するつもりもまったくありません。言ってみれば、第三の立場に立ちたいのです。松岡さんのように創価学会の信仰を保ちながら、同時に研究者として信仰学に取り組む。そういう研究方法も、もちろんありうると、私は思っています。

2 「権力対反権力」の構図でとらえられない鎌倉仏教

先ほど、佐藤弘夫さんのお話を非常におもしろくうかがいました。お話の中のいくつかを引き継いでリレーしていく形で、この先の議論を進められればと思います。

佐藤さんが先ほど挙げられた親鸞の夢告の問題、日蓮の不動明王と愛染明王の問題も非常におもしろい問題なので、それを手がかりに話をしていきます。

それともう一つ、佐藤さんは最後に天皇制の問題を取り上げられました。じつは親鸞の六角堂の夢告、日蓮の不動・愛染の体験も、非常に不思議な宗教的な体験であると同時に、もう一方で王権がからむところがあるんですね。ここで「王権」という言い方をするのは、中世には天皇権とは別に、鎌倉幕府の武家の王権があるからです。日蓮の場合、武家、幕府のほうを主として問題としています。

佐藤さんがご指摘のように、六角堂の玉女の話は『覚禅抄』に出てきます。それと同時にもう一つ重要なのは、親鸞の師匠と言われる慈円による、まさしく夢の記録があるんですね。慈円は天台座主であり、同時に摂関家の出身でした。王権を守る立場にいたわけです。その慈円の夢の中で、天皇の剣が妃の玉璽を貫くという非常に性的な情景が出てきました。その妃が玉女と呼ばれています。

天皇に子どもが生まれないと、世継ぎがいなくなって、とてもまずいわけです。性的な夢が、王権の問題と非常に密接に結びついていることを示します。この玉女の夢告が、師匠の慈円から親鸞に引き継がれていく。親鸞が亡くなったあと非常に早い時期にできあがった伝記の中に、玉日伝説が描かれているのです。今日では恵信尼は親鸞の妻とされていますが、恵信尼とは別に、親鸞には玉日（九条兼実の娘）という妻がいたという話があるのです。

伝記の中で描かれている九条兼実は、王家に非常に近い存在として描かれています。親鸞は王権の権力を否定したように言われてきたわけですが、どうもそうではなかったらしい。非常に王権に近いところにいたと考えられています。玉日伝説には性的な側面があり、王権との密接な関わりもある。このあたりの問題について、私はかつて『親鸞主上臣下、法に背く』（ミネルヴァ書房）という本に書きました。

佐藤さんが指摘された「日蓮の不動・愛染の体験」とは何なのか。愛染はもちろん愛欲をあらわします。不動は煩悩、非常に強い怒りの力をあらわします。つまり不動・愛染の体験とは、非常に原初的な欲望と関係しているわけです。

一三三三年、後醍醐天皇は鎌倉幕府を倒しました。後醍醐天皇の護持僧としてバックについていたのが、文観（もんかん）という僧です。文観は立川流の悪いボスのように言われていますが、最近の研究では、どうも文観は立川流とは無関係のようだと言われています。立川流というのは、性的な実践を伴う怪しげな密教の一派というのが従来の常識ですが、今日の研究で、それとはだいぶ異なっていたことが明らかになっています。

その文観が三尊合行法を実践します。三尊とは何か。仏の舎利を中心に置いて、不動と愛染を両方に置く。これが三尊です。原初的な欲望をもって、王権の祈禱を行います。三尊合行法においても、原初的な性、欲望と王権が非常に密接に結びついているのです。

佐藤さんは、鎌倉仏教の研究がこのところあまり盛んでないと言われましたが、そんなことはありません。特に密教を中心とした中世研究は、逆に最近非常に盛んになってきています。例えば、中世の仏教における性を含めた生身の問題、夢の問題など、新たに見直そうという動向が非常に強いんですね。

かつて鎌倉仏教の研究では、「新仏教中心論」と言われるように「親鸞や日蓮の教えは新仏教だ」「だから体制派の仏教と対峙したのだ」と言われていました。「体制派の仏教は悪であって、新仏教こそが正しい仏教だ」という見方がずっと強くあったわけです。

私の立場はそうではありません。「新仏教」と言われ、権力と対峙するように思われていた人たちも、何らかの形で王権との関わりを持っていたのではないか。不動・愛染の問題にしても、親鸞の夢告にしてもそうです。単純に「権力対反権力」というとらえ方をすると、鎌倉仏教の本質を見誤ってしまうのではないでしょうか。

3　中世仏教と国家の協力体制

中世には、王権と仏法が常に二元的な原理としてありました。つまり、仏法は王権と対抗しうるだけの力を持っていた。そのことによって、しばしば両者は車の両輪に喩えられています。あるいは心と体に喩えられることもあります。二元的な原理がお互いに牽制し合い、一種の緊張関係の中でバランスが生まれてくる。そういう二元構造を持っているのです。また、中世になると、天皇の王権と幕府、即ち武家の王権が二重王権の形になります。これがずっと江戸時代まで続くのです。

王権と仏法が拮抗しつつ協力するという形で二元化していく。二重の王権が相互に牽制し合う。重層的で非常に複雑な構造です。二種類の王権が相互にバランスをとることによって、永続化が可能な体制をとっていたわけですね。

ところが幕末になると、その二重王権が「決められない政治」をもたらしてしまう。欧米列強諸国が日本に入ってきたときに、どういう条約を結ぶのか。友好か、それとも攘夷か。天皇と幕府がお互いに牽制し合うことによって、日本がどちらへ向かったらいいのか行き詰まってしまう問題が出てきたのです。そこで「日本の体制は天皇の王権に一元化しよう」と考えた。その結果、明治時代に至って日本の国家体制として一元的な天皇構造が生まれるのです。

翻って中世は、重層化していくことによって体制のバランスをとろうという智慧が生きていた。そういうシステムを作り出した時代でした。

私は、中世の前期と後期とでは、かなり様相が違うだろうと考えています。十二〜十三世紀までの中世前期は、今申し上げた二重王権が大きく形成されていく時期だと考えます。モンゴルの来襲から南北朝期にかけて、つまり十四世紀あたりに大きい転換が起きました。それからあとは中世後期と位置づけられます。

日本の歴史の中で言われる「中世」は、すべて一本の線でつながっているように見えるのですが、じつはそうではありません。南北朝期のころを境に、中世の前半と後半とが分かれます。これは網野善彦さんが指摘するところです。一口に中世と言っても、前期と後期とではかなり性格が異なる。そこに断絶があると思うのです。

中世前期は、王権と仏法が対抗しつつ協力する形で二重王権を作っていった。その基礎が作られた時代です。そういう中で新しい仏教が作られていきました。古代の国家仏教――「国家仏教」と言うと悪い意味に取る人がいるかもしれませんが、私自身はそんなつもりで言っているのではありません――は、国家と協力体制をもってやっていた。そういう形の仏教から、それぞれの個の心身的な存在として、個のあり方を求めていく仏教へと性質が変遷します。それを踏まえた上で、新しい中世の仏教が形成されます。

歴史的、社会的に見た場合、中世仏教形成の大きな転換はどこで起きたのでしょうか。平家によって南都が焼き討ちされた一一八〇年です。その翌年にはすぐ復興運動が始まりました。復興の中心になったのは後白河法皇です。仏教側で復興の中心になったのは、重源（ちょうげん）という僧侶でした。中国から帰ってきた新しいタイプの僧侶です。

「中世仏教」あるいは「鎌倉仏教」と呼ばれる仏教は、国家と民間との官民協力の中で形成されていきました。いわば全国的プロジェクトです。この時代に「新仏教対旧仏教の対立構造があった」という言い方は、まったくのフィクションです。ありえません。「中世仏教」（「鎌倉仏教」）と国家は、最初から協力体制を結んで発展していきました。

たとえば新仏教の出発点と言われる法然、あるいは禅の栄西は、重源と協力していきます。源平の動乱によって荒れ果てた国家を、もう一遍作り直していく。国家の再生運動と連動していく。国家との一体的な仏教興隆運動によって、中世に鎌倉仏教が勃興していくのです。

4　中世前期の総合仏教

この時代の仏教の特徴は、一言で言えば「総合仏教」だと私は見ています。どういうことかというと、「二つの総合」があると考えられます。一つは、いろいろな宗派がある中において「諸宗が協力して仏教を盛んにしよう」という諸宗協力体制です。そういう意味での総合性です。兼学とか兼修を重視していく方向ですね。

もう一つは、実際上の修行を考えたときに、いろいろな種類の修行をやらなくてよい。むしろ一つの行の中にすべてが集約されていく。法然は「南無阿弥陀仏」という念仏の中に、仏教のあらゆる功徳、阿弥陀様の功徳がすべてこめられていると考えました。日蓮は「南無妙法蓮華経」という題目の中に、一切の仏法の真理が収められると考えたわけです。一つの行の中にすべてを集約する形で、仏教の総合化が図られていきました。宗派対立の仏教ではなかったのです。

その一つの源になるのは、覚鑁（かくばん）の『五輪九字明秘密釈』です。ご承知のように、日蓮は若いころこの書物を一生懸命書き写していました。日蓮の仏教は、密教の教えを源流としながらできあがっていったのです。覚鑁の新しさはさまざまな面がありますが、その一つに、もともと空海が三密（身・口・意）をもって仏と一体化していくとしていたのに対して、一密でもよいと簡略化したところにあります。これはその後の新しい実践が展開するのに大きな力となりました。

それならば、なぜ「禅宗」とか「浄土宗」などという新しい「宗」を立てて、総合ではなく、対立したのか、と問われるかもしれませんが、誤解してはいけません。あのころの「宗」は、それぞれのさまざまな思想や実践体系を整理したものなのです。決して兼修兼学が不可能なものではない。むしろ諸宗の兼修や兼学が積極的に行われていた時代です。

私はよく喩えとして、諸宗は大学の学部、あるいは学科のようなものだと言うのです。総合大学の中に一つの学部があり、学科がある。それぞれの学部や学科が対立し合うわけではありません。お互いが協力し合うことによって、全体ができていくわけです。ほかの学科、ほかの学部の講義を聴講したり、あっちこっちで勉強してみることも当然可能です。当時の宗とはそういうものでした。

「法然の専修念仏はほかを否定したんじゃないのか」と言う人もいます。法然は諸宗の教えや行を兼修兼学しながら、念仏を中心として、仏教を再編する一つの理論体系を作ろうとしたのです。それが浄土宗を生みました。ほかの諸宗の実践、ほかのものを兼修したり、勉強しちゃいけないという意味では全然ありません。ですから法然の弟子たちの多くが、ほかの学問も勉強しています。一番弟子と言われる証空（しょうくう）は、法然の勧めによって天台を勉強しました。

宗派の対立、あるいは教団の対立とはまったく違う。むしろお互いにネットワークを形成しながら、諸宗の壁を飛び越えていろいろな勉強ができました。実際日蓮は若いころ、非常にいろいろなものを勉強しているわけです。

日蓮と同じ時代に、無住道暁（むじゅうどうぎょう）とか凝然（ぎょうねん）とか立派な研究者や実践者がいました。無住の『沙石集』は、先ほど佐藤さんが紹介していました。無住は『沙石集』以外にも『雑談集』とか、あるいは仏教学の方面では『聖財集』というテキストも書いています。この『聖財集』は従来まったく無視されてきたわけですが、中身は非常に豊かです。仏教のさまざまな実践を比較して、単純にどっちを取ってどっちを切り捨てるという態度ではありません。たとえば禅と密教の二つを実践し、両方とも実践するに足るものか、あるいは一方だけでもいいのか。一つひとつちゃんと比較しながら、どういうふうに実践したらいいのかを極めて理論的に体系化し、論じている非常に優れた文献です。

私は鎌倉期の仏教の著作の中では、『聖財集』が一番だと言ってもいいくらい優れた著作だと思っています。従来は「鎌倉仏教は一つを取ったらほかは全部否定する」という考え方が広がっていました。これはまったく間違っています。単なる誤解、あるいは意図的な誤解がなされてきたせいで、無住のような非常に優れた仏教者がまったく無視されてきました。そういう経緯を踏まえた上で、日蓮についてももう一遍考え直す必要があるだろうと思います。

5　中世後期の宗派仏教

先ほど言いましたように、モンゴル来襲からそのあとの南北朝の動乱を転換期として、十四〜十五世紀に中世の大きな変換点が訪れました。従来の権力構造は、二重王権だったわけです。朝廷と武家の幕府との対抗構図がありました。そういう二重王権の社会で、それぞれの地域の文化が盛んになり、地域の守護大名、地域権力がだんだんできていった。それがやがて戦国大名の時代から近世の幕藩体制に切り替わり、それぞれの地域の分権体制を生かす形で新しい秩序ができあがってくるわけです。ただ、基本となる王権と神仏、朝廷と幕府という二重構造は基本的に維持されました。

地域的に広範な文化が生まれ、中央だけでなく、地方まで文化が広がっていきました。能楽であるとか連歌であるとか、お茶であるとか、いろいろな形の文化が生まれてきます。仏教は文化とともに地域に拡散していきました。と同時に、総合性を持った仏教から、宗派化した形の仏教へと性格が変わっていきます。すると自分たちの集団の中で、閉鎖された形での宗派が形づくられていく。正統と異端を切り分けていく。

先ほどちょっと触れた立川流は、真言宗の中から異端として切り出されました。十四世紀ごろのことです。同じころ本願寺教団の中でも、異端が洗い出されて否定されました。『歎異抄』はもともと局地的、局所的な書物だったのですが、それが本願寺で取り上げられることによって、正統と異端の切り分けの手段として使われるのです。

そういう時代の中で、仏教だけでなく神道が次第に大きい力を持つようになりました。さらには思想的に言うと、本覚思想の問題を考えなければならなくなってきます。このあたりが中世後期での展開になります。宗派化され、集団化された仏教の勢力が非常に大きい力を持っていくと何が起きるのか。戦国期の一向一揆、あるいは日蓮系の法華一揆です。

こうした歴史的経緯を頭に置いて、日蓮の仏教を考えていく必要があるだろうと思います。

6　日蓮遺文に対する考え方

創価学会の皆さんが「御書」として体系化している文献は、一般的に「日蓮遺文」と呼ばれます。私は、二〇〇〇年に出版した『日蓮入門──現世を撃つ思想』（ちくま新書、二〇一〇年にちくま学芸文庫から増補版を出版）の中で、あるいは、この本の出版後に書いた論文の中でも、日蓮遺文の取り扱い方について書いてきました。

日蓮遺文には、どうやら三つの層がありそうだと私は見ています。「日蓮A」（真撰が確実である遺文）、「日蓮B」（真偽未決の遺文）、「日蓮C」（前二者と性質の異なる遺文）です。確実に真筆がある。あるいはすでに真筆と認められた遺文とつきあわせた結果、どう考えてもこれは真筆と呼んで間違いない。こういう遺文を「日蓮A」と呼びます。

真偽が未決で、いろいろな問題が議論されている。こうした遺文を「日蓮B」と呼びます。特に最蓮房に宛てた遺文（『諸法実相抄』『当体蓮華抄』『立正観抄』等）が「日蓮B」に含まれます。『三大秘法抄』についても、これを日蓮の真筆として認めていいのかどうかは、かなりいろいろな議論が戦わされています。今申し上げた遺文を真筆と呼んで間違いないか、ひとまず結論を曖昧にしたまま「日蓮B」と呼ぶことにします。

もう一つ、「日蓮C」という分類を考えました。客観的に見れば、『御義口伝』は日蓮本人が書いた文献ではありえません。そもそもこの文献は講義の書き起こし形式ですから、日蓮が直接書いた文献とは質が違うことは明らかです。「日蓮A」「日蓮B」とは明らかに性質が異なる『御義口伝』のような文献を、「日蓮C」と呼ぶことにしました。

どこまでを日蓮本人の著作として考えていけばいいのでしょう。立正系の教学では、浅井要麟という学者が一九四五年に『日蓮聖人教学の研究』（平楽寺書店）という著作を出版しました。この著作では、「日蓮A」のみを日蓮自身の説と認めるとはっきり確定しています。本覚思想的な要素が入っている文献は全部排除し、「日蓮A」をかなり厳格に定めました。

それに対して「もうちょっと緩く見てもいいじゃないか」というのが、「日蓮B」まで認める立場です。たとえば花野充道氏がこういう立場です。二〇一〇年に出版した『天台本覚思想と日蓮教学』（山喜房佛書林）では、「日蓮A」と「日蓮B」を認めました。また、「日蓮B」に属する『三大秘法抄』について、伊藤瑞叡氏は「これは本物だ」と言っています。

7　『御義口伝』の魅力の再発見

では、私自身はどうか。『日蓮入門――現世を撃つ思想』を書いた当時は「日蓮B」までを真筆と想定しており、「日蓮C」についてはあえて触れませんでした。ところが今回、信仰学研究会に臨むにあたって、あらためて『御義口伝』を読み返してみると、これがかなり興味深いのです。やはり「日蓮C」を排除するのではなく、「日蓮A」

や「日蓮B」と区別しながら、それ独自の価値のあるものと見ることが十分に可能です。そう思うようになりました。日蓮という個人でなく、「日蓮C」まで含めて、日蓮門流という大きなまとまりの中で思想を見ようという立場は、決して無理ではない。ともかく、『御義口伝』は非常に魅力のある文献だと思うようになったのです。

『御義口伝』が本覚思想の影響下にあることは確実です。ただし、通常言われる本覚思想とどこが決定的に違うのか。『御義口伝』は、「凡夫の活動を中心とする凡夫本仏説」とも言うべき立場です。非常に実践的、行動的な本覚思想です。

これまで論じられてきた本覚思想は、非常にスタティック（static）と言いますか、ありのままをそのまま認めるという思想でした。そこから実践的行動は出てきません。非常に固定化した感じです。私はそのへんがもう一つ満足できず、本覚思想の研究はあまりやってきませんでした。私の恩師である田村芳朗先生は本覚思想を専門としていたので「君も本覚思想を研究したらどうか」と言われて一時やってはみました。しかし、実践的行動が伴わないところで行き詰まり、その後、本覚思想の研究からは離れることになりました。

今回『御義口伝』をあらためて読み返しながら、新しい形での本覚思想ととらえることができるのではないかと思いました。「凡夫は凡夫のままで実践していけばいいのだ」と、凡夫の行動を積極的に認めていく。そういう新しいタイプの本覚思想です。

従来は、中世前期の本覚思想がよく研究されました。中世後期になると、日蓮系統が京都の町衆の中に入っていきます。そして都で布教を進めていくのです。勃興する町衆は日蓮の教えを受け入れて、それが法華一揆につながっていきました。そうした行動的な方向性を生み出すベースになる思想を、日蓮の教えはもともと持っていたと思われますが、それがさらにその後の門流で展開していったと考えられます。そのような位置づけで、『御義口伝』などを考えることができるのではないかと思うのです。

今回はあえて創価学会の池田大作氏の『御義口伝講義』には深入りしません。池田氏の『御義口伝』の理解を批判したのが執行海秀という方で、後に立正大学の教授として大きな業績を残しました。この方は、先ほど触れた浅井要麟の弟子であり、『御義口伝』と本覚思想の密接な関連を論証して「『御義口伝』は偽書だ」と主張しました。執行氏の研究は、文献学的な実証によるもので、その説はほぼそのまま今日でも通用する優れたものです。ただ、そのことは『御義口伝』に価値がないということには決してなりません。執行氏自身、その思想的系譜を検討し、思想的位置づけを明らかにしようとしており、決して本書の価値を一概に否定しているわけではありません。今日、執行氏の研究を新たな視点でとらえ直しつつ、『御義口伝』の内容をあらためて読み直していくべきではないかと思っています。

8 凡夫本仏論と日蓮本仏論

『御義口伝』の凡夫本仏論に関心を持つようになったきっかけは、松戸行雄氏の論です（『日蓮思想の革新――凡夫本仏論をめぐって』、論創社、一九九四年）。松戸氏と創価学会の関係は複雑そうなので、そういうことには立ち入りません。氏は「凡夫本仏論」を高く評価し、唱題行の実践によって凡夫の本仏たるゆえんが顕現し、それによって凡夫の日常的な営為が積極的な意味を持つものになると考えました。

時間がありませんので細かいことは省略しますが、松戸氏は仏教、あるいは宗教の基本的な類型として、「救済型」と「自己実現型」の二つを立てました。一種の絶対者的なものを信ずることによって、自分は救済される。こういうタイプが「救済型」の宗教観です。それに対して、自分の中にある能力、エネルギーを発現させて自己を実現していく。このタイプが「自己実現型」の宗教観です。浄土教は、このうちの「救済型」の宗教観の典型です。また、禅や密教は「自己実現型」の宗教観でしょう。

もちろん、この両者は決定的に対立するものではなくて、互いに結び合う性質を持つように思います。特に日蓮の宗教観は「救済型」と「自己実現型」の両面を持っています。それが門流においてさらに展開し、「救済型」の日蓮本仏論と、「自己実現型」の凡夫本仏論が明確化されたと考えられます。

『御義口伝』には「本当の自分を実現していくのだ」という凡夫本仏論、「自己実現型」の方向性がかなり強い本仏論が見られます。それと同時に「日蓮の弟子檀那」という一つのグループが、特別な性格を持つものとしてとらえられています。いわば宗教的エリート集団として自分たちを位置づけたものと言えます。そこに実践的で行動的な中世後期の日蓮教団の方向が、出てくるように思われます。その集団のトップとしての日蓮に特別の位置が与えられていくところに、富士門流の日蓮本仏論も形成されたのではないかと考えられます。

時間の余裕がなくなってしまいました。必要なことがあれば、あとの議論の中でお話ししていきたいと思います。どうもありがとうございました。

7 講演③

創価信仰学から見た日蓮大聖人

―日蓮大聖人の真意をめぐる考察―

松岡幹夫
創学研究所所長

はじめに

私の発表テーマは「創価信仰学から見た日蓮大聖人」です。日蓮論の出発点としては、文献史料、それも信頼性のある史料に基づくのが学問的な手法でしょう。しかし我々の場合は、まず信仰の立場に立ち、何よりも実践活動を通して日蓮大聖人の御真意に迫り、それを先取りします。そして、先取りした真意を学問的に裏づけていく方法をとる。発表テーマの副題を「日蓮大聖人の真意をめぐる考察」としたのは、そのためです。従来の日蓮論が理論から実践を見るのに対し、我々は実践から理論を見ていこうと思います。

創価信仰学は信仰実践から始まる学問研究であり、一種の仏教神学と理解いただいて結構です。本日の研究会の挨拶で申し上げた「信仰と学問の調和」も、我々として第一にくるのは信仰です。中世の哲学者アンセルムスの言葉に「知解（ちかい）を求める信仰」があります。これも信仰から始まり、理解を求めていく形です。

なお、日蓮大聖人論という創価学会の信仰者には重大なテーマに対して、私が話すべきことの全容を、五十分という短い時間で語り尽くすのは不可能です。そこで、本日の私の発表に準じた内容をここに記し、本当に話したかった詳細な内容を別に掲載することにしました。実際に話したかのような筆致になっていますが、私の本意を誤解なく知っていただくための措置であり、ご理解をお願いする次第です（本書第二章に全文掲載）。

ところで、我々が出発点に置く日蓮大聖人の真意とは何でしょうか。日蓮仏法の目的は、広宣流布による全人類の幸福の実現です。広宣流布とは、大聖人の仏法を世界中に弘めることです。人類には避けられない宿命がある。個々の人生をはじめとして、国家間の戦争などにも宿命的なものがあります。その宿命を根底から変え、真に全人類の幸福を実現するためには、真実の仏法を広宣流布しなければいけない。死後の未来でなく、現世の今を救わねばならない。これが日蓮大聖人の御遺命なのです。したがって、大聖人の教えの真意は、全人類の幸福ということに深く関わってきます。

一人一人が豊かな生活を送り、平和で暮らすことはもちろん大事ですが、広宣流布の運動はもう一段深い幸福の達成を目指します。それは、何があっても崩れない幸福を各人の胸中に打ち立てることです。万人が仏の本来的生命を開花することです。一切衆生皆成仏道という法華経の理想の現実化です。そのために、広宣流布を目指すのです。「広宣流布の時、一閻浮提の一切衆生、法華経の行者となるべき」（『御講聞書』、新一一六一頁・全八三四頁）と御書に示されるように、日蓮大聖人の念願は仏法の広宣流布によって全人類を法華経の行者、すなわち現実の仏にすることでした。だから、大聖人の教えの真意は、万人を仏にすることに尽きると思います。

この万人を仏にするという広宣流布の実践者の心を、本仏論の文脈に置き換えると、凡夫本仏、現代的に言えば「人間本仏」という考え方になるのではないでしょうか。日蓮仏法が究極の真理とする十界互具・一念三千の法理から言っても、仏と衆生に本質的な差別はなく、万人が本来仏であるはずです。本来の仏とは根本の仏ということです。すると、凡夫＝普通の人間の立場で出現された日蓮大聖人、凡夫僧であられた大聖人こそが本仏、根本の仏でなければならない。日蓮本仏論とは、まさに民衆、ありのままの人間が本仏であるという思想でしょう。すなわち、「人間の尊厳」「生命の尊厳」を説き明かした思想です。また、現実には日蓮大聖人を師と仰いで信心に励む中で、我々は初めて人間として本仏の生命を開いていけます。日蓮大聖人の御出現がなければ、人間本仏と言っても理屈の上の話に終わってしまいます。だから、我々は特に日蓮本仏論と称するわけです。

結局、広宣流布による人類救済という日蓮仏法の目的を我が使命と定めて実践し抜くときに、初めて人間本仏、日蓮本仏という大聖人の真意がありありと見えてくるわけです。まことに真実の広宣流布の実践者だけが大聖人の真意を知るのです。その実践者のかがみが、民衆の中に生まれ、民衆とともに生き、事実として広宣流布の大指導者であった創価学会の三代会長です。今日では、第三代会長の池田大作先生です。池田先生は、庶民の中の庶民の世界で仏法を世界に弘めた広宣流布の大指導者です。ゆえに大聖人の仏法の真意を命で体感しているものと、我々は確信します。もし池田先生の庶民性を揶揄（やゆ）する人がいるのなら、その人は日蓮仏法の本義を何一つわかっていないと言うべきでしょう。

だから、我々は、どこまでも池田先生の指導を通し、池田先生とともに広宣流布の実践を貫くことで、ありがたくも大聖人の真意から出発することができるのです。単なる机上の学知では大聖人の仏法の真意を知ることなどできない。――それが実践者の偽らざる思いでしょう。この実践者の確信から出てくるのは、「日蓮本仏論とは、人間生命の尊厳と広宣流布に戦う創価学会員の偉大さを証明するための教義である」という見解です。

先ほど末木さんが『御義口伝』の一節を引かれていました。

〈「如来」とは釈尊、総じては十方三世の諸仏なり、別しては本地の無作の三身なり。今、日蓮等の類いの意は、総じては「如来」とは一切衆生なり、別しては日蓮の弟子檀那なり〉

（『御義口伝』、新一〇四八頁・全七五二頁）

この短い教えの中に「仏とは何か」が説き尽くされています。日蓮仏法における「仏」について述べますと、「総じて」の仏と「別して」の仏に分けられます。総別は自在な仏法の論理を象徴する概念です。「総じて」は本質論です。本質論としては「一切衆生」が本仏になります。凡夫本仏、人間本仏です。もっと言うなら、生きとし生けるものが本仏である。また、「別して」は現実論です。現実の仏はどこにいるのか。それは「日蓮の弟子檀那」の中にしかいない。日蓮大聖人及び大聖人に直結した広宣流布の大闘士、すなわち「今ここ」で戦っている創価学会員こそが現実の本仏といえるのです。池田先生が『新・人間革命』第三十巻（上）に「「創価学会仏」とは、初代会長・牧口常三郎、第二代会長・戸田城聖という師弟に連なり、広宣流布大誓願の使命に生きる同志のスクラムであり、地涌の菩薩の集いである」（同書九九頁）と宣言された、その「創価学会仏」との意はこれではないかと拝察します。私は、それが現実の生きた日蓮本仏論ではないかと信ずるものです。

私の発表では、まず創価信仰学の方法論を順番に説明していきたいと思います。そして最後に、その方法論に基づく学問的な仮説を立ててみます。信仰の学問的な証明という意味で、我々はこの作業を「信仰の証明学」と呼んでいます。「日蓮本仏論に関して、学問的にもこういう考え方ができるのではないか」という我々なりの仮説を示したいのです。時間に限りがありますが、できる限り説明してまいります。

1　救済論と史実論

創価学会では、信仰実践の立場から教学を論じます。それは必然的に救済論になります。日蓮本仏論をめぐるこれまでの論争や対立を見ますと、救済論と史実論の立場が嚙み合わないまま、議論の食い違いが生じているように思います。と言うのも、我々のような民衆救済を第一義とする実践的な考え方は、史実論の純学術的な立場とそもそも位相が異なるからです。

たとえば日蓮大聖人が久遠実成の釈迦仏の造立を認めた話だとか、随身仏として立像釈尊を所持されていた話だとか、日興上人が一尊四士と言われる仏像の造立の仕方を自分の義とした話だとか、そういったことを示す文献史料があるわけです。史実論の人たちは、そういう資料に基づいて「日蓮大聖人、日興上人も釈尊信仰だったじゃないか」と言ったりします。それに対し、我々のような、いわゆる救済論的な立場に立つ人間は「それは一つの随宜方便である。真実に誘導するため、相手を善導するための一つの過程である」という見方をします。

これはどちらが正しいかというよりも、カテゴリーの違いだという気がするのです。実証的に史実に基づいてやろうというカテゴリーの話なのか。それとも人を救っていく救済のカテゴリーの話なのか。双方の立場の違いをはっきり認識した上で、議論を交換したほうが有益だろうと私は考えています。

我々の信仰の立場に立ち、文献学的もしくは解釈学的に日蓮本仏論を考えていく場合、どういうことが考えられるのでしょうか。諸御書に「教主釈尊」とあります。また、日蓮大聖人御自身は「教主釈尊の御使」ということになっている。一番深い意義まで行くと、史料的にも「上行菩薩の再誕」というところに行き着きます。

しかしながら、「教主釈尊」との表現について、人間本仏という日蓮大聖人の真意を踏まえたときには、「これは究極的に凡夫の釈尊、本因妙の釈尊であるはずだ」ととらえることができます。本因妙の釈尊ならば、本因妙の仏であられる大聖人と変わるところがない。釈尊・大聖人と名前は違うけれども、根源的には一体不二なのだ。異名同体なのだ。引いては万人が釈尊と一体不二なのだとなる。『御義口伝』に「この本門の釈尊は、我ら衆生のことなり」（新一〇〇三頁・全七二〇頁）とあるとおりである。──そのように、真意に基づく御書解釈から日蓮本仏、人間本仏が帰結するのです。これが信仰学的な立場になろうかと思います。

ですから、御書の文脈から外れて勝手に「日蓮本仏」を唱えているわけではありません。御書に記された「教主釈尊」という言葉の真意を探る中で、凡夫僧の日蓮を本仏とする解釈が、史実論的でなく救済論的に、また理論的でなく実践的に、導き出されるのです。ただし、我々は救済論が史実論と対立するとは考えていません。むしろ信仰の立場で聖なる救済論の中に世俗の史実論を包容し、自在に活用していきたいと願っているのです。つまり、「救済論的に史実論を考える」という第三の立場に立ちたいわけです。その意味から、我々の信仰の証明学として、日蓮本仏論の文献学的根拠を考えてみます。

2　日蓮本仏論の文献学的根拠

まず、日蓮大聖人御在世当時から大石寺上代、日道（第四世法主）、日時（第六世法主）あたりまでの大石寺宗門史をざっと振り返ってみます。この時代においては、日蓮本仏をめぐる史実の実証が不可能であると私は思っています。

日蓮本仏が直接言及されている御書としては、『本因妙抄』『百六箇抄』の両抄が挙げられます。本日、末木さんが取り上げた『御義口伝』は、法華経の教相に即して文底の観心を示す形をとるため、そこから釈尊を本仏にする考え方も出てきます。実際、近世の日蓮宗には、『御義口伝』を重要な根拠として無作三身の釈尊を本仏と立てる一妙日導の教学がありました。

あくまで日蓮大聖人を本仏に立てるとなると、やはり依拠とすべき御書は『本因妙抄』『百六箇抄』です。それでも両抄を重視しつつ本果の釈尊を本仏と立てる要法寺の日辰のような教学者もいますが、これは例外的でしょう。

したがって、我々にとっては『本因妙抄』『百六箇抄』が重要です。「久遠元初」という言葉が出てくるのも両抄が初出です。これらに関する文献学的な偽書説を、私もいろいろ読みましたけれども、決定的な根拠があるわけではないようです。というより、七百年ぐらい前の史料の真偽を文献学的に明らかにするのは不可能に近いと思うのです。

日蓮本仏に関する史実が文献学的にはっきりしてくるのはいつ頃かと言うと、だいたい室町期ではないでしょうか。室町期の富士門流で、日蓮本仏が伝承されてきたという史実が実証的に確認できます。『本因妙抄』『百六箇抄』等の初見年代も、ちょうどこの頃です。『御義口伝』も同じ頃ですね。結局、そこまでしか突き止めるのは難しいと、私は考えています。それ以前の日蓮本仏義については、実証的にあったともなかったとも言えないはずでしょう。

けれども、信仰学的にはそれが本質的な障害とはなりません。なぜならば、『本因妙抄』『百六箇抄』『御義口伝』等々の相伝書が古くから伝承されていた、という史実が確認できれば十分だからです。つまり、我々に必要なのは、生きた信仰の存在を示す「伝承の事実」です。少なくとも日蓮大聖人の滅後二百年ぐらいの段階から、日蓮本仏の生きた信仰がずっと存在していた。この生きた信仰の事実は、我々の信仰の本質と深く関わります。そこには、幾多の先人たちによる日蓮本仏の体験的実証があるからです。信仰の世界では、体験的実証があらゆる説明に先立ちます。だから、体験的実証の積み重ねに支えられた伝承の事実を、我々の日蓮本仏論の文献学的根拠とすべきなのです。

近代のキリスト教神学では「史的イエス」の問題といって、歴史上イエスという男が実在したかしなかったか、という論争が長く続けられました。最終的には「証明できない」となったそうです。ただし、イエスが死んでから百年後ぐらいに、イエスを救済者と崇める熱狂的な集団がいたということまでは、史料的に確認できる。そこで、ブルトマンという神学者は、大事なのは「歴史上のイエス」でなく、福音書に書かれた「宣教のイエス」なのだという考え方に立つわけです。文献学を踏まえた上で、こうした信仰的なとらえ方をしていく流れが、二十世紀の神学で出てきたのです。

それと同じような考えに立つならば、『本因妙抄』『百六箇抄』『御義口伝』が何百年にもわたって伝承されてきたという事実が、意外に大事なのではないか。「室町時代の文献にしか出てこないからダメだ」ということではなくて、「確認できる範囲でも室町時代から五百年以上も受け継がれてきたのだから、まさに生きた信仰であり、先人たちの体験的実証に裏打ちされている」ととらえ、自分たちの信仰の一つの根拠にすべきではないか。私などは、そう思うわけです。

3　日蓮本仏論の解釈学的根拠

次に、我々の日蓮本仏論の解釈学的根拠を考えてみます。仏教研究の世界では「解釈学」という考え方がまだ根づいていません。が、しかし、仏教思想史は解釈の歴史でもあるわけです。かつての仏教各宗の教学は、宗教的解釈学に他なりませんでした。江戸時代の大石寺の日寛教学なども宗教的解釈学といえます。

ところが、近代以降、西欧の文献学が入り込み、各宗派の教学、宗学も文献学一色に染まっていきました。西欧の知的伝統において、文献学というのは解釈学の一部にすぎません。文献学的解釈学の他に、法学的解釈学や神学的解釈学もあるのです。だから、神学的解釈学に相当する伝統仏教の教学は、本来、文献学的解釈学とは別のカテゴリーにあるものです。それにもかかわらず、客観性や実証性を標榜する文献学的な仏教研究によって、日本の伝統仏教の教学は主観的、非合理的であるとの烙印（らくいん）を押され、片隅に追いやられました。たとえば、純粋な宗教的解釈学である日寛教学に対し、近代の文献学的解釈学を金科玉条とする立正大学の学者などが辛辣（しんらつ）な批判を展開し、頭から否定する、といったカテゴリー的誤謬が横行したのです。そうした結果、各派の教学は勢いを失い、仏教系大学の宗学に至っては文献学の奴隷のごとき観を呈しています。

一方、キリスト教においては、神学的解釈学が文献学的解釈学に抗して生き続けています。もちろん近代の合理主義、実証主義の洗礼を受けていますが、それでも自分たちの信仰を前提に置きながら文献学や哲学の成果を補助的に取り込む研究が、さかんに行われています。つまり、宗教的解釈学が存在するのです。そこで私は、仏教本来の宗教的解釈学を取り戻すために、西欧の神学的解釈学の議論を参考にしながら、「この問題は、このように考えられるのではないか」という私論を述べていきたいと思います。

その前に、現代の解釈学に共通する考え方を確認しておきましょう。それは、解釈者が何らかの先行理解に基づいて解釈を行っているということです。この考え方は、二十世紀の哲学者ハイデガーが唱えた理解の先行構造から始まります。そこから、解釈者の先入見が理解の条件となるとし、理解の歴史性を解釈学の原理としたのがガダマーでした。ここで、テクストの客観的解釈というものが、幻想として退けられます。要するに、テクストの解釈は常に相対的なものであって、文献学的実証主義が主張しがちな客観的な解釈などは存在しない、というのが現代の解釈学の見解なのです。このような見解は、ハイデガーの影響を受けたR・ブルトマンの実存主義神学をはじめ、現代の多くのキリスト教神学が前提として持っていると思います。したがって、我々としても「解釈の相対性」という解釈学的観点を受け入れた上で論を進めます。

一番目に、御真蹟が残る御書の日蓮本仏論的な解釈について考えます。日蓮大聖人の御真筆、御真蹟が残っている御書には、日蓮本仏が直接的に表現されていません。日蓮本仏の教えがうかがえるのは『御義口伝』『百六箇抄』『本因妙抄』等の相伝書、あるいは『諸法実相抄』『当体義抄』等の本覚思想色があるとされる御書です。末木さんの先ほどの分類によると「日蓮B」か「日蓮C」のところからしか、日蓮本仏論は導き出されないわけです。「日蓮A」には日蓮本仏論がない。これが研究者の間での定説です。

しかしながら、御真蹟のある「日蓮A」の御書にも、じつは日蓮本仏論的な解釈が可能な箇所が多々あるのです。私がこれに気づいたのは、末木さんの書かれた『日蓮入門——現世を撃つ思想』（ちくま新書）を読んだ時でした。末木さんはそこで、『諸法実相抄』に説かれる凡夫本仏論と『観心本尊抄』の議論との共通性を指摘しています。『観心本尊抄』に「我らが己心の釈尊は、五百塵点乃至所顕の三身にして無始の古仏なり」（新一三五頁・全二四七頁）と説かれています。末木さんは、「仏の世界も凡夫の心の中に納められている」とする一念三千論をヒントにして考えます（同書、二〇〇頁）。一念三千論を前提として、妙法を受持する我らの己心に無始の古仏がいるのだ——この本尊抄の論理を展開していけば、『諸法実相抄』にあるように「凡夫こそ本仏なり」と言うことも、まったく不可能ではないはずだ。——そのように、末木さんが論じているのです。「なるほど、そうか。真蹟御書からも日蓮本仏論的な解釈は十分可能なのだ」と私は思いました。

そうしたときに、「解釈の相対性」という解釈学の観点が生きてきます。テクストの解釈がどこまでも相対的であるならば、学問的にはいろいろな御書の解釈があっていい。「この御書解釈が絶対的に正しい」「その御書解釈は恣意的だ」といった学問的な主張は、現代の解釈学ではもはや成り立たない。解釈学的に考えると、そうした主張は自らの先入見の産物にすぎません。だから、立正大学の文献学的な日蓮研究なども、解釈学的主観をともなっているわけです。たとえば、執行海秀氏の『御義口伝の研究』にも、かなり主観的な解釈が混じり込んでいます。先ほど末木さんが言われたように、執行氏の文献学的な論証は緻密です。しかし他面、思想的考察のところで、観心主義的思想は聖祖の傍系思想である、口伝は聖祖の根本義ではない、などと、教相主義的かつ印象批評的に決めつけるあたりは、いかにも主観的です。だから、解釈の相対性に基づき、執行氏の主観的解釈を学術的に認めるなら、我々の主観的解釈も学術的に認めるべきなのです。

二番目に、相伝書の日蓮本仏論的な解釈について考えます。相伝書の論理の本質は「AはAである」いうトートロジー（同語反復）です。つまり、「日蓮大聖人の教えが正しいのは、大聖人の教えだからである」という、信仰上の了解が暗黙の大前提になっています。これは、論理学的には誤りの最たるものとされる。しかし信仰の究極は、そうならざるを得ません。どの宗教でも、最後はトートロジーになるのではないでしょうか。「なぜ神を信じるのか。それは神だからだ」という言い方に、当然なると思います。我々も「なぜ南無妙法蓮華経なのか」と言われると、語義の注釈はともかく、真理としての南無妙法蓮華経については、ただ信受するしかない立場です。先ほど佐藤弘夫さんが言われたように、そこには論理を超えた飛躍があるわけです。

そういった信仰のトートロジーに立ったときに、『御義口伝』の一文一句を仏の言葉として聞き、素直に受け入れていくという姿勢が生まれます。これが、池田先生が『新・人間革命』（第六巻、「若鷲」の章）で教えている相伝書の拝し方です。文献学的な真偽論がどうであろうと、我々創価学会員は信仰上の事実として『御義口伝』の仏の言葉に触れ、その正しさを実感しています。ゆえに、「末法の「仏」とは、凡夫なり、凡夫僧なり」（新一〇六七頁・全七六六頁）との『御義口伝』の教えを素直に拝し、凡夫僧であられた日蓮大聖人を末法の御本仏と仰ぐ日蓮本仏論を信ずるのです。

また、信仰のトートロジーは、『御義口伝』の教えを素直に受け入れるだけでなく、そのまま我々自身の生き方として実践する姿勢を呼び起こします。御書を素直に拝する心は、取りも直さず御書のままに生きる実践者の心なのです。先ほども紹介しましたが、『御義口伝』に「総じては「如来」とは一切衆生なり」（新一〇四八頁・全七五二頁）とあります。この一節を読んで「なるほど、そうなのか」で終わるのではなく、自分自身の生き方として実践的、行動的にとらえていく。そうすると、『御義口伝』を現代社会に生きる人間の生き方として、言うなれば文明論的な視座から読むことにもなってきます。すなわち、人間の生命こそが最大に尊いとする人間主義の実践につながっていくのです。

だから、池田先生は、人間いかに生きるべきか、新しい世紀の人類、人間はどういう文明を作っていかなければいけないのか、そういう実践的な問題意識で『御義口伝』を読むべきだと、我々に教えています。たとえば会長時代の『御義口伝講義』において、池田先生は『御義口伝』の特質を「人間勝利の新文化建設実現のための指南書」という点に見出しています（『御義口伝講義（上一）』聖教文庫、二五頁）。創価学会では『御義口伝』の凡夫本仏すなわち人間本仏の教えを実践的にとらえ、人間主義の仏法として文明論的に展開しているのです。

このように、相伝書を信仰のトートロジーで拝することは、日蓮大聖人を末法の御本仏と仰ぎ、人間本仏の教えを文明論的に実践することにつながります。そうした意味から、我々は『御義口伝』等の相伝書を日蓮本仏論の解釈学的根拠と考えるのです。

日蓮仏法の相伝書は、もとより今日のような学問的論争を想定して書かれたものではありません。透徹した信仰を貫き、本来は仏法の深みを体得した者に対してのみ開示しうる奥義を記した書なのです。それを学問的に突き放した態度で分析したり批判したりするのは、相伝書の性格を無視した読み方と言わねばなりません。どこまでも信仰の眼で拝してこそ、相伝書の本意に触れることができる。――我々が『御義口伝』等の相伝書を日蓮本仏論の解釈学的根拠にするのは、相伝書が本来意図した読み方に従って、救済論的にそう述べているのです。

4　救済論的な日蓮本仏論の諸原理

ここまで、広宣流布の実践を行う創価学会にとって、日蓮本仏論は日蓮大聖人の真意に他ならないこと、日蓮本仏を論ずる上で救済論と史実論とのカテゴリーの違いを認識すべきこと、そして日蓮本仏論を学問的に説明する上での文献学的根拠と解釈学的根拠について、順に述べてきました。

そういった観点を踏まえ、さらに救済論的な日蓮本仏論の原理について考えていきたいと思います。私は、「準備」「予型」「過程」「真意」という四つの原理を考えました。「準備」「予型」は日蓮大聖人と創価学会が他と一線を画した独自の中心性を持つことを示すための救済史の原理、「過程」「真意」は日蓮本仏論の救済性を反映する教化の原理です。

(1) 救済史の原理――「準備」と「予型」

最初に救済史の原理を説明します。要点だけを言えば、我々の考える救済史とは、インドの釈尊が仏法を創始する、それが各地で継承され発展する、末法に入ると日本の日蓮大聖人が法華経の肝心である妙法を説かれて仏法を完成する、この大聖人の仏法が七百年間護持される、二十世紀になって地涌の菩薩の団体である創価学会が出現して全世界に妙法を広宣流布する、やがて人類の宿命転換が成し遂げられ地球が広宣流布の楽土となる、という諸段階から構成されます。そうした救済史の流れにおける中心点は日蓮大聖人と創価学会です。そして、この二つが中心であるのは、先行した諸々の仏教思想を「準備」や「予型」として意味づけることで明確になるのです。

「準備」とは、日蓮仏法よりも先に広まった諸々の思想を、すべて日蓮仏法が出現するための準備ととらえる原理です。仏教の経典分類法に「序分・正宗分・流通分」の三段があります。我々から見て、日蓮仏法を「正宗分」とすると、それに影響を与えたと考えられる古代仏教や中世仏教は「序分」にあたります。この序分の意義を「準備」と表現するのです。日蓮仏法の「準備」となるものは仏教思想に限りません。日蓮大聖人が「儒家の本師たる孔子・老子等の三聖は、仏の御使いとして漢土に遣わされて、内典の初門に礼楽文を諸人に教えたりき」(『下山御消息』、新二七四頁・全三四五頁)と仰せのように、世間の善論は――現代では哲学や心理学など万般の学問も該当するでしょう――皆仏教の導入として「準備」の意味を持つのです。

このように、「準備」の原理は私の創作ではなく仏教の伝統に根差した考え方です。また、自宗教の真理によって一切を総合しようとする思考は、キリスト教、イスラームなど、およそ世界宗教に共通する特徴です。したがって、一切の先行思想を日蓮仏法の「準備」と見ることは、閉鎖的な思考どころか、かえって世界宗教への道ではないかと思うのです。

一つだけ、「準備」の具体例を示しておきましょう。中古天台の思想は、『御義口伝』等々の日蓮仏法の相伝書が成立するための準備だったと考えられます。思想史的には、中古天台の文献で強調される「無作三身」「自受用身」等の用語が『御義口伝』でも重視されることから、『御義口伝』が中古天台の模倣であるかのごとく論じる人がいます。しかし、創価学会のように、現実に人を救う実践者の立場から見ると、中古天台の唱える無作三身や自受用身はいかにも観念的であって、現実性や実践性をともなっていません。それに比べて、『御義口伝』では「今、日蓮等の類い、南無妙法蓮華経と唱え奉る者は、無作の三身の本主なり」(新一〇九〇頁・全七八四頁)「自受用身とは、一念三千なり……今、日蓮等の類い、南無妙法蓮華経と唱え奉る者、これなり」(新一〇五八頁・全七五九頁)

と、無作三身、自受用身が妙法を唱える師弟の姿として現実的、実践的に示されています。先ほど末木さんも『御義口伝』が実践的、行動的な本覚思想であると再評価されていましたが、全く同感です。さらに言うなら、日蓮仏法では無作三身、自受用身の当体を曼荼羅御本尊として具現化しています。結局、無作三身、自受用身といった教義の完成形は日蓮仏法にしかない、というのが我々の理解です。ですから、中古天台は日蓮仏法の『御義口伝』等の準備として説かれたと、我々は救済論的に考えるわけです。

「予型」は、予兆、先取りという意味の言葉です。元はキリスト教の聖書解釈法で用いられた概念ですが、文学研究の領域でも予型論（typology）が広く用いられています。キリスト教神学では、新約聖書の立場から旧約聖書の人物や出来事を解釈します。たとえば、パウロは最初の人間アダムをキリストの予型としています。一方、創価信仰学では、そうした人物や出来事の予型に加え、教義思想における予型も論じます。ですから、神学の予型論的解釈と同じでないことを予め断っておきます。

では、人物の予型から論じましょう。日蓮仏法に「三国四師」と称される系譜論があります。インドの釈尊、中国の天台大師、日本の伝教大師、日本の日蓮大聖人と、三カ国にわたる四人の仏教者が仏法正統の系譜とされています。ここで、釈尊、天台、伝教という三人の正統者を、その後の正統者である日蓮大聖人の予型と見ることができると思います。また、出来事の予型もあります。法華経では釈尊の説法中に突然巨大な宝塔が出現し、虚空に浮かびます。日蓮仏法の信仰からすると、この宝塔の涌出は、末法において日蓮大聖人が曼荼羅御本尊を建立される起点となるものです。つまり、法華経の宝塔は大聖人の御本尊の予型といえます。

これらに加えて、日蓮仏法の場合は、さらに教義思想における予型も考えられます。日蓮仏法の教義的信条に基づき、釈尊、天台、伝教の三人が内心に法華経寿量品文底の妙法を悟りつつそれを秘し、最終的に大聖人がその妙法を顕示されたのだとすれば、釈尊仏法と総称しうる三人の仏法が日蓮仏法の予型として機能しているといえます。教義思想の上での予型論が、ここに見出されます。伝統的な教学用語で言えば、「内鑑冷然」（内心では明らかに覚っていること）というとらえ方が、教義思想面の予型を論ずる一つの根拠となるでしょう。

以上は、日蓮大聖人を中心に置く予型論です。これ以外にもう一つ、創価学会を中心に置く予型を論じなければなりません。大聖人と創価三代の会長の関係を予型論的にどうとらえるかについては、信仰の根幹にかかわる問題のため、今の私にはとても論じ切れません。ただ、『観心本尊抄』に「この四菩薩、折伏を現ずる時は賢王と成って愚王を誡責し、摂受を行ずる時は僧と成って正法を弘持す」（新一四五頁・全二五四頁）と示されています。この仰せのとおり、地涌の菩薩が折伏を行ずるために集い合った「賢王」の教団が創価学会である、という信仰上の確信が我々にある点は述べておきたいと思います。

そして、教義思想面の予型では、大石寺の日寛教学が創価学会の教学の予型となる、という点がことのほか重要と思われます。詳細は別の機会に譲りますが、池田先生は日蓮仏法史を「護持の時代」と「流通広布の時代」に二分する考え方を採用し、「われわれは「流通広布の時代」を待ち、その時を選んで、今、生まれてきた」（『池田大作全集』第三一巻、四四頁）と力説しています。御書に予言された「賢王」の教団として二十世紀に出現した創価学会は、日本はおろか世界の隅々にまで妙法を弘め、現実に驚くべき「流通広布の時代」を切り開きました。そこから振り返ると、約七百年間に及んだ宗門の歴史は、未来の流通広布を待望しつつ教義を護ってきた「護持の時代」といえるわけです。この「護持の時代」の教学の集大成が、江戸時代前期の大石寺法主である日寛上人の教学でした。ですから、日寛教学は未来の創価学会の出現のために整備されたものに他なりません。日寛上人自身、「偏に広宣流布の為なり」（「依義判文抄」、富要三：一〇三）と述べている通りです。日寛教学あっての創価教学ではなく、逆に創価教学あっての日寛教学だったのです。それが救済史的理解です。大石寺の日寛教学を学んで創価学会の教学が生まれたのだと言う人は、歴史的経緯に沿った思想史的な理解をしているにすぎません。我々の信仰学は、思想史的理解と救済史的理解を立て分け、後者の立場をとります。そこでは、日寛教学が創価教学の予型となるのです。

要点をまとめますと、我々の救済史的理解において、一切の仏教思想や世間の善論は日蓮仏法の「準備」であり、その中でも仏教正統の系譜に連なる聖者や賢人の教義思想を「予型」と称するということです。「準備」と「予型」の違いは正統性の有無です。「予型」とは、正統性を有する「準備」の思想を指しています。

(2) 教化の原理――「過程」と「真意」

続いて、教化の原理を考えます。ここで言う教化は、人々を仏法に導くことです。言語に絶する仏の悟りの法を人に説き教えるのは、難事の中の難事です。そこで、どうしても人々の宗教的な能力（機根）に応じた説法、すなわち対機説法が求められる。理想はもちろん、仏の真意をそのまま説くことです。しかし、人々の機が真意を受け入れられるほど成熟していない場合には、真意に至るための過程の教えを説くことになる。いわゆる仏の方便の教えがそれです。私が言う「過程」の原理とは、衆生教化において随宜方便の教えを用いることを意味します。では、なぜそのまま「方便」でなく「過程」と呼ぶのか。それは、方便の教えに一定の真実が含まれ教育的な意義があることを示すには、現代的な「過程」という言葉のほうがいいだろう、と思ったからです。

本仏に関する日蓮大聖人の真意とは、先ほど来申し上げているように、凡夫＝人間が本仏であるということです。この人間本仏の見方は、凡夫の姿で仏の境涯を顕された日蓮大聖人を末法の御本仏と仰ぐ日蓮本仏論に帰結します。人間本仏にして日蓮本仏が、大聖人の真意であると拝します。そして、我々の救済史的理解では、その真意へと人々を近づけるため、二段階の過程の教義が説かれています。一つは釈尊本仏義、もう一つが御影本尊義です。私は、前者を「第一の過程」、後者を「第二の過程」と呼んでいます。

第一の過程である釈尊本仏義は、十三世紀から十四世紀にかけて用いられました。日蓮大聖人、日興上人、それに続く大石寺上代の諸師は、過程としての釈尊本仏義を説いたと拝察されます。中世の日本仏教は、阿弥陀如来や大日如来等の信仰、あるいは経典の文字によらない禅の教えが主流でした。その中で人々を法華経に導くには、法華経の本門に説かれる釈尊を本仏と立てなければならない。しかし、法華経の迹門を重視し、観念観法の修行に専心する天台宗では、本門の釈尊への信仰を強調しない。天台本覚思想などは、逆に禅に接近していました。だから、大聖人の御化導としては、まず本門の釈尊を中心に立てる必要があったと拝されます。現に、釈尊本仏義が過程の教えだからこそ、大聖人は発迹顕本の後に釈尊像でなく曼荼羅御本尊を図顕し続けられたとも言えるわけです。『開目抄』に説く五重相対判でいえば、第三の「権実相対」、第四の「本迹相対」にあたるのが、第一の過程である釈尊本仏義です。

この第一の過程は、十五世紀に入ると終焉を迎えます。すでに十四世紀の終りごろから、妙蓮寺日眼の『観心本尊抄見聞』で日蓮本仏義を直接的に説く動きがあり、十五世紀の後半、大石寺九世の日有上人の聞書をまとめた『化儀抄』において、ついに公然と日蓮本尊=日蓮本仏の信仰が宣揚されたのです。これ以降、大石寺や保田妙本寺等の富士門流で釈尊本仏義を否定して日蓮本仏義を唱える文書が次々に現れ、過程としての釈尊本仏義はその役割を終えた感があります。

だが、入れ替わるように、新たな過程の教義が現れます。それが第二の過程である御影本尊義です。これは、少なくとも十五世紀から二十世紀まで続きました。「御影」とは木造の日蓮大聖人の坐像であり、曼荼羅御本尊とともに御影を安置する奉安形式が、徐々に富士門流内に広がっていったのです。御影を本尊とすべきことを高唱したのは、京都の日尊門流から大石寺に帰伏した学僧の左京日教や保田妙本寺の日我など、大石寺の信仰から見て傍系に属する人たちでした。当時の大石寺の法主が御影本尊義を主導した形跡は見当たりません。ただ、御影に対する信仰は大石寺門流に定着しました。それゆえ、十八世紀の日寛上人も講義資料（御書文段）などで御影本尊の信仰に触れています。ただし、日寛教学の最終結論といえる六巻抄では御影本尊義が排除されますから、日寛上人もあくまで過程の教義として御影本尊義を認めていたわけです。

御影本尊義は、日蓮本仏の信仰を徹底させるために用いられた教義と言うべきです。教化の段階として論じるなら、権実相対、本迹相対である第一の過程を経て、種脱相対である第二の過程に移行し、最終的に日蓮本仏という真意への到達を目指すという道筋が見えてきます。実際、左京日教などは「脱益の釈尊」を制止して「日蓮聖人の御影」を造立し本尊とすべきことを説き（『穆作抄』、富要二：二八四）、まさに種脱相対の意義の上から御影本尊義を唱えているのです。また、御影本尊義が過程の教義であるのは、日蓮大聖人その方が御影信仰など一切説かれず、曼荼羅御本尊の顕示を御化導の終着点とされたことを考えれば、おのずと明らかでしょう。

第二の過程である御影本尊義は、近代に入ってからも大石寺宗門内に残りました。富士宗門史の研究で名高い堀日亨上人が『日蓮正宗綱要』で御影信仰を廃した曼荼羅御本尊への純一な信仰を示唆したり、戦後になると教師僧侶の指南書である『日蓮正宗　教師必携』に「現在御影を奉安する末寺においては将来修復改築等の機会に御本尊一体にする」（同書二五頁）と記されたりと、宗門も御影の奉安を廃止する方向に向かっていましたが、うまく行かなかったようです。現に、大石寺の御影堂では今も御影を仏前に安置しているのですから、宗門でいまだ第二の過程が終了していないのは明白です。

これに対し、宗門伝統の御影の化儀を創立当初から採用せず、日興上人の唱えられた御本尊根本の信仰を貫き通してきたのが創価学会です。創価三代の会長の教学指導では、御影本尊義を説くことなど皆無でした。現実を見ても、ごく一部の旧信徒出身者を除けば、御本尊の前に御影を安置する学会員の家庭はまず見当たりません。第二の過程である御影本尊義は、こうして創価学会の出現をもって終焉したのです。

以上が「過程」の原理です。これで「真意」と「過程」の二原理を説明したわけですが、「真意」についてはまだ補足すべきことがあります。先ほど述べたとおり、「真意」の原理とは、本仏に関する日蓮大聖人の真意をそのまま説き示すあり方です。つまり、人間本仏にして日蓮本仏をストレートに主張することです。とはいえ、一見「過程」を思わせるような「真意」の表現もあります。すなわち、日蓮仏法では、本来釈尊本仏義に属する「地涌の菩薩」の概念を、人間本仏にして日蓮本仏という真意の立場から用いているのです。

どういうことか、説明しましょう。地涌の菩薩を本仏釈尊の久遠の弟子とするのは釈尊の仏法の立場です。これに対し、地涌の菩薩の内証（内心の覚りの境涯）を仏とするのが日蓮仏法の立場です。「過程」「真意」の原理で言えば、前者を「過程」としての地涌の菩薩、後者を「真意」としての地涌の菩薩と言うことができると思います。

日有上人は、大石寺上代に見られた「過程」としての釈尊本仏義を廃して「真意」としての日蓮本仏義を表明しました。そして、その「真意」の立場から、日蓮大聖人が地涌の菩薩であることを宣揚しています。端的な例は、『化儀抄』第三三条で「当宗の本尊の事、日蓮聖人に限り奉るべし」（富要一：六五）と日蓮本尊義を表明しながら、最後に「今末法四依の人師、地涌菩薩にて在す事を思ひ合はすべし」（同前）と説く点などです。つまり、日蓮本仏義を前提とした上で、地涌千界の上行菩薩が末法今日の教主・日蓮大聖人であると説いているのです。これは、「真意」としての地涌の菩薩を示したものと受け取れます。

同様のことが、日蓮本仏論を確立した江戸時代の日寛上人の教学にも見てとれます。

日寛上人は、日蓮大聖人の外用（外面の姿）が上行菩薩、内証（内面の悟り）が久遠元初の仏であると、厳格に立て分けました。その上で、地涌の菩薩という外用の立場から内証の仏を表現してもいます。たとえば、『観心本尊抄文段』の序において、同抄に明かす観心の本尊を「文底深秘の大法」（富要四：二一三）とする一方で、同抄の題意について「如来滅後後五百歳に上行菩薩始て弘む観心本尊抄なり」（同前、二一四頁）と外用の立場を用いているなどは、それにあたるでしょう。外用を切り捨てるのでなく、むしろ内証の真実の現れとして用いたと考えられます。

また、現代においては、創価学会が日蓮本仏論という内証の立場を確固として保持しながら、地涌の菩薩の使命を高らかに掲げている点を特筆しなければなりません。言うまでもなく、創価教学の源流は「仏とは生命なり」「我、地涌の菩薩なり」との戸田先生の悟達にあります。前者は宇宙の一大生命の覚知に、後者は創価学会という教団の深き使命の自覚に、それぞれ結びつきます。そして、後者の意味について、戸田先生は後に「教相面すなわち外用のすがたにおいては、われわれは地涌の菩薩であるが、その信心においては、日蓮大聖人の眷属であり、末弟子である」（論文「創価学会の歴史と確信」、『戸田城聖全集』第三巻、一二〇頁）と記し、「日蓮大聖人直結」という内証の信心を明らかにしています。つまり、日蓮本仏論の真意を固く持って外用の姿である地涌の菩薩の使命を示した。——それが「我、地涌の菩薩なり」との戸田先生の宣言だったのです。

では、なぜあえて外用の地涌の菩薩の立場を用いるのでしょうか。それは、広宣流布に生きる創価学会員の内証の本地は仏でも、現実の姿や行動はあくまで菩薩だからです。私たちは菩薩として現実の世界で、苦悩渦巻く人間群の中に飛び込んで広宣流布を成し遂げなければならない。ただし、その内証は仏と同じです。単なる菩薩ではありません。内証が仏ですから、言うなれば「菩薩仏」です。「菩薩仏」とは、池田先生が『法華経の智慧』の中で示した創価教学の重要概念です。池田先生は、こう述べられています。

〈「地涌の菩薩」とは、内証の境涯が「仏」と同じでありながら、しかも、どこまでも「菩薩」として行動していくからです。いわば「菩薩仏」です。境涯が「仏」と師弟不二でなければ、正法を正しく弘めることはできない。

しかも現実の濁世で、世間のなかへ、人間群のなかへと同化して入っていかなければ広宣流布はできない。この両方の条件を満たしているのが「地涌の菩薩」なのです。〉（『法華経の智慧』、『池田大作全集』第三一巻、一三九～一四〇頁）

内証が仏であるゆえに正法を正しく弘める資格を持ち、外用が菩薩であるゆえに現実の悪世に飛び込んで民衆を救済できる。――これが「菩薩仏」であり、釈尊の仏法でなく日蓮仏法における地涌の菩薩の本義なのです。池田先生は、「仏とは現実には「菩薩」の姿以外にない。「菩薩仏」以外の仏はない」（同前、一八一頁）と結論しています。

したがって、戸田先生の「我、地涌の菩薩なり」との悟達は、決して自分が久遠実成の釈尊の弟子であるという自覚ではありません。それでは釈尊の仏法の信仰になってしまいます。そうではなく、仏と同じ内証の上から地涌の菩薩として現世を救わんとする自覚に立たれたのです。日蓮仏法者としての「菩薩仏」の自覚だったのです。

池田先生が、この戸田先生の悟達に触れながら「あらゆる人が、じつは根本においては地涌の菩薩である」（『法華経の智慧』、『池田大作全集』第三〇巻、一九七頁）と述べ、アメリカの青年に向けて「「地涌」の生命を我が身に開こう！」と呼びかけ、人間の「根源のルーツ」が「「地涌」の大地」なのだと教えたりしたのも（長編詩「新生の天地に地涌の太陽」、『池田大作全集』第四三巻、三三三頁）、当然同じ意味からでしょう。

こうして、日蓮大聖人の「真意」としての地涌の菩薩は「菩薩仏」に他ならないことが明らかになります。広布に生き抜く学会員の内証が仏であると言っても、現実世界ではあくまで菩薩です。現実に法を弘める上では、むしろ外用の地涌の菩薩の自覚が重要になってきます。だから、「真意」としての地涌の菩薩は、広宣流布の使命を担う創価学会においてこそ、とりわけ強調されるべきかと思うのです。それは、取りも直さず釈尊―法華経―日蓮大聖人―創価学会と続く仏教正統の系譜を知ることにつながります。私たちはそこでまた、仏教の正統中の正統を歩んでいるのだという誇りと喜びを実感するのです。

以上、救済論的な日蓮本仏論が「過程」「真意」という教化の諸原理を持ち、それゆえに「真か、偽か」「釈尊の教えか、日蓮大聖人の教えか」といった二者択一ではとらえ切れない自在な表現を紡ぎ出すことを説明してみた次第です。

5 救済論的に見た日蓮本仏論史

最後に、救済論的に見た日蓮本仏論史を説明して私の話を終わりたいと思います。これまで述べてきた諸点を頭に入れながら、思想史的でなく救済史的に日蓮本仏論史を考えてみます。時間の関係上、概略のみを述べます。

(1)日蓮大聖人の日蓮本仏義――真意の顕示

第一に、日蓮大聖人御自身が日蓮本仏の真意を顕示されました。顕示の仕方には、間接的・直接的・具体的という三様が見られます。すなわち、『開目抄』『観心本尊抄』『撰時抄』『諫暁八幡抄』『諸法実相抄』等々で日蓮本仏の真意を間接的に顕示され、日興上人への相伝書では真意を直接的に顕示され、曼荼羅御本尊の図顕では真意を具体的に顕示されたといえます。

日蓮大聖人が『開目抄』で御自ら末法の主師親三徳であることを宣言され、『観心本尊抄』で凡夫の己心に永遠の仏（無始の古仏）が具わることを明かされたのは、間接的ながら日蓮本仏義を初めて説示されたものと拝察します。日蓮本仏論の最初の始まりは、決して後世の話ではありません。大聖人の佐渡在島中です。

また、長らく大聖人の側で仕えた日興上人に与えられた相伝書の数々には、日蓮本仏義が直接的に示されています。もちろん、それら相伝書には文献学的な偽書説がありますが、本質的な障害にならないと考えます。というのも、我々の立脚点は史実論でなく救済論であり、一部で史実論を用いる場合でも文献学的な主張の不確かさを考慮するからです。

さらに、「竜の口の法難」で新たな境地に立たれた大聖人が、その御境地のまま顕示されていった曼荼羅御本尊の御姿（相貌）には、大聖人の真意が具体的に顕示されていると拝されます。現存する大聖人の御本尊は、すべて「南無妙法蓮華経」とともに「日蓮」の御名が認められている。特に弘安年間に入ってからは、首題の南無妙法蓮華経の下あたりに大聖人の署名花押が置かれる形で安定してきます。そうした御本尊の御姿に、我々は日蓮本仏の具体的な顕示を見たいのです。「論より証拠」と言いますが、我々創価学会の信仰者は、御書の真偽論や解釈論に先立つものとして、日夜向かい奉っている御本尊の御姿に日蓮本仏の真意を拝しているのです。

(2)大石寺上代の日蓮本仏義――真意の実践

第二に、日興上人を中心とする大石寺上代の諸師は、日蓮本仏の真意を表に出すことは避け、もっぱら「真意の実践」に努めたといえます。日蓮本仏の信仰を文字に顕すことは、この時代では慎重に避けられた感があります。その一方で、「南無妙法蓮華経　日蓮」と大書された曼荼羅御本尊への信仰を徹底する形で、むしろ真意が実践されたことがうかがい知れるのです。

日蓮大聖人滅後、日興上人は、身延山を去って富士上野の地に大石寺を開いた日興上人は、文献的に見ると、久遠実成の釈尊を本仏として立てています。釈尊のもとに地涌の四菩薩が立つという「一尊四士」の仏像安置の形式を「日興が義」としていたことも文献（『富士一跡門徒存知の事』）の中に確認できます。

しかし、現実の信仰実践はどうだったのか。日興上人が自ら仏像を造立した形跡はありません。代わりに何をしたかというと、ひたすら曼荼羅本尊の書写です。日興上人は、じつに多くの曼荼羅本尊を書写しています。日興上人が飛び抜けた数の御本尊書写を行ったことは、他の日蓮大聖人の直弟子たちと比較すれば一目瞭然です。立正大学の宮崎英修氏が監修した『日蓮門下歴代　大曼荼羅本尊集成』という本があります。そこに収録された大聖人の直弟子の曼荼羅御本尊を見ると、日向が一幅、日朗が五幅、日法が二幅、富木日常

（常忍）が二幅です。これに対し、興風談所が出した『日興上人御本尊集』によると、日興上人の御本尊は現存・曾存のもので二百九十九幅、形木・模刻として確認されるものが十五幅あるといいます。つまり、日興上人にあっては、今に伝わる分だけで三百幅を超える御本尊を書写しているわけです。この圧倒的な違いは何を物語っているのでしょうか。それは、日興上人の信仰が、釈尊本仏義を宗祖の真意と解する他の大聖人門下の信仰と根本的に異なっているということなのです。

その証拠に、日興上人の御本尊の書き方も、他の直弟子たちのそれとは大きく異なっています。たとえば、日朗や富木日常の御本尊は、首題の南無妙法蓮華経の下に「日蓮在御判」でなく「日朗花押」「日常花押」と自分自身の署名花押を置いています。これは御本尊を日蓮大聖人の御境界と拝さず、ただ自身の観心の境と解したからでしょう。他方、日興上人は日蓮大聖人の弘安期の御本尊を忠実に書写し、一例を除いてすべて首題の南無妙法蓮華経の直下に「日蓮（聖人）」と認め、自署花押を小さく脇に記しています。こうした御本尊の顕し方の違いを通じて、大聖人の真意を相伝された日興上人のみが日蓮本仏の教義的信条に基づいて御本尊を書写した、という様相がうかがえます。日興上人の現実の信仰対象は仏像ではなく、一貫して日蓮本仏の教義的信条に基づく曼荼羅の御本尊であったことが帰結します。我々は、そこに日興上人による「真意の実践」を見てとるのです。

日興上人は、何事も日蓮大聖人が行われたとおりに行う謹厳実直な弟子でした。だから、大聖人の教えにおける真意と過程の両面を忠実に継承しています。日興上人が釈尊像でなく曼荼羅御本尊への信仰に集中したのは、大聖人の真意である日蓮本仏義を継承したからでしょう。他方で、日興上人の釈尊本仏義や一尊四士の仏像安置論も、『四菩薩造立抄』等にうかがえる大聖人の過程の教えを受け継いだものと思われます。日興上人のもとで教学の振興に努めた三位日順の言説にも、真意と過程の混在が見出されます。

史実論としては、大石寺上代の信仰は釈尊本仏義が主流であって、そこに時折日蓮本仏義らしきものが垣間見える、といった感じでしょう。しかし、救済論的にとらえ直すと、かなり見方が違ってきます。大石寺上代の信仰は教義面で過程としての釈尊本仏義を説きつつ、信仰面で御本尊根本に日蓮本仏義の真意を実践していたのです。教化の観点に立てば、釈尊本仏義と日蓮本仏義は決して矛盾衝突するものではありません。

(3)室町・安土桃山時代の日蓮本仏義——真意の表明

第三に、室町時代、安土桃山時代になると、日蓮本仏の真意がはっきりと表明されていきます。大石寺九世・日有上人の『化儀抄』に「当宗の本尊の事、日蓮聖人に限り奉るべし」(富要一：六五)とあります。この日有上人の日蓮本尊義は、本果でなく本因の仏を立てる主張をともなうことから、取りも直さず日蓮本仏義を意味すると言っていいでしょう。これ以降、大石寺門流では過程としての釈尊本仏義が姿を消し、日蓮本仏義が明確に表明されるようになりました。

日有上人関係の文書を読むと、日蓮本仏義の初出文献である『本因妙抄』『百六箇抄』を参照した跡が見えます。少しだけ示すと、『化儀抄』に「本迹ともに迹」とあります(同前、七七頁)。これは『本因妙抄』と『百六箇抄』の双方に見られる記述であり、種脱相対を示す核心的な教説です。また、『化儀抄』が唱える因行の釈尊と日蓮大聖人の一体説も、『本因妙抄』や『百六箇抄』でつとに強調するところです。その他、日有上人に帰伏した左京日教がそれ以前から『百六箇抄』の文を好んで引用している点からも、日有上人が『本因妙抄』『百六箇抄』を知らなかったとはまず考えられません。日教は、南条日住とともに『化儀抄』の編纂にも携わったとも言われています。日有上人と左京日教の関係は思想的に緊密です。そうした諸点を考慮すると、『本因妙抄』『百六箇抄』が説き示す日蓮本仏義を初めて公然と提唱した大石寺法主が日有上人だった、と言いうるわけです。

したがって、日有上人の日蓮本仏義が同時代の八品派の祖・日隆からの教学的影響であったとする日蓮宗の執行海秀氏の説などは、確たる史料的根拠を欠く憶測にすぎないと考えます。最後は憶測で物を言うなら、逆に日有上人が日隆に影響を与えたという説だって成り立つでしょう。現に、大石寺六十六世の細井日達氏がそう述べています。そもそも「種脱相対」をとる日有教学と「種脱一双」を本質とする日隆教学とでは、教学上の根本的立場が異なっているのです。日有上人の日蓮本尊義＝日蓮本仏義は、やはり釈尊仏法と日蓮仏法の違いを明示する『本因妙抄』『百六箇抄』

を背景にした、大石寺上代からの教義的信条に基づくと見たほうが、よほど理に適っていると思います。

なお、先ほど「真意」と「過程」の原理を説明した際に触れたとおり、この時代には第一の過程である釈尊本仏義が終了し、第二の過程である御影本尊義が登場してきます。重複するので詳しく述べませんが、我々は日有上人の時代の御影信仰が過程の教えだったろうと理解しています。日有上人は、曼荼羅御本尊を本質的な御影と拝していたと思われます。中尊を「南無妙法蓮華経　日蓮」とする日興上人以来の御本尊書写のあり方を、日有上人も守っています。曼荼羅の中心に「日蓮」を置く大石寺古来の信仰から、曼荼羅を本質的な御影とする信仰が生まれるのは自然なことでしょう。それを裏づける史料もあります。筆者不明ながら『化儀抄』に近い内容が多く見られる『有師物語聴聞抄佳跡』に「十界所図の御本尊を掛奉り候へども・高祖日蓮聖人の御判御座せば只御影堂なり」「たとへ十界勧請ノ御本尊を安置し奉るとも御影堂なり」（同前、一九三頁）とあります。これによれば、日有上人は、御本尊に「日蓮　在御判」と認められていることが御影にあたる、と解していたのです。

⑷江戸時代の日蓮本仏論――真意の確立

さて、第四に、江戸時代は、日有上人によって表明された日蓮本仏の真意が理論的に確立されていく時期にあたります。そこで、この時代を「真意の確立」と表現します。中心的な役割を果たしたのは、江戸前期の大石寺二十六世・日寛上人です。

従来、日寛上人は教学史の観点から論じられてきました。しかし、我々は救済論的な観点から日寛上人を論じます。日寛上人は、日興上人以来の日蓮本仏義に「日蓮本仏論」と呼びうる体系性を与えました。救済論的に見て、その根本目的は日蓮大聖人の真意を正しく護り、後世に伝えることでした。日寛上人は、救済史における「護持の時代」の日蓮本仏義を完成させたといえます。

檀林教学で天台学の素養を培った日寛上人は、日蓮仏法の相伝書を基盤に置き、富士門流の教学的遺産を活用し、日蓮系他派の教学を批判しつつ、宗外にも通用する日蓮本仏論を構築していきました。救済論的に言えば、日寛上人の日蓮本仏論は先行する種々の教学を「準備」として用いたのです。すなわち、相伝書を通じた中古天台の教義の摂取に始まり、富士門流の左京日教、保田日要、保田日我の教学、反対教学と言える要法寺日辰や大石寺日精の教学までも視野に入れるなど、それらすべてが日寛教学の準備となった観がありま す。我々の救済史における「護持の時代」の教学的中心は日寛教学ですから、我々はそのように整理するわけです。時系列に沿った思想史的な理解でなく、日蓮大聖人の真意を護持する教学の完成点を日寛上人に見るという救済史的理解です。この点、くれぐれもカテゴリー的誤謬に陥らないように、ご注意願います。

ところで、今回私は、やはり救済史的理解に立ち、日寛教学が日蓮系他派の教学に及ぼした影響についても調べてみました。その結果に、私は少なからず驚かされました。日寛教学が富士門流のみならず、日向系の身延門流、日昭系の浜門流、日朗系の日隆門流などにも広く、また深く浸透した痕跡が認められたからです。

富士門流に属する京都の要法寺は、十六世紀から十七世紀にかけて大石寺と百年余り親密に交流し、この間、要法寺出身の僧が九代にわたって大石寺法主の座に就きました。そうしたことから、大石寺は釈尊本仏義を掲げる要法寺教学の影響を受け、十七世日精が釈尊の造仏を唱え、実際に末寺で造仏が行われる有様になります。しかし、二十二世日俊法主の頃から大石寺本来の日蓮本仏義を取り戻そうとする動きが起こり、日寛上人が日蓮本仏論を確立するに至って要法寺教学は一掃されます。それどころか、今度は要法寺の僧らが日寛教学に感化されるようになるのです。この反転攻勢は日寛上人の存命中に始まり、要法寺で釈尊脱仏・日蓮本仏を唱える動きが広がり、宝暦十(一七六〇)年、ついに要法寺二十八世・日全が造仏廃止の法令を出すに至ります。ところが、要法寺は、寛文五(一六六五)年に京都にある日蓮系の十五本山と一体となる盟約を交わしていました。十五本山は、要法寺の仏像撤廃を盟約違反と見なし、奉行所に訴えます。要法寺の僧たちは異流義の嫌疑をかけられて連行され、監禁、毒殺されるという事件も起きたといいます。そして、権力を恐れた大石寺からも見放された要法寺は孤立し、寺院活動を制限され、最終的には公の命令に従い、十五山と和解しています。こうして要法寺では再び釈尊の仏像を安置したのですが、幕府権力による弾圧に同寺が激しく抵抗するほど、日寛教学の吸引力は大きかったと言うべきでしょう。

日寛教学の吸引力に引き寄せられたのは、要法寺だけではありません。江戸時代の初期、幕府の招集による「身池対論」に勝利して日蓮教団の主流の地位を得た身延門流でも、日寛教学が底流で影響を及ぼしたことがうかがえます。最も印象的なのは、近世日蓮宗学を組織したとされる一妙日導（一七二四〜一七八九年）の教学に対する影響です。日導の主著『祖書綱要』に日寛教学の影が見え隠れすることは、望月歓厚（もちづきかんこう）、執行海秀といった日蓮宗の宗学者も気づいていましたが、立場上、明確な物言いを避けています。しかし、それでなくとも『祖書綱要』で重点的に論じられた「佐前佐後」「文底」「三大秘法」「人法一体」等々の概念からは、日寛教学の影響が容易に感じとれるのです。とりわけ日導が同書で文上随他と文底随自の二種本門を立てたことは、日寛教学の「文底独一本門」を強く想起させます。この点、執行氏も「綱要の底上相対は、寛師の種脱底上相対思想と五十歩百歩の相違にすぎない」と論評しています（「祖書綱要の四種三段判に於ける底上相対について」、『棲神』二五号、一九四〇年二月、一八二頁）。また、日導が文底、人法一箇、凡夫本仏を論じる際に引用した御書の諸文も、日寛上人が引用したものと酷似しています。ついでに言えば、当時の要法寺が日寛教学の影響を受けて釈尊・上行・日蓮の一体説を唱えたことを、日導は知っていました。このことは『祖書綱要』の記述に明らかです。私は、日導が日寛教学から有形無形の影響を受けた可能性が高いと考えています。

その他、宗祖凡師本仏論を唱えた日昭門流の境持日通や、日隆教学を踏み越えた法体本因の説を立てた舜龍日蒼なども、日寛教学の影響を受けたであろう教学者として注目に値します。結局、日寛教学は同系の富士門流各派に限らず、一致派や勝劣派の教学にも看過すべからざる影響を及ぼしたことが推察されるのです。

日蓮宗系の学者の間では、文献学的な御書の真偽論あるいは釈尊中心主義的な先入見に基づく文献解釈によって、日寛教学を独断珍奇なものとして冷視する傾向がありました。彼らの問題意識は、およそ思想史的です。これに対し、私は救済史的な問題意識に立って諸史料を調べ直しました。すると、日寛教学がその後の日蓮教団全体の教学を大きく方向づけたことが見えてくるのです。

元来、日蓮教学の根本命題は天台教学との差別化にありました。本迹論争が延々と尽きなかったのも、そのためでしょう。結局、本果の釈尊を中心とする仏法の範疇で日蓮仏法を論じているかぎり、本因妙思想を説こうが、始覚即本覚を唱えようが、結局は天台教学の亜流の域を出ない。そうしたところに、明確に釈尊の仏法と一線を画する日蓮仏法論が、日寛上人によって提起されたのです。いかに特異な教義に見えても、他の日蓮門下に対する宗教的吸引力は計り知れないものがあったに違いありません。そのことが、日寛教学以後の諸門下の教学的動向からも察知できるわけです。

(5)近現代の日蓮本仏論――真意の流布

第五に、近現代の日蓮本仏論を論じて終わりにします。江戸時代、徳川幕府は他宗批判を禁じていました。そのため、日寛上人も日蓮大聖人の真意としての日蓮本仏論を広く提唱することなく、広宣流布の時代を待望しながら教義の整備に努めました。これが「真意の確立」の時代の様相です。ところが、十九世紀後半に明治維新があり、新政府は欧米先進国に倣った近代化を推進し、明治二十二（一八八九）年に大日本帝国憲法を発布します。そこで、国家神道に抵触しない範囲という条件付きながら信教の自由が保障されました。仏教界は維新後の廃仏毀釈で大きな打撃を受けていましたが、これを機に各宗が積極的に布教活動を行っていきます。

紆余曲折を経て「日蓮正宗」と称するようになった大石寺宗門も積極的な布教に乗り出し、教学面では機関誌や書籍を通じて日蓮本仏論をさかんに主張し始めました。また、戦後になると、大石寺の信徒団体として出発した創価学会が日本最大の宗教団体に発展し、その日蓮本仏論が日本の全宗教界に知れ渡ることになります。この時代の日蓮本仏論は、何よりも日蓮本仏の真意を対外的に宣揚することに意を注いでいます。つまり、「真意の流布」を目指す点に特徴があるのです。

細かく言うと、日蓮正宗は特に仏教界への真意の流布を意識し、創価学会は広く現代社会への真意の流布をはかった、という立て分けができるかと思います。順番に説明していきます。

まず日蓮正宗は、釈尊・日蓮大聖人の異名同体説や釈尊・上行の一体説を中心に立てながら、仏教界への日蓮本仏論の浸透をはかったように見えます。インドで仏教を創始した釈尊でなく、日本の鎌倉時代の日蓮大聖人を本仏に立てるのは、やはり日本の仏教界の一般常識から受け入れがたい面がある。日蓮正宗の教学者は、この点を意識したのでしょう。『本因妙抄』『百六箇抄』以来の名字即の釈尊と末法の日蓮大聖人との異名同体説を表に出し、さらに本果の釈尊と本因の上行菩薩を文底の本因本果において一体と見る釈尊・上行の一体説も高唱しています。

釈尊・日蓮の異名同体説は法体を本因と見る一元論であり、釈尊・上行の一体説は法体を本因本果と見る二元一体論といえます。ただし、日蓮仏法における法体の論理構造は「本因妙中の本因本果」とも言うべき自由自在なものと拝されるため、両者は根源的には矛盾しないわけです。ちなみに、後者の釈尊上行一体説は、後に大石寺六十五世・日淳となる堀米泰栄氏や近代的素養を持った宗門僧侶の福重照平氏が熱心に唱え、戦後では大橋慈譲氏が継承しています。特に福重氏の本仏論は、易経の陰陽二元論を用いるなどして釈尊と上行の二元一体を強調する点が独特です。こうした二元一体説は、文底の次元で論じていることを強調しないと八品派日隆の一仏二名説と同じように受け取られかねません。それでも福重氏が釈尊・上行の二元一体を強く唱えたのは、恐らく宗門の日蓮本仏論が釈尊の仏教を本質的に否定しないことを示したかったのでしょう。

このように、近代宗門が伝統的な釈尊・日蓮の異名同体説だけでなく、文底の本因本果に即した釈尊・上行の二元一体説を唱え、日蓮本仏論の仏教界への浸透をはかったことは、理論面に限定されるものの、真意の流布への取り組みとして一定の評価ができるでしょう。しかしながら、それが仏教界に波紋を投げかけることはありませんでした。今に至るまで、日蓮系他派の教学への影響もほとんど見受けられません。結果的に、近代宗門の教学的な取り組みは功を奏さなかったと言わざるをえないのです。

ついでながら、現在の日蓮正宗や正宗から派生した在家団体の顕正会に目を移すと、彼らはともに日蓮大聖人の唯一性を際立たせる本仏論を唱えています。人間本仏にして日蓮本仏という日蓮大聖人の真意から外れ、人間本仏的な平等性を見失った、偏狭な本仏論に他なりません。したがって、彼らが真意の流布を担ったとはいえず、ただ異端的な教学を立てたことになるでしょう。

前章で、創価学会の出現を基点に我々の救済史を「護持の時代」と「広布の時代」に二分する考え方を示しました。この区分を使って総括するなら、近代の日蓮正宗の教学は、日蓮本仏論の確立という「護持の時代」の域を出ず、本当の意味で真意の流布と呼ぶにふさわしい「広布の時代」の日蓮本仏論を展開できなかった憾みがあります。「広布の時代」の日蓮本仏論は、もはや宗門でなく創価学会の教学にこそ見出されるのです。

私が思うに、「広布の時代」の日蓮本仏論は、広く全人類に開かれた平等性と、人々の生活信条になるような実践性を持たなくてはなりません。万人の生活に現実に根づかないかぎり、真の仏法の流布とはいえないからです。

第一の条件となる平等性は、人間本仏の教えが保証しています。「護持の時代」の教学の完成者である日寛上人の日蓮本仏論は、唯一性と平等性を兼備していました。たとえば「此の本地難思の境智の妙法に即ち御主有り所謂る蓮祖聖人是れなり」(「観心本尊抄文段」、富要四：二五二)とあるのは唯一性の本仏論、「我れ等此の本尊を信受し南無妙法蓮華経と唱え奉れば、我が身即一念三千の本尊、蓮祖聖人なり」(同前、二九七頁)とあるのは平等性の本仏論です。ただし、日寛上人の時代は救済史における「護持の時代」であり、日蓮系他派の釈尊本仏論から日蓮本仏論を護るために、人間本仏の平等性よりも日蓮本仏の唯一性が強調されたという事情がありました。これに対し、創価学会の日蓮本仏論は唯一性と平等性が絶妙に調和した中道的なものです。創価教学の基盤を完成した池田先生の教学では、本仏の唯一性が「日蓮大聖人直結」の信心として、また本仏の平等性が「人間主義」「師弟不二」の教えとして、それぞれ重視され、しかも何の矛盾もなく調和している。私はここに、「広布の時代」における日蓮本仏論の塑型(そけい)を見る思いがします。日蓮大聖人という一中心を持ちながら、その一中心が人間主義的に全人類に共有されて多中心になっていく。ゆえに、私は「多一本仏論」とも呼んでいます。「一」か「多」かの二者択一で考えてもわかりません。自在なのです。

第二の条件である実践性についてはどうでしょうか。「護持の時代」の日寛教学は、御本尊に唱題すれば我が身が日蓮大聖人になる、として実践の原理を示しています。しかし、実践そのものが提唱されてはいない。わかりやすく言うと、実践のスローガンがないのです。自由な布教が制限された時代ゆえのことでしょうが、皆の実践をうながす合言葉がないと、真に実践性を持った日蓮本仏論とはいえないでしょう。創価学会の教学にはそれがあります。「人間革命」です。池田先生によると、「『人間革命』とは、成仏の現代的表現」（『法華経の智慧』、『池田大作全集』第二九巻、四二頁）です。万人が仏になる、すなわち人間本仏の実践的スローガンが「人間革命」なのです。自己変革的な実践性を兼ね備えた「広布の時代」の日蓮本仏論が、ここに見出されます。

なお、先ほど池田先生が日蓮本仏論にとっても重要な『御義口伝』を文明論的な視座で読むことを紹介しましたが、これも「広布の時代」に特徴的な実践重視の読み方といえるでしょう。「護持の時代」において、『御義口伝』のような相伝書の法門は教学に秀でたごく一部の学僧に対し、以心伝心的に伝えられるものでした。それを人間の生き方として実践的に論じ、そこに文明論的な意義を与えていくのは「広布の時代」ならではのことだと思います。

今述べた平等性と実践性は、相互に依存し合っています。平等な本仏論であるためには実践的でなくてはならず、実践的な本仏論であれば平等が保証されます。創価学会の日蓮本仏論においては、じつに平等性と実践性がストレートに結びついています。日蓮大聖人の唯一性が師弟の精神をもたらして実践の原動力になり、師弟の実践がやがて師弟不二という平等性の本仏論を確立させていく。じつにダイナミックで融通無碍な日蓮本仏論を形成しているのです。「広布の時代」の日蓮本仏論は、創価学会の教学をおいて他にないと言っても過言ではありません。

さらにまた、創価学会の日蓮本仏論は「護持の時代」「広布の時代」を通じた全救済史における完成点になると、私は考えています。「護持の時代」の日蓮本仏論は、日蓮大聖人の唯一性を強調する本仏論であり、いわば「縦軸の本仏論」でした。一方、現代の「広布の時代」において、日蓮大聖人の唯一性を否定して平等性を強調する本仏論も出てきました。これは「横軸の本仏論」と呼びうるもので、現代のリベラルな教学者の中に見られます。本来の日蓮本仏論には縦軸と横軸の両面があります。日寛教学を見ても、それは明らかです。先ほど、末木さんが日蓮の宗教観は救済型と自己実現型の複合だとされていました。末木さんの日蓮本仏論に対する考え方も、縦軸と横軸の両面を見る立場かと思います。

けれども、そうした両面性を持つゆえに、日蓮本仏論では、時々の状況に応じて縦軸が強調されたり、横軸が強調されたりもするわけです。状況対応的に縦軸／横軸の片方を主張するのは問題ありませんが、偏った理解に陥る危険性もあります。実際、現在の日蓮正宗や顕正会は「縦軸の本仏論」に偏っていますし、一部のリベラルな教学者は「横軸の本仏論」に偏っているように見えます。縦軸に偏ると、現宗門のように権威主義的な法主信仰が生じたりします。横軸に偏ると、悪平等に陥って師弟の精神が薄れ、実践性が弱まって観念論的になるでしょう。

現代人の民主主義的な感覚から言うと、横軸の本仏論が一番いいようにも見えますが、横軸だけでは国家を超えた人類的連帯を築く思想となりえません。国家や文明を超えて人間同士を結びつける力を持つのは、世俗の価値観を超越する縦軸の本仏論のほうだからです。本日、佐藤弘夫さんが「天皇を相対化できる宗教的権威が天皇制のためにも大事だ」と発言されました。では、横軸の本仏論のような宗教的平等主義で天皇を相対化できるかというと、それだけでは弱い気がします。佐藤さんも少し触れていましたが、日本政治思想史の丸山眞男氏は、日本人古来の状況主義的な思考を突破する普遍者の自覚を鎌倉仏教の中に見出しました。一面の真実を突いていると思います。我々の議論で言えば、縦軸の本仏論が普遍者の自覚につながります。そのような現世超越の契機がないと、伝統的権威の頂点は相対化できないと思うのです。

さて、今述べたような縦軸か横軸に偏った本仏論に対して、池田先生の日蓮本仏論は自由自在と呼ぶしかないものです。縦軸と横軸が逆説的に一致する「師弟不二」の信仰を徹底するゆえに、自由自在なのです。池田先生自身の言葉を借りるなら、「御本仏を求めぬく一心に、御本仏の力用が現れる」（『法華経の智慧』、『池田大作全集』第三〇巻、三九五頁）ということです。どこまでも「師弟不二」を追求するから、縦軸にも横軸にも偏らない。七百年にわたる日蓮本仏論史において、中道的な日蓮本仏論がそのまま表明されているのは池田先生の教学だけではないでしょうか。原理的に中道的な本仏論を説いた日寛教学でさえ、「護持の時代」を反映して「縦軸の本仏論」を強調していました。また、そもそも「護持の時代」は「広布の時代」を待望するものでした。だから、「護持の時代」の日寛教学は「広布の時代」の池田先生の教学を待って真に完成したともいえるわけです。そうした救済史的意義の上からも、私は創価学会の教学をもって日蓮本仏論史の完成点としたいのです。

ここで議論を終えますが、一点だけ付け加えておきたいことがあります。「広布の時代」は、日蓮大聖人の真意である日蓮本仏論を堂々と流布する時代です。ただし、「真意」の流布の中で改めて釈尊の仏法の概念を用いることも重要になってきます。ここで注目すべきが、前述した「真意」としての地涌の菩薩（菩薩仏）です。戸田先生と池田先生は、創価学会員が――本質的には全人類が――内証を仏とする地涌の菩薩であることを説き示されました。学会員は、釈尊久遠の弟子としての地涌の菩薩ではなく、内証を仏とする菩薩――菩薩仏――として地涌の菩薩なのです。地涌の菩薩の内証が仏であること――それは釈尊の真意でもあります。この意味から、我々は日蓮大聖人とともに霊山に集い、末法の衆生の救済を誓った地涌の菩薩であるとの深き使命を自覚しなければなりません。そして、世界に日本の日蓮仏法を流布し、また他宗教や他宗派と開かれた対話を行うために、創価学会が釈尊に連なる仏教の正統であることを高らかに示すべきでしょう。釈尊の真意という観点から、いかに日蓮仏法の正しさを語るか――この点は、今後の学会教学にとって避けて通れない課題ではないかと考えるものです。

おわりに

以上、駆け足でしたが、我々の創価信仰学から見て日蓮大聖人をどうとらえるかをテーマに話をさせていただきました。1から4までは神学的、信仰学的な考察であり、一般の学術的な批判にはなじみません。ただし、5の日蓮本仏論史は信仰の証明学として文献学的、解釈学的、宗教哲学的に論じた面があるため、専門的な観点から検証や批判を受けるべきだと考えています。この後の討論でも、建設的な意見交換ができればと願っています。私の話は、ひとまずこれで終わりにしたいと思います。

8 総合討議

東京大学名誉教授
末木文美士

東北大学大学院教授
佐藤弘夫

創学研究所所長
松岡幹夫

創学研究所研究員
司会 蔦木栄一

危機の時代における創価思想の重要性

蔦木栄一　それでは、これから本日の講演内容に対する質疑応答・討論に入ります。最初に、佐藤弘夫さん、末木文美士さんから、全体の感想をお願いします。

佐藤弘夫　私はだいたいどこの宗派の方とも仲良くおつきあいしています。この点は末木さんも同じでしょう。主だった仏教教団、主要な新宗教関係者とはだいたい良好な関係を保っています。神道のほうでは、皇學館とも国学院ともおつきあいがあります。ですからいろいろな場所へ出かけて話をする機会があるわけですが、そこに出てくる人はみんな研究者なんですよね。非常に厳密な、学問を前提とした話であることが多いわけです。今回はちょっと雰囲気が違います。信仰が母体になった上で表に出てくる議論は、とても新鮮に感じました。

これから大変な時代を迎えようとしています。人類だけでなく、この地球上の全生命そのものが生き残れるかどうか。そういう厳しい時代に入りました。にもかかわらず、人々が同じ危機を共有している感覚は、残念ながらまったくありません。そういう中で、創価学会の皆さんが言われている地球民族主義とか「すべての人の生命は仏なのだ」という考え方は、私は非常に大事な考え方だと思います。

ただしそれを言っただけでは、たぶんこの世界は動かしようがない。世界をどうやって動かしていくかを考え、今の人たちの心に響くように努力していく。人々はオカルトとか生々しい言説を好むものです。そういう中で、創価学会の教学は相対的におとなしく見えてしまうのです。ただ刺激があればいいというわけではありません。どうすれば人々の心に響き、実際に世界を動かせるような信仰学を作れるか。これは大変重要な問題です。

これは私にとっても、学問研究するすべての者にも跳ね返ってくる問題なんですね。今の学問は非常に細分化されてしまっています。それぞれの研究者が、何のために学問しているのかがわからなくなっている。細分化された学問を総合化し、直面する諸課題を解決するために機能させていくためには、問題意識がなければいけません。そういう関心を共有できれば、我々研究者にとっても、創価学会の皆さんのような信仰者にとっても、お互いに刺激を受ける良い関係が成り立つだろうと思いました。

事実と真実の両面を見る

末木文美士　松岡さんの話をうかがいながら、創価信仰学はキリスト教の神学をモデルにして作ろうとしているような印象を受けました。この点についてご意見があれば、後ほどお答えください。

禅は菩提達磨（だるま）が中国に伝え、その後、代々伝えられて、六祖慧能（えのう）によって禅宗が確立されたという話が伝えられてきました。ところが二十世紀初頭に、敦煌（とんこう）からたくさん文献が見つかります。それらの文献によって、一連の言説は全部フィクションだということがわかりました。フィクションだとわかったからといって、今までの禅がすべてダメになるのかというと、全然そういうわけではありません。

参禅すると最初に与えられる公案が、趙州従諗（じょうしゅうじゅうしん）が説いた「趙州狗子（くし）」です。「狗子（犬）に仏性があるかないか」と訊ねたときに、趙州が「無」と答えたという公案が与えられるわけです。趙州が本当にそんなことを言ったのか。そんな問答があったかどうかなんて全然わからない。わからないけれども、ちゃんとそれが公案として成り立っています。

今回の信仰学研究会の中で「事実と真実」という問題についての議論がありました。私が思うに、事実と真実を一律に分ける必要はないのではないか。むしろレベルの問題ではないのか。つまりあるレベルにおいて成り立つ議論もあれば、違うレベル、違うコンテキストで成り立つ議論もあるわけです。事実と真実を一義的に分ける必要はありません。

たとえば四弘誓願（衆生無辺誓願度、煩悩無量誓願断、法門無尽誓願学、仏道無上誓願成）はだいたいの宗派で使いますが、浄土真宗は絶対使いません。そんなことは凡夫にはできないからですね。僕は「浄土真宗が四弘誓願を使ってもいいんじゃないの」と言うのですが、浄土真宗の人たちにとっては、そこはこだわりがある。宗派ごとにこだわりがある。草創期の創価学会は、かつて既成仏教の教団と大変な論戦を繰り広げました。

大きい仏法という視野を常に持っていないと、閉鎖された集団が自分たちの世界だけに閉じこもるカルトになってしまいます。自分たちの教義を守るのは常に大事なことではありますが、もう一方で創価学会のように対話を重視し、社会に向けて開いていくことも大事です。先ほど松岡さんが言われた「平等性と唯一性」ですね。「自分たちの信仰はこうだ」という唯一性と、もう一方でそれが開かれていく方向性、その両面が大事です。この点で、創価学会は草創期に比べてずいぶん成熟してきました。

体験から出発する信仰学の構築

松岡幹夫　佐藤さんと末木さんから「創価学会はおとなしい理論にとどまらず、生々しい宗教的なものをしっかり考えていく必要があるんじゃないか」「創価信仰学がキリスト教神学に頼ってしまっている部分があるのではないか」というご意見をいただきました。

まず生々しさという点について言うと、これは宗教の原点みたいなものであり、今後しっかりと論じなければならないと思っています。創価学会にとって、生々しいまでの信仰の原点とはいったい何なのか。今回の発表の中で三浦さんや蔦木さんから出たように、戸田先生の獄中の悟達体験、これが創価学会の原点です。日蓮正宗と分かれたあと、創価学会の宗教的独自性を今後考えていくにあたって、獄中の悟達体験が一つの大きなポイントになっていくことは間違いありません。

ただし我々の信仰において、獄中の悟達体験はあまりにも重要すぎて、そう簡単に論じられない側面があります。戸田先生が命がけでつかんだ信仰の体験知は、第三者が言葉で説明しにくいところがあると思います。そういうことから、以前の私は、この問題を論じつつも、どこかで避けていたのかもしれません。しかし、創価信仰学を標榜した時点で考え方が変わりました。先ほど、佐藤さんから我々に対し、体験や飛躍の問題を真剣に考えてほしいとの要望がありました。じつを言うと、我々はすでにそのような挑戦を開始しています。『創学研究I』で示した創価信仰学の原理は、戸田先生の悟達を「根源的事実」として定立し、これをありのままに受け止める「信仰的中断」を唱え、師弟不二という信仰体験の世界を「自在の論理」によって読み解こうとしています。つまり、学会独自の信仰体験に目を背けないどころか、かえってそこから出発して仏教学、宗学、歴史学、思想史学、宗教学等々の関連する諸学問を活用し、包括していこうとしているのです。この点を、佐藤さんのような方々にもっと理解してもらえるよう、一層努力したいと思います。

それから末木さんが、創価信仰学とキリスト教神学の類似性について指摘されました。SGI（創価学会インタナショナル）は今や世界百九十二カ国・地域に広まっています。世界布教をこれから本格的にやっていこうという、その真っ只中にいるわけです。世界広布の時代の布教表現として、どういう理論を立てていくのが望ましいのか。先行した世界宗教であるキリスト教を、どうしても参考にせざるをえません。その上で、世界教の表現手段をどう創価学会なりに構築していくのか。仏教の教えを、世界の誰に対しても自然な表現で伝えていけるか。そこが今後の我々の課題と考えています。

本来なら、日本の仏教系大学で各宗派の神学にあたる「宗学」が発達しているわけですから、まずそれを参考にすべきだと言う人もいるでしょう。しかし、どこの宗学も文献学等の学問に支配されてしまい、真に信仰から出発する学知を形成できていないように思うのです。佐藤さんも、学者の研究だけでなく伝統教団の宗学までが信仰体験やそれによる飛躍の問題を正面から扱おうとしないと、本日語っておられました。近代のキリスト教神学を見ると、こうした宗学と同じような学問的神学がある一方で、その流れに抗して信仰中心の学を取り戻そうとする新正統派神学や実存主義的神学が出てきています。私が参考にしているのは後者の神学であり、それによって宗学の現状に呑み込まれないようにしたいのです。

戸田先生の宗教体験および創価信仰学の御書解釈について

松岡　佐藤さん、末木さんにそれぞれ一点ずつおうかがいします。佐藤さんが「宗教体験は型が大事である」というお話をされました。これに関して、戸田先生の獄中の悟達をどういうふうに考えておられるのか。ご意見をうかがいたいです。

それから末木さんにもご意見をうかがいます。民衆仏法の要請として日蓮本仏論を立て、それに基づいて御書を解釈するという我々の立場を先ほどご説明しました。そういうことが、一つの解釈論として成り立つと思われるかどうか。この点について、お話しいただければと思います。

佐藤　獄中の悟達の問題は、私にとっても興味深い話です。戸田第二代会長の原点にあるのは、「どうすれば人が幸せになれるか」という一点です。したがって、どうすればそこを突き詰められるかという問題意識が、戸田会長の中にありました。当時は日蓮正宗の信徒という立場でしたが、ひたすら人間の幸福のために仏教の真髄を極めていく中で、戸田会長は獄中にありながら悟達を得られました。

その問題意識は、私は決して間違っていないと思います。獄中でひたぶるに唱題しながら得た悟達は、決しておかしなものとは思いません。「仏とは生命なのだ」という確信は、非常によく響く言葉だと私は受け取っています。

末木　中世後期に宗派化が進む中で、祖師信仰が非常に強くなります。よく言われる例ですが、本願寺で親鸞を祀ったお堂がドーンと建っていて、本来の仏様を祀っている阿弥陀堂は横っちょに小さくある。そういう形で祖師信仰、祖師崇拝が確立していくわけです。

そういう形態もあることを考えれば、信仰を通じて日蓮本仏論が出てきても私は別に不思議はないと思います。ただし私のように外部の人間にしてみると、そこを表に持ち出して「日蓮本仏論が正しい仏法か、間違った仏法か」と突き詰められるとちょっと困ってしまいますが。

松岡　ありがとうございます。佐藤さんが本日の講演で言われた「型」というのは「正統性」ということではないかと、私は考えました。仏教なら仏教の正統な伝統を踏まえ、偉大な先人たちの開拓した後に続き、しかもそこから自分たちの時代にふさわしいもの、またより完成されたものを生み出していく。それが佐藤さんの言われる「型」を踏んだ信仰体験ではないでしょうか。戸田先生の「仏とは生命なり」「我地涌の菩薩なり」との悟達は、日蓮大聖人が仏教の結論とされた南無妙法蓮華経の題目を唱え抜く中で成就されたという点で、まさにそれにあたると思います。あるいは、私個人の印象ですが、戸田先生の霊山虚空会（こくうえ）の体験において、佐藤さんが今日話された〝その人一人のために「生身」の仏が現れる〟という意味が読みとれるのかもしれません。もしそうだとすれば、やはり仏教の「型」を踏んだ体験だったといえるでしょう。

それから末木さんは、日蓮本仏論の信仰自体は認めた上で、それを表に持ち出されても困るとおっしゃっていました。正直にお話しくださっているな、と感じました（笑）。実際、そうだと思います。たとえば浄土真宗を熱心にやっている人に「日蓮本仏論をテーマに議論しませんか?」と呼びかけても、「それはそっちでやってください」となるでしょう。だから、私は日蓮本仏論を、あくまで我々の内部論理であると考えています。正確に言うと、外部の批判から内部の信仰を護るための論理です。

およそ一般的な釈尊中心の仏教観に立つ人たちは、創価学会の日蓮大聖人直結の信心を批判的な目で見ています。そこから我々の信仰を護るためには、正像末の三時や本因本果、種脱等々の観点から「なぜ今、日蓮大聖人なのか」を丁寧に説明する必要がある。それが内部論理としての日蓮本仏論なのです。

これは個人的な意見ですが、宗教間対話などの場で日蓮本仏論を真正面から立てても、あまり実りある議論にならないように思います。先ほど私がお話したように、近現代の日蓮正宗は、釈尊と日蓮大聖人の異名同体説を唱えて仏教界への日蓮本仏論の浸透をはかりました。しかし、それによって仏教界に真剣な議論が起きた形跡はない。近代宗門の試みは、最終的に失敗に終わったといえます。釈尊を否定しない形で展開された、異名同体説による日蓮本仏論でさえも、対外的な説得力は持たなかったのです。

一方、創価学会では、「人法一箇」の「人」でなく「法」を表とする布教表現を心掛けてきました。創価学会の教学はどこまでも実践的です。高度な科学技術文明に生き、またグローバルで多種多様な価値観が並立する現代の世界にいかに仏法を弘めるかを模索したときに、普遍的な「法」を表とする布教表現が選択されるのは理の当然でしょう。それが正しい智慧の選択であったことは、いまや創価学会が世界百九十二カ国・地域に広がり、世界広布を着実に推進しているという事実が何よりも証明していると思います。

創価学会が「人」「法」の両面から仏法を信仰することは、「会憲」「会則」の教義条項に「この会は、日蓮大聖人を末法の御本仏と仰ぎ、根本の法である南無妙法蓮華経を具現された三大秘法を信じ」とある点からも明白でしょう。その上で、日蓮本仏論は内部論理、「法」根本論は対外的な論理、というおおよその区別が認められるわけです。

文献化以前の「無のゆらぎ」をどうとらえるか

蔦木　佐藤さんと末木さん、そして松岡さんは、思想を専門としています。この議論を深めていくために、私から皆さんに質問させてください。先ほどから文献のとらえ方についての議論が先ほどから続いています。

創学研究所との交流もある東京大学大学院の下田正弘教授（当時。現・武蔵野大学教授）は「宗教と聖なる書物とのあいだにおいて、順序としては宗教が書物の生みの親であり、書物はその一部でしかないにもかかわらず、現実にはしばしば書物が宗教を導き制御するという逆転した関係が成り立っている。聖なる書物を考察するさい、両者のあいだにみられる対立的でもあり相補的でもあるこの関係には注意がいる」（下田正弘『仏教とエクリチュール　大乗経典の起原と形成』、東京大学出版会、二三〇頁）と言われています。ある日、突然文献が生まれるわけではなく、そこには当然、口伝であったり文献化されるまでのさまざまな形での営みがあると思います。『御義口伝』なども、おそらくそうだったのではないでしょうか。口伝や筆録されたものがあり、どこかの段階で文献化する必要に迫られたのでしょう。考え方をまとめ複製し、より多くの人に、より広い地域に、そして正確に誤りなく伝えていきたいという救済の決意があったのではないかと思います。文献化するということは、現代で言えばデジタル化と同意とも言えるかもしれません。

ですから、文献化される前の思想や人の歩みといったものをどう考えるかが大事だと思うわけです。例えば、日本の歴史書でも『吾妻鏡』と『愚管抄』があり、鎌倉側と京都側で、ある起こった事実に対して、それぞれ書いている内容が違うのです。そこには、文字として書けなかったものやその逆で敢えて書いたものもあったはずです。

そもそも文献化される以前の口語での伝承は、意味内容が常に揺らいでいるように感じます。自身の経験に照らしてみても、ある本の中身について赤の他人から説明されるのと、親しい人あるいは信頼している人から説明されるのとでは、同じ文言でも理解の仕方や記憶の残り方が異なります。それは、口語から文献での伝承に至っても、本質的には変わらないと思います。内容を理解するために、文献をもとに人から教わる形になったときも、その人との関わりによって、同じ内容であってもとらえ方や理解、解釈の仕方が変わってくるのです。そういった観点から、思想史を扱っている皆さんに、文献化以前の思想をどうとらえるべきか、うかがってみたいと思います。

信仰者は文字化されない世界と直接つながる

佐藤　難しい質問ですね。いろいろなとらえ方があると思います。文字化された教えを、活字として読む。現代人にとっては「文字化された文献こそ一番信頼できるものだ」というイメージがありますが、これはわりと新しい考え方です。古い時代までさかのぼると、一番大事なものは言語化されていなかったりします。真理は言葉を超えるわけです。真理が何らかの形で言語化されるとき、いきなり文字になるわけではありません。聖なる意味を持つ言葉同士が伝わる中で、中世において口伝が重視されます。その口伝がやがて文字化されていくというプロセスがあります。

私たちが中世の文献を見ていくとき、おそらく表に出ている文字化されたものは、氷山の一角、ほんの表層の部分でしょう。その下に文字化されない膨大な世界が広がっている。むしろそちらの世界と直接つながることが、信仰者にとっては非常に大事だと思います。

仏の「真意」を読み取る大事さ

末木　言語化される以前の真理には、いろいろなタイプがあると思います。宗教的な意味合いで言えば、それこそ禅の「不立文字（ふりゅうもんじ）」と言われるようなものは、文字化されないものが体験されるわけです。近年になって「非文字資料」と呼ばれるものが注目されています。佐藤さんが「聖地」と呼ばれる場所を巡礼しながら著作を発表していますけれども、聖地が持つ独特の宗教性みたいなものがある。文字化されたものでは、とてもあらわされないものがあるわけです。そういうものがたしかにある。

しかしもう一方で、法華経は初めから書かれた文字として人々に与えられます。法華経は最初から文字化されており、書写したり読誦したりすることが意味を持つ。言語と非言語が相互に浸透するのかもしれません。

イスラム教において、コーランの言葉は徹底的に文字化しない語り言葉、話し言葉として伝えられてきました。繰り返し、繰り返し、唱えることによって、そのたびごとにそこに真理があらわれてくる。そのことによって、真理が時間性を超えたものとして、語りとしてあらわれていく。インドのヴェーダも婆羅門たちの口承によって伝えられてきました。

書かれた文字は、歴史的な事実として固定します。普遍的に類型化されたパターンとしては、井筒俊彦さんが作った神秘主義の図式があります。言語化できないものから、言語が生まれてくる。レベルによってだんだん言語が展開していく。我々の通常の言葉で話す前に、日常化されない言語がある。

そういうようなことは、じつは中世にも理解されていました。「聖一国師（しょういちこくし）」と呼ばれた円爾（えんに）は、密教と禅を突き合わせる中で、いかに不立文字的な言語を見出すか志向しました。レベルとして上昇したり下降したりしながら、いかに通常の言語として落としこんでいけるのか。中世の時代に、円爾は不立文字からどのように言語が可能になるかという問題を扱っています。

そういうことを考えていくと、「文字化された言語をどう読むのか」という問題に突き当たるわけです。文字化された言語を、通常の我々の日常言語のような文脈、文法で読んで「法華経の意味がわかりました」というレベルで構わないのか。そういう読み方で、果たして法華経を読んだと言えるのか、という問題が発生するわけです。

このことは密教の世界で、空海が言っていることでもあります。空海は「世界全体が仏の言葉だ」と言います。これを通俗化して「アニミズムだ」とまとめてしまうようではいけません。誰にでも仏の言葉を読み取れるわけではない。仏と同レベル、仏のレベルに至らなければ、その真意は読み取れない。言葉を簡単に考えてしまうと「真意を読み取る」という大切な過程が抜け落ちてしまいます。

信仰者としての『御義口伝』の読み方

松岡　今、末木さんが仏のレベルで「真意」を読み取ることの大事さを指摘してくださいました。まさに創価信仰学の御書解釈論がそれです。もちろん、我々は仏のレベルに至れませんが、偉大な仏法の実践者である創価三代の会長の後に続き、自ら広宣流布の実践に励む中で、仏の真意を信仰によって先取りし、日蓮本仏論に立った御書解釈を行っているのです。

そのように、信仰学の立場とは仏の真意を中心に考えるわけです。『御義口伝』という御書を読むときには、テキストとして分析的に読むということではなくして、まず信仰者として、そこに留められた仏の声を素直に拝聴する姿勢が大事になってきます。

ただ、素直に聞くと言っても、どういうふうに聞くのか。単なる研究者の立場で聞くのでは第三者的であり、素直に仏の声を聞くことになりません。素直な聞き方とは、結局のところ実践者の心で聞くことに尽きると思います。実践者の心は日蓮大聖人の心と通じ合っているからです。また、実践者の心で聞くとは、現実には日蓮仏法を最も実践し抜いている人を師と仰ぎ、その人の指導に従って仏の声を聞くということになってまいります。我々で言えば、日蓮教団史上、初めて世界中に妙法を弘めた池田先生の教えを通じて『御義口伝』を読んでいくことです。信仰学的な見方としては、こういう読み方が正しいといえます。

末木さんからご紹介していただいた文の中にもありましたけれども、『御義口伝』には非常に難解な言葉がたくさん出てきます。なかには直観的に、論理ではとらえられない表現もいっぱいあるわけですね。たとえば次の御文です。

〈第六「如我等無異　如我昔所願（我がごとく等しくして異なることなからしめん。我が昔の所願のごとき）」の事

御義口伝に云わく、「我」とは釈尊、「我実成仏久遠（我実に成仏してより久遠なり）」の仏なり。この本門の釈尊は、我ら衆生のことなり。〉

（『御義口伝』、新一〇〇三頁・全七二〇頁）

普通に考えれば「釈尊は衆生ではないし、衆生は釈尊ではない」。それが〈この本門の釈尊は、我ら衆生のことなり〉とつながるのは、いわゆるメタファー、隠喩なんです

ね。宗教言語、宗教的言語としての隠喩をどう読み解いていくのか。やはりここは師の教えに耳を傾けることが、信仰学的に大事になってくると思うのです。

それから文字化の問題で言うと、三浦さんの発表の中で「我々創価学会は御本尊根本だ」という話が出ました。創価学会は、文字曼荼羅の御本尊を仏の当体として信じています。

日蓮仏法でも、妙法の真理、究極的なものは言語化できないと説いています。しかし、言語化できないところに留まるのも一種の執着であって、そこからまた言語の世界に帰っていく。文字で書かれた御書と御本尊を通じて、言語の世界と非言語の世界が浸透し合っていくとでも言いましょうか。また、非言語が言語になることで真理が万人に開かれ、救済の力を持つといえるのかもしれません。

御書には「文字即実相」「文字即仏」という考え方があります。

〈文理真正の経王なれば、文字即実相なり、実相即妙法なり。〉

（『一生成仏抄』、新三一六頁・全三八三頁）

〈この経の文字は、皆ことごとく生身妙覚の御仏なり。しかれども、我らは肉眼なれば文字と見るなり。例せば、餓鬼は恒河を火と見る、人は水と見る、天人は甘露と見る。水は一なれども、果報に随って別々なり。この経の文字は、盲眼の者はこれを見ず、肉眼の者は文字と見る、二乗は虚空と見る、菩薩は無量の法門と見る。

仏は一々の文字を金色の釈尊と御覧あるべきなり。〉

（『曽谷入道殿御返事（文字即仏の事）』、新一四一一頁・全一〇二五頁）

仏の声（梵音声）は仏像では顕せない。文字によるしかない。これが日蓮仏法の考え方です。そうしたことからも、文字で書かれた御本尊が御本仏の生命を顕しているとされるわけです。そういった御本尊を信仰することによって、仏の真意が自分の生命に染みこんでいく。その信仰に基づいて、御書をさらに拝していく。さらに、師匠の教えに従って御書を拝していくことによって、より仏の真意に立った解釈に近づいていく。

自分が真意に立っているかどうかはあくまでも主観論ですから、客観論ではありません。客観的な証明ができない話ではありますが、信仰の世界で言うところの御書の拝し方は、今申し上げたような読み方になると思います。

『御義口伝』に見る論理的な飛躍

蔦木　今のお話を受けて、松岡さんに質問をしたいと思います。『御義口伝』は英語にも翻訳されています。日本語であっても、『御義口伝』の理解は極めて難解ですし、佐藤さんが言われたように論理的な飛躍が見られるのも事実です。世界のＳＧＩのメンバーと触れ合う中でも、その理解の難しさを実感しています。

そういった部分について、ギリギリのところでの言語での理解についてうかがいたいと思います。松岡さんが唯一性について語った際に私が思ったのは、創価学会の信仰は救済型の宗教でありながらも、我々凡夫が「救われる側」にとどまらない。日蓮大聖人と同じ「救う側」に立つことも含んだ、救済型の宗教観ではないか。私たち創価学会員はそういう自覚を持っています。「縦軸と横軸」の話になぞらえて言えば、創価学会が重視する「縦軸」は、いわゆる一般的な「縦軸」とは異なった縦軸ではないか。そう感じています。その点についていかがでしょうか。

『御義口伝』を「身読」するSGIの人たち

松岡　まず『御義口伝』の内容をＳＧＩの人たちに伝える難しさに関しては、これは理屈では我々日本人でさえよくわからないわけですよね。どこまでいっても、理屈ではなかなか皆が共通理解に立つのは難しい。特に海外の人たちには難しいと思います。ただ半面では、いわゆる信仰活動を通じて体感しているといいますか、体で『御義口伝』の素晴らしさを知っている。これが多くのＳＧＩメンバーの実感ではないでしょうか。要するに「身読（しんどく）」です。

我々が学会活動の中でよく聞く『御義口伝』の御文は、たとえば以下の一文です。

〈桜梅桃李の己々の当体を改めずして無作の三身と開見すれば、これ即ち「量」の義なり。今、日蓮等の類い、南無妙法蓮華経と唱え奉る者は、無作の三身の本主な

り云々。〉（新一〇九〇頁・全七八四頁）

桜は桜、梅は梅、桃は桃、李は李とそれぞれ個性を生かして咲いていく。自己実現していくのだという御文がよく語られます。これは海外でも普遍的に受け入れられていきます。自分の生き方の問題として、まさに身体論的に体で体感していく。そういう面では、『御義口伝』の御文も国境を超えてお互いに共通理解が成り立っていきます。

日蓮本仏論の縦軸と横軸

松岡　それから日蓮本仏論の縦軸と横軸については、蓑木さんがおっしゃるとおりです。単なる縦軸でもダメだし、単なる横軸でもダメだし、両方がなければならない。両義性が必要である。その中で、平等に即した師弟が出てくる。当然私の本意としては「縦軸だけでいい」とは言っていません。「縦と横と両方があるのだ」と強調した次第です。

末木　私も、松岡さんがおっしゃった説明が妥当だと思います。両方あるという言い方が妥当です。禅に関して言いますと、禅ではよく己事究明、つまり自己探求ということを言います。座禅を組んで悟る。自分の中の自己実現だけを考える。しかし、じつはそれだけでは不十分です。

松岡さんがおっしゃる修行は、自分の殻にひたすら閉じこもる自己探求ではありません。きちんとした師匠について修行することが、絶対的な必然です。「無師独悟」と言われるように、自分で座っているだけで悟ったという悟りは、大乗仏教の世界では否定されます。

基本的な構造として、師匠があって初めて正しく導かれる。もちろん直接師匠に習えるのであれば、師匠と対面して直接教えを受ければいいでしょう。その師匠は、それこそ釈尊からずっと代々伝わってきた。釈尊の仏法の根本をまったく変えずにずっと伝えてきているという前提です。師匠の前にひれ伏して、全面的に受け入れることから出発していく。正しい師から伝えられた正しい仏法を信じながら、自己実現を目指す。

佐藤　この点については、私からは特に付け加えることはありません。師から伝わる安定感、型はすごく大事だと痛感します。

私は三十代のころに『鎌倉仏教』（第三文明社、後にちくま学芸文庫）という本を書いたのですが、あのころは今とは見方が違っていました。あのころは「無師独悟」が大好きだったのです。自分一人で勝手に修行する。そういう悟りでいいのだという観点で、鎌倉仏教をとらえていました。あのころの自分の考え方は違っていたかな、と最近では反省しています。年をとると、いろいろ見方も変わるものだとつくづく感じます。

相伝書を重要視する創価学会

蔦木　参加者の中で何か質問はありますか。

三浦健一（創学研究所研究員）　佐藤さんの「心躍る日蓮像」「垂迹と生身」のお話を大変

興味深く拝聴しました。また末木さんの『御義口伝』に関する考察も、大変刺激的に拝聴したところでございます。

お二人にあらためておうかがいします。

創価学会の信仰が他宗派と比べて日蓮大聖人の御書の中でも特に相伝書、口伝書を重要視しているのではないか。今回の議論を聞かせていただきながら、そんな実感を持ちました。

池田先生はさまざまな日蓮大聖人の御書の中でも、『御義口伝』に非常に大きな軸足を置かれています。「『御義口伝』は、あらゆる思想、哲学の最高峰」(『新・人間革命』第六巻、三三一頁)とまで言及されています。さらに、池田先生がまだお若いときに、東京大学と京都大学の学生に対して信仰の講義をされました。その際題材としたのが、東京大学の学生に対しては『御義口伝』、京都大学の学生に対しては『百六箇抄』でした。

また、戸田先生から当時の若いお弟子さんたちが、御書を勉強するための担当を任されたことがあります。そのとき、若き池田先生が担当したのが『百六箇抄』の講義でした。池田先生は『百六箇抄』について「日蓮大聖人の最要深秘の法門である種脱相対を明らかにされた重書中の重書」(『新・人間革命』第八巻、一三一頁)であるといわれています。

さらに、本日の松岡さんの話にもあったとおり、「久遠元初」という言葉は『本因妙抄』『百六箇抄』が初出です。このように、創価学会の信仰は『百六箇抄』『本因妙抄』『御義口伝』といった、末木さんの言われる「日蓮C」を重要視しています。もちろん、だからといって創価学会が「日蓮A」「日蓮B」を否定したり、軽視したりしているわ

けではありません。「日蓮C」の立場から「日蓮A」「日蓮B」を捉え直しているわけです。

以上の点について、末木さんが率直にどう思われるのかお訊きしたいと思います。

御本尊根本の信仰

三浦　それから、佐藤さんには創価学会の曼荼羅御本尊信仰についておうかがいします。私の発表の中で、熱原法難に触れました。熱原法難以来、御本尊根本の信仰があり、それを牧口先生、戸田先生、池田先生が継承しているというお話をさせていただきました。日興上人が残された「弟子分帳」というものがあります。「弟子分本尊目録」「本尊分与帳」とも称されます。日蓮大聖人から御本尊を下付された六十数人のお弟子さんたちの名前が、在家出家問わず書かれている文献です。ここに、熱原で迫害を受けた農民信徒の名前が記されています。「弟子分帳」について、文献学的にさまざまな議論があることは承知しております。その上で、池田先生は熱原の農民信徒が御本尊を授与されていたことを前提に指導しています。

熱原法難に、その他の法難とは違うオリジナリティがあるとすれば何か。それは弟子が御本尊を通して日蓮大聖人に直結し、自ら死身弘法の信仰を貫いたことにあるのではないでしょうか。私の発表でご紹介させていただいたとおり、牧口先生は獄中において再三再四、御本尊の差し入れを検閲も恐れず求めています。

また、戸田先生は獄中における信仰の在り方について「御本尊を心に念じながら題目を唱えている」(『戸田城聖全集』第八巻、五一七頁)と『人間革命』の中に記しています。当然、池田先生はそうした信仰を引き継いで「御本尊根本」と主張しています。創価学会の信仰はこのように、御本尊を抜きにして語ることはできません。

こうした創価学会の御本尊根本の信仰について、ぜひ佐藤さんからコメントをいただきたいと思います。

『御義口伝』の持つ実践的エネルギーの素晴らしさ

末木　今三浦さん自身がおっしゃったことの中で、だいたい答えは出ているように思います。「日蓮A」だけを採用するという立場は、浅井要麟さんが打ち立てました。私の恩師である田村芳朗先生も、かなりそういう方向でした。それに対して「日蓮B」も認めていく立場もあります。

私が日蓮について勉強しようと思って読み始めたのは、『平成新修日蓮聖人遺文集』(日蓮宗妙法山連紹寺)が出たばかりの時期でした(一九九五年刊行)。これは「日蓮A」だけ集めたものですが、これを読むと、書かれている文字として言っていることはわかるけれども「ああそうか。こんなものなのか」と、何かもう一つしっくりこない。そんなことを思いながら、自分なりに「日蓮A」「日蓮B」「日蓮C」と分類していきました。「日蓮A」だけを認める立場もありうるけれども、だからといって他のものを「無価値だ」と言って切り捨てるべきではないでしょう。

私は今まで「日蓮A」と「日蓮B」までは読んできたつもりですが、じつは「日蓮C」については、これまで自分の中で意味づけが十分できなかったのです。今回の信仰学研究会に臨むにあたって、思い切って「日蓮C」まで読みこんでみました。

創価学会の皆さんがおっしゃるように、世界最高かどうかはわからないけれども、たしかに『御義口伝』はすごくおもしろい。中世の後期になって仏教そのものが大きく変わっていく中で、どういう文献が生きてくるのか。「日蓮A」的なものは、中世前期のレベルではスポッと当てはまります。そのあと日蓮系教団がものすごいエネルギーをもって活動していくとき、教団が拠りどころとする教え、教団に合致していく違うレベルの「日蓮C」があるわけです。

本覚思想をずっと読みこんでいくと、どうしても行き詰まりに突き当たります。『御義口伝』を行動的あるいは実践的な本覚思想として読み直すと、本覚思想そのものの新しい発見がそこにあるのではないか、という形で読めてくる。『御義口伝』が相伝書だからといって「日蓮Cは採用するべきではない」と否定するのではなく、「日蓮C」から汲み取れるものは十分あると私は思っています。

認知できない世界とつながるための曼荼羅御本尊

佐藤　今のお話は私もすごく共感するところがあります。若いころ読んだ『御義口伝』

を歳をとってから読み返すと、若いときにはわからなかったおもしろさが見出せます。

曼荼羅について一言申し上げますと、信仰においては、必ず我々が認知できない世界があることを前提として、その世界とどうつながるかという問題があります。認知できない世界につながるために、だいたい間に仲介者を入れるわけですよね。イスラムは仲介者を一切入れないそうです。イスラムの人と話しながら、そういう話を聞いて驚きました。仲介者を一切入れない宗教も中にはありますが、だいたいの宗教は間に誰かを介在させます。

日本の宗教でも、仲介者が間に入るのは当然のことです。大きくて立派な仏像を作ろうとすればするほど、真理に近いという感覚があったりしますが。

日蓮が信徒に与えた曼荼羅は、身分や階層によって大きさや相貌を変えてはいません。高木豊さんが指摘したとおり、みんなが同じ曼荼羅を与えられています。身分や階層のレベルで差をつけないために、曼荼羅は一番シンプルな形です。日蓮はかなり戦略的な意図をもって曼荼羅本尊という形式を採用したのではないでしょうか。

日蓮大聖人の真意が凝縮された相伝書

蔦木　今の答えを受けて、松岡さんから一言お願いします。

松岡　「日蓮A」「日蓮B」「日蓮C」という議論が出ました。この中で、むしろ「日蓮C」を基準にすべきだ、というのが私の意見です。なぜなら、「日蓮C」に属する相伝書には、文底・在末・種脱などの形で独自の救済論が示されているからです。実際、「日蓮C」に立ってこそ「日蓮A」「日蓮B」の本当の独自性がわかる。そういう関係になっています。そうでないと、「日蓮A」は正統天台の発展、「日蓮B」は中古天台の流れにしか見えないでしょう。誤解してほしくないのですが、我々は「日蓮A」「日蓮B」を無視するわけでもなく、「日蓮C」だけでやっていくわけでもありません。創価学会においても「日蓮C」を否定することなく、御書解釈の基準として積極的に拝読しています。

今回の発表で私はしきりに「真意」「真意」と言いました。日蓮大聖人の真意が凝縮された文献が相伝書であるという考え方です。相伝書を重視し、また御本尊根本で日蓮大聖人の真意を第一にしていく。仏の真意を考えていく。これが創価学会の立場であることを、佐藤さんや末木さんのお話をうかがいながら、あらためて再確認しました。

伝統の中心をどこに置くか

蓑木　最後に、本日の信仰学研究会の締めくくりとして、佐藤さん、末木さん、松岡さんから一言ずつお願いします。

佐藤　長丁場なのでだいぶ大変かと思っていましたが、終わってみるとなかなかおもしろい議論ができました。ありがとうございました。

末木　内部で信仰を固めていきながら、どう外に開いていけるのか。そのあたりの議論のもって行き方は大事です。

創価学会は牧口常三郎さんから戸田城聖さん、池田大作さんという三代会長に根拠を置き、三代会長の教えを導きとしています。それは一つのあり方としてありうると思うのですが、三代会長に依拠することによって、伝統的な仏教との断絶がないのかが気になりました。

禅であれば、目の前にいる師匠は、釈迦なんかとは一見全然関係ないように見えます。だけどずっと代々同じ真理が受け継がれてきている。まさしくその最先端として師匠がいて、その師匠に全面的に従う。そういう形で信仰が成り立つわけなんですね。

三代の先生方と言ったときに、それが仏教の大綱、伝統として流れてきたものとどう関わるのか。つまり三代会長からが始まりとなると、一種の新宗教のパターンになってしまわないでしょうか。創始者が「無師独悟」のような形で、いきなり啓示を受けてそこから信仰が始まる。こういう教団には伝統が関わってこないわけです。

松岡　最後に末木さんから重要な問題提起をいただきました。私の考え方では、創価学会は伝統との連続性を一切断っていないと思います。むしろ仏教史の正統を行くという意識が非常に強いといえます。二〇一七年十一月十八日に制定された「創価学会会憲」の前文は「釈尊に始まる仏教は……」から始まります。「自分たちは釈尊以来の正統を受け継いでいるのだ」という宣言が、そこでなされているのです。

釈尊から竜樹、世親、天台、伝教、日蓮大聖人、日興門流という連続性の上に、世界広宣流布の教団として仏意仏勅の創価学会が出現したのだという認識が、創価学会員にはあります。実践面では、釈尊の教えの精髄である法華経を日夜読誦し、日蓮大聖人の御本尊に題目を唱え、日蓮大聖人の仏法を弘めている。教学面では、原始仏教、部派仏教、大乗仏教、天台仏教などを広く学び、日興門流の正統教学を継承し、それらを創価学会の教義と結びつけている。三代会長独自の思想に「生命論」「人間革命」「人間主義」などがあります。これらは、すべて日蓮仏法の本仏論や成仏論の現代的な表現です。新しい教義の創作などではありません。

また、先ほど戸田先生の悟達の話になりましたが、これは日蓮仏法の唱題行を通じて法華経の文の真意を知り、釈尊、日蓮大聖人と同じく自分自身が霊山にいたという体験であって、仏教的に新奇なものではありません。佐藤さんの「型」という言葉を借りるなら、戸田先生の「我、地涌の菩薩なり」との悟達は、南岳大師慧思と天台大師智顗の「霊山同聴」などと同じ「型」を持つと言ってもいいでしょう。

このように、創価学会の教義を具に調べてみると、全部伝統に則り、伝統から展開されていることがわかります。ところが、文化庁が出している宗教年鑑を読むと、創価学会は日蓮系の新宗教団体に分類されている。学会の教義信条をよく理解できていないからでしょう。神学者の佐藤優さんは、この現状にとても憤慨しています。創価学会は「仏教系」でなく「仏教」に分類すべきだ、学会は日興門流の正統なのだから他の新宗教と同じではない、文化庁に抗議すべきではないか、と常に私たちに言ってくれています。

それはともかく、釈尊に始まる全仏教史の中心に日蓮大聖人と三代会長を置くのが創価学会の仏教ではないかと、私は考えます。したがって、創価学会の場合は、伝統と切れるか切れないかではなく、伝統の中心をどこに置くかという問題になるわけです。私が本日、救済論的な原理として「準備」「予型」を論じたのも、大聖人と三代会長の視点から仏教のあらゆる伝統を捉え直し、いわば創価学会の救済史として従来の仏教史を脱構築していくためなのです。

9　閉会の辞

大島光明
創学研究所顧問

末木さん、佐藤さん、今日は微に入り細にわたって七時間も議論に参加していただき、心から感謝申し上げます。我々の質問や意見に、最後の最後まで丁寧に温かくお付き合いくださいました。また創学研究所のことを慮(おもんぱか)っていただき、温かい優しい心を感じた次第です。心から御礼を申し上げます。

私どもは松岡所長の「開会の辞」にもありましたように、まだ設立して間もない研究機関です。しかし、志は大きく持っております。そしてどこまでも虚心坦懐に、外部の方々の声に耳を傾けていきたいと思っている次第です。こうした胸襟を開いた対話の場を今後も定期的に設けながら、創価信仰学のさらなる発展を目指して参ります。

どうしても、こうした研究会は形式的なものになりがちです。しかし、信仰学は自らの信念を堂々と表明した上で、立場を超えた対話を試みます。そのため、外部の方も安心して自らの立脚点を明らかにし、お互い本音の語らいができるのではないかと思います。その意味で、本日の研究会は大変に意義深いものになったと感じています。今後も末木さんと佐藤さんには折々に叱咤激励をいただけますと幸いです。

皆さん、長時間大変にありがとうございました。以上、短いですが「閉会の辞」と致します。

第2章 講演

日蓮本仏論再考――救済論的考察

松岡幹夫 創学研究所所長

※本章は、二〇二二年十月二十九日に東京都内で開かれた創学研究所主催「第三回・信仰学シンポジウム」（本書の第一章に内容を掲載）における松岡幹夫所長の講演内容を大幅に加筆修正したものである（編集部）。

目次

はじめに――日蓮大聖人の真意を継承する創価学会

本日の第三回・信仰学研究会では、佐藤弘夫さんと末木文美士さんからいろいろと示唆に富むお話をいただきました。お二方の内容にも触れつつ、私の考え方をお話しできればと思います。

先ほど佐藤弘夫さんが、信仰と学問をつなぐものとして「体験」をテーマに話されました。それから、末木文美士さんからは「信仰と学問の間に立つ第三の立場もあるのではないか」という問題提起をいただきました。末木さんはたぶん哲学の側から、あるいは思想史学の側から第三の立場を目指されていると思います。

じつを言えば、私のほうも信仰と学問を二項対立的に分けて信仰の側に立とうとは思っていません。私も第三の立場を求めています。ただし、末木さんのように学問の側からでなく、信仰の側から第三の立場に向かおうとしているのです。

開会の挨拶の中で、私が「信仰と学問の線引きをしないといけない」と述べたのは、この二つを立て分けることが目的ではありません。むしろ信仰と学問の統合が目的です。しかし、両者を統合するためには「ここは学問と違う領域ですよ、ここは信仰と違いますよ」といった本質的な見極めが、前提として必要だと思うわけです。そうした前提を確認する作業が、私たちの中ではまだ十分にできていません。だから、私たちとしては、まず信仰と学問それぞれに固有の領域を見定め、両者の間で本質的な線引きを行う。そこから今度は、信仰の側から学問の世界に入っていき、学問人と同じ土俵で議論をしたい。こういう願いがあります。要するに、信仰と学問の関係については、第一に区別し、第二に統合をはかる、という段階的な形で考えています。この点に関して、後でご意見をいただけるとありがたいです。

私のテーマは「創価信仰学から見た日蓮大聖人」です。信仰の側から学問的にアプローチしていく際には、何より研究の出発点をはっきりさせなければなりません。通常の学問的な日蓮論の場合、研究の出発点は文献史料、それも信頼性のある史料になるでしょう。けれども私たちの研究では、日蓮大聖人のご真意から出発します。それは何かといわれても、なかなかうまく表現できないのですが、大聖人の教えの真意を信仰によって確信し、先取りする。ここから、私たちの信仰学的な研究が始まります。私たちが信ずる大聖人の教えの真意がある。その真意とされたものを客観的に検証するのでなく、むしろそこから研究を出発する。私たちが考える大聖人の教えの真意によって学問的な日蓮論を吟味し、優れた研究成果を用いていく。それを通じて創価学会の日蓮大聖人観について、学問的に証明できる面は証明していこうとする。これが創価信仰学の立場なのです。

ですから、午前中に申し上げた「信仰と学問の調和」といったものも、まず信仰から始まります。中世のキリスト教神学者、また哲学者のアンセルムスが「知解(ちかい)を求める信仰」と言っていますが、これも信仰から始めて理解を求めるというあり方です。信仰学としては、信仰を起点とする理解が重要です。[※1]それが、私たちにあっては日蓮大聖人の真意を信心で受け止めつつ大聖人の意義を論ずる、という形になるのです。

では、私たちが出発点に置く日蓮大聖人の教えの真意とは何なのか。大聖人の御書を拝すると、じつに六十箇所以上も「秘す」という言葉が出てきます。いわゆる相伝書類だけでなく、重要法門を明かされた『観心本尊抄』にも「これより堅固にこれを秘す」（新一二九頁・全二四二頁）などとある。大聖人の真意は、私たちには容易にうかがい知れないものです。学問的に徹底究明してわかるのなら、日蓮仏法は宗教とはいえません。信仰も修行も必要ないわけですから、世間の一思想です。私たちはそう思わない。だから、仏道修行に励む中で大聖人の真意に迫り、それを学問的にも表現したいのです。

そのときに、日蓮大聖人の真の弟子が身近にいるならば、その弟子を通じて私たちも大聖人の真意に触れることができるでしょう。信仰の観点から見て、大聖人の真の弟子であるかどうかは、その思想以上に現実の行動に表れているはずです。大聖人滅後七百数十年の間、いったい誰が大聖人の仰せ通りに法難に次ぐ法難を受け、その中で苦しむ人々に勇気と希望を与え続け、事実において妙法を世界中に弘めてきたのか。それは日蓮宗の大学僧でもなければ、日蓮正宗の法主でもない。日蓮宗系の在家教団の指導者たちでもなかった。現実にそれを行ったのは、創価学会の三代会長なかんずく池田先生だけです。ゆえに、私たちは池田先生こそが大聖人の心を知り、その真意の継承者であることを深く確信しています。

稀有な師弟不二の実践者である池田先生は、日蓮仏法に基づく「人間主義」を高く掲げています。『法華経の智慧』の中では、「凡夫は体の三身にして本仏ぞかし、仏は用の三身にして迹仏なり」（新一七八九頁・全一三五八頁）との日蓮大聖人の『諸法実相抄』の文が、「人間こそが最高に尊貴なのだ」という「法華経の心」を究極まで表現したものだとして、次のように語っています。

〈まさに「それまでの仏法がひっくり返ってしまった」お言葉です……仏法だけでなく、全宗教史上、驚天動地の宣言です。

どんな宗教でも、神仏などの「絶対なる存在」が上、人間はその下と考えるのが通例です。それを否定して、絶対者と思われている神仏は、じつは凡夫＝人間の「影」であり、「用（働き）」であり、「人間のための手段」にすぎない――こんな宣言は他にありません。

まさに「人間のための宗教」の大宣言なのです〉（『池田大作全集』第三一巻、一四八頁）

宗教上のいかなる絶対者も、じつは凡夫＝人間の「影」であり、働き、手段にすぎない。森羅万象の根源は超越的な神仏でなく人間自身である。これが、日蓮大聖人と師弟不二の実践を貫き、大聖人の御遺命である世界広宣流布を現実に推進した池田先生の仏教観の究極ではないかと、私は考えます。つまり、「人間こそが根本の仏である」とする「人間本仏」の思想です。そして、それは取りも直さず「日蓮本仏論」になります。日蓮本仏論とは、凡夫＝普通の人間のままで仏の生命を顕された大聖人こそが根本の仏であるとする思想だからです。ゆえに、私たちにとっては、人間本仏にして日蓮本仏が大聖人の本仏観の真意です。ただし、人間本仏は可能性、日蓮本仏は現実性という違いがあります。現実をいえば、法華経の予言通りに振舞われた日蓮大聖人と、悪縁に紛動されがちな私たちの境涯は同じではありません。大聖人を師と仰ぎ、師の実践に続いてこそ、私たちも本来の本仏の生命を開くことができるのです。だから、私たちは「日蓮本仏論」を立てながら、大聖人と師弟不二の信心に徹しようとします。そこに、人間本仏が現実化するわけです。信心の眼を開けば、大聖人直結の信心と実践で広宣流布を実現してきた創価三代の会長及び学会員は、現実に本仏の働きをしていると言わざるを得ません。そこには「創価学会仏」という深甚の意義が拝されます。が、しかし、それでも大聖人と私たちの師弟関係がなくなることは考えられません。「皆が仏である」という横軸と、「大聖人御一人が仏であられる」という縦軸は、信仰を実践する限り、どこまで行っても残ると思います。先ほど末木さんが引用された『御義口伝』の一節に「「如来」とは一切衆生なり、別しては日蓮の弟子檀那なり」（新一〇四八頁・全七五二頁）とありました。そのように、別して人間本仏が現実化する信仰の世界でも――否、信仰の世界だからこそ――「日蓮の弟子檀那」という師弟関係が厳然と存するのです。その意味から、信仰の世界の日蓮本仏論は、人間本仏にして日蓮本仏と言うべきかと思います。

人間本仏にして日蓮本仏――この信仰の論理に基づきつつ、創価学会は人間主義の日蓮仏法を日本ないし世界に弘めてきました。人間が宿命的なものを打開し、生死にも左右されない永遠の幸福をつかむ。そのためには、どうしても人間生命を尊極ならしめる仏法を世界に流布しなければならない。創価学会ではそう考えるといえます。

西洋近代に始まる科学技術文明は、人類に多大な恩恵をもたらしました。一人一人が物質的に豊かな生活を送り、安全で快適に暮らす。これも幸福の大事な要素です。しかし、自然災害や戦争、疫病の流行などで命を落とし、家を失い、飢餓にあえぐ人々は地上に絶えません。個々人のレベルで見ても、不意の事故や病気、経済破綻などが襲い掛かると、それまでの幸福は消し飛んでしまう。概して楽しい時間は短く、苦しい時間は長いものです。人間の努力ではどうにもならないもの――これを宿命といいます。厳しき宿命の前では、科学も、医療技術も、社会制度も、最終的に無力です。どうしようもない宿命を乗り越えるには、現世の次元を超えた生命それ自体の力が必要なのです。

だから、日蓮大聖人は宇宙根源の生命力を具現した妙法の御本尊を顕されました。妙法の不思議な意義は、大聖人以前の天台本覚思想でもしきりに強調されました。けれども結局、その実体は明らかにされなかった。妙法の実体は、日蓮大聖人が自らの御生命を法華経虚空会の儀式を借りて顕された十界の曼荼羅御本尊によって初めて世に現れたといえます。したがって、学問的な仏教思想史では本覚思想から日蓮仏法が出たとも論じますが、創価信仰学ではそう捉えません。むしろ母体が日蓮仏法であり、本覚思想はその出現の準備であったと捉えます。[※2]しょせん、妙法の実体を示して人類を救済するのは、本覚思想の学僧たちでなく日蓮大聖人だからです。本覚思想は、日蓮仏法が説き出されるために、前もって地ならしの役割を果たしたにすぎない。そう見るのが信仰の学でしょう。

ともかく、日蓮仏法の御本尊と感応すれば、誰でも、どこでも、内なる妙法に目覚め、宇宙大の生命力を得ることができる。特別な聖者だけが仏になれるのでなく、万人がありのままで宇宙根本の仏と顕れる。民衆が民衆らしく仏の生命を開いていける。そうして、皆が崩れない幸福を命の底から実感することができる。そのような人間本仏の楽土の実現が、日蓮仏法の理想ではないのでしょうか。大聖人は、この理想の実現に生涯をかけられました。命に及ぶ法難の数々を忍ばれながら妙法の実体を御本尊に顕示され、未来の弟子に広宣流布を託されました。そして、大聖人滅後七百年を経て創価学会が出現し、世界百九十二カ国・地域に妙法の御本尊を弘めました。まさに日蓮大聖人の真意を継承し、実現しつつあるのが創価学会である。私たちはその確信に立ち、日蓮大聖人を論じたいのです。

こうして創価学会を信仰する私たちは、文献史料でなく日蓮大聖人の真意から出発します。文献史料を読んで日蓮本仏の真意を知るのではなく、日蓮本仏の真意から文献史料を読み解くのが私たちのやり方です。

1　二つの議論のカテゴリー――救済論と史実論

以上を前置きとして本題に入ります。私たちの信仰を前提として日蓮理解に関する学問的な仮説を立ててみるのが今回の目的です。「私たちが唱える日蓮本仏論に関して、学問的にこういう説明ができるのではないか」ということを述べてみたいと思います。

創価学会の場合、徹して信仰実践の立場から教学を捉えます。だから、「実践の教学」ともいわれます。そうなると、教学は理論というより救済の教えです。現実に人を救うための救済論です。学会教学の日蓮本仏論も「救済者としての日蓮大聖人」という観点から論じられます。ところが学問の世界では、救済論でなく史実論としての日蓮研究が行われている。「歴史的人物としての日蓮」を、史実を踏まえて解明するのが、仏教学あるいは思想史学における日蓮研究の課題です。

それゆえ、本日の話も、日蓮（大聖人）理解における救済論と史実論の違いを認識することから始める必要があるでしょう。日蓮本仏論をめぐる一連の論争を見渡すと、この二つの立場に無自覚なまま、噛み合わない議論がなされてきた感が否めません。信仰者の救済論的な日蓮大聖人論と研究者の史実論的な日蓮論とでは明らかに議論のカテゴリーが違うのに、同じ土俵の上で――結局は史実論の土俵の上で――論争が行われているのです。

例えば、日蓮大聖人が久遠実成の釈迦仏の造立を認めた話だとか、御自ら釈迦像を随身仏として所持されていた話だとか、あるいは日興上人が一尊四士といわれる仏像造立の仕方を「日興が義」とされたこととかが、ある程度信頼できる文献史料にあるわけです。そういう史料に基づいて、研究者は史実論的に「日蓮も、その弟子の日興も、実際には釈尊本仏論者だった」とか「釈迦仏造立を認めていた」と言う。これに対し、私たちのような信仰者は、救済論的な立場から「日蓮大聖人や日興上人が釈尊本仏を論じたり釈迦像造立を認めたりしたのは、いわゆる随宜方便である。門下を真実の教えに誘導するため、相手を導くための過程の教えである」といった見方をする。

これはどちらが正しいかというよりも、議論の次元の違いなのです。実証的に史実に基づいてやろうというカテゴリーなのか、それとも人を救っていく救済、先ほど末木さんが言われた実践、行動の立場から論じていくカテゴリーなのか。その違いです。ここをまずお互いに認識した上で有益な議論を交換したほうがよいのではないか。私はそう考えています。

そういった問題意識を持って、本日の私の話を聞いていただけるなら幸いです。私は信仰の立場、救済論的な立場から史実を捉え直し、文献学的もしくは解釈学的に日蓮本仏を考えていこうと思います。救済論的に史実論を取り扱う。これもまた第三の立場です。

日蓮大聖人の御書を拝すると、「教主釈尊」という言葉が数えきれないほど出てきます。大聖人御自身は「教主釈尊の御使」と称されている。一番深い意義まで行くと、「上行菩薩の再誕」という立場が浮かび上がります。そのあたりが、史実論的に捉えられる日蓮像でしょう。

一方、救済論的に見ると、「教主釈尊」という言葉の真意が大事になってきます。日蓮大聖人の教えの真意は、先ほど述べたように「万人が仏である」ということです。そこから捉え直すと、やはり超越的な本門の教主釈尊も究極の本地は凡夫の立場、平凡な人間の立場でなくてはならない。『御義口伝』に「この本門の釈尊は、我ら衆生のことなり」(新一〇〇三頁・全七二〇頁)とあるとおりである。とすれば、本門の教主釈尊、日蓮大聖人と名前は違うけれども、凡夫の本体としては同じなのだ。人間・釈尊と人間・日蓮大聖人とは異名同体である。それは万人との同体にもつながっていく。だから、日蓮大聖人は御本仏であられる。私たちの創価信仰学において、大聖人の真意に基づく御書解釈はこうなります。救済論的な日蓮大聖人理解です。

これを信頼できる日蓮遺文から外れた暴論などと批判するのは、文献学的な史実論の立場にすぎません。救済論とのカテゴリーの違いを認識すべきでしょう。ただし、私たちとしては学問的な議論から離れるつもりもありません。救済論と史実論を切り結ぶ学問の分野が一つあります。それは宗教テクストの解釈学です。御書に示される「教主釈尊」の本当の本質というか、根底を探ってみたときに、凡夫の日蓮を本仏に立てるようになっていくのだ、という解釈学的な見解です。これが私たちの主張です。創価信仰学は一つの仏教的解釈学でもあると考えます。

2 信仰の証明学における日蓮本仏論の文献学的根拠

次に、日蓮本仏論の文献学的な根拠について、救済論の立場から論じてみたいと思います。これは、おのずから自分たちの信仰を証明するための研究となります。すなわち、「信仰の証明学」における日蓮本仏論の文献学的な考察です（筆者注：「信仰の証明学」について、詳しくは拙稿「創価信仰学の基礎」、『創学研究I』一一四〜一二八頁を参照）。

周知のごとく、今日に伝わる膨大な数の日蓮遺文は日蓮に仮託して作成された偽書を多く含み、いわば玉石混交であるといわれています。私たちも、そのことは否定しません。ただ、信仰の証明という立場を表明して御書の真偽を文献学的に論じる点が、純学術的な研究者とは違っています。

①日蓮本仏義の史料の上での初見

まず私たちの信仰の証明学から見た、日蓮本仏義の史料上の初見について考えてみます。日蓮大聖人、日興上人の時代に関しては、現時点で日蓮本仏の信仰をめぐる史実の実証が難しいことを、私たちも認めます。ただし、「大聖人、日興上人に日蓮本仏義があった」と実証的に論ずる望みを捨てたわけではありません。確率論的に極めて低いでしょうが、日蓮本仏義にかかわる真蹟断簡等が発見される可能性がゼロではないからです。新史料の発見は従来の日蓮認識を変容せしめる力を秘めています。だから、将来における原初の日蓮本仏義の史的実証が絶対に不可能とはいえないと思います。それに加えて、今後の思想史学の進展が私たちを後押しすることもありうるでしょう。近年、天台本覚思想の発展段階に対する見方が変わり、従来大聖人の御書に出ているのがおかしいとされた本覚思想を出ていて当然と見る説が現れたと言います。[※3]この説が有力になれば、後世の本覚思想の影響とされてきた御書や相伝書に対する見方も変わり、現在ある偽書説が変わるかもしれません。私たちとしても、そうした可能性をあえて否定する必要はないと考えます。

さて、日蓮本仏が最初に唱えられる文献は、日蓮大聖人から日興上人への相伝書、とりわけ『本因妙抄』と『百六箇抄』です。先ほど、末木さんが取り上げられた『御義口伝』も相伝書ですが、法華経の経文に即して文底観心を示す形をとるため、そこから釈尊を本仏とする解釈も出てきます。実際、近世の日蓮宗では、そういう『御義口伝』の解釈を行っていました。ですから、はっきりと日蓮大聖人を本仏とする旨が説かれた相伝書となると、『本因妙抄』『百六箇抄』が中心になります。両抄から釈尊本仏を導く要法寺日辰のような人もいるけれども、例外的なケースです。一応、『本因妙抄』『百六箇抄』が、私たちから見た日蓮本仏義の史料の上での初見といえるでしょう。

「久遠元初」という言葉は『本因妙抄』『百六箇抄』が初出です。「元初」の語については、鎌倉中期の成立ともいわれる天台本覚思想の文献『三十四箇事書』の中にも出てきます。そこに「元初一念の事」という項目があり、無始の意義が与えられています（多田厚隆他校注『天台本覚論』一八〇～一八一頁）。ですが、「久遠元初」という言葉は、管見の限り、『本因妙抄』『百六箇抄』が初出と思われます。

もちろん、文献学的に両抄の後世成立説があることを私も承知しています。しかしながら、後世成立説はどこまで行っても蓋然性（確からしさ）の域を出ません。日蓮大聖人御在世や大石寺上代において両抄もしくはその原型となったものが「なかった」ことを実証的に確かめられないからです。

私たちは、遠い過去の出来事について、「あった」ことを証明できても「なかった」ことは証明できません。前者は新史料の発見等によって可能ですが、後者は俗にいう「悪魔の証明」であって事実上不可能だからです。実際、ある史料が過去のある時点で「なかった」と誰が証明できるでしょうか。または、ある史料が紛失した可能性を誰が完全に否定できるでしょうか。『本因妙抄』『百六箇抄』のような非公開の相伝書なら、なおさら原本紛失の可能性が高まるでしょう。詰まる所、遠い昔の史料の不存在は、もはや実証主義の及ばない問題です。この当たり前の道理を、たまたま現存する周辺史料を使って覆い隠すべきではないのです。

だから私は、大聖人や日興上人の時代に日蓮本仏の信仰がなかったということは、決して実証的に確かめられない、どこまでも推測の域を出ない、という点を最初に確認します。そして、私たちの信仰の証明学としては、日蓮本仏論の史料の上での初見を『本因妙抄』『百六箇抄』とする仮説に立って話を進めたいと思っています。この仮説の根拠の一つは、『本因妙抄』『百六箇抄』が大石寺門流内で非公開とされた形跡が文献学的にもうかがえるということです。

例えば、日興門下の三位日順の著作を集めた『日順雑集』の中に、『本因妙抄』の書名や直接的引用はないものの、それと同じ考え方が示される箇所が散見されます。つまり、日順は『本因妙抄』を知りながら、あえて書名を伏せて同抄の主張を取り入れた可能性がある。もしそうであれば、日興上人の時代に『本因妙抄』が存在していたことになります。こうした仮説が、じつは文献学的に導き出せるわけです。一方で、同抄の後代成立説も一つの文献学的な仮説としてある。どちらも蓋然性の範囲を出ません。ただ、私たちの説については、同抄が「あった」と実証される可能性が、まだ理屈の上で残されている。対するに、後代成立説のほうは、大聖人や日興上人の時代に同抄が「なかった」と実証される可能性がゼロです。

また、『本因妙抄』『百六箇抄』の真偽にかかわる、もう一つの重要な論点として、両抄が京都の日尊門流で伝承されたという歴史的事実が挙げられるでしょう。天台宗寺院出身の日尊は、十九歳のときに日目上人に入門し、当時身延山にいた日興上人の弟子になり、日興上人の身延離山に付き従って富士門流で活躍した人です。各地の弘通に力を発揮し、京都で日尊門流を形成したのですが、日尊その人の教学はやや天台流の円融義があったといわれています。そのためか、日尊の弟子である日印（尹）が西山本門寺の日代に送った書状によると、暦応四（一三四一）年、日尊が開いた京都上行院に教主を立像の釈尊、脇士を釈迦十大弟子とする仏像が安置されたといいます（『日代上人ニ遺ス状』、

『日蓮宗宗学全書』第二巻、四〇八頁）。その後、住本寺日大によって四菩薩を添加する造仏が行われ、それが日尊門流の伝統になっていきます。こうして日尊門流は、早くから久遠実成の釈尊の造像を行ってきました。しかしながら、この尊門における造仏の伝統は『本因妙抄』『百六箇抄』の説く本因妙思想と全く相容れません。すると、この点では日尊門流が『本因妙抄』『百六箇抄』を偽作したと仮定しようにも、必然的な理由が見当たらないのです。結局、『本因妙抄』『百六箇抄』が日蓮大聖人の直説だから日尊も尊重し、曖昧ながらも伝承されたと見るほうが理に適っているでしょう。永禄三（一五六〇）年に、要法寺日辰が『本因妙抄』の日尊写本を転写しています。その奥書によれば、日尊写本には日尊の判形がないが、住本寺日住（筆者注：日辰の師・日法の後住である日在を指す可能性がある）が日尊建立の石塔の字と同写本の筆跡が同じであると述べた、と記されています（前掲『日蓮宗宗学全書』第二巻、一〇頁）。この『本因妙抄』の日尊写本は現存しませんが、かつて存在したことを示す史料があり、その記述には一定の信憑性があるわけです。

こうした諸点を踏まえ、私たちは、『本因妙抄』『百六箇抄』が日蓮大聖人から日興上人に相伝された重書であるとの仮説を立て、日蓮本仏論の歴史を論じていきたいと思うのです。

②「日蓮本仏の信仰の伝承」という史実の実証的確認

では、日蓮本仏の教義が存在したという史実がはっきりしてくるのは、どの時代からか。それは室町時代からです。室町時代の富士門流で日蓮本仏の信仰が伝承されていたという史実を、私たちは実証的に確認できます。大石寺九世の日有上人の『化儀抄』で日蓮本尊論が説き示される。この日有上人に帰伏した京都の日尊門流の左京日教も、日蓮本仏の義を唱える。その後で、千葉房総に拠点を置く日郷系の保田門流でも、日要、日我といった学僧が日蓮本仏義を鼓吹する。こういった流れが、十五世紀後半から十六世紀にわたって続きます。先ほど述べた日蓮大聖人から日興上人への相伝書、『本因妙抄』『百六箇抄』『御義口伝』等々も、年代がはっきりした写本や引用はこの時期に出てきます。

要するに、大聖人、日興上人の時代に日蓮本仏の思想があったかどうかは実証できなくても、室町期における「日蓮本仏の信仰の伝承」という史実なら実証できる。日蓮大聖人滅後、二百年経過した頃から「日蓮本仏の信仰の伝承」が史料的に明らかになる。私たちの立場としては、この点を自分たちの信仰を証明する歴史学的な実証とすれば十分です。大聖人滅後から二百年というのは、世界の主要宗教の布教が数千年にわたることを考えると初期にあたります。その初期教団に日蓮大聖人を御本仏と崇める一群の人々がいて、その信仰が伝承されてきたことが、文献学的に実証できる。私たちにとっては、この信仰の伝承が救済論的に極めて重要なのです。なぜなら、日蓮本仏の信仰の伝承は、幾多の先人による体験的実証に支えられていたはずだからです。そこで、私たちの信仰学では、日蓮本仏論の起源よりもその体験的実証の歴史を確認することに注力します。

　近代以降のキリスト教神学でも、「史的イエス」の問題といって、「歴史上イエスという男が実在したか、しなかったか」という論争が延々と行われたと言います。けれども、最終的には「証明できない」となった。ただ「イエスが死んでから百年後ぐらいに、イエスを救済者と崇める熱狂的な集団がいたということまでは、史料的に確認できる」という結論に達したそうです。そうした結果、R・ブルトマンという二十世紀の神学者は、一つの方向転換を開始します。大事なのは歴史上のイエスじゃない、「ケリュグマ」――福音書に書かれた宣教――の中のキリスト、つまり宣教のキリストのほうが大事なのだと、こういう考え方に切り替えるわけです。文献学の緻密な成果を踏まえた上で、そういう信仰的、実存的なとらえ方をしていく流れが、二十世紀の神学で出てくるのです。

　私たちも創価学会の信仰学を論じていますから、ある面でブルトマンのような神学者と同じ地平に立って考えます。学術界の実証主義的な研究者とは、思考の位相が異なっています。つまり、日蓮本仏の信仰が最初からあったかどうかという思想の史実よりも、日蓮本仏の信仰が早くから伝えられていたという伝承の史実のほうが、私たちの信仰の本質に深くかかわる点で死活的に重要なのです。「日蓮本仏などは、後世の室町時代の文献にしか出てこない。だから、後世の創作である」と考えるのではなくて「富士門流の日蓮本仏は周囲の異端視をはねのけ、確認できる範囲でも室町時代から五百年以上も受け継がれてきた。まさに生きた信仰である。それは、先人たちの体験的実証に裏打ちされている」と捉え、その生きた伝承の中の御本仏日蓮大聖人を、史実を確認しつつ信仰する。そうして、室町時代以来の「日蓮本仏の信仰の伝承」という史実を、自分たちの信仰を証明する文献学的な根拠とする。これが私たちの日蓮大聖人論なのです。

3 信仰の証明学における日蓮本仏論の解釈学的根拠

続いて、私たちが目指す日蓮本仏論の証明学における解釈学的な根拠について考えてみます。解釈学とはテクストの理解に関する理論をいいます。西欧では文献学の一部として発展しました。十九世紀にシュライアマハーが現れ、神学、法学、古典学等に分かれていた解釈学を統合し、体系的な学問分野としての地位を確立します。その後、デュルタイ、ハイデガー、ガダマー、リクールなどの解釈学的哲学が次々と生まれ、哲学的な議論が深められていきました。一方で、神学の領域でも二十世紀にブルトマンの実存主義神学やバルトの弁証法神学などが聖書の解釈学を論じています。

現代の解釈学に共通する考え方は、解釈者が何らかの先行理解に基づいて解釈を行っているという主張です。言うまでもなく、これはハイデガーが唱えた理解の先行構造から始まります。そこから、解釈者の先入見が理解の条件となるとし、理解の歴史性を解釈学の原理としたのがガダマーでした。ここで、テクストの客観的解釈が幻想として退けられます。また、ブルトマンはハイデガーの実存主義哲学を聖書の解釈に取り入れ、現代人に受け入れられない聖書の神話的表現を実存論的に解釈する「非神話化」を提唱しました。彼は、聖書の多くの物語を古代の世界像の表れと見なし、聖書の言葉を実存論的な決断への呼びかけとします。しかし、それはキリスト者から素朴な信仰を奪い、主観的な決断に偏る危険性をはらんでいました。この点を問題視したリクールは、ブルトマンの言う実存論的な「理解」とともに「説明」の契機を重視し、聖書の神話的表現を吟味すべきことを説いています。

以上のような現代の解釈学の潮流を踏まえ、私たちは、日蓮本仏論の証明学を論ずるにあたっても、その解釈学的根拠を考えたいと思います。仏教研究の分野では文献学が主流であり、解釈学的な思考はあまり根づいていません。だから、私も手探りで進めるしかないのですが、キリスト教の世界では、いわゆる聖書解釈学が発達しています。そこで、特に二十世紀以降の聖書解釈学を参考にしながら、「ここはこう考えられるのではないか」という私論をまとめてみたところです。

①真蹟御書の日蓮本仏論的な解釈

第一に重要なのは、現存する日蓮大聖人の御真蹟に対する解釈の問題です。日蓮遺文の文献学的研究では、真蹟遺文の内容を日蓮教学の基準とします。例えば、真蹟が完備された『観心本尊抄』の内容こそが純正日蓮教学であって、そこには本覚思想もなければ日蓮本仏の思想もないなどと主張されるのです。

しかしながら、そうした見解は唯一の客観的な解釈なのでしょうか。伝統的な文献学者はそう言うかもしれませんが、解釈学的には間違った考え方です。テクストは解釈者の関心に沿ってしか理解されません。解釈者の先入見であったり時代性であったりが、テクストの解釈に反映されるのです。だから、たとえ真蹟遺文に基づく学術的な日蓮解釈であっても、それが唯一の正解とはいえません。

「遺文の字義的な解釈ならば、一つの正解しかないじゃないか」と言う人もいるでしょう。しかし、字義的な解釈は一つでも、字義的解釈に対する読者の解釈というものがあり、これは一様ではありません。そこに解釈者の先入見が入り込みます。また、テクストの著者の心理的側面に対する解釈も人それぞれに異なるでしょう。さらに、宗教言語では神話や隠喩が多く用いられます。ここでは内容的に矛盾する記述もなされ、その奥に潜む日常を超えた真理を洞察する力が求められます。当然、洞察的な解釈は多様化します。

a 『諸法実相抄』と『観心本尊抄』の共通性

このように、日蓮大聖人の真蹟御書を読み解く作業にあっても、解釈の相対性を踏まえる必要があるのです。具体的に考えてみましょう。従来の日蓮遺文の文献学的研究によれば、日蓮大聖人の真蹟が残っている遺文からは日蓮本仏の思想は出てこないとされます。日蓮本仏を導き出せる遺文は『御義口伝』『本因妙抄』『百六箇抄』『御本尊七箇相承』等の相伝書か、『諸法実相抄』『当体義抄』のような最蓮房宛ての遺文——思想的に本覚思想色のある遺文——である。これらは真蹟も上古の写本もなく、内容的にも真蹟遺文と異なる面がある。先ほど末木さんが述べた分類に従うと、「日蓮B」か「日蓮C」の遺文に該当している。文献学的に確実な日蓮遺文である「日蓮A」に該当するものからは日蓮本仏など出てこない。こういった主張が、次々となされました。

ところが、私たちのように、日蓮宗系の研究者とは別の関心から真蹟御書を解釈するならば、そこにも日蓮本仏の思想が確かに見出せるのです。解釈者の関心の違いによって、真蹟の理解のあり方に相当な違いが出てくる。この事実に気づくヒントとなったのは、他ならぬ末木さんの『日蓮入門——現世を撃つ思想』というご著書です。末木さんはそこで、『諸法実相抄』に説かれる凡夫本仏論と『観心本尊抄』の議論との共通性を指摘しています。少し長くなりますが、引用しておきます。

〈「凡夫本仏」は、凡夫に対して対峙する仏ではなく、本当の仏は凡夫自身だという思想である。このことは最蓮房宛て遺文のいくつかに共通して見られるが、特に『諸法実相鈔』に典型的に見られる……どうしてこのようなことが言えるのであろうか。

そのヒントになるのが一念三千論である。仏の世界も凡夫の心の中に納められている。そうとすれば、凡夫の心こそ本源と言うこともできるのではないか。『観心本尊抄』のところで見たように、本尊たる仏は衆生に対峙する外在的な存在であると同時に、衆生の心の中に内在するという側面をあわせ持っていた。その後者の側面を強調すれば、凡夫本仏という発想もまったくとっぴとは言えない。〉(末木文美士『日蓮入門——現世を撃つ思想』ちくま新書、一九八〜二〇〇頁)

つまり、十界互具、一念三千を論じた真蹟遺文『観心本尊抄』の内容からも『諸法実相抄』に説く凡夫本仏が導き出せると、末木さんは述べているのです。末木さん以外にも、仏教学者の田村芳郎氏が『観心本尊抄』に「本覚思想と同型の論」があると指摘しています(前掲『天台本覚論』五四七頁)。こうした考え方を敷衍するなら、天台の『摩訶止観』からも、もっと言えば法華経からも、凡夫本仏の教えが出てくるでしょう。したがって、『観心本尊抄』のような真蹟御書を基準に置く日蓮研究においても、凡夫本仏論やその上に説かれる日蓮本仏論をやみくもに排除できないということになります。日蓮宗系の文献学者の思考に潜む釈尊中心主義の先入見、関心のあり方が、今日まで日蓮本仏論を荒唐無稽な説として排除する解釈を定着させてきたのではないか。この実態が、解釈学的な考察から明らかになるわけです。

b　『諫暁八幡抄』の日蓮本仏論的な解釈

真蹟御書に基づく日蓮本仏論が可能であるという、もう一つの解釈学的な根拠を挙げておきましょう。『諫暁八幡抄』（真蹟一部欠損）において「天竺国をば月氏国と申す、仏の出現し給うべき名なり。扶桑国をば日本国と申す、あに聖人出で給わざらん。月は西より東に向かえり。月氏の仏法の東へ流るべき相なり。日は東より出ず。日本の仏法の月氏へかえるべき瑞相なり。月は光あきらかならず。在世はただ八年なり。日は光明、月に勝（まさ）れり。五の五百歳の長き闇を照らすべき瑞相なり」（新七四七頁・全五八八～五八九頁）等と、釈尊仏法よりも優れた日蓮仏法の意義が詳細に語られています。当該箇所は大聖人の真蹟が現存します。そこで「月氏の仏法」と「日本の仏法」が明確に立て分けられ、後者が前者に比べて圧倒的な救済力を持つことが宣言されている。そして、そのことが太陽と月の関係に譬えられているのです。

太陽は光源であり、月はそれを反射して輝く。そこには、光の量の違いだけではない、質的な違いがある。あたかもそのように、日蓮仏法は救済力だけでなく法体の次元でも釈尊仏法と異なる。すなわち、日蓮大聖人は、釈尊から付嘱を受けた上行菩薩として末法の衆生を救う立場にとどまらず、本来的には根本仏として末法の御本仏であられる――。これが、『諫暁八幡抄』の真蹟に関する私たちの読解であり、解釈です。

日蓮宗系の文献学者がこれを否定する場合、信頼できる他の御書に釈尊の使としての日蓮観が散見されるから、上記の『諫暁八幡抄』の文に対する私たちの解釈はおかしい、などと言うのかもしれません。しかし、そうした異なる解釈も、結局は釈尊中心主義という彼らの先入見の産物にすぎません。我々は末法の仏法を掲げる創価学会の信仰学者であって、もとより日蓮宗徒とは関心の所在が違う。それだけの話です。日蓮本仏を証する『百六箇抄』に「下種の感応日月の本迹」（新二二一四頁・全八六六頁）とあり、『諫暁八幡抄』に「日は光明、月に勝れり」（新七四七頁・全五八九頁）とある。私たちから見れば、前者の文献学的な偽書説がある相伝書も、後者の大聖人の真蹟が現存する御書も、同じように種脱勝劣を説き教えているのです。

今回は『観心本尊抄』と『諫暁八幡抄』を例にとりましたが、他にも日蓮本仏論的な解釈が可能な真蹟現存ないし真蹟曾存の御書はいくつもあります。例えば、真蹟曾存の『開目抄』がそうです。儒教や外道の主・師・親を論じて釈尊に至り、最後に「日蓮は日本国の諸人にしゅうし父母なり」（新一二一頁・全二三七頁）と御自ら三徳具備を宣言されたのは、末法における教主の交代を示唆するものと解釈できるでしょう。また、「一念三千の法門は、ただ法華経の本門寿量品の文の底にしずめたり」（新五四頁・全一八九頁）との同抄の文を、私たちは五重相対の種脱相対を明かした文と解釈し、そこに寿量文底の本仏が所有する根本の法を拝します。

そのように、真蹟が伝わる御書の日蓮本仏論的な解釈は十分に可能なのです。そもそも宗教テクストは隠喩的な解釈を要求することが少なくないため、一概に文脈から離れた解釈がおかしいともいえません。二十世紀のプロテスタント神学者であるK・バルトは、パウロの『ローマ書』に対する歴史批判の必要性を認めた上で、「わたしが非難の声を上げたいのは、解釈とは言えないような、むしろ解釈の最初の試みでしかないような本文の解釈に留まって一歩も先へ進もうとしない態度である」と述べました。続けて、「『そこにどう書いてあるか』の確定に際してもすでに、歴史家がどれほど不確かであるか、またしばしば問題を残した推測にどれほど頼っているか」（傍点原著）と問題を提起しつつ、歴史家がそこから意味の理解に突き進むところに彼との意見の相違が現れ始めると主張しています（バルト『ローマ書講解（上）』二三〜二四頁）。ここに見えるのは、霊感主義者とも呼ばれたバルトが宗教テクストの文献学的・考古学的な註釈に基づく歴史家の解釈の相対性を鋭く自覚していた、という点です。これを見てもわかるように、現代のキリスト教神学では宗教テクストに対する学問的解釈の相対性がはっきり意識されているといえます。翻って、日蓮遺文研究の現状はどうでしょうか。自説に固執しがちな学術的な日蓮研究者は、もっと解釈の相対性という問題を真剣に考えるべきではないかと思うわけです。

②信仰学的な相伝書解釈

ここで、相伝書の解釈について考えてみましょう。私は、相伝書の文献学的な解釈それ自体が問題をはらんでいると考えています。これが第二に重要な点です。

相伝とは人から人へと語り伝え、受け継いでゆくことです。奥深い教義の継承を目的に書かれたのが日蓮仏法の相伝書です。当然ながら、想定された読者対象は批判的、分析的な研究者などではありません。むしろ、そういう懐疑的な読者の目に触れさせないことを前提に記された文書なのです。『本因妙抄』の最後の言葉が「秘すべし、秘すべし」(新二二二八頁・全八七七頁)であるのは、この意と思われます。相伝書という宗教テクストの置かれた次元を無視し、一般の文献史料と同じ次元で学術的な批判の対象にする。これではカテゴリーの誤謬を犯していると言わざるを得ません。先に救済論と史実論のカテゴリーの違いを指摘しましたが、相伝書の解釈においても、その違いが無視されているのです。

a 信仰のトートロジー

ゆえに私たちは、日蓮仏法の相伝書を文献学的にではなく信仰学的に解釈します。それによって、相伝書は日蓮本仏論の重要な解釈学的根拠となります。

ならば、相伝書の信仰学的な解釈とはどのようなものか。基本的には教学的な解釈と同じです。私たちにとって、日蓮仏法の相伝書は御本仏の悟りを直ちに示した書です。仏の悟りは仏にしかわからない。私たちは、仏の教えを信じて悟りの世界に入っていくしかない。そうなると、相伝書はトートロジー(同語反復)的に解釈されるしかありません。「AはAである」というトートロジーは、論理学的には誤りの最たるものとされますが、信仰の究極においては、どの宗教でもトートロジーになると思うのです。一神教でも「なぜ神を信じるのか。それは神だからだ」と最後はなる。『御義口伝』の冒頭は「南無妙法蓮華経」の意義から始まります。むろん、一々の語義の注釈はあります。ただ、なぜ南無妙法蓮華経が根本の法なのかは説明されていない。そこを問われたときには、私たちも「日蓮大聖人が南無妙法蓮華経と仰せだからだ」と答える以外にないわけです。先ほど佐藤弘夫さんが指摘されていましたが、そもそも一念三千から妙法に至る日蓮仏法の論理には大きな飛躍があります。とても論理的に導かれるものではない。

だから、『御義口伝』を講義するにあたり、池田先生が最初に受講者に教えたのは、御書の仰せを「真実、真実、全くその通りでございます」と信心で拝する姿勢でした（『新・人間革命』第六巻、三三八頁）。相伝の奥義は信仰のトートロジーであり、ただ信心で受け止めることから理解が始まります。ただし、理解それ自体においては理性による懐疑が重要です。出発点を信仰に置く懐疑を、信仰学では用いるのです。懐疑に始まり懐疑に終わる学問的検証と我々の証明学的論証との違いが、そこにあるといえるでしょう。

こうして私たちは、日蓮仏法の相伝書の教えをトートロジー的に理解しながら、日蓮本仏の解釈学的根拠の一つとします。日蓮仏法の相伝書のうち、とりわけ『百六箇抄』『本因妙抄』には日蓮本仏義が最も直截に示されています。すなわち、『百六箇抄』に「本因妙の教主・本門の大師日蓮」「久遠名字より已来本因本果の主・本地自受用報身の垂迹・上行菩薩の再誕・本門の大師日蓮」（新二一九八頁・全八五四頁）とあり、『本因妙抄』にも「彼は応仏昇進の自受用報身の一念三千・一心三観、これは久遠元初の自受用報身の無作本有の妙法を直ちに唱う」（新二二二六頁・全八七五〜八七六頁）、「釈尊、久遠名字即の位の御身の修行を、末法今時の日蓮が名字即の身に移せり」（新二二二八頁・全八七七頁）等とあって、日蓮大聖人が本因妙の教主にして久遠元初の自受用報身であられることが明示されています。日蓮大聖人が末法の御本仏であられることは、他ならぬ御本仏の言葉によって私たちに伝えられているのです。このトートロジー的な信仰学の思考は、前述したK・バルトの神学に言う「追思考」と共鳴するようにも感じられます。

b　日蓮宗学者としての解釈の恣意性

ところで問題なのは、従来の日蓮研究で、今述べたような信仰に基づく相伝書解釈のあり方が一顧だにされてこなかったことでしょう。日蓮宗系の学者の間では、日興門流で展開した日蓮本仏論の淵源を『本因妙抄』『百六箇抄』に求め、両抄が文献学的に日蓮大聖人のものでないと主張することによって、日蓮本仏論を後世成立の教義と見なすのが通例となっています。しかし、すでに述べたように、日蓮本仏の思想は、日蓮大聖人の真蹟が現存する重書にも見てとることができます。『本因妙抄』『百六箇抄』の日蓮本仏義が信頼できる日蓮遺文の教えに反するから思想的に問題があるなどと言うのは、彼らが日蓮宗の教義を背景に持ち、釈尊中心の仏教観から御書を読んだ結果に他なりません。あるいは、両抄で宗祖本仏と言う意は天台仏教と日蓮仏教の違い（台当相対）にとどまる、とも彼らは言っています。これも、釈尊中心の仏教観にこだわった理解の仕方でしょう。いかに文献学で装飾しようと、日蓮宗学者としての解釈の恣意性を脱することはできません。したがって、彼らの文献学的な見解が、私たちの相伝書に基づく日蓮本仏義を完全に否定することは元々ありえないのです。だいたい、両抄の古写本を種々検討して後代の作と主張するような文献学的研究も、七百年以上前の出来事が「なかった」と立証することなど不可能ですから、どこまで行っても蓋然性の議論にしかなりません。これは先ほど述べた通りです。

要するに、学術的にも『本因妙抄』『百六箇抄』を確実に偽書と決定することはできない。そこに信仰学的な相伝書解釈が成り立つゆえんがあります。

③宗教的解釈学としての日寛教学

第三に、いわゆる「日寛教学」の捉え方について述べておきたいと思います。江戸時代前期に活躍した大石寺法主（二十六世）の日寛上人は、日蓮本仏論を確立した人物として知られています。日蓮宗系の中には、日蓮本仏論が日寛上人の創作であると見る人もいました。むろん、私はそう思いません。日寛上人は、日興上人以来の大石寺の信仰を、相伝書に基づきながら理論化した教学者であると考えています。信仰から始まる理論ですから、日寛教学は一種の宗教的な解釈学といえます。

a　文献学的解釈学への偏り

ところが、この日寛教学に対しても文献学的な観点から批判する学者が多くいます。やはり救済論を史実論と取り違えるカテゴリー的誤謬に加え、ここでは宗教的解釈学を文献学的解釈学で断罪するという別のカテゴリー的誤謬も見られます。

日寛教学では、相伝書の教義に立脚して法華経の文底の仏法を論じ、そこから日蓮本仏論を唱えます。いわゆる「文底法門」です。文献学的にいえば、この文底法門は飛躍した法華経解釈であり、突飛なものに映ります。ですから、文献学を重んじる近代以降の日蓮宗学は、日寛教学を恣意的なものとして批判し、攻撃してきました。日蓮遺文の文献学的研究は、日蓮宗が設立した立正大学の仏教学部宗学科を中心に発展しました。その礎を築いたとされる望月歓厚（もちづきかんこう）氏も、日寛教学を辛辣（しんらつ）に批判した一人です。

〈師（＝日寛上人のこと）等石山（＝大石寺のこと）の教学は概してその法門構成と所用の法相が独断的珍奇のもの多し。第三法門の解の如き、三衣の義の如き、特に名儀が本因妙抄、百六箇条に出てたるものなりと雖も、甚だ内容なき好奇的文字を用ひたり。〉（望月歓厚『日蓮宗学説史』六四八頁）

宗学研究者である望月氏は、ここで相伝書の用語使用も含めた日寛教学のあり方を「独断的珍奇」「甚だ内容なき」などと酷評しています。その批判基準が文献学的な御書理解にあるのは言うまでもありません。すなわち、日寛上人のように文献学的に怪しい史料の用語を使ったり、史料の字義的理解を超えた理解を示したりするのは、文献学を重視する宗学研究者の眼には「独断」「無内容」にしか映らないというわけです。

しかし、そのような研究態度は、あまりに文献学的な解釈学に偏っているのではないでしょうか。西欧の解釈学は、文献学的解釈学・法解釈学・神学的解釈学などに分類できます。日蓮宗学は、そのうちの文献学的解釈学だけを用いている。宗教テクストの解釈において重要な神学的解釈学、つまり宗教的解釈学が、ほとんど顧みられていないのです。この点は、日蓮教学研究にかぎらず現代の仏教学一般に通じる傾向といってもよいでしょう。

日寛教学の文底法門は、文献学的解釈学でなく宗教的解釈学として理解しないと、その本質をつかみ損ねます。また、日蓮系各派の伝統的な宗義も宗教的解釈学なのです。考えてみれば、日蓮教学史とは御書の解釈学史であり、これをただ文献学的な議論の俎上に載せて事足れりとする姿勢は問題があると思います。日蓮大聖人滅後、七百数十年にわたって展開されてきた宗教的解釈学の系譜を、現代の文献学的解釈学が一方的に裁断するという今日の日蓮教学研究のあり方は一考を要するものがあります。

b　文底法門と「非神話化」

今、宗教的解釈学の視点に立って日寛教学を捉え直すと、その文底法門は法華経本門の文上に見られる神話的な表現を「非神話化」かつ「再神話化」しているとも考えられるでしょう。どういう意味なのか、詳しく説明してみます。

古代の聖典に見られる神話的な表現をどう理解するかは、現代の解釈学における主要なテーマの一つです。ドイツの実存主義神学者であるR・ブルトマンは、新約聖書に説かれた世界の三層構造（天・地・黄泉）などの世界像や処女降誕・復活などのキリスト論的記述がいずれも神話的な表象であり、現代人には知性を犠牲にしなければ理解できないことを問題視しました。ゆえに、聖書の神話的表現の奥にある実存理解を取り出すという形で「非神話化」を行ったのです。そこで神話それ自体は廃棄され、実存的な呼びかけのみが残ったといえます。

これに対し、神話を神話と認めながらも、その象徴的な本質を回復させようとするのがフランスの哲学者P・リクールの解釈学です。彼は、「非神話化 démythisation」よりも「非神話論化 démythologisation」を提唱します（リクール『悪の神話』九頁）。非神話論化とは、神話の持つ疑似ロゴスや疑似客観性、わかりやすく言うと作り話の類いを歴史的なものから区別しつつ、神話をミュトスとして再発見することを意味します。これは、神話の象徴が示すものを再認識することに他なりません。その目指すところは「再神話化」であるとも評されています。解釈学の基本的行為は「神話の文化的枠組み」を破壊することではなく神話の中でその象徴的内容を構成している「潜在力」を解放することである（リクール「信仰の言語」、『聖書解釈学』七一頁）、とリクールは述べています。

私たちも、こうした宗教的解釈学の議論を他人事とするわけにはいきません。日蓮仏法の歴史的源流である法華経は、古代インドで成立しています。そこには古代インド神話の神々が登場し、虚空会の儀式のように神話的な世界像が描かれている。釈尊についても、超人的な特徴をそなえた仏として描かれている。そうした法華経の神話的表現を、私たちが知性を捨てずに受け入れるにはどうすればよいのか。この問題意識に立ったとき、じつはすでに江戸時代の日寛教学にその回答が含まれていることに気づかされるのです。

日寛教学における文底法門の本迹論は、文上本門を「迹」、文底独一本門を「本」とします。そこにおいて、寿量品の象徴的言語が持つ一つの意味（文上本門）は、「意味の意味」としての他の意味（文底独一本門）を導きます。つまり、文底の本迹とは寿量品の象徴的言語が持つ二重の意味であり、それを解明するのが文底法門の解釈学なのです。

法華経の如来寿量品で、釈尊は自身が今世で初めて成仏したのではなくて、成仏してから無量無辺の時間を経ていることを明かします。また、この永遠の仏が常住する浄土が娑婆世界であり、他の無数の国土でも衆生を導いてきたことを説きます。まことに不可思議な仏が久遠実成の釈尊であり、三十二相八十種好という超人的な特徴もそなえている（色相荘厳）。しかも、このことが虚空会という神話的な世界で明かされるのです。現代人から見ると、久遠実成の釈尊は神話的な象徴以外の何者でもないでしょう。

では、久遠の釈尊が象徴する本質とは何か。文底法門では、それを久遠元初の本仏という「永遠の仏」に見出します。寿量品の文の底には永遠にして宇宙に遍満する、ありのままの仏が秘されている。それを久遠の釈尊の物語の中から取り出し、人間論的に人間の本来性に帰着させるのが「文底」の解釈学的な意義ではないのでしょうか。すると、『本因妙抄』『百六箇抄』以来の文底法門とは、久遠の釈尊の「非神話化」（文上の超人的な釈尊を迹仏とすること）であり、取りも直さず、その「再神話化」（文底の凡夫釈尊を本仏とすること）とも言えるわけです。『法華経の智慧』などで示される池田先生の人間主義的な寿量品解釈も、本質的にはこれと同じものではないかと私は考えます。

c　人法体一と「隠喩」

また、日寛教学を評する文献学者たちは、往々にして人法体一（人法一箇）の本尊論を問題視し、批判します。人法体一とは、久遠元初自受用身の再誕であられる日蓮大聖人を人の本尊、大聖人御自身が御図顕された十界互具・事の一念三千の文字曼荼羅を法の本尊とし、両者の一体性を説く教義です。日寛上人は、

『御義口伝』の「自受用身とは、一念三千なり」（新一〇五八頁・全七五九頁）との文を引くなどして人法体一を説き明かしています。文献学的、思想史学的に考える人なら、人法体一は信頼できる日蓮遺文のどこにもないし、後世に高まる祖師信仰に乗じた日蓮の神格化だろう、などとするのでしょうか。どうであれ、私自身はここで、人法体一の問題を宗教的解釈学の視点から考えてみたいと思います。

キーワードとなるのは「隠喩 metaphor」です。アリストテレスによると、隠喩とは、ある事柄に対して本来は別のものを指す名を転用することです。例えば、「時は金なり」は隠喩的な表現です。修辞学の伝統では一種の言葉のあや（文飾）とされ、通常の語義から逸脱する特徴を持っています。一方、リクールなど現代の解釈学者たちは、隠喩に新たな意味を創造する作用がある点に注目します。隠喩においては字義的解釈と隠喩的解釈の間に緊張関係が生じ、それが意味の拡張をもたらすからです。

リクールは「聖書的言語における隠喩の役割と機能」と題する論考の中で、ある詩人の作品（ボードレールの詩集『悪の華』にある一つの詩的言語）を取り上げています。「自然は寺院であり、そこには生きた支柱が……」といった記述ですが、リクールはこの隠喩性を考察します。「自然」「寺院」の文字通りの意味からいえば、自然は寺院ではない。しかし、隠喩は我々に自然を寺院のように見ることを教える。ここに、字義的な意味での「ではない」と隠喩的な意味での「のようである」の間の緊張関係が生じる。そして、この緊張関係の中にある曖昧性や両義性が隠喩的真理の「である」にまで拡大されるのだと、リクールは論じています（P・リクール／E・ユンゲル『隠喩論』九九〜一〇〇頁）。

このように、隠喩における緊張は、言語の内部を超えて存在論的なレベルにも及び、存在するものの再記述をもたらすとされます。そうした隠喩の指示が顕著に認められるのは、やはり宗教的言語の隠喩です。イエス・キリストの生と死と復活にかかわる宣教は、現実に新たな意味を与える「生きた隠喩」として機能してきたと思われます。仏教聖典の隠喩に関しても同じことがいえます。振り返ってみれば、「法をみるものは我をみる。我をみるものは法をみる」（相応部経典）をはじめとして、およそ仏典は隠喩的な説法で埋め尽くされている感があるほどです。

それゆえ、私は日寛教学のキーワードである「人法体一」を隠喩と捉え、その解釈学的な意義を考えたいのです。日蓮大聖人の本尊観に見られる本門の教主釈尊と曼荼羅本尊の対立、すなわち人本尊と法本尊の対立は、昔から教学者が頭を悩ませる難所でした。代表的な対立の事例を挙げると、『報恩抄』の三大秘法を示唆した箇所で、本門の本尊について「日本乃至一閻浮提一同に、本門の教主釈尊を本尊とすべし」(新二六一頁・全三二八頁)と説き示されています。ところが、『本尊問答抄』の冒頭には「問うて云わく、末代悪世の凡夫は何物をもって本尊と定むべきや。答えて云わく、法華経の題目をもって本尊とすべし」(新三〇二頁・全三六五頁)と、明確に妙法五字の本尊を立てている。一方は人本尊、他方は法本尊であって、どちらに大聖人の真意があるのが古来、論争の的になってきました。

さらに言うなら、門流を問わず日蓮大聖人の主著として扱われる『観心本尊抄』にも、同じような対立が見られます。同抄の中に、末法の本尊が論じられるところがあります。そこでは、「南無妙法蓮華経の五字」が釈尊から地涌の菩薩に付嘱されたことが述べられ、「その本尊の為体(ていたらく)は」として曼荼羅御本尊の座配を思わせる記述が続きます。しかし、その後の箇所ではこの本尊を「寿量の仏」とも表現し、末法に入って「この仏像」が出現すべきことを説くのです(新一三六頁・全二四七～二四八頁)。「南無妙法蓮華経の五字」「其の本尊の為体」は法本尊的な表現、「寿量の仏」「この仏像」は人本尊的な表現といえる。したがって、そのどちらに力点を置いて理解するかが、特に「仏像」の解釈を中心に延々と議論されてきたわけです。

さて、ここで私は、日蓮大聖人の御書におけるこうした本尊観の矛盾を、教義的な隠喩と見たいと思います。これは当面の試論であって、諸御書の整合的な解釈を否定するつもりなどありません。あくまで一つの思考実験と考えてください。

隠喩的な指示は、御書の個々の文にとどまらず、教義上の緊張関係としても現れているのではないでしょうか。リクールは、隠喩の担い手を全体としての福音書物語にも見出しました。私は御書中の教義的矛盾をただの矛盾に終わらせず、教義の連関の全体性としての隠喩と捉えたいのです。末法の本尊をめぐって、本門の教主釈尊を立てる人本尊論と、妙法五字の本尊を立てる法本尊論とは、御書の全体を通した教義的な隠喩として機能しているように思われます。この隠喩は、「教主釈尊は妙法五字の本尊ではない」という字義的な解釈を破壊して「教主釈尊は妙法五字の本尊のようである」という隠喩的な意味を考えさせ、やがて「教主釈尊は妙法五字の本尊である」という隠喩的真理の発見へと人を導くでしょう。一致派日蓮宗の一妙日導や優陀那日輝等は、ここを到達点とした観があります。

しかしながら、日寛上人の場合は、そこからもう一つの隠喩を引き出しています。というのも、今度は日蓮大聖人が認(したた)められた曼荼羅御本尊の中央の「南無妙法蓮華経　日蓮」と御書中の「教主釈尊は妙法五字の本尊である」という隠喩的表現との間にも、さらに隠喩的な関係が認められるからです。つまり、「南無妙法蓮華経　日蓮」は字義的に「教主釈尊は妙法五字の本尊」と同じではないが、隠喩的真理としては同じである。よって、そこに「文底本因妙の教主釈尊すなわち日蓮大聖人は妙法五字の本尊」という人法体一の教義が成立するわけです。教義連関としての隠喩は、ここでテクストの外に出て曼荼羅御本尊にまで拡大されます。「南無妙法蓮華経　日蓮」の御本尊書写形式を頑なに守り続けた日興門流にして、初めて直面する隠喩といってもいいでしょう。

この考え方に対し、日寛上人が曼荼羅の「南無妙法蓮華経　日蓮」に注目した形跡など見当たらない、などと反論する人もいるでしょう。が、私自身は違った文献学的な意見を持っています。というのも、すでに日寛上人以前の富士門流で――大石寺九世の日有上人の教学的影響を受けた保田門流の日要、日我が――「南無妙法蓮華経日蓮判」を論拠に日蓮大聖人と曼荼羅御本尊を同一視する説を立てているからです。[※4] すなわち、日要の『六人立義草案』に「其の本尊とは聖人の御事也南無妙法蓮華経日蓮判と主し付けたまふて釈迦多宝四菩薩梵天帝釈等は皆本尊より出でたまふ所開也」（富要四：七二）と、また日我の『観心本尊抄抜書』に「観心本尊は日蓮也……爰を以って中央に南無妙法蓮華経日蓮判と主し付けたまへり、脱仏の釈迦多宝別体の地涌等は脇士也、万法総持の南無妙法蓮華経日蓮体具の十界聖衆と見る処が観心本尊也」（富要四：一三九）とあります。これらは、恐らく日有上人の説を展開したものでしょう。当然、日寛上人もこうした説を踏まえていたと思われます。[※5]であれば、日寛上人においても、曼荼羅中央の「南無妙法蓮華経　日蓮」と御書中の「教主釈尊は妙法五字の本尊である」との間の隠喩的な関係は意識されていたはずです。そして、この隠喩的な関係から人法体一の教義構築に向かっていった。[※6]そう見るほうが自然ではないでしょうか。

ともかく、日興門流の学僧としては、曼荼羅中央の「南無妙法蓮華経　日蓮」と御書中の「教主釈尊は妙法五字の本尊である」との間の隠喩的な関係を読み解かなければ、信仰が成り立ちません。日寛上人は、大石寺古来の相伝書を重視しました。そこには「釈尊、久遠名字即の位の御身の修行を、末法今時の日蓮が名字即の身に移せり」(『本因妙抄』、新二二二八頁・全八七七頁)、「仏は熟脱の教主、某は下種の法主なり」(『本因妙抄』、新二二二四頁・全八七四頁)、「本因妙の教主・本門の大師日蓮」(『百六箇抄』、新二一九八頁・全八五四頁)、「自受用身とは、一念三千なり」(『御義口伝』、新一〇五八頁・全七五九頁)、「明星直見の本尊の事……彼の池を見るに不思議なり日蓮が影・今の大曼荼羅なり」(『御本尊七箇相承』、富要一：三二〜三三)等々と、まさに日蓮本仏義、日蓮本尊義が説示され、『本因妙抄』に至っては名字本因妙の釈尊と日蓮大聖人の異名同体が明かされているのです。御本尊を顕された真意、また諸御書の真意が、ここに隠喩的真理として解明されている。ゆえに、日寛上人は相伝書の論理を用い、それを諸御書や法華経の文、種々の経論等によって理論的に補強しながら、「文底本因妙の教主釈尊すなわち日蓮大聖人は妙法五字の本尊である」という寿量文底、人法体一の本尊論を完成させた。そのように隠喩を読み解いた。私にはそう思えるのです。

日寛教学は、じつに濃密な仏教的解釈学です。日蓮大聖人の教えの全体を貫く教義的な隠喩をどこまでも追いかけ、御書の信仰的理解によってその字義的解釈に揺さぶりをかけ、我々の前に現実の新しい次元を開示する。それが日寛教学の文底法門であり、人法体一の本尊論ではないのでしょうか。

日寛上人の『観心本尊抄文段』の中に、人法本尊の位置づけに苦慮した要法寺日辰が、本尊を総体・別体に分けて矛盾を解消しようとしたことに触れた箇所があります。この日辰説に対する日寛上人の批判は、「文底の大事を知らず、人法体一の深旨に迷ひ、但在世脱益教相の本尊を執して以て末法下種の観心本尊となす。故に諸抄の意に通ずる能はず。恣に総体別体の名目を立て、曲て諸文を会し、宗祖の意を失ふなり」(富要四：二六〇〜二六一)というものでした。「文底の大事」「人法体一の深旨」(傍線筆者)という表現からは御書の隠喩的真理を重視する姿勢が、「諸抄の意に通ずる能はず」との文言からは日寛上人が第一義的に御書全体の真意を追求していたことが、明瞭に見てとれます。日寛上人の御書解釈は、そのように徹頭徹尾、解釈学的なのです。

文献学的解釈学にこだわって御書を理解する人たちは、日寛教学の文底法門が御書本文の字義や文脈から離れた逸脱的な主張だと決めつけがちです。けれども、この逸脱に見えるものこそが、宗教的言語に不可欠な隠喩を隠喩と見た証しなのです。文底とは宗教的言語の隠喩がもたらす現実の新しい意味であり、優れて解釈学的な概念です。その意味から、私は、日寛教学に日蓮本仏の解釈学的根拠があると結論する次第です。

4—救済論的な日蓮本仏論の諸原理

ここまで、広宣流布の実践を行う創価学会にとって日蓮本仏論は日蓮大聖人の真意に他ならないこと、日蓮本仏を論ずる上で救済論と史実論とのカテゴリーの違いを認識すべきこと、そして日蓮本仏論を学問的に説明する上での文献学的根拠と解釈学的根拠について、順に述べてきました。

それらに加え、今から救済論的に日蓮本仏論を考える際に基礎とすべき諸原理について説明していきます。私は、これを「準備」「予型」「過程」「真意」の四つに分けました。「準備」「予型」は日蓮大聖人と創価学会が他と一線を画した独自の中心性を持つことを示すための救済史の原理、「過程」「真意」は日蓮本仏論の救済性を反映する教化の原理です。

①日蓮仏法における「準備」と「予型」

純粋に思想史的な観点からいえば、日蓮大聖人の仏法は日本天台宗から派生した仏教の一つであって、その教学は天台教学の傍流とも見なされます。それゆえ、古来、日蓮教団の学者たちは、いかにして日蓮教学の独自性を明らかにするかという問題に苦慮してきました。

a　日寛教学と中古天台との質的な相違

　いわゆる一致派（編集部注：法華経の迹門と本門に勝劣はないとする宗派）の系統では、中古天台の本覚思想の影響を受けた観心主義が主流になりました（編集部注：中古天台とは十一世紀末から十七世紀頃までの天台本覚思想を指し、それ以降の近古天台と区別する。明治・大正の仏教学者・島地大等氏の分類法）。私たちから見ると、中古天台も天台教学から生まれたのですから、日蓮仏法でなく釈尊仏法の領域にあります。ですから、一致派がそれを用いたところで、日蓮教学独自の立場にはつながらないと考えます。ただ、中古天台の理顕本論（編集部注：寿量品における釈尊の五百塵点劫の成道を仮の教え〔仮説〕と見なし、衆生の心が無始無終の理であることの顕本を説く思想）は、日蓮仏法で説く寿量文底の法体に迫っているように見えます。けれども、その法体を明示しない以上、釈尊仏法の領域を抜け出てはいないのです。[※7] いわんや一致派の日蓮教学の理顕本論では、「教観不二」の立場から文上教相と文底観心の質的な一致を説くのが常軌であり、明らかに釈尊仏法の範疇におさまっています。

　一方、勝劣派（編集部注：法華経において本門が勝れ迹門が劣るとする宗派）では、八品派の日隆が出て日蓮教学への中古天台の流入に異を唱えました。日隆は本因下種の思想を高揚し、本果脱益の教主釈尊を立てる天台教学に対して日蓮教学の差別化をはかりました。とはいえ、時機における種脱の勝劣を説くにとどまり、種脱の法体の勝劣を認めなかった。だから、その教学の本質はやはり文上脱益の釈尊仏法の領域にあり、日蓮教学独自の立場を確保したとはいえません。

　これに対し、同じ勝劣派でも種脱の法体の勝劣を明示したのが、日興上人の系統の富士門流です。その中心は大石寺派であり、教義上の大成者が日寛上人とされています。法体という法自体の次元で種脱の勝劣を説き、本果脱益の教主に対して本因下種の教主を立てるのですから、ここに初めて日蓮教学の真の独自性が打ち立てられたといえるでしょう。

　しかしながら、種脱の法体を分かつとはいえ、日寛教学も「無作三身」「自受用身」等の中古天台に特徴的な用語を使っているではないか。寿量品文底の法門といっても、中古天台の教判論である「四重興廃」の第四「教観相対」と同じではないか。久遠元初自受用報身の顕本についても、じつは中古天台の理顕本論の焼き直しではないか。結局のところ、これらは中古天台を用いた大石寺派の創作教義であって、宗祖日蓮の教義の歪曲ではないのか。――こういった日寛教学への疑義が、日蓮宗の学者たちによって唱えられています。

もし彼らの見解が正しいのなら、日寛教学もまた中古天台の亜流であって日蓮仏法の独自性を担保しえないものとなる。果たしてそうでしょうか。私は違うと思います。自分の宗派的信念に基づいて、そう言っているだけではありません。単に史実論として見た場合でも、日蓮宗の学者たちの議論には重大な落とし穴があります。つまり、日寛教学と日蓮宗学の観心主義との質的な相違（傍点筆者）を、彼らは真に自覚していないのです。

一致派教学の観心主義は種脱の法体を区別しない点で釈尊仏法の範疇にあり、天台の亜流と見るのが適切でしょう。ところが、前述のように日寛教学は種脱の法体を峻別するため、釈尊仏法の範疇から明確に抜け出ています。そこには質的な飛躍が見られます。言うなれば、日寛上人は、釈尊仏法を超克し質的に止揚した日蓮仏法の教義理論を確立したのです。だから、中古天台の概念を使い、中古天台を思わせる理論展開をしたとしても、中古天台とは全く異なる位相にあると言わねばなりません。

結局、日寛教学は中古天台を仏法の部分観と捉え、自ら全体観に立ってそれを活用したにすぎないのです。古代インドの釈尊は、「解脱」「涅槃」等々のバラモンの教義を用いて教えを説きました。しかし、インド思想史の研究者は、釈尊の仏教が古代バラモン教の亜流であるとはおよそ考えないでしょう。[※8] それと同じことです。

こう考えると、日蓮宗の学者たちが日寛教学を中古天台の焼き直し等と批判する理由は、思想史的な観点とは別のところにあるようにも思えてきます。つまり、彼らは、日蓮宗の教学史に中古天台の変形が散見されるから、どうせ日寛上人も同じだろう、といった憶測で日寛教学を論評しているのではないでしょうか。もしそうだとすれば、「蟹は甲羅に似せて穴を掘る」という諺（ことわざ）の通りです。日寛教学に対する彼らの批判は、じつはそのまま日蓮宗の教学史に向けられているのです。

b 「準備」としての中古天台

それでは、日寛教学と中古天台の教義的な関係について、私たちはどう理解すべきなのでしょうか。日寛教学は中古天台と質的に異なるわけですから、成立年代の前後だけで両者の関係を規定するわけにはいかない。ここで、史実論に代わって救済論が登場します。私たちが考える創価学会の救済史は、正法の教主である釈尊に代わって末法の教主である日蓮大聖人が出現される、そこで大聖人が法華経の肝心である妙法を唱えられ、その正体である御本尊を建立される、そして大聖人滅後七百年に地涌の菩薩の団体である創価学会が出現して全世界に妙法を広宣流布し、御本尊を弘め、人類の宿命転換が成し遂げられる、というものです。この救済史の俎上に日寛教学と中古天台を乗せたときに、前者が後者の思想的影響を受けたのではなく、むしろ後者が前者のために先立って現れた、という関係が露わになります。

つまり、中古天台は日寛教学が整備されるための「準備」として先に生まれた思想である。日寛教学は、中古天台を基盤としたのでなく、中古天台を自らの準備として用いた。両者の教義が連続性を持ちながら質的に相違しているのが、その証拠である。譬えて言うなら、中古天台は日寛教学という「家」を建築するための「足場」である。家が完成すれば足場が不要になるように、日寛教学によって文底法門、日蓮本仏論が確立された時点で天台本覚思想は救済史的な役割を終えている。こう捉えるのが、私たちの救済論的な見方なのです。

具体例を挙げて説明しましょう。中古天台の文献の一つに『三大章疏七面相承口決』があります。天台の三大部に関する口伝法門であり、その成立を鎌倉中期〜後期の成立とする説と鎌倉初期頃とする説とが見られます。日興門流の相伝書である『本因妙抄』は、この『七面口決』の構成を用いて論を展開しています。こう言うと、中古天台文献の『七面口決』から『本因妙抄』が生まれたようにも思えますが、『本因妙抄』の内容を見ると、主眼はあくまで日蓮仏法の教義的信条を打ち立てるところにあることがわかります。

まず『本因妙抄』における『七面口決』の引用は取捨選択されたものであり、『七面口決』の諸文の項目だけを用いている箇所も多く見られます。また、『本因妙抄』の結論部分は『七面口決』の構成にないもので、天台仏法と日蓮仏法の勝劣を二十四項目に分けて論じ（筆者注：「二十四番勝劣」と呼ばれる）、「寿量品文底の大事」の段で締めくくられています。これらから、『本因妙抄』は『七面口決』に依拠したのではなく、むしろそれを主体的に活用して独自の教義を説示した書だったことがうかがえます。そして、かかる『本因妙抄』の深義に立脚して日蓮本仏論を整備したのが日寛教学なのですから、[※9]『七面口決』は間接的に日寛教学の準備的な役割を果たしたともいえるわけです。中古天台に対する私たちの救済論的な捉え方はこのようなものであり、中古天台の本体はあくまで日蓮仏法に説く妙法であると考えます。

今、中古天台の本体が日蓮仏法だと言いましたが、実際、天台本覚思想は具体性なき観念論と言わざるを得ません。例えば、本覚思想の文献である『修禅寺決』には妙法の唱題思想が説かれています。すなわち、妙法を一心三観の行功を具えた教法（法具の一心三観）とし、臨終のときに南無妙法蓮華経と唱えることが勧められています。しかしながら、妙法の正体とは何かが示されていない。これを明かされたのは日蓮大聖人です。[※10]中古天台を経て日蓮仏法に来（きた）って、初めて妙法の正体が文字曼荼羅の御本尊として可視化され、しかも万人が日常的に実践できるように三大秘法として打ち立てられたのです。『本因妙抄』の止観七面の決の中で、『七面口決』の文を引用しながら「迹門は不思議不可説」に対して「本門は不思議可説」と説かれるのは（新二二二五頁・全八七五頁）、この意を含むといえないでしょうか。いずれにしても、この仏法上の一大転換を日興門流の相伝書を基盤として教義体系化し、妙法の正体を開示された日蓮大聖人の深遠な意義を日蓮本仏論として確立したのは日寛上人でした。こうした意味から、私は日寛教学を完成した家に、また中古天台を建築途上の足場に譬え、後者は前者の準備であると主張したのです。

もっとも、信仰の証明学を標榜するからには、文献学的な面にこだわる人に対して、もう少し厳密な議論が必要になるかもしれません。日蓮仏法の準備として中古天台を扱う際には、日蓮大聖人の真蹟御書や信頼できる写本のある御書に対する準備、真偽問題がある相伝書や本覚思想色のある御書に対する準備、室町期の富士門流の教義に対する準備、江戸期の日寛教学に対する準備といった区別を設け、それぞれ詳細に史実を調べた上で救済論的な回答を探ることが望まれます。特に、大聖人御自身が本覚思想初期の文献である『円多羅義集』や『本理大綱集』を書写されるなど本覚思想を摂取されたのはほぼ確実なのですから、[※11]この点のさらなる解明が待ち望まれます。私たち信仰学者としても、今後の文献学的な解明に期待したいと思います。

c「準備」の原理の教学的根拠

私たちは、創価学会の信仰の証明学において、このような形で「準備」の原理を立て、用いていきたいと思います。準備の原理は、あらゆる一般史が仏法による人類救済に向けて動いている、との救済史的な見方に基づいています。創価学会に限らず、世界宗教と呼ばれる諸宗教は、皆似たような考え方を持っているのではないでしょうか。この点、準備の原理を持つことは、日蓮仏法が世界宗教であることの証左ともいえます。

ところで、準備というのは何も新しい見解などではありません。私たちの言う準備にあたる原理は、日蓮大聖人の御書の中で五重三段（編集部注：釈尊が説いた教説を五重にわたって、序分・正宗分・流通分の三段に分けたもの）における「序分」として説明されています。すなわち、『観心本尊抄』に示される第五の文底下種三段の序分のことです。日蓮宗は、文底下種三段でなく本法三段を立て、寿量品文上の妙法を極説とします。先述したように、私たちは日寛上人の文底下種の法門が解釈学的に正当であり、文献学的にも否定できないと考えますから、文底下種三段の立場を取ります。文底下種三段では、日蓮大聖人の己心に証得された寿量文底の「内証の寿量品」の一品二半（編集部注：寿量品の一品と涌出品の後半品および分別功徳品の前半品）が説かれる準備段階（序分）として、一切の経典を位置づけるべきことが説かれています。「過去大通仏の法華経より、乃至現在の華厳経、乃至迹門十四品、涅槃経等の一代五十余年の諸経、十方三世の諸仏の微塵の経々は皆、寿量の序分なり」（新一三八頁・全二四九頁）とあるのがそれです。

池田先生は、この文底下種三段の序分の範囲を一切の思想・宗教にまで広げ、「あらゆる人種　あらゆる国の　あらゆるイデオロギーを　序分とし」（詩「青年の譜」、『池田大作全集』第三九巻、四二頁）等と語っています。あらゆる人類の思想的遺産を妙法流布の「準備」と見なすという、日蓮仏法の限りない包容力を教えているのです。また、日蓮大聖人御自身も『下山御消息』で「儒家の本師たる孔子・老子等の三聖は、仏の御使いとして漢土に遣わされて、内典の初門に礼楽文を諸人に教えたりき」（新二七四頁・全三四五頁）と述べられ、儒教は仏法流布の「準備」として先に中国に広まったのだとの意を示されています。そういうわけですから、日蓮仏法は一切の思想・宗教を自らの準備として位置づけると結論してよいでしょう。

したがって、私たちは、人類史が生み出したあらゆる思想・宗教を日蓮仏法が世界に広まるための準備と意義づけ、本質的に排除することなく生かしていく考え方を持っています。原始仏教も、インドや中国の大乗仏教も、天台教学も、日蓮大聖人以前の中世の日本仏教も[※12]、すべて文底下種の妙法が説き出されるための準備である。ユダヤ教、キリスト教、イスラーム、儒教、道教、ヒンドゥー教、これらの世界宗教も、皆日蓮仏法が世界に流布するための準備です。

しかも、準備の思想だから日蓮仏法が現れた後は不要ということでもありません。あらゆる思想・宗教が、仏法の大海に流入すれば真に生かされ、輝いていくのです。五重三段の教義でいうと「流通分」がそれにあたります。現に池田先生は、古今東西の偉大な思想を通じて日蓮仏法の素晴らしさを語り続けています。

そのように、創価学会の他宗教理解には思想の奥底からの寛容性、調和性があります。この点からも、創価学会は世界宗教となりゆく必然性を持つように思うのです。

d　日蓮仏法の「予型」となる仏法正統の系譜

続いて、「準備」と並ぶ救済史の原理である「予型」の説明に移ります。予型という考え方は、大概の仏教者には耳慣れないものでしょう。予型とは予兆、先取りといった意味で、キリスト教神学における聖書解釈法の概念です。言葉で未来を示すのは「予言」です。それに対し、事象で未来を示すのが予型です。キリスト教神学では、この予型論を用い、新約聖書のキリストの立場から旧約聖書の人物や出来事を解釈します。例えば、旧約聖書でモーセが掲げた「青銅の蛇」は、十字架にあげられたキリストの予型（前兆）である、というように、キリストの教えを信仰の基点とし、後代の新約の側から前代の旧約を解釈するのです。

　この予型論的な思考も、世界宗教に共通する特徴といえるでしょう。世界宗教は、それぞれに信仰の系譜を考え、自らの正統性を主張します。そして、過去の正統な信仰を自宗教が現れる前兆、予型的なものと捉えて自らのうちに包括し、世界宗教としての普遍性を獲得していくのです。このことは準備の原理でも説明可能ですが、その中で信仰上の正統性を持った過去の事象について予型の原理を用いるべきではないかと、私は考えています。

　信仰上の正統な系譜において、過去の事象を未来の別の事象の予型とする。このことを創価学会の信仰に即して考えてみましょう。例えば、法華経に説かれた虚空に浮かぶ「宝塔」とは、日蓮大聖人が顕された曼荼羅御本尊の予型に他なりません。また、人物の予型を考えるならば、すぐに「三国四師」「内鑑冷然（ないかんれいねん）」等と表現される、仏法正統の系譜論が頭に浮かぶでしょう。日蓮大聖人は、インドの釈尊、中国の天台大師智顗（ちぎ）、日本の伝教大師最澄および日蓮大聖人と、インド・中国・日本の三カ国にわたる四人の仏教者の正統な系譜を考えられました。そこにおいて、釈尊、天台、伝教は日蓮大聖人が末法に出現されるための前兆となる、予型的な人物ということができます。なぜならば、釈尊は自らの内証（内心の悟り）を法華経寿量品の文底に秘し、天台や伝教もあえて法華経の本門でなく迹門を中心に法を説いた（迹面本裏）、と日蓮仏法では見るからです。さらに、インド大乗仏教の大論師である龍樹や世親（天親）についても、内心では法華経が最高の教えであることを知っていたが外に向かっては説かなかったと理解します。いわゆる「内鑑冷然」であり、天台大師が『摩訶止観』で論じています。日蓮大聖人は、天台の説を踏まえた上で、龍樹、世親以外にも、南岳大師、天台大師、伝教大師等が妙法を知りつつ内鑑冷然であったとされ（『当体義抄』『治病大小権実違目』）、日蓮仏法が仏法正統の系譜の終着点であることを示唆されています。

　こうして、釈尊、龍樹、世親、南岳、天台、伝教等々、仏教史を彩る偉人たちは、皆内心で妙法を悟っていたがゆえに日蓮大聖人の予型的な意義を持つといえるわけです。さらに、これらの聖賢の多彩な教えの中には、大聖人が説き弘められた文底下種の妙法の予型となるものがある。釈尊の説き起こした縁起の理法、龍樹が論を尽くした中道、世親が解明した心の内奥の宇宙、南岳大師がたどりついた法華三昧、天台大師や伝教大師が究極の真理と見た一念三千――そうした仏教思想史の中核的な教義は、すべて日蓮大聖人が説き明かされた宇宙根源の妙法の思想的な予型に他ならない。そうは言えないでしょうか。私はここで、事象だけでなく思想に関する予型まで論じています。思想的な予型論は、神学にはないのかもしれません。私が用いる予型の概念は、キリスト教神学の予型論と同じではないことを予め断っておきます。

大事なのは、日蓮大聖人が仏法正統の系譜の基点となり、そこから釈尊や天台およびその流れを汲む聖賢が意味づけられることです。この「基点からの歴史」が、救済論的な仏教史観です。天台が釈尊の支流になったり、日蓮大聖人が天台の傍流になったりする思想史的な解釈とは位相を異にします。仏法正統の系譜の中に日蓮大聖人を組み入れるのではなく、日蓮大聖人の立場から仏法正統の系譜を作り直す。予型論的な思考によって、そうした仏教史の解釈が可能になるのです。

e　創価教学の「予型」となる日寛教学

このように、私たちが予型の原理を論ずるのは、日蓮大聖人を基点とした仏法正統の系譜を明らかにするためです。ただし、もう一つ目的があります。それは、日寛教学が創価教学のために説かれたことを明らかにする、という目的です。つまり、日寛教学が創価教学の予型となる。この点を今から説明します。

まず日寛教学と創価教学の関係について、自分なりに整理してみます。あくまで私見です。

日寛教学　「護持の時代」の教学の完成形
創価教学　「広布の時代」の教学の完成形

ここに、「護持の時代」「広布の時代」という聞きなれない言葉が出てきます。日蓮大聖人は、『観心本尊抄』の最後のあたりで、「当に知るべし、この四菩薩、折伏を現ずる時は賢王と成って愚王を誡責し、摂受を行ずる時は僧と成って正法を弘持す」（新一四五頁・全二五四頁）と記されました。同抄は、法華経本門に登場する地涌の菩薩の末法出現を宣言しています。その地涌の菩薩が、摂受のときには出家僧となり、折伏のときには在家の賢王となって末法に現れると、大聖人は教示されたのです。もちろん、大聖人は末法を折伏のときと定められています。ですから、僧となって摂受を行ずるというのは「折伏の上の摂受」であり、主に教義面で折伏を行ずる（法体の折伏）。一方、賢王の折伏は「折伏の上の折伏」であり、教義面に加え布教面でも折伏を成就する（化儀の折伏）。こうした解釈があります。それに従うなら、大聖人は教義面の折伏を主とされ、布教面の折伏は後世に出現する在家の賢王に委ねられたことになるでしょう。

この教義面の折伏にとどまる点は、日蓮大聖人滅後の日蓮教団の場合も同じでした。一致派であれ、勝劣派であれ、僧侶が主導した日蓮教団は、ずっと教義面の論争に明け暮れ、その一方で教勢は微々たるものでした。その流れを一変させ、日蓮大聖人の仏法を日本の宗教界の中心に押し上げたのは、言うまでもなく二十世紀に誕生した創価学会です。大聖人の時代から七百年の時を経て、創価学会という在家の「賢王」の教団が、『観心本尊抄』の予言通りに出現した。これはどういうことか。大聖人から七百年間を教義中心の「護持の時代」とするならば、学会が出現した後は布教中心の「広布の時代」になるのではないか。第二次世界大戦の惨禍の余韻がまだ残る中で、創価学会による大折伏を目の当たりにした大石寺六十五世の堀米日淳法主は、そう洞察しました。池田先生は、この日淳法主の歴史認識を何度もスピーチや教学著作の中で取り上げ、「日淳上人は、創価学会が「流通広布の時代」を開くまでの宗門の歴史を、「護持の時代」とされた」（『池田大作全集』第八四巻、二五二～二五三頁）、「われわれは「流通広布の時代」を待ち、その時を選んで、今、生まれてきたのです」（『池田大作全集』第三一巻、四四頁）などと語っています。

したがって、私たちとしても、日蓮大聖人から創価学会が出現するまでのおよそ七百年を「護持の時代」、それ以降を「広布の時代」と意義づけながら、日蓮教学の変遷を理解したいと思います。当然のことですが、大聖人御自身は、末法の御本仏として「護持の時代」「広布の時代」の区分にとらわれない、末法万年にわたる教学を打ち立てられたものと拝察します。「護持の時代」の教学に該当するのは、あくまで大聖人滅後の富士門流の教学であると理解しています。

断っておきますが、「護持の時代」「広布の時代」という区分の妥当性を仏教史的、思想史的、あるいは宗教学的に検証することには、ほとんど意味がないと思います。「護持の時代」「広布の時代」は創価学会の救済史における区分であって、学問的な仏教史とは異なるからです。ここでも、カテゴリー論的誤謬に陥らないように注意願います。

ともかく、日興上人以来の富士門流の教学は「護持の時代」の教学でした。日蓮大聖人は一代仏教の結論を「南無妙法蓮華経」の五字七字に括られました。ただ、大聖人が末法の御本仏であられることや御本尊の甚深の意義などについては、十分に明らかにされていません。例外的に日興上人へ与えられた相伝書はこれらを明示していますが、体系的に理論化しているわけではありません。そこで、この課題を引き受け、「護持の時代」の教学を確立することが大石寺教学の責務だったといえます。それを最終的に終わらせたのは、江戸時代の日寛上人でした。日寛教学において、日蓮本仏論と御本尊中心の三大秘法論が体系化されたのです。ですから、「護持の時代」の教学は日寛上人によって完成したものと考えられます。

ならば、「広布の時代」の創価教学についてはどうでしょうか。その源流は、戸田先生が戦時下の法難で投獄された時期に得た不可思議な悟達（ごだつ）にあります。「仏とは生命なり」「我、地涌の菩薩なり」という戸田先生の悟達は、日蓮仏法を生命論として世界宗教化し、日蓮大聖人直結の地涌の教団、本尊抄に予言された「賢王」の教団としての創価学会の宗教的独自性をもたらしました。したがって教学的には、「護持の時代」の教学から「広布の時代」の教学への転換点になったといえます。

その後、戸田先生の後を継いだ第三代会長の池田先生が世界広布を現実化するとともに、戸田先生の生命論を人間主義として展開し、牧口先生の価値論も蘇（よみがえ）らせながら、世界宗教としての普遍性を確立していきます。創価三代にわたる教学思想がここに完成したものと、私は考えます。学会の会憲・会則には「初代会長牧口常三郎先生、第二代会長戸田城聖先生、第三代会長池田大作先生の『三代会長』は、広宣流布実現への死身弘法の体現者であり、この会の広宣流布の永遠の師匠である。」（共に総則第三条）と規定されています。だから、創価教学とは三代会長の教学であるとするのが、創価学会の救済史から見て正しいように思います。

また、三代会長の教学においても、牧口先生の価値論や戸田先生の生命論が池田先生の人間主義を到達点とするという関係が見出されます。したがって、三代会長による創価教学とは池田先生の教学をもって結実するものであり、そこに真の「広布の時代」の教学の完成形があると思うのです。

さて、以上のことから、私はこう考えます。創価学会の救済史の流れにあって、「護持の時代」の教学の完成形である日寛教学は「広布の時代」の教学の完成形である三代会長の創価教学へと移行していく関係にあります。日寛上人の教学は、三代会長による創価教学の予型としての意味を帯びています。そして、「護持」の目的が「広布」であることを思えば、日寛教学の本懐が創価教学であるともいえる。すると、日寛教学あっての創価教学でなく、むしろ創価教学あっての日寛教学である。これが救済論的理解になります。救済史における教学の重心は、日寛教学よりも創価教学の側にあるわけです。

したがって、現代の創価学会は、「広布の時代」の教学から「護持の時代」の教学を再考するために、日寛教学を再検討する救済史的な資格を持っています。つまり、日寛教学のうちで「広布の時代」に合わない「護持の時代」特有の教学を取り出し、再検討する作業を今後行っていくものと思われます。日寛教学の根幹をなす日蓮本仏論についても、その中古天台的な説明の仕方を採用せず、より普遍的で現代的な表現を用いていくのかもしれません。

日寛教学において「護持の時代」に特有のものと思われるのは、第一に僧侶中心、大石寺中心の考え方でしょう。「護持の時代」は僧による「法体の折伏」が主でしたが、「広布の時代」は在家の賢王による「化儀の折伏」が主になります。したがって、日寛教学における僧侶中心の教義的信条――大石寺にある、いわゆる戒壇本尊とされる弘安二（一二七九）年の御本尊を中心とする化儀や、僧が俗の師となることを前提とする三宝論、『当家三衣抄』『法衣供養談義』に記された僧侶の意義の宣揚、さらに言うなら日蓮宗各派の学僧間の教義論争を意識した理論構築のあり方なども、創価学会の大折伏により「広布の時代」の本格的な幕が開いた時点で再解釈を要するものだったのではないかとも思います。

ところが、一九七九年に阿部日顕が自己申告で大石寺六十七世となると、「祖道の恢復」を掲げるなどして「護持の時代」への逆行を企てます。そして一九九一年、阿部は自ら「C作戦」と名づけた謀略を使って創価学会を「破門」するという前代未聞の暴挙に出ました。当時の大石寺宗門が学会に送付した「破門通告書」なるものには、日蓮大聖人の御書が一文も引用されていません。つまり、正当な信仰上の理由もなく、〝僧侶に従わない学会は謗法である〟と一方的に非難し、信徒団体を切り捨てたのです。しかし救済史的に見れば、宗門が自ら「広布の時代」の舞台を去ったわけです。結果的に、僧侶の権威を振りかざす一老僧の狂乱によって、「護持の時代」は完全な終焉を迎えることになりました。これ以降、大石寺は、「広布の時代」を待望された日蓮大聖人の御心に逆行する背信の徒が蟠踞する寺になっています。

二〇一四年、創価学会が教義改正を行い、原田稔会長が「大謗法の地にある弘安2年の御本尊は受持の対象にはいたしません」と宣言したのは、大石寺の謗法化という現実を踏まえた正しい判断であると同時に、「護持の時代」から「広布の時代」への移行という点からも意義深いものがあったように思います。

なお、日寛教学にはもう一つ、「護持の時代」の産物といってよい教義があります。いわゆる「御影」（日蓮大聖人の御影像）に対する信仰の肯定です。大石寺門流では古来、曼荼羅御本尊の前に宗祖の御影を安置する奉安形式があり、日寛上人も古来の伝統化儀として尊重していたことが御書文段等の記述からうかがえます。もっとも、日寛教学の結論といえる六巻抄の内容中に御影の議論はありません。六巻抄では、ただ御本尊根本の信仰が唱えられています。よって、日寛上人も本意としては御影本尊義を用いなかったと思うのですが、大石寺教団の維持のために伝統を闇雲に否定しなかったとも考えられます。日寛教学には、そういう一面があります。先師であり、自分の恩師にあたる大石寺十七世の日精の異流義を直接批判せず、その源流にあたる要法寺日辰の教学の破折という形を取ったのも、大石寺教団の維持のためだったでしょう。結局、日寛上人が御影本尊義を認めたのは「護持の時代」の要請だったように私は思います。当然、「広布の時代」の創価教学がそれを用いることはないでしょう。大石寺で御影本尊義が唱えられた詳しい事情については、これから教化の原理を論ずる中で説明することになります。

②日蓮本仏論における「真意」と「過程」

救済のための教化という観点から日蓮大聖人の教えを読み解くための原理――それが「真意」と「過程」という二つの原理です。

a　日蓮大聖人の真意に基づく創価学会の御書編纂

日蓮大聖人の教えの「真意」を捉える重要性は、創価教学の原点を作った戸田城聖先生が常に強調したことでした。戸田先生は、一九五二年に創価学会版の『御書全集』を発刊します。動機となったのは、従来の御書がことごとく大聖人の真意に背いているという認識でした。そこで、「宗祖の御真意を拝せんとひたすら念願する者」（『御書全集』「発刊の辞」二頁）として、富士門流史研究で名高かった大石寺五十九世の堀日亨上人に編纂の任を委ね、大聖人の真意が明かされた日興上人への相伝書を掲載し、御書の読み方等も真意に沿ったものにした学会版の御書を新たに発刊したのです。

二〇二一年、学会は『御書全集』の新版を発刊しましたが、当然、戸田先生の意図を踏まえた編集となっています。池田先生による序文には、「今後の補正」を誓った戸田先生の心を受け継ぎ、「恩師との約束を果たし、御書の『新版』を刊行する運びとなったことは慶賀に堪えない」と綴られています（『御書新版』「序」六頁）。また、池田先生自ら新版の刊行委員会に対し、「学会の伝統」（同前）を踏まえた編集を願ったとも記されています。

b　日蓮大聖人の真意を知るための根拠
――大聖人と偉大な読者との存在論的距離

このように、創価学会は一貫して日蓮大聖人の真意に基づく御書の拝読を行ってきました。では、私たちが大聖人の真意を知るにはどうすればよいのでしょうか。仏の真意は理屈を超えていますが、人間は理屈を求める動物です。ですから、少し角度を変えてテクスト論的に説明してみたいと思います。

ここに、日蓮大聖人の入滅後、二百年以上経って成立しただろうと文献学的に推察される御書があるとします。相伝書の『御義口伝』などがそれにあたります。この御書をめぐっては、法を説く師の大聖人、それを後世に文字化した弟子の作者、文字化された御書を目にする現代の読者――この三者の関係があります。ここで、私たちのように大聖人の真意から御書の真偽を定めようとすると、次のような考えが出てきます。――後世成立が疑われる御書が大聖人の真意を伝えているかどうかは、一つには師弟不二の境地の濃淡、言い換えれば大聖人と後世の作者との存在論的な距離によってわかる、またもう一つには大聖人と現代の読者との存在論的距離によってもわかる、と。

具体的に考えてみましょう。かりに弟子による師説の文字化が二百年後であろうとも、師弟の存在論的距離が近ければ近いほど、師の真意を如実に伝える御書が生まれ出ます。しかし、異なる時代に生きた師弟の存在論的距離を、どうして私たちが知ることができるでしょうか。師説を文字化した作者については、一体誰なのかわからない場合が多い。その限り、御書制作にかかわる師弟の存在論的距離を、私たちが推し量るのは恐らく不可能です。そこで、大聖人と後世の作者というよりも大聖人と現代の読者との存在論的距離のほうが重要になってきます。私たちと同時代を生き、私たちが信仰生活を通じてその偉大さを理屈抜きに体感している御書の読者がいます。すなわち、創価三代の会長です。この偉大な読者と日蓮大聖人との存在論的距離が無に等しいことを、私たちは皮膚感覚でわかっている。ゆえに、戸田先生や池田先生がそこに日蓮大聖人の真意を拝した御書は、私たちにとって間違いなく大聖人の御書なのです。

創価学会における御書根本とは御書の真意を根本とすることであり、現実的にはその真意を体得した師の教えに従うことではないかと私は思っています。『法華経の智慧』の「終論」の中に、戸田先生の御書理解のあり方が示されている箇所があります。

〈戸田先生はよく、「勉強したんじゃない、思い出したんだ」と言われていた。獄中でのご苦労のため、先生の目は、極度の近眼になっていた。御書を読まれるときなど、眼鏡をはずして、目を細め、鼻をすりつけるようにして読んでおられた。「私は目がこんなだし、みんなのように御書を読んではいないよ。大聖人様の仏法は、思い出すのだ」と言っておられた。

仏法の質問を受けられて、先生は「私は、こう思う」と言われ、「大聖人様も、きっと、そう教えておられるはずだ。どこかにあるはずだ」と言われる。調べてみると、「御義口伝」などに、ちゃんと出ている〉

（『池田大作全集』第三一巻、五二七～五二八頁）

ここで、戸田先生が「わかった」のでなく「思い出した」と言っている点が重要です。何を「思い出した」のかといえば、根源的な〈事実〉です。「理解」ではありません。当事者にとっての〈事実〉です。だから、現代の学者が悟達の正否を議論してみても、信仰者には意味を持ちません。〈事実〉は動かしようがない。それが悟達というものでしょう。戸田先生は、この悟達の上から、御書を御書と定めたと思うのです。『御義口伝』についても、悟達した〈事実〉に照らして、そこに間違いなく日蓮大聖人の真意が拝されるからこそ、重書中の重書とされたのでしょう。『新・人間革命』（第六巻、三三二頁）に「獄中で法華経の極意を悟達した戸田は、「御義口伝」をもとに法華経を講義し、仏法を生命の法理として現代に蘇らせた」と記されている通りです。決して文献学的に来歴を調べて『御義口伝』を重書と定めたわけではありません。付言しておくと、池田先生は先の「終論」において、法華経の「魂」を生き切ることで文字としての法華経を使うという、日蓮仏法の信仰の究極をも教えています（『池田大作全集』第三一巻、五四一頁）。

結局、私たちが日蓮大聖人の真意を前提に御書の真偽を議論できるのは、御書の偉大な読者であり実践者である三代会長の信心を通じて根源的事実に立脚しているからです。三代会長の信心に連なることで、本来大聖人と師弟一体であるという生命奥底の〈事実〉に触れているのです。これが私たちの信仰です。これに基づく限り、日蓮本仏論と密接な関係を持ちながら、しかしその本覚思想的性格に疑義が呈されている一連の御書についても、日蓮遺文の文献学的研究とは違った見解が示されることになります。かつて戸田先生が『三大秘法抄』の偽書説に対し、「偽書のつくりようがない」と断言したことがありました（『戸田城聖全集』第六巻、五二二頁）。その心は、この御書に日蓮大聖人の真意が厳然と示されているではないか、たとえ誰が書いても仏の真意が記されていることに変わりはない、との偉大な読者の大確信であったろうと、私は考えます。『三大秘法抄』は、文献学的には本覚思想が見られる写本遺文とされています。だが、大聖人と師弟不二である偉大な読者が拝せば、同抄に御本仏の真意があることは疑い得ないのです。私たちは、真蹟主義でなく真意主義に立ちます。真意主義の根拠は史料的価値ではありません。御書の偉大な読者としての三代会長に脈打つ師弟不二の信心、それが真意主義の根拠です。

池田先生が述懐しているように、戸田先生の信心はまさに師弟不二でした。戸田先生は、御書に仰せ通りの命に及ぶ法難を受ける中で日蓮大聖人に直結する使命を感得し、真に「広宣流布の信心」に立ちました。そして現実に、苦しむ民衆を救済する行動を起こし、広宣流布の礎を築き上げました。まさしく御本仏と不二の心で戦ったがゆえに、戸田先生の生命には『三大秘法抄』が紛れもない仏説であり、正真正銘の御書であることが伝わったのではないでしょうか。

私たちは、この創価三代の会長の信心に続くことを誓います。師弟不二の実践の中で信心の智慧を磨き、『三大秘法抄』や『諸法実相抄』、その他最蓮房に宛てたとされる御書等々、従来の文献学的日蓮研究では本覚思想色などから後世の作と考えられているものが、宗教的真実としては日蓮大聖人の直説以外の何ものでもないことを生命的に知ろうとします。そこから今度は智慧の光を日蓮遺文の学問的な真偽論に当て、私たち独自の証明学的論証を試みたいのです。

c　真意から出発する御書研究

証明学的論証においては、はじめに日蓮大聖人の真意があります。私たちは、それを大聖人直結の三代会長からすでに教えられている。真意を知る者が御書を研究するにあたって、大事なのは「誰が書いたか」ではなく「何が書かれてあるか」です。つまり、真意の有無です。

「だれが説こうと、その教えが優れていればよいのです。釈尊が説いたから法華経が偉大なのではなく、法華経を説いたから釈尊は仏なのです。それがだれであれ、法華経を説いた人が仏なのです」(『池田大作全集』第三一巻、二二一頁)というのが、池田先生の法華経仏説論でした。これに準じて、私たちも御書の内容が日蓮大聖人の真意に合うか否かを第一の問題とします。真意に合っていれば、現時点で偽書説が濃厚な遺文であっても、私たちにとって紛れもなく大聖人の御書です。また、真意でない教えが示されていても、相手を真意へと導く仏の心が感じとれるならば――すなわち、後で述べる「過程」の教えと見なされるならば――それは大聖人の御書たりうると考えます。

順を追って具体的に説明していきましょう。創価学会が重書とする『御義口伝』は、近世までは日蓮系各派で広く御書として用いられていました。ところが、近代に入って文献学的な偽書説が出てくると、日蓮宗などでは使用を控えるようになっています。『御義口伝』の文献学的研究は継続的に行われており、最近も『御義口伝』の初出文献である一致派六條門流（日朗系統）の円明日澄著『法華啓運抄』（明応元〔一四九二〕年成立）を分析し、『御義口伝』『御講聞書』の両書を日澄周辺の作成と推考する論文が発表されています。[※13] 執行海秀氏の古い学説を後追いし、最初から『三大秘法抄』『総勘文抄』『教行証御書』『当体義抄』等々を偽撰視して論を進めるなど、いささか強引な仮説に思われます。論点は多々あるでしょうが、純粋に文献学的な議論は私たちの意とするところではありません。

その上で、私が問題にしたいのは『御義口伝』の来歴よりもその内容です。すなわち、本迹超絶の題目を唱えた法本尊論者の日澄及びその周辺が、[※14]どうして人法一体の本尊義や日蓮本仏義を説く『御義口伝』を作成できるのか、という点です。私たちから見て、『御義口伝』には御本仏日蓮大聖人、また日興上人の深い真意が説き示されている。だから、京都の日蓮教団でいえば、興門系の日尊門流ならまだしも、日朗の系統である六條門流の僧に作成できるはずがない。そもそも、『御義口伝』の随所に見られる実践的な観心釈は、人類救済の大情熱からほとばしり出る実践的真理といってよく、単なる学僧が書けるものでは決してない。諸文に記された「今日蓮等の類」とは、救済者の言葉以外の何物でもない。――以上が、私の偽らざる信仰学的な見解です。『御義口伝』の一節でも自らの身に当てて拝し、実践してみれば、誰しもそう思うでしょう。先ほど述べたように、戸田先生は『三大秘法抄』の偽書説に対して、「大聖人様と同じ人」でなければ「書けるわけがない」と断言しています。真意から出発する御書研究は、そのような信仰学的確信を忘れるべきでないと思います。

こうして、自分たちの信ずる御書に関して偽書説が強い場合、信仰の証明学では信仰の論理を用いて偽書説を退けるのです。信仰上の事実としての御書は、何より信仰の論理によって御書たるべきだからです。ここに、ある御書がかりに後世の作であっても師弟不二の仏の仕事と見たり、もしくは御書の内容面に些細な勘違いを見つけても十界互具、示同凡夫の振る舞いと受け取ったりする見解が生まれるわけです。他にも、いろいろと考えられます。これを、いわゆる「トンデモ説」などと呼んで嘲笑する人がいるとすれば、信仰の論理である日蓮教学を頭から否定する者であって、私たちがまじめに議論する相手ではないと考えます。

文献学や歴史学は仮説の学であって、もとより結論を出す立場にありません。ある御書の原本の不在は証明できないし、史料の筆跡鑑定も鑑定人の勘に頼る点で主観性を免れないでしょう。ある日蓮遺文を真撰とするか偽撰とするかは、最終的に論者の仮説でしかありません。当然、私たちも御書を学問的に研究するときには仮説を提示します。私たちの言う信仰の証明学は、信仰の立場から学問的仮説を唱えることを目的としています。

d　教化の言説に見られる真意と過程

日蓮大聖人の真意から出発する私たちの御書論について、最初に基本的な考え方を説明しました。次に、御書には真意へと至る過程の教えがあることを述べたいと思います。

大聖人は、思想家である前に救済者であられました。人を救う実践は教育的な行為です。ただ不可思議と呼ぶしかない仏の悟りの真意をいきなり伝えても、私たちには到底受け入れる力がありません。仏教に無知な俗世間の人はもちろんのこと、高僧名僧の類もかえって知識の迷路に落ち込み、正しく仏法の真実を捉えられなくなっている。そうした人々に究極の悟りを伝え、成仏の軌道に乗せていくには、教育的に段階を踏む必要があります。すなわち、「真意」に至る「過程」の教えを織り交ぜ、状況に応じ、相手に応じ、法を説かなければならないのです。よって、私たちが救済者・日蓮大聖人の御書を拝する際には、それが教化の言説であることを心に刻み、真意と過程を見分けることが重要になります。

宗教一般を考えると、救済のための教化といっても一様ではないでしょう。終末論的な裁きを熱心に唱えるタイプの一神教では、教育的な配慮がさほど重視されないかもしれません。「信ずるか、背くか」で、真意がストレートに説かれるわけです。しかしながら、仏教はもとより善悪二元論ではありません。仏法を破壊する極悪人さえ見捨てることがないのです。仏は、万物を自己自身と見るからです。だから、カントが言うように「正義はなされよ、たとえ世界は滅びるにしても」というわけにはいかない。むしろ「どこまでも相手を導くために、あえて真実をストレートに説かない」という方便の智慧、過程の教えが重視されるのです。

ここで、現代の創価学会も広宣流布を実践し、人類救済の使命を果たさんとする団体として過程的な言説を用いることがある、という点に触れておきたいと思います。二〇〇二年、創価学会は会則の第一章第二条の教義条項を改正しました。そこには「一閻浮提総与・三大秘法の大御本尊を信受し」とあり、大石寺にある弘安二年の御本尊の信受が謳われていました。そして、二〇一四年、再度教義条項を改正し、当該箇所を「根本の法である南無妙法蓮華経を具現された三大秘法を信じ」に改めます。その際、原田会長は、宗門と訣別後の二〇〇二年の会則改正の段階でも弘安二年の御本尊の信受を記したのは「当時、宗門との僧俗和合時代に信仰実践に励んできた会員の皆さまの感情や歴史的な経緯」を踏まえたものだったことを明らかにしました(『聖教新聞』二〇一五年一月十八日付)。二〇〇二年当時、学会の信心から言って、すでに大石寺は広布破壊を企てた大謗法の寺であり、そこにある御本尊を拝することができない状況でした。しかし、学会は僧俗和合時代に大御本尊中心の化儀を受け入れてきた経緯を考慮し、弘安二年の御本尊の信受を表明しました。つまり、これは学会が過程的な意味から一定期間、弘安二年の御本尊の信受を掲げたことを意味するでしょう。むろん、弘安二年の御本尊は本門の本尊として大聖人のご真意です。ただ、大石寺の謗法化の後は現実的に拝するわけにいきません。にもかかわらず、しばらくの間、学会が同寺にある弘安二年の御本尊の信受を強調していたのは過程的な対応――いわば真意の中での謗法厳誡をめぐる一過程――だったように思うのです。信仰実践の現場では、そのように人々の信仰を護るために過程的な言説を用いることがあります。

ここが、机上の学者の思考と違うところです。私は、広宣流布という人類救済の聖業を現実に実践する創価学会こそ、日蓮大聖人の過程の教義を最もよく理解できるだろうと考えています。

したがって、私たちは日蓮大聖人の御書を拝するにあたっても、仏法の救済者の慈悲と智慧を考慮に入れ、過程的な表現――最も重要なのは釈尊本仏義ですが――の奥に秘められた真意を読み取っていく必要があります。では、どうやって真意を読み取るか。先ほど述べたように、私たちの場合には大聖人直結の三代会長、今日では池田先生を信じ、大聖人と師弟不二の信仰と実践に生き抜くことによって大聖人の真意に迫るのです。

大著『法華経の智慧』の「終論」の中で、池田先生は結論として「「万人が仏である」と悟った人を「仏」という」(『池田大作全集』第三二巻、五二五頁)という点を強調しています。私は、これが取りも直さず日蓮大聖人の真意であられたと拝します。つまり、万人本仏、人間本仏です。そして、この真意に基づく私たちの日蓮大聖人理解が日蓮本仏論になるのです。

e　御書研究におけるアスペクトの問題

とはいうものの、日蓮大聖人御自身が日蓮本仏を表明した形跡はありません。ある意味で当然でしょう。大日や阿弥陀のような架空の仏ならともかく、歴史上の仏は釈尊一人とするのが今も昔も仏教界の常識です。そこに加えて、大聖人御自らが末法の本仏を名乗られても、大半の信徒はついていけなかったでしょう。

ただし、仏教の主要教義に照らして考えると、日蓮本仏論は決して荒唐無稽な説ではないはずです。原始仏教に説く「無我」「縁起」、大乗仏教が唱える「空」、これらはいずれも万物一体の観念につながります。近代の浄土真宗の学僧である清沢満之(きよざわまんし)氏は、すべてのものの相互依存関係を「万物一体の真理」と表現しました。日蓮大聖人が用いられた天台の十界互具、一念三千の教理も、万物一体の真理と言い得るでしょう。万物一体が仏教の真理であるなら、我が身そのままが宇宙大の仏である、という本覚思想的な仏の観念が出てきてもおかしくありません。すると、凡夫の仏が仏教本来の考え方ともいえる。その凡夫の仏の世界における中心軸を末法の教主日蓮大聖人と定めるのが日蓮本仏論であるならば、これまた仏教本来の仏の観念というべきではないかとも思うわけです。こうして、仏教における日蓮本仏論の高い蓋然性が浮き彫りになります。

ところが、文献学的に信頼できる御書のみを採用する日蓮研究者の間では、日蓮は法華経本門の教主・釈尊を本仏と仰いでいたというのが定説になっています。日蓮本仏論は、富士門流、とりわけ大石寺日寛の創作教義だと言い立てる人もいます。学問的な意見のように聞こえますが、私には学問の裏に日蓮宗の釈尊中心主義を隠した主観的批判であるように思えてなりません。なぜならば、彼らは最初から日蓮聖人が釈尊本仏論者だという前提で遺文を取捨選択し、解釈しているからです。鎌倉期や室町期の日蓮宗、天台宗に関係する諸史料を調べ回し、その成立過程を論じたり知られざる教学思想を発見したりしても、すべて自らの釈尊中心の思考と結びつけて論じる。それに反するような史実を見つけても、釈尊仏法の立場で無理に解釈するか、意図的に遠ざけて論及しない。哲学者ウィトゲンシュタインは、ウサギにもアヒルにも見える絵を使って、「何かを何かとして見る」というアスペクトの知覚の構造を説明しました（図1）。これを援用するなら、日蓮宗系の日蓮本仏論批判については「史料を釈尊仏法の立場として見る」というアスペクト知覚を問題化すべきでしょう。一つの状況には複数のアスペクトがあります。歴史研究において、同一史料から異なる史実が説明されることがあるのも、複数のアスペクトがあるからなのです。

図１
（『ウィトゲンシュタイン全集』第８巻、385頁より）

すでに述べたように、私たちから見れば、真蹟御書の記述の中にも実質的に日蓮本仏義を説くに等しいところがあります。今回は紹介しませんでしたが、真蹟断簡が散在する『下山御消息』には大聖人御自身を

「教主釈尊より大事なる行者」（新二九九頁・全三六三頁）とされた箇所もある。そうした箇所を無視したり、あるいは主観的に日蓮本仏論的な解釈を排除したりするのは、複数のアスペクトを捉えられていないからではないでしょうか。

また、日寛教学の御書解釈が独断的だと日蓮宗系の学者は言いますが、アスペクトを転換してみると、今日の文献学的研究から見ても合理的な解釈がなされていたりするものです。具体例を挙げましょう。日寛上人は三大秘法を本門寿量文底の秘法と定めます。なぜなら、『開目抄』に「一念三千の法門は、ただ法華経の本門寿量品の文の底にしずめたり」（新五四頁・全一八九頁）とあるからです（『報恩抄文段』、創価学会教学部編『日寛上人文段集』四三一頁）。三大秘法とは、事の一念三千の妙法を本尊・戒壇・題目として説き示されたものです。そして、一念三千は寿量品の文底に秘沈されている。だから、三大秘法も文底にある。ならば、三大秘法中の本門の本尊を述べた『報恩抄』の「本門の教主釈尊を本尊とすべし」（新二六一頁・全三二八頁）における釈尊とは本門寿量文底の釈尊のことであり、名字凡夫の本因妙の教主釈尊を指すはずである（前掲『日寛上人文段集』四三四頁）。また、この本因妙の教主釈尊の全体が一念三千の法の本尊であるゆえに、『報恩抄』では「本門の教主釈尊を本尊とすべし」という人の本尊に続いて「いわゆる宝塔」云々と曼荼羅の法本尊が説かれているのである。すなわち、当文は人法体一のご教示である（同前、四三六頁）。しかも、本因妙の教主釈尊とは末法出現の日蓮大聖人の御事に他ならない。なぜなら、両者は修行と位が全く同じだからである（『末法相応抄』、富要三・六八）。よって、結局、大聖人一身のご当体が大曼荼羅なのである（同前、富要三・一六六）。――以上は、日寛教学の主張の数々を私が組み立て直し、一つの論法にしたものです。『開目抄』『報恩抄』という、真蹟曾存で真蹟断片もある御書を用いながら、テクストの字義的な意味に従って理性的に論理を展開し、日蓮本仏論を導き出している。日蓮宗系の学者とは異なるアスペクト知覚による、文献学的な御書解釈であると言えなくはありません。

結論的に、日蓮宗系の学者の日蓮遺文研究は、文献学的手法を用いた上で「史料を釈尊仏法の立場として見る」というアスペクト知覚による解釈の集積である。私はこう規定しておきます。したがって、問題の根幹は文献学的というより解釈学的な領域にあります。私たちも、創価学会の教義的信条を背景に持ち、文献学的な見方を取り入れながら御書の真意を解釈していきます。

f　第一の過程――釈尊本仏義

と同時に、私たちは、釈尊本仏と日蓮本仏を対立的に捉える近代的な思考の脱構築もはからねばなりません。もし日蓮大聖人が末法の御本仏たるを自覚されていたにもかかわらず、諸御書で教主釈尊を宣揚し、その使として御自身を意義づけたのであれば、理由がどうあれ、大聖人は教義上の嘘をついたことになる――。例えば、こう考えるのが典型的な近代の思考でしょう。

私たちからすると、その場合でも大聖人が嘘をついたことにはなりません。釈尊本仏義は方便の教導であって、決して嘘などではないからです。方便とは何らかの真理を含む教えであり、現代的には「過程」と呼ぶべき概念です。つまり、仏が真意を明かす過程にある教えが方便なのです。一度真意が顕れた後は、過程が過程として明らかになる。本仏論でいえば、釈尊本仏は過程であり、日蓮本仏が真意です。ゆえに、日蓮本仏へと人々を誘導する過程としての釈尊本仏であれば、そこに嘘でなく一定の意義を認めるべきなのです。

日蓮大聖人の時代の仏教界では、阿弥陀や大日等の信仰、あるいは経典の文字によらない禅の教えが主流でした。その中で人々を法華経に導くには、法華経の本門に説かれる釈尊を本仏と立てなければならない。しかし、法華経の迹門を重視し、観念観法の修行に専心する天台宗では、本門の釈尊への信仰を強調しない。天台本覚思想などは、逆に禅に接近していた。だから、大聖人としては、まず本門の釈尊を立てる必要があったと拝されます。しかる後に、初めて凡夫の仏、日蓮本仏という法華経の真意を明かすことが可能になる。史料調査に基づくと大聖人の弟子のうち三割弱が天台僧であったともいわれますから、[※15]こうした段階を踏んだ教導が不可欠だったように思います。『開目抄』に説く五重相対判でいえば、第三の「権実相対」、第四の「本迹相対」を通過しなければ第五の「種脱相対」に至れないということです。

付け加えておくと、宗教における救済の真理が不可思議であるほど、つまり宗教の逆説性が深いほど、過程の真理が重要になってくるともいえるでしょう。凡夫の仏という極めて不可思議な逆説の上に日蓮本仏を立てる信仰の道では、慎重に過程の真理を踏まえながら真意を開示していくしかない。この点からも、日蓮大聖人は自ら「教主釈尊の御使」「釈子日蓮」等と称しつつ、過程としての釈尊本仏義を説かざるを得なかったのではないでしょうか。

ともあれ、私たちの信仰学において、日蓮大聖人の御書に示される釈尊本仏義は嘘ではありません。それは、日蓮本仏論へと至る過程的な真実です。また、現代の思想史学において、日蓮大聖人が山門延暦寺の復興者であったとか、娑婆世界を釈尊御領と見ていたとか、いろいろと史料的に論じられています。私たちの救済論的な立場からは、これらも釈尊本仏義に準じた大聖人の過程の義の現れと解されます。

日蓮大聖人は、本門の教主釈尊を本師と仰がれましたが、その一方で御自身が求めて釈迦仏を造立されることはなく、もっぱら曼荼羅御本尊の授与を続けられました。康永三（一三四四）年の日尊門下の僧の書状の中に、富士門流の人々が〝大聖人の時代は自ら道場に仏像を造立する教えなどなかった〟と語って日尊門流の仏像造立を批判したことが記されています。[※16]造仏が大聖人の本意でなかったことは、そうした上代の史料にも現れています。[※17]

さらに言うと、身延に入られてからの日蓮大聖人は、自ら前代未聞と意義づけた曼荼羅御本尊の図顕に集中される一方で、御所持の立像釈尊は死後に墓所の傍らに置けと遺言されている（日興上人執筆『宗祖御遷化記録』、『日蓮宗宗学全書』第二巻、一〇五頁）。事実、この釈尊像は大聖人の墓所の傍らに置かれ、やがて日朗が持ち去ったとされています（日興上人著『原殿御返事』、新二一七〇頁）。伊豆流罪以降、随身仏として生涯所持された釈尊像が、大聖人御自身の意志によって寺院の仏前でなく大聖人の墓の片隅に置かれた。――この史実こそが、大聖人の御化導において釈尊本尊が過程の義であったことを、何よりも雄弁に物語っているのではないか。私にはそう思えます。

ならば、大聖人はなぜ一部の在家信徒に造仏を勧めたりされたのか。この文献学的な矛盾を、私たちは救済論的、解釈学的に読み解き、過程としての釈尊本仏義を主張したいのです。そして、次に述べる大聖人滅後の御影本尊義にも過程の意義があることから、釈尊本仏義を日蓮本仏論へと至る「第一の過程」と呼ぶことにします。

g　第一の過程の終焉

さて、「第一の過程」である釈尊本仏義を、大聖人の直弟である日興上人も忠実に継承したと見受けられます。日興上人関係の史料を調べると、久遠実成の釈尊への信仰を説いたり、仏像の造立を認めたりといった言説に出くわします。そこで、日興上人を釈尊本仏論者と見なす文献学的な主張があるわけですが、主観的な一解釈にすぎません。要するに、文献学的な客観性を装った日蓮宗の解釈学です。私たちの解釈学では、日興上人が日蓮大聖人と同じく、日蓮本仏へと至る「第一の過程」として釈尊本仏を認めていたと理解します。[※18]日興上人の元で重須（おもす）の学頭を務めた三位日順の教学についても、基本的に同様であろうと考えています。

そうして室町時代に入ると、大石寺門流の信仰教化のあり方に重大な変化が訪れます。すなわち、釈尊本仏という過程の教えを廃し、日蓮大聖人、また日興上人の真意である日蓮本仏を直接的に説く動きが現れてくるのです。

天授六（一三八〇）年、大石寺六世の日時法主の代に、大石寺の開基檀那である南条時光の子息である妙蓮寺日眼が『五人所破抄見聞』を著し、そこで「本因妙行者日蓮聖人」「不軽と日蓮とは本仏なり」「下種ノ教主」等と日蓮本仏義を宣説しています。同見聞には偽書説もありますが、しょせん文献学的な蓋然性の議論です。解釈学的な立場をとる私たちは、同見聞を日蓮仏法の「真意」を記した貴重な史料と見ます。この点は次章で詳しく論じます。

その後、応永二十六（一四一九）年に日有上人が大石寺九世となり、以後六十数年にわたって堂塔整備や講学布教に挺身しました。日有上人自身の著述は今に伝わりませんが、門下による講述記録が『化儀抄』や各種の聞書として残されています。その中で、さまざまな角度から日蓮本仏義が論じられているのです。最も注目すべきは、『化儀抄』の一文「当宗の本尊の事、日蓮聖人に限り奉るべし」（富要一：六五）でしょう。これによって、日有上人が日蓮本尊義、つまり日蓮本仏の信仰を公に論じていたことが史料的に見てとれます。

日有上人の登場を機に、大石寺およびその周辺では、釈尊本仏義を否定して日蓮本仏の信仰を唱える言説が随所に見られるようになります。京都の日尊門流から大石寺に来た左京阿闍梨日教しかり、日有上人の影響を受けた保田門流の学僧の日要、日我しかりで、彼らは日蓮本仏を公然と提唱しています。大石寺門流の信仰教化において「第一の過程」の意義を持つ釈尊本仏義は、ここに姿を消しました。以降、大石寺では宗開両祖の真意である日蓮本仏義が積極的に宣揚されていくのです。

h　第二の過程――御影本尊義

しかしながら同時に、ここで新たな過程的な教義が登場します。曼荼羅御本尊以外に、日蓮大聖人の御影像である「御影」を一つの本尊と見る教義がそれです。

日興上人の指示で日澄が筆述したとされる『富士一跡門徒存知の事』――最古の写本は室町時代のものですが、詳細な事情の記述などから文献学的にも真撰説があります――の本文中に「日興が云はく御影を図する所詮は後代に知らしめん為なり、是に付け非に付け有りの儘（まま）に図し奉るべきなり」（富要一：五三）との記述があります。ここにあるように、大石寺上代においては、木像ないし絵像の御影が日蓮大聖人の面影を伝えるものとして、もっぱら敬慕の対象になっていたと見られます。

それが徐々に信仰対象の意義を帯びるようになるのは、史料的には室町時代の中期、前述した左京日教あたりからです。日有上人が逝去した二年後の文明十六（一四八四）年、日教は『穆作抄』を著し、その中で「当家の意は脱益の釈尊をば造立し奉らず只日蓮聖人の御影を造立し奉る可き事・御本尊に契当せり」（富要二：二八四）と論じて、御影本尊義を説きました。その後の富士門流を見渡すと、伝日法作の大聖人御影を大石寺から持ち去ったとされる日郷が開いた保田妙本寺の系統に、御影本尊義とおぼしき説が散見されます。とりわけ同寺の中興とされる日我は、「本尊と御影は一躰の上の二尊なり、本尊と日蓮と二ツと見奉るは当流の信者に非らず」（『化儀秘決』、富要一：二七六）「日蓮体具の十界と信を取リ定め但題目の五字と治定する処で御影に向ヒ奉リても文字の本尊に向ヒ奉リても事の本尊事の一念三千也」（『観心本尊抄抜書少々』、富要四：一八〇）と記すなど、人法一体の日蓮本仏を信ずる上から曼荼羅本尊義と並んで御影本尊義を唱え、一幅一体説をとったようです。

もっとも、これらは大石寺の信仰から見て周辺に位置する教学の動向です。大石寺の法主が御影本尊義を唱える動きは、中世には見出せません。日有上人の日蓮本尊義がじつは御影本尊義のことだったと見る解釈もあるでしょうが、私はそう考えません。大石寺僧俗の現実の信仰対象は、一貫して「南無妙法蓮華経　日蓮判」と中央に大書された曼荼羅御本尊だったと思うからです。日有上人の書写御本尊も、中尊を「南無妙法蓮華経　日蓮」とする形式を守っています（『奉蔵於奥法宝』五七、五八、五九頁）。すると、御本尊を本質的な御影とする信仰が生まれるのは、ごく自然な成り行きといえるでしょう。そのことを証する史料が『有師物語聴聞抄佳跡』の中にあります。同書は筆者不明ですが、『化儀抄』に近い内容も多く、文献学的にも一概に偽書扱いすべき史料ではありません。[※19] その書の中に「十界所図の御本尊を掛奉り候へども高祖日蓮聖人の御判御座せば只御影堂なり」「たとへ十界勧請ノ御本尊を安置し奉るとも御影堂なり」（富要一・一九三）とある。[※20] つまり、御本尊に「日蓮　在御判」と認められていることが御影にあたるとの意です。

ここに言われるように、大石寺の信仰では木像の御影に本義があるわけではない。御本尊それ自体が本質的な御影なのです。ゆえに、木像の御影は曼荼羅本尊とともに奉安されるのが通例です。また、「腹籠り」と称されますが、木像内部に曼荼羅や経巻を収蔵する様式をとる場合もあります。要するに、木像の御影だけでは本尊たり得ないわけです。だから、法主が授与する曼荼羅とは違って、御影に対しては改めて開眼がなされるのが通例です。[※21] さらに言うなら、大石寺宗門の諸寺院の宝物を具に調べると、少数ながら日蓮大聖人以外の御影、すなわち日興上人や日有上人の御影なども散見されます。[※22] 御影が真には本尊とされず、主に記念のためであっただろうことは、こうした点からもわかるでしょう。

かかる大石寺の伝統を知っていれば、日有上人の日蓮本尊義が曼荼羅御本尊信仰と結びつくのは疑う余地のないところでしょう。したがって、日有上人も、その後の大石寺法主も、御影本尊義などは説いていません。ただ、御影に対する信仰は大石寺門流に定着したといえます。古来、御宝前の中央に安置された曼荼羅御本尊の前に宗祖御影を置く化儀があるのがその証左です。大石寺の信仰は曼荼羅御本尊を日蓮大聖人と拝することに極まりますから、こうした化儀の定着は教導のための方便と見なすのが適切と思われます。つまり、日蓮大聖人が顕された御本尊を、そのまま人法一箇と拝するのが大石寺の信仰の奥義です。御影に人本尊の意義を与える御影本尊義は、そこに至るための過程の教義と見るべきでしょう。釈尊本仏義という「第一の過程」が終焉した後、新たに御影本尊義という「第二の過程」が生じたわけです。

ちなみに、日有上人に人法一箇の思想があったことは、『蓮陽房聞書』に「上行菩薩等の四菩薩の体は中間の五字なり、此ノ五字の脇士に釈迦多宝と遊バしたる」(富要二：一四〇)、「日蓮が弟子檀那は妙法蓮華経なり」(富要二：一四二)等とある点からも察知されます。先に述べた、日有上人が御本尊を本質的な御影と拝したことと重ね合わせると、日有上人の時代に人法一箇の信仰があったことは文献学的にも否定できないと思われます。[※23]

結局、御影本尊義は日蓮本仏の信仰を徹底させるために用いられた過程の教義というべきでしょう。教化の段階として論じるなら、権実相対、本迹相対の「第一の過程」を経て種脱相対の「第二の過程」に移行し、最終的に日蓮本仏という真意への到達を目指すという道筋が見えてきます。実際、左京日教などは「脱益の釈尊」を制止して「日蓮聖人の御影」を造立し本尊とすべきことを説き(富要二：二八四)、まさに種脱相対の意義の上から御影本尊義を唱えているのです。

ここで疑問になるのは、「第二の過程」である御影本尊義は日蓮本仏義なのだから、すでに宗開両祖の真意を汲んでいないのか、という点でしょう。もっともな疑問と思います。御影本尊義は、日蓮本仏義による点で宗開両祖の真意に通じています。しかしながら、真意に通じるといっても真意そのものとはいえません。たとえ曼荼羅御本尊と御影の一体を説こうが、曼荼羅御本尊のみに人法一箇を見るわけではないからです。人法一箇の曼荼羅御本尊こそ、大石寺教学では日蓮大聖人の真意そのものとされるのです。言うまでもなく、大聖人が御自身の御影に対する信仰を示唆された事跡など見当たりません。大聖人の御化導の終着点が曼荼羅御本尊の顕示にあられたことは、史料的にも明らかでしょう。

日蓮大聖人は、晩年の弘安期の御本尊図顕において「南無妙法蓮華経　日蓮判」と中央に大書する様式を固められ、いわば「完全な真意」を示されました。日興上人もそれを忠実に受け継ぎ、「南無妙法蓮華経日蓮判」を中心とする御本尊書写を徹底して貫きました。この宗開両祖における完全な真意を汲み、法本尊、人本尊と次第して「人法体一の深旨」を「正中の正、妙中の妙」と語り（富要三：八三）、「久遠元初の自受用身は全く是れ一念三千なり故に事の一念三千の本尊と名くるなり」（富要三：八八）と人法一箇の御本尊の究極性を説き示したのが、江戸時代の大石寺二十六世日寛上人です。

日寛教学は創価教学の予型です。その人法体一の本尊論は「護持の時代」の特殊性などでなく、本質的な普遍性を持っているように思われます。このことは、池田先生が『新・人間革命』に「人法一箇の御本尊に帰命することが、真実の帰命となります」「人法一箇の御本尊を、南無妙法蓮華経を弘めゆくことを、わが人生の目的と定めて、生涯、広宣流布に生き抜いていくことです」（『新・人間革命』第六巻、三三九・三四〇頁）と記し、また『法華経の智慧』で「人法一箇の御本尊です。〝人〟の側面は、久遠元初の自受用報身如来。〝法〟の側面は、事の一念三千です。」（『池田大作全集』第三〇巻、二六一頁）と教えているところからも明らかです。

これは個人的意見ですが、少なくとも『御義口伝』を重視する信仰を持つ限り、人法一箇の本尊義を立てないわけにはいかないと思います。まず冒頭の「南無妙法蓮華経」の口伝からして、人と法の両方への帰命を説いています。また、「自受用身とは、一念三千なり」（新一〇五八頁・全七五九頁）、「無作の三身の宝号を、「南無妙法蓮華経」と云うなり」（新一〇四八頁・全七五二頁）、「本尊とは、法華経の行者の一身の当体なり云々」（新一〇五九頁・全七六〇頁）といった思想は、明らかに人法一箇の御本尊を指示しています。たとえ釈尊仏法の立場でも、『御義口伝』を尊重すれば、人法一箇の本尊論が出てくるでしょう。現に、江戸時代の身延派の教学者・一妙日導は、『御義口伝』の「無作の三身の宝号を、「南無妙法蓮華経」と云うなり」との文を引くなどして、「仏に約すれば則是れ本仏釈尊なり　法に約すれば則是れ題目の五字なり　豈に人法一体の本尊にあらずや」（『祖書綱要』第二二巻、『日蓮宗史料』6、四五一頁）と主張しています。また、日導の後に出た優陀那日輝も『御義口伝』を重視しましたが、「法仏不二」の観点から曼荼羅御本尊の首題を論じています（『妙宗本尊略弁』、『充洽園全集』第三編、一九七五年〔校訂版〕、三八九頁）。日導と日輝は人本尊論者とされますが、ともに『御義口伝』を自説の根拠に用い、人法の同一を論じているのです。

翻って、池田先生の教学に出発点を置き、『御義口伝』を重んずる私たちは、もちろん人法一箇の御本尊をもって日蓮大聖人、日興上人の完全な真意とする説に立ちます。また、修行論的に言えば、大聖人が胸中に悟られた根本の法を御本尊と拝する法本尊論の立場をとります。そうした観点から、御影本尊義はいまだ過程の教えであると考える次第です。

i　第二の過程を用いた日寛教学

このようにして、室町時代の大石寺門流は第一の過程である釈尊本仏義を脱して日蓮大聖人、日興上人の真意である日蓮本仏義を表明する一方で、第二の過程となる御影本尊義を定着させたわけです。その後、江戸時代に入ると大石寺中興の祖とされる日寛上人が現れ、それまでの日蓮本仏義を日蓮本仏論として整備、確立します。

現代の研究者は日寛上人の日蓮本仏論の淵源を『本因妙抄』『百六箇抄』に求める傾向があるようですが、それだけではありません。相伝書でいえば、両抄以外にも『御義口伝』『産湯（うぶゆ）相承事』『御本尊七箇相承』『本尊三度相伝』等が参照された形跡があります。また、日蓮本仏論の核心となる人法一箇の曼荼羅御本尊論が、三位日順や日有上人の唱えた日蓮本尊義を継承しているのは明らかです。六巻抄の『文底秘沈抄』では、日順作とされる『本因妙口決』の一文も引用されています。それゆえ、大石寺の教義的伝統の集大成が日寛上人の日蓮本仏論であったというべきです。

ところで、日寛教学が左京日教や保田門流の日要、日我の影響を受けて成立したとする論もあります。しかし、日寛上人については、この三人の教学にむしろ批判的だった面も見受けられます。『文底秘沈抄』では、『観心本尊抄』の「一念三千ほとんど竹膜を隔つ」（新一三八頁・全二四九頁）という文に対する日我の解釈を「不相伝の家」のものと批判しています。また、左京日教や保田日要の教学についても、六巻抄に採用されていない説が多々あります。それが暗に日寛上人が批判した点なのでしょう。日寛上人は、日教の『類聚翰集私』の文——日寛上人自身はそれが日教作と知らなかったようですが——を「当家御法則」として抜き書きしています。それにもかかわらず、同書にある法主本仏論や天生ヵ原戒壇論を六巻抄に取り入れていません。そうした日教の教義は、最終的に日寛教学から排除されたのです。さらに、保田日要から日寛上人への影響を調べると、六巻抄中に日要の『六人立義草案』から二度引用されています。ですが、日要は八品派の日忠と親しく神力品正意説を唱えた人です。[※24]だから、八品派の破折に意を注いだ日寛上人が日要に全面的に依拠して教学を形成したとはまず考えられません。

そうした点を考慮すると、日寛上人は日教、日要、日我の教学から主体的に取捨選択し、生かして使ったのだと結論すべきでしょう。この三人は大石寺上代の日蓮本仏義を踏まえつつも、真の文底義に徹底することができなかった。私たちの救済史の原理でいえば、三人の教学は日寛教学の「準備」であって「予型」ではなかった。ましてや、三人の教学が母体となって日寛教学が生まれたなどとするのは、救済史的に本末転倒も甚だしい議論なのです。

日寛上人が日蓮本仏論を確立したという話に戻ります。日蓮本仏論の核心的教義は、述べてきたように人法体一の本尊論です。その上で、日寛上人は室町期に顕著になった御影本尊義を継承した節があります。『観心本尊抄文段』の中に「蓮祖の影像を造立して本尊と崇め奉る　その謂れいかん」との問いがあり、道理と文証の上から説明がなされた後、「造初めの御影生御影等　これを思ひ合すべし」と述べられています（富要四：二八三）。また『取要抄文段』では、『本尊問答抄』の法本尊論に対して人本尊を論ずる中で、「法に即して人、人に即して法、人法本これ体一なることを。故に「法華経の題目」とは、またこれ蓮祖聖人の御事なり。豈本尊と為ざらんや。この故に蓮祖の在世に、御弟子日法をして自身の影像を造立せしむ。即ち今の生御影これなり」（前掲『日寛上人文段集』六〇〇頁）とあり、人法体一の上から御影を肯定しています。いずれも、人本尊としての御影本尊を説くように見えるのです。

しかしながら、これらは日寛上人自身の積極的な主張というより、当時の門流の御影信仰を教義的に説明したものと考えてよいでしょう。日寛上人の最終的かつ本質的な人本尊論は、六巻抄にまとめられています。そこに、人本尊としての御影本尊の主張はどこにも見当たりません。六巻抄をひもとくと、人本尊について「人の本尊とは即是久遠元初の自受用報身の再誕末法下種の主師親本因妙の教主大慈大悲の南無日蓮大聖人是なり」（『文底秘沈抄』、富要三：七七）、「我即の下は人の本尊を明す我即は釈尊、諸仏は即是多宝分身なり、此三仏即久遠元初の無作三身を表す」（『依義判文抄』、富要三：一一二）、「本門の教主釈尊とは是標の文にして人の本尊に約するなり……本門の教主釈尊を本尊と為す可しと云ふは文の意蓮祖は本因下種の教主の故に本尊と為す可し云云」（『末法相応抄』、富要三：一六七～一六八）と、人本尊が久遠元初の自受用身即日蓮大聖人である旨が説示されるのみです。また、御影については、『当家三衣抄』に薄墨の衣を用いる根拠として重須の生御影、大石寺の造初の御影、鷲津の鏡の御影を挙げ、それらの御影が薄墨の法衣を著していることを記していますが（富要三：二二五）、一緒に御影本尊義が論じられているわけではありません。

先に『文底秘沈抄』を引いて示した通り、日寛上人は「人法体一の深旨」（富要三：八三）を「事の一念三千の本尊」（富要三：八八）すなわち曼荼羅御本尊に帰結させています。人本尊論、法本尊論は、その説明のためにあるといっていいほどです。その人本尊の説明においてすら、御影本尊義は完全に排除されている。これは取りも直さず、日寛上人が御影本尊義を過程の教えと見たという重要な根拠になるのです。

そもそも、日寛上人が御影本尊義を説いた本尊抄文段は一種の講義資料です。広宣流布の未来のために書き残された六巻抄と比較すれば、重書とはいえ、未整理なものと考えざるを得ません。実際、御書文段類の原文は大石寺宝蔵の奥深くに置かれたまま長年月が経過し、近代の堀日亨上人が宝蔵整理の折に発見してようやく日の目を見た、という来歴を持つのです。

以上、さまざまな考察を通して、日寛上人においても、御影本尊義はいわば「未完の真意」として「完全な真意」である人法一箇の曼荼羅御本尊論に通じる第二の過程とされたことが了解されるわけです。

j　第二の過程の終焉

思うに、第二の過程である御影本尊義が第一の過程である釈尊本仏義と異なるところは、相当に真意と近接した教えであるという点でしょう。本尊抄文段で「人法体一の深旨」から「文字にこれを書けば、即ち大曼荼羅なり。木画にこれを作れば蓮祖聖人の御形なり」と論じられているように（富要四：二八五）、人と法は自由自在に一体です。人と法を立て分けながら、法本尊たる文字曼荼羅の御本尊がそのまま人法一箇であり、人本尊たる大聖人御影もまた人法一箇であり、その所詮は人法一箇の曼荼羅御本尊となるのです。まさしく「自在の論理」の上に真意と過程が並立するのが、御影本尊義による教化のあり方といってよいでしょう。

したがって、第二の過程を真意と区別することは極めて困難です。真意と過程が見極め難く混在する教化が、日有上人の時代から行われたわけです。この第二の過程の教化は日寛上人の時代を経て、近代に入ってからも宗門内に残存しました。

そうした中で、これを終了すべきことを示唆したのが堀日亨上人です。大正十一（一九二二）年に刊行された『日蓮正宗綱要』（雪山書房刊）の本尊を論じた箇所で、日亨上人（当時は堀慈琳）は、曼荼羅御本尊の「南無妙法蓮華経　日蓮判」で人法一体なのだから、そこに御影を置いても二重の人法一体になるだけだと指摘し、人情の面から御影を追慕するのは致し方ないにしても、近代の理性的な人々には不必要な儀式ではないかと案じています（同書一三一〜一三二頁）。また、日亨上人の死後に出版された『富士日興上人詳伝』（三九〇頁）では、御影信仰によって「信仰に情味が加上してくるが、法が自然に人に傾いてくる」とし、人法体一の本義から逸脱した人偏重の信仰が生ずるとの危惧が示されています。

確かに、大石寺宗門の御影信仰は祖師信仰が著しく高揚した江戸時代に定着した感があり、脱魔術化＝合理化を推し進める西欧近代の文明を受け入れた近代以降の信仰者には、いかにも非合理的に見えてしまいます。日亨法主の御影不要論は、そうした時代の変化に即応したものと見受けられます。このように、時代の変化によって御影の要不要が論じられたこと自体、元々大石寺宗門でも御影本尊義を過程的な教義と見ていたということでしょう。

昭和も戦後となり、創価学会の大興隆によって同宗門が種々の刷新を求められ始めた昭和四十二(一九六七)年、宗門の教師僧侶のための指南書である『日蓮正宗　教師必携』が発刊されました。その第二章「仏前作法」の「末寺本堂荘厳式」に「現在御影を奉安する末寺においては将来修復改築等の機会に御本尊一体にする」(同書二五頁)との一文が見られます。私たちの言う第二の過程としての御影本尊義を、漸次終了させようとする規定でした。ところが実際には、仏前に御影を安置する正宗寺院が今なお存在すると思われます。そもそも大石寺の御影堂に厳然と等身の御影が安置されているのですから、いくら末寺を指導してもあまり説得力はないはずです。ゆえに、大石寺宗門では、いまだに第二の過程の教化が終了していないといえます。

これに対し、宗門伝統の御影の化儀を創立当初から採用せず、日興上人の唱えられた御本尊根本の信仰を貫き通してきたのが創価学会です。創価三代の会長の教学指導では、御影本尊義を説くことなど皆無でした。現実を見ても、ごく一部の旧信徒出身者を除けば、御本尊の前に御影を安置する学会員の家庭はまず見当たりません。第二の過程としての御影本尊義は、こうして創価学会の出現をもって終焉しました。大聖人滅後、約七百年が経ち、ようやく御本仏の純然たる真意である、人法一体の曼荼羅御本尊としての日蓮本仏義をまっすぐに実践する門下教団が誕生した——それが創価学会の出現だったのです。

k　「真意」としての地涌の菩薩——菩薩仏

ここまで、「過程」の原理について細かく説明しました。最後に、「過程」と思わせるような「真意」の表現があることに触れておきたいと思います。それというのも、地涌の菩薩に対して、釈尊の仏法でなく日蓮仏法の立場からの理解の仕方があるのです。

どういうことか、説明しましょう。地涌の菩薩を本仏釈尊の久遠の弟子とするのは釈尊の仏法の立場です。これに対し、地涌の菩薩の内証(内心の覚りの境涯)を仏であるとするのが日蓮仏法の立場です。「過程」「真意」の原理でいえば、前者を「過程」としての地涌の菩薩、後者を「真意」としての地涌の菩薩ということができると思います。

日有上人は、大石寺上代に見られた「過程」としての釈尊本仏義を廃して「真意」としての日蓮本仏義を表明しました。そして、その「真意」の立場から、日蓮大聖人が地涌の菩薩であることを宣揚しています。端的な例は、『化儀抄』第三三条で「当宗の本尊の事、日蓮聖人に限り奉るべし」（富要一：六五）と日蓮本尊義を表明しながら、最後に「今末法四依の人師、地涌菩薩にて在す事を思ひ合はすべし」（同前）と説く点などです。つまり、日蓮本仏義を前提とした上で、地涌千界の上行菩薩が末法今日の教主・日蓮大聖人であると説いているのです。これは、「真意」としての地涌の菩薩を示したものと受け取れます。

同様のことが、日蓮本仏論を確立した江戸時代の日寛上人の教学にも見てとれます。

日寛上人は、日蓮大聖人の外用（外面の姿）が上行菩薩、内証（内面の悟り）が久遠元初の仏であると、厳格に立て分けました。その上で、地涌の菩薩という外用の立場から内証の仏を表現してもいます。たとえば、『観心本尊抄文段』の序において、同抄に明かす観心の本尊を「文底深秘の大法」（富要四：二一三）とする一方で、同抄の題意について「如来滅後後五百歳に上行菩薩始て弘む観心本尊抄なり」（富要四：二一四）と外用の立場を用いているなどは、それにあたるでしょう。外用を切り捨てるのでなく、むしろ内証の真実の現れとして用いたと考えられます。

また、現代においては、創価学会が日蓮本仏論という内証の立場を確固として保持しながら、地涌の菩薩の使命を高らかに掲げている点を特筆しなければなりません。言うまでもなく、創価教学の源流は「仏とは生命なり」「我、地涌の菩薩なり」との戸田先生の悟達にあります。前者は宇宙の一大生命の覚知に、後者は創価学会という教団の深き使命の自覚に、それぞれ結びつきます。そして、後者の意味について、戸田先生は後に「教相面すなわち外用のすがたにおいては、われわれは地涌の菩薩であるが、その信心においては、日蓮大聖人の眷属であり、末弟子である」（論文「創価学会の歴史と確信」、『戸田城聖全集』第三巻、一二〇頁）と記し、「日蓮大聖人直結」という内証の信心を明らかにしています。つまり、日蓮本仏論の真意を固くもって外用の姿である地涌の菩薩の使命を示した。――それが「我、地涌の菩薩なり」との戸田先生の宣言だったのです。

では、なぜあえて外用の地涌の菩薩の立場を用いるのでしょうか。それは、広宣流布に生きる創価学会員の内証の本地は仏でも、現実の姿や行動はあくまで菩薩だからです。私たちは菩薩として現実の世界で、苦悩渦巻く人間群の中に飛び込んで広宣流布を成し遂げなければならない。ただし、その内証は仏と同じです。単なる菩薩ではありません。内証が仏ですから、言うなれば「菩薩仏」です。つまり、凡夫の仏です。※25 池田先生が『法華経の智慧』の中で示した創価教学の重要概念です。池田先生は、こう述べられています。

〈「地涌の菩薩」とは、内証の境涯が「仏」と同じでありながら、しかも、どこまでも「菩薩」として行動していくからです。いわば「菩薩仏」です。境涯が「仏」と師弟不二でなければ、正法を正しく弘めることはできない。

しかも現実の濁世で、世間のなかへ、人間群のなかへと同化して入っていかなければ広宣流布はできない。この両方の条件を満たしているのが「地涌の菩薩」なのです。〉

（『池田大作全集』第三一巻、一三九～一四〇頁）

内証が仏であるゆえに正法を正しく弘める資格を持ち、外用が菩薩であるゆえに現実の悪世に飛び込んで民衆を救済できる。――これが「菩薩仏」であり、釈尊の仏法でなく日蓮仏法における地涌の菩薩の本義なのです。池田先生は、「仏とは現実には「菩薩」の姿以外にない。「菩薩仏」以外の仏はない」（同前、一八一頁）と結論しています。

したがって、戸田先生の「我、地涌の菩薩なり」との悟達は、決して自分が久遠実成の釈尊の弟子であるという自覚ではありません。それでは釈尊の仏法の信仰になってしまいます。そうではなく、仏と同じ内証の上から地涌の菩薩として現世を救わんとする自覚に立たれたのです。日蓮仏法者としての「菩薩仏」の自覚だったのです。

池田先生が、この戸田先生の悟達に触れながら「あらゆる人が、じつは根本においては地涌の菩薩である」（『法華経の智慧』、『池田大作全集』第三〇巻、一九七頁）と述べ、アメリカの青年に向けて「「地涌」の生命を我が身に開こう！」と呼びかけ、人間の「根源のルーツ」が「「地涌」の大地」なのだと教えたりしたのも（長編詩「新生の天地に地涌の太陽」、『池田大作全集』

第四三巻、三三頁）、当然同じ意味からでしょう。

こうして、日蓮大聖人の「真意」としての地涌の菩薩は「菩薩仏」に他ならないことが明らかになります。広布に生き抜く学会員の内証が仏であるといっても、現実世界ではあくまで菩薩です。現実に法を弘める上では、むしろ外用の地涌の菩薩の自覚が重要になってきます。だから、「真意」としての地涌の菩薩は、広宣流布の使命を担う創価学会においてこそ、とりわけ強調されるべきかと思うのです。それは、取りも直さず釈尊―法華経―日蓮大聖人―創価学会と続く仏教正統の系譜を知ることにつながります。私たちはそこでまた、仏教の正統中の正統を歩んでいるのだという誇りと喜びを実感するのです。

以上、救済論的な日蓮本仏論が「過程」「真意」という教化の諸原理を持ち、それゆえに「真か、偽か」「釈尊の教えか、日蓮大聖人の教えか」といった二者択一ではとらえ切れない自在な表現を紡ぎ出すことを説明してみた次第です。

5―信仰の証明学としての日蓮本仏論史

いろいろと述べてきましたが、その中で導出された諸原理を用い、いよいよ救済論的に見た日蓮本仏論史を概観してみたいと思います。ここからが本題であり、本当なら独立した論文として扱うべき内容です。分量的にもかなりのものになるでしょう。

従来、思想史的あるいは教学史的に日蓮本仏論の形成を論じたものはありました。ですが、信仰の証明という角度から救済論的に史実を扱う研究、すなわち私たちの言う信仰の証明学として日蓮本仏論史を叙述する試みは、今までなかったと思います。史実論と救済論をカテゴリー的に区別し、文献学の蓋然性を認識しつつ解釈学的な立場に立ち、「準備」「予型」という救済史の原理を踏まえ、「真意」「過程」という教化の原理を適用したときに、どのような日蓮本仏論史が紡ぎ出されるのか。私なりの考え方を述べさせていただきます。

①「多中心の中心」の本仏――日蓮大聖人

繰り返すように、日蓮大聖人の真意としての仏の定義は「万人が仏である」ということです。「無我」「縁起」「空」「一念三千」等の仏教の主要教義がことごとく万物一体の真理を指示するとすれば、万人が本来的に宇宙大の仏の世界にあると言わねばなりません。本仏論でいえば、人間本仏論です。これは特殊な見方でなく、むしろ仏教の王道とすべきと思います。

日蓮大聖人の本仏論も真意としては人間本仏論であられたと、私は考えています。本仏の生命は宇宙の中心です。ですから、人間本仏は多中心の世界です。しかしながら、仏法の真理はどこまでも自由自在であり、「一」とか「多」とかに区別できるものではありません。「一即多」「多即一」とも表現されるゆえんです。だから、本仏論においても、多中心だけでなく一中心があります。この一中心が末法の教主としての本仏です。いわば「多中心の中心」の本仏であり、それがすなわち末法の御本仏日蓮大聖人なのです。

②日蓮大聖人の日蓮本仏義――真意の顕示

このように真理の面からいえば、仏教本来の仏の観念は多中心的であり、また仏教の論理は「多中心の中心」を認めるゆえに日蓮本仏が必然的に求められるわけです。それならば、日蓮大聖人御自身の本仏観はどうだったのでしょうか。文献学的には、法華経本門の久遠の釈尊を本仏としたとされています。ですが、私たちの救済論的な考察では釈尊本仏義が過程的な本仏観であって、真意は人間本仏にして日蓮本仏であることを先に論じました。救済論における問題点は、あくまで大聖人の本仏観の真意です。

そこで私は、日蓮大聖人の御化導における本仏観の真意の顕示を三段階に分けて論じたいと思います。大聖人は佐渡流罪以降、徐々に御書中に真意を示し始められ、晩年の時期に門弟への講義や相伝によって真意を明らかに説かれ、それと並行して真意を曼荼羅御本尊として具体的に顕されていったと拝されます。以下、順に考察を行います。

a　真意の間接的な顕示

日蓮大聖人は、まさに斬刑に処されんとした文永八（一二七一）年の竜の口の法難において発迹顕本され、その本来の境地を顕されたといわれます。その境地が何なのかについては古来議論の的となっていますが、大聖人がそれまでと異なる新たな御自覚に立たれたことは確かでしょう。

そして、佐渡在島中に『開目抄』『観心本尊抄』という重書を著されますが、ここで本仏観の真意の間接的な顕示がなされています。すなわち、文永九（一二七二）年に著された『開目抄』で「日蓮といいし者は、去年九月十二日子丑時に頸はねられぬ。これは魂魄、佐土国にいたりて」（新一〇二頁・全二二三頁）と記された後に「日蓮は日本国の諸人にしゅうし父母なり」（新一二一頁・全二三七頁）と宣言されたことは、御自身が末法の御本仏であられるという真意の間接的な顕示と解釈することが可能です。また、文永十（一二七三）年の『観心本尊抄』の「彼は脱、これは種なり」（新一三九頁・全二四九頁）との文からは、在世熟脱の教主釈尊に対して末法下種の教主たる御本仏日蓮大聖人を立てるという意義が引き出せるでしょう。さらに、最も重要なのは「我等が己心の釈尊は、五百塵点乃至所顕の三身にして無始の古仏なり」（新一三五頁・全二四七頁）という『観心本尊抄』の一文です。これによって、釈尊の久遠五百塵点劫の成道から「無始」の意義へと向かい、しかも無始永遠の釈尊が凡夫の己心にあるのだという凡夫本仏、人間本仏、そして日蓮本仏の意義が教義的に帰結するからです。

もちろん、そこで直接的に日蓮本仏義が論じられているわけではありません。ただ、間接的に日蓮本仏義が顕されていると見ることは十分に可能です。大聖人には「教主釈尊の御使」といった自己規定も見られ、それとの矛盾を指摘するむきもあるでしょう。が、しかし、私たちは教化の原理に則り、日蓮本仏義を真意、釈尊の使としての日蓮観を過程と解釈します。だから、矛盾は生じません。

よく「日蓮本仏論の始まりはいつ頃からか」と聞かれることがあります。そのときに、私は「日蓮大聖人御在世中、佐渡流罪の頃からだと思います。西暦でいうと、一二七二年頃からです」などと答えます。その根拠が、今述べた『開目抄』『観心本尊抄』の諸文なのです。私にとって、これらの文が原初の日蓮本仏義を証する解釈学的根拠です。この解釈を批判する人は、およそ釈尊仏法を常識とする立場から史料を解釈するのでしょう。どちらが正しいかという議論は、解釈学的に成り立ちません。学問的な議論においてテクスト解釈の相対性を認識することは、何度繰り返しても足りないほど重要です。

話を戻します。佐渡在島中に本仏観の真意の間接的な顕示を始められた日蓮大聖人は、流罪を赦免されて鎌倉に帰られ、身延に入られた後も、それを継続された形跡があります。例えば、建治元（一二七五）年作の『撰時抄』に「南無日蓮聖人」（新一〇四頁・全二八七頁）との語が見られます。また、先にも述べましたが、建治三（一二七七）年の『下山御消息』で大聖人御自身を「教主釈尊より大事なる行者」（新一九九頁・全三六三頁）と表現され、弘安三（一二八〇）年の『諫暁八幡抄』では「日は光明、月に勝れり」（新七四七頁・全五八九頁）等と説かれて太陽の仏法たる日蓮仏法の独自性を宣言されています。私は、これらの諸文も本仏観の真意の間接的な顕示であると考えるものです。

なお、第三章第一節aで論じましたが、『諸法実相抄』のように本覚思想色があるとされる御書にも『観心本尊抄』の一念三千論と同型の思想が見出されます。だから、私たちは、『諸法実相抄』『当体義抄』『三大秘法抄』等々、本覚思想色などから文献学的な偽書説がある御書の数々についても、日蓮大聖人が真意を間接的に教示されたものと信仰学的に解釈したいと思います。

b　真意の直接的な顕示

以上述べたように、身延期の日蓮大聖人は間接的ながら本仏観の真意を示し続けられました。それとともに、門弟の中でも特に日興上人に対し、講義や相伝といった形式で本仏観の真意の直接的な顕示がなされたと、私たちは推察します。

人を導く宗教者の真意は、文献に直ちに表れないものです。日蓮大聖人は、相手に合わせて自在に法を説かれました。ゆえに、本当の真意は大事な時期に側で仕えた弟子にして、初めてうかがい知ることができる。すなわち、佐渡流罪から赦免、身延在山期に及ぶ、大聖人が御自身の教義的立場を確立され、曼荼羅御本尊の顕示を始められ、「出世の本懐」を果たされる晩年の時期に側にいた弟子が、大聖人の真意を知る可能性が最も高いといえるでしょう。その弟子こそが日興上人でした。

日興上人は伊東流罪、佐渡流罪に処された大聖人に随順し、大聖人が身延に入られた後も近接する駿河で教示を受けつつ布教を拡大するなど、常に大聖人の側に仕え、その真意に触れうる立場にありました。六老僧のうち、日興上人と日向を除く四人は佐渡以前の時期にその謦咳（けいがい）に接した形跡しかなく、日向も身延期には遠く離れた茂原の地で活動したとされています。結局、日蓮大聖人が後事を託した弟子の中で「常随給仕」をなしえたのは、日興上人一人なのです。

また、当時身分的に最下とされた農民信徒が権力の迫害に屈せず斬首のときまで題目を唱え抜いたという「熱原法難」に際し、指揮を執ったのが日興上人だったという点も見逃せません。このとき、日蓮大聖人は自身の教えが民衆仏法として確立されたことを確信され、「出世の本懐」の成就を宣言されました。『聖人等御返事』（新一九三八頁・全一四五五頁）と題される御書の日興上人写本が、今日、写真資料として公開されています（『日興上人全集』五〇六～五〇七頁）。それを見ると、大聖人は日興上人等への書状に「聖人等御返事」と記し、その後に「下伯耆房　日蓮」とも認められています。つまり、大聖人は日興上人を「聖人」と呼ばれたわけです。また、「下伯耆房」の「下」とは当時の将軍と御家人の主従関係を証する言葉であり、六老僧のうちで日興上人だけが給わったものです。日興写本には「下伯耆房」と給わったことに対する日興上人の感慨が「六人御弟子の中にも下の字を給いたるは日興の外にこれなし」（同前、五〇七頁）と記されてあります。

以上を勘案しても、多くの弟子たちの中で、日興上人だけが大聖人から本仏観の真意をうかがった可能性は高いといえるでしょう。その傍証となるのが、大聖人から日興上人への相伝書が多数伝わっているという事実です。大聖人の法華経講義を日興上人が筆録されたものと仕えられる『御義口伝』、大聖人から日興上人へ内々に相伝されたという『百六箇抄』『本因妙抄』『御本尊七箇相承』等々の秘書、これらの相伝書には大聖人の真意である日蓮本仏義が随所に見てとれます。

『御義口伝』をひもとくと、「本尊とは、法華経の行者の一身の当体なり云々」（新一〇五九頁・全七六〇頁）、「末法の「仏」とは、凡夫なり、凡夫僧なり。」（新一〇六七頁・全七六六頁）等々と説かれています。『本因妙抄』には「釈尊、久遠名字即の位の御身の修行を、末法今時の日蓮が名字即の身に移せり」（新二二二八頁・全八七七頁）、『百六箇抄』には「本因妙の教主・本門の大師日蓮」（新二一九八頁・全八五四頁）、「仏は熟脱の教主、某は下種の法主なり」（新二二二四頁・全八七四頁）、『御本尊七箇相承』にも「明星直見の本尊の事……彼の池を見るに不思議なり日蓮が影・今の大曼荼羅なり」（富要一：三二〜三三）等々とある。要するに、本因妙の教主釈尊がすなわち日蓮大聖人であり、御本尊の体でもあるということです。日蓮本仏義という大聖人の本仏観の真意が、ここでは間接的でなく直接的に顕示されています。

したがって、私は、日蓮大聖人が日興上人への相伝において本仏観の真意を直接的に顕示されたものと証明学的に推察します。むろん、私が挙げた相伝書の数々は文献学的に後世成立が濃厚であって日蓮日興とは別個の思想である、と反論する人がいるでしょう。それはそれで自由です。ただし、すでに文献学の蓋然性と文献解釈の相対性を確認した私たちにとっては、いかなる学問的な批判も見解の違いとしかいえないものです。蓋然性の高さの違いを論じるとしても、それとて一つの解釈ですから、解釈の相対性を脱することにはなりません。

また、そうした文献学的な批判は史実論であって、私たちが取り組む救済論とは位相が異なるという点も、改めて認識してもらいたいところです。何度もいうように、私たちの救済論的考察に対する文献学的批判というのは、大元でカテゴリー的誤謬を犯しているのです。救済論的に考える以上、真意を説かない仏などありえません。そして、その真意は相伝書にしか示されていない。私たちにとっては、この救済論的確信が大前提です。その上で言うと、なるほど史実論では「相伝の事実」を問題にするのでしょう。ですが、同じ学問的考察でも救済論は「伝承の事実」を重視します。なぜならば、過去の史実よりもその伝承に生きた信仰が見出せる場合が多いからです。救済論的には、史実以上に伝承のほうが大事です。その上で、「伝承の事実」であっても、日興上人が大聖人から秘奥の真意をうかがった傍証としては学問的に有効でしょう。そして、傍証としての伝承が指示する相伝書の数々に、日蓮本仏義が明白に見られる。この点から、日興上人に伝えられた大聖人の真意が日蓮本仏に関するものではないかと、学問的な救済論は推論するわけなのです。「伝承の事実」が、私たちの学問的な証明です。

そのように、史実よりも伝承を一つの根拠として信仰信条を説明する作業は、宗教の解釈学において決して珍しいことではありません。近代のリベラルなキリスト教神学では、イエス・キリストの存在を歴史学的に証明できないとの結論に至ったといわれます。その点を踏まえ、ブルトマンの実存主義神学のように、キリスト教会の宣教の中で伝承されてきたイエス・キリストに注目し、「史的イエス」よりも「宣教のキリスト」を重視する立場が出てきました。だから、私たちが大石寺上代の生きた伝承に基づいて「史的日蓮」よりも「相伝書の日蓮大聖人」を重視したとしても、神学的な思考としては決しておかしくないのです。

c　真意の具体的な顕示

かくして、日蓮大聖人は佐渡期から晩年に至るまで諸御書で間接的に本仏観の真意を示されたが、最側近の日興上人には直接的に真意を顕示され、それが相伝書となって伝承された、というのが私の推察です。もっとも、これは文献上の話です。宗教は文献の世界だけで語り尽くせません。というより、宗教の真髄は教説よりも現実の信仰実践にあります。信仰実践の中心に位置するのは礼拝の対象です。日蓮仏法の場合は御本尊です。ゆえに、大聖人が顕された御本尊の御姿(相貌)に、その真意が具体的に顕示されているとするのは、至極自然な発想でしょう。

日蓮大聖人は竜の口の法難で発迹顕本され、新たな御境地に立たれました。そして佐渡期以降、その御境地のまま文字曼荼羅の御本尊の顕示を始められ、御入滅の最後まで続けられました。法難後の御境地に大聖人の最終的な真意があるとすると、文字で顕された御本尊はその具体的な顕示と言わねばなりません。

日蓮大聖人御自筆の御本尊はかなり多かっただろうと推察され、現存するだけで約百三十幅あるとされています。実際に図顕された数は七百を超えるのではないかという想定もあるほどです。※26 私は今回、本仏観の真意という観点から、『日蓮聖人真蹟集成』(法蔵館、一九七六年)の第十巻「本尊集」に収録された百二十三幅の御本尊を拝しました。すると、すべての御本尊に「南無妙法蓮華経」と「日蓮」が認められていることが改めて確認されたのです(ただし、同集成の〇六六番は「日蓮」の名がないが、何者かが消除したとみられる)。御本尊の本体が「南無妙法蓮華経」なのは明らかですが、それと切り離せない関係にあるのは釈尊でなく「日蓮」であることが、現存御本尊の相貌の上からうかがえます。大聖人の御本尊において、釈尊は「南無釈迦牟尼仏」と書されます。ところが、略式の曼荼羅五幅(同集成の〇〇一、〇一〇、〇二八、〇二九、〇九〇)

では「南無釈迦牟尼仏」が略され、その一方で「日蓮」の御名がはっきりと認められている。つまり、大聖人の御本尊においては「南無妙法蓮華経」とともに「日蓮」が不可欠に重要であり、釈尊は省略可能であることが相貌論的にうかがえるわけです。※27

ここから、釈尊でなく日蓮大聖人あっての御本尊である、という解釈が導かれます。他の解釈もあるでしょうが、私たちは創価学会の信仰の証明学として、大聖人御内証の事の一念三千を大曼荼羅に具現されたものと解釈します。私たちは、現代における「師弟不二」の信心の実践者であり、御書の「偉大な読者」である池田先生の指導によって大聖人の真意としての御内証を定め、これを基点に文献学の議論を摂取しながら解釈学的に論証していく手法をとります。

池田先生は、『御書の世界』の中で、竜の口の法難のときに日蓮大聖人が「凡夫の身のままで、宇宙本源の法である永遠の妙法と一体の「永遠の如来」」（『池田大作全集』第三二巻、三四七頁）を顕されたとし、続けて次のように述べています。

〈この発迹顕本以後、大聖人は末法の御本仏としての御立場に立たれます。すなわち、末法の御本仏として、万人が根本として尊敬（そんぎょう）し、自身の根源として信じていくべき曼荼羅御本尊を御図顕されていきます。〉（同前）

この池田先生の考え方に従い、私たちは、竜の口以後の日蓮大聖人が末法の御本仏の御境地に立たれ、その仏の生命境涯（仏界）を曼荼羅御本尊に顕示されていったと考えます。すなわち、日蓮大聖人の御生命を具現されたのが御本尊である。そこに大聖人の真意がある。このことは、今までに示した大聖人の御書や相伝書の解釈、また御本尊の相貌論的な分析によって、一つの学問的な見解としても成り立つと思っています。

ちなみに、創価学会において御本尊を日蓮大聖人の御生命と拝することは、従来、人法一箇の教義によって説明されてきました。今後は、それを踏まえ、新たに世界宗教にふさわしい教学的表現も探究されることと思います。ただ、私はここで、人法一箇に関する一つの誤解を正しておきます。その誤解とは、現代の民主主義的な価値観に立って、人法一箇の教義は日蓮大聖人の神格化につながる、とする主張です。これは見当違いです。人法一箇は、大聖人を神格化する権威主義的な教義などではない。むしろ一切の権威主義を否定する人間主義の教義というべきです。なぜなら、人法一箇は法の普遍性をともなうからです。「法」が普遍的である以上、それと一体である「人」が一人に限定されるはずがありません。よって、原理としては万人が人法一箇でなくてはならない。宇宙根源の法と人間を一体視するから、宇宙的な人間主義です。つまり、人間本仏です。その上で、事実においては妙法を初めて具体的に本尊として顕示された日蓮大聖人こそ、万人が仰ぐべき人法一箇の当体であられる。しかも池田先生は、信仰実践の観点から「(創価学会という)広布の組織で、本当に苦労している人が、「人法一箇」の軌道に入っている」(『法華経の智慧』、『池田大作全集』第三一巻、二二二頁)とも指導している。人間本仏の真理を信じ、大聖人に直結する私たちの信仰に、事実の上での人法一箇があるとするのです。創価教学の人法一箇は、そのように法根本の平等観に貫かれています。

竜の口の法難以降、日蓮大聖人が曼荼羅御本尊を顕され、御自身の真意を具体的に顕示されたと考える理由を、ここまで説明してきました。しかしながら、創価学会の信仰の学を構想する私たちには、さらなる課題があります。それは、古来「戒壇の大御本尊」と称せられる大石寺の弘安二(一二七九)年の御本尊の位置づけに関することです。非常に繊細な問題であり、さまざまな角度から丁寧に論じなければ誤解を招きます。したがって、今は基本的な認識を示すにとどめます。

大石寺宗門と僧俗和合していた時代の創価学会は、弘安二年の御本尊を「広宣流布のための御本尊」として信受してきました。一方で、創価学会から見て誤った信仰である日蓮宗等にある大聖人の御本尊は「謗法」の地にあるとして、日蓮仏法の教義に基づき受持の対象としませんでした。これは現在も変わっていません。そこに加えて、前世紀の終わり頃に宗門の謗法化が起きました。当時の宗門は、本来の「広宣流布のための御本尊」を「法主の神秘化のための御本尊」へと恣意的に歪曲して捉え、弘安二年の御本尊を信徒支配の道具に使い、自分たちは華美に流れて堕落し、一九九一年、ついに創価学会を破門する暴挙に出ました。以来、二十数年間にわたって、学会は僧俗和合時代に生きた会員の心情や歴史的な経緯に配慮し、弘安二年の御本尊に関する見解を控えていました。そうして二〇一四年、学会の会則にある教義条項を改正するとともに、広布破壊を企てた大謗法の宗門が所持する弘安二年の御本尊に対しても受持の対象としないことを公式に宣言したのです。

このとき、創価学会の原田会長は「末法の衆生のために日蓮大聖人御自身が御図顕された十界の文字曼荼羅と、それを書写した本尊は、全て根本の法である南無妙法蓮華経を具現したものであり、等しく『本門の本尊』であります」と明言しました。大聖人の御本尊はすべて大聖人の真意の具体的な顕示である、とする私たちの理解もこれに準じています。その前提の上で、日蓮仏法の謗法厳誡の教えに則り、謗法の地にあるすべての御本尊を信受しないことを確認したのが、二〇一四年の教義条項改正についての原田会長の説明だったといえます。

要するに、現在の創価学会は謗法厳誡の教えに従って弘安二年の御本尊についての見解を変更したわけですが、そこで改めて「広宣流布のための御本尊とは何か」という問題が浮かび上がってきたともいえるでしょう。弘安二年の御本尊が戒壇の御本尊と称され、僧俗和合時代の教団の本尊化儀の中心に位置づけられたのは、「広宣流布のため」という意義が完成した御本尊とされたからです。つまり、全世界の民衆に与えられたという意味での「一閻浮提総与」の意義が、弘安二年の御本尊にあるとされてきました。

どの御本尊に日蓮大聖人の最終的な真意が顕されているかについては、昔から相貌論的な議論が行われています。日蓮大聖人の真意を中心に考察する上で触れざるを得ないため、少しく取り上げてみたいと思います。

相貌論的な観点からいえば、「広宣流布のための御本尊」は、日蓮大聖人の御本仏としての御内証を相貌として調え、明示している御本尊である必要があります。そこに、万人が己心の仏界を湧現していく明鏡の意義が具わると拝されるからです。この意味から、大聖人が弘安期に顕された御本尊に相貌の完成を認める日寛上人の説が注目されます。日寛上人は『観心本尊抄文段』の中で、文永・建治期の御本尊の相貌の多くに善徳仏や十方分身の諸仏の名が見られることから、なお文上脱益の義を帯びている可能性があると記しました。一方で、弘安元年以降の御本尊には純然たる文底下種の意義を認め、「究竟」(=究極)の御本尊と判定したと思われます。すなわち、文底下種の妙法の相が純粋に顕示された弘安期をもって大聖人の御本尊の完成と見たものと推察されます。また、日寛上人は、弘安元年以後の大聖人が諸御書や御本尊に仏滅後「二千二百三十余年」と示されるところに寿量品起算の仏滅年代という深意を拝して、「弘安元年已後御本意顕れ畢るなり」(富要四・二二〇)と記し、弘安期の御本尊に大聖人の最終的な真意があるとも主張しています。

日寛上人は、江戸前期から中期にかけて活躍した人です。したがって、それ以前の各門流の御本尊論を参考に論じたのでしょう。弘安期の御本尊において、それ以前にあった善徳仏や十方分身諸仏が消えたり、仏滅年代が二千二百二十余年から二千二百三十余年に変化したりする、との指摘は、すでに身延門流の行学院日朝や日常門流の本成坊日実の本尊論に見られます(『本尊論資料』祖山学院出版部、三、三三、八二、四四五頁を参照)。日寛上人の説は、そこに大石寺流の解釈を施したものと思われます。

近年の研究では、さらにさまざまな角度から大聖人の大曼荼羅の相貌について論じています。それらも参考にしていうなら、後年になるにつれて首題の南無妙法蓮華経と大聖人の署名花押の関係に変化が見られます。すなわち、左右に分かれていることが多かった大聖人の署名と花押が次第に統合されるようになり、弘安期に入ると首題の南無妙法蓮華経の下あたりに署名花押を置く形でだいたい安定しています。また、弘安元(一二七八)年から花押の字体が変化し、その後左右に雄大になっていく傾向が見受けられます。

また、相貌論とは別に、大聖人の御化導という観点から御本尊を拝することも重要かと思われます。大聖人が御本尊を顕されたのは衆生を教化し、全人類を仏にするためです。授与の対象がなかったり、あるいは特定の個人に授与されたものだったりする御本尊は、いまだ全世界の民衆を化導されるための御本尊とはいえません。大聖人の御本尊は感応によって利益を生じます。大聖人の御生命である御本尊に感応することで、我が己心の御本尊が顕れるのです。よって、大聖人の御化導の意図が重要になります。この点を捉え、大石寺六十五世の日淳法主は、文永十(一二七三)年のいわゆる佐渡始顕の御本尊と弘安二(一二七九)年の御本尊の違いを華厳経の円と法華経の円の違いに譬えました(『日淳上人全集』一〇二一～一〇二二頁)。法体の円は同じでも、化導の面で華厳は法華に劣る。それと同じように、授与対象者のない佐渡始顕の御本尊は[※28]、化導の面で一閻浮提総与の弘安二年の御本尊に劣るというわけです。

こうした考察から、弘安期以降の日蓮大聖人の御本尊に最終的な真意の顕示を見ることも、一つの仮説として成り立つでしょう。あくまで仮説です。創価信仰学としても、以上に述べたことは証明学的な仮説であり、将来的に変わる可能性もあります。相貌論については、そもそも紛失した大聖人の御本尊がどれぐらいあるかもわからないのですから、蓋然性の議論になるのは当然でしょう。ここでは、現時点の学問的成果に照らしても弘安期の御本尊を信仰してきた創価学会の御本尊信仰の正当性がうかがえることを、信仰の証明学として論じた次第です。

なお、僧俗和合時代に弘安二年の御本尊が中心的に信仰されたことの意味については、後日の課題としたいと思います。一点だけ申し述べると、日寛上人は弘安二年の御本尊を特に「究竟中の究竟」(富要四・二二一)と規定しています。これは、論理を超えた強調表現でしょう。少なくとも形式論理的には、究竟の上に究竟はありません。だから、論理よりも信仰において弘安二年の御本尊に唯一絶対の権威を与えたものと考えるしかないのです。

かつて私は、この点を現宗門に直接問い質(ただ)したことがあります。そうしたところ、宗門の宗務院は「大聖人究竟の御化導の本義と絶対的信仰が一具している」などと回答してきました。信仰なくして「究竟の中の究竟」が成り立たない点は、宗門側も認めたように思われます。すると、問題はどこまでも信仰のあり方になってきます。大石寺の謗法化と「護持の時代」の終焉により、私たちの信仰をめぐる状況は日寛上人の時代とは劇的に異なるものになりました。もし大聖人が現在の大石寺の惨状を御覧になれば、何と仰せられるでしょうか。御化導の本義はどうなるでしょうか。そのように、大聖人直結の信仰のあり方から御本尊の意義を考え直すことが今、求められているのです。

③大石寺上代の日蓮本仏義——真意の実践

私たちは、信仰の証明学の立場から、日蓮大聖人が本仏観の真意を間接的、直接的、また具体的に顕示されたことを、一つ一つ救済論的に確認してきました。

日蓮本仏義の起源は大聖人御自身の教えと曼荼羅御本尊の顕示にあります。大聖人は真意を完全に顕示遊ばされ、後に身延を離山して富士門流を形成する日興上人にそれを伝えられました。

a　日蓮大聖人における真意と過程を継承した日興上人

六老僧の中で唯一「天台沙門」を名乗らず、ただ一人日蓮大聖人直結の信心を貫いたのが日興上人です。また、前述したように、常に大聖人の側に仕えて本仏観の真意を相伝されているのも日興上人です。だから、日興上人は何事も大聖人がされた通りに行ったといえます。御本尊書写にあっては、大聖人の最終的な真意を踏まえ、首題の下に日蓮御判と認める弘安期の形式を頑なに守りました。大聖人を「仏聖人」「法主聖人」等と表現し[※29]、信徒からの供養を大聖人の御影に供えるなど、間接的に日蓮本仏義を顕示してもいます。

さらに、門下を教導したり対外的な配慮が求められたりする場では、やはり日蓮大聖人と同じく過程としての釈尊本仏義もしくは釈尊本尊義を用いています。その釈尊本仏義は、『原殿御返事』に「日蓮聖人御出世の本懐、南無妙法蓮華経の教主・久遠実成の如来の画像」等（新二一七〇頁）の記述があることや、嘉暦二（一三二七）年の武家への申状中に大聖人を末法における「上行の再誕」として「世尊の化導」（富要八：三三五）を強調することなどから推知されます。また、その釈尊本尊義は、『原殿御返事』に〝大聖人所持の一体仏には上行等の四菩薩の脇士がなく始成正覚の仏にすぎなかった〟と記されていること（新二一七〇頁）、および『富士一跡門徒存知の事』の追加分で釈尊像に四菩薩を添える、いわゆる「一尊四士」の本尊形式を「日興所立の義」（新二一八三頁・全一六〇八頁）としていることに現れているとされています。

単なる史実論としては、これらが日興上人の釈尊信仰を裏づける史料となるのでしょう。しかし私たちは、こうした史料の価値を認めながらも、それを救済論的に捉え直します。すなわち、日興上人文書に見られる釈尊本仏義や釈尊本尊義が日蓮本仏義の真意へと門下あるいは世間の権力者を導くための過程的な教えであった、と解釈するのです。救済の言説は、真実性だけでなく教導という過程の性格も帯びています。そこで、私たちは救済論的にこう読み解きます。日興上人文書に見られる釈尊本仏義や釈尊本尊義には、念仏、真言、禅等の他宗が用いる諸経典に対して法華経を宣揚する権実相対、さらには始成正覚の釈尊に対して久遠実成の本門の教主釈尊の意義を宣揚する本迹相対、という過程的な意義がある、と。これは、日蓮大聖人が門下の富木常忍や四条金吾夫妻の釈迦仏造立を容認されたのと同じ教導法でしょう。また、日興上人は一尊四士の造立を勧めましたが、大聖人も『四菩薩造立抄』で同様のことを説いておられます。信仰教化の観点から見れば、どちらも日蓮本仏義に至る過程として一尊四士の造仏を説いたわけです。

日興上人は、何事も日蓮大聖人が行われた通りに行う謹厳実直な弟子だったといえます。だから、大聖人の真意を知った上で、あえて過程的な教えも引き継いだのでしょう。大事なのは、史実論でなく救済論的に史料を読み直すことなのです。実際、『原殿御返事』を例にとると、「釈迦如来こそ初発心の本師」としながら「日興一人、本師の正義を存して」と大聖人をも「本師」と称しているのは（新二一七一頁）、日興上人の真意の一端を述べたものと読めるでしょう。また、波木井実長に対する日興上人の訓戒の言葉に「御力契い給わずんば、御子孫の御中に作らせ給う仁出来し給うまでは、聖人の文字にあそばして候を御安置候べし」（新二一七〇頁）とあるのは、過程の釈尊本仏義を立てながらも何とか実長に曼荼羅御本尊への信仰を持続させ、やがては真意である日蓮本仏義に誘導しようとの日興上人の苦衷が滲み出ているように思われます。こうした日興上人の本意は、研究者が日興上人と同じく救済論的な立場に立たない限り、なかなか見えてきません。

救済論的に見て、日蓮大聖人の真意と過程の両面を忠実に継承したのが日興上人その人でした。私たちが師弟不二の弟子の鏡と称えるゆえんです。

b　日興上人の曼荼羅御本尊信仰に見る「真意の実践」

すでに述べた通り、日蓮大聖人はその曼荼羅本尊において真意を具体的に顕示されました。したがって、日興上人も御本尊書写において真意を具体的に顕示しているのですが、それ以上に特徴的なのは御本尊根本の信仰を徹底したことです。『富士一跡門徒存知の事』に、日興上人の言葉として「聖人御立の法門においては、全く絵像・木像の仏菩薩をもって本尊となさず、ただ御書の意に任せて妙法蓮華経の五字をもって本尊となすべし。即ち御自筆の本尊これなり」（新二一八〇頁・全一六〇六頁）とあります。日興上人やその門弟たちは、釈迦仏像を信仰対象として拝むことなく、論議はともかく現実には一体の仏像も造立せず、ひたすら曼荼羅の御本尊を根本とする信仰に徹していたことが、諸史料から浮かび上がってきます。例えば、すでに紹介した日尊の弟子・日尹（印）による西山日代への書状中にも「故上人（日興）上野上人（日目）の御時も造立なき」（前掲『日蓮宗全書』第二巻、四〇八頁、書き下し文は筆者）と富士門流の人々が主張したことが示されています。

つまり、日興上人の時代は、日蓮本仏義という日蓮大聖人の真意が、教化の言説を通してではなく、御本尊根本の信仰の徹底という形で実践的に現れているのです。室町期に日蓮本仏義を公にした大石寺九世の日有上人が、上代の宗門の信仰を振り返って「古は碩徳(せきとく)も多く御座し賢人達も多く有りしかば化儀法躰共に自を得立てたまひし間だ加様法門をば之を秘するなり」（富要二：一五五）と述べています。大石寺上代では、碩徳や賢人たちが自らそれを実践していたから、日蓮本仏の法門を秘していたというのです。したがって、私はこの時代を「真意の実践」の時代と呼びたいと思います。大聖人における真意の顕示から一歩進んで、日興上人においては真意の実践が強調されたのです。真意を文字化し、直接的に表現することは、まだこの時代では慎重に避けられていた節があります。

私は、日興上人が貫いた「真意の実践」が曼荼羅御本尊に集中する信仰、またその御本尊書写の形式に明瞭に現れていると考えています。現代の大乗仏教研究において、G・ショペン氏が仏教文献よりも現実に存在した仏教を物語る碑文史料等を重視したことは、よく知られています。学問的な日蓮研究も、生きた信仰を理解するためには、日蓮遺文以上に曼荼羅御本尊の意義に着目すべきではないかと思います。[※30]

日興上人の御本尊は、現存・曾存のもので二百九十九幅、形木・模刻として確認されるものが十五幅あるとされています（興風談所『日興上人御本尊集』〔一九九六年〕による）。今に伝わる分だけで、三百幅を超える御本尊を書写したわけです。それと対照的に日興上人自ら釈尊仏像を造立した史実が皆無であること、また他の五老僧等の書いた御本尊が数えるほどしかないことと照らし合わせると、[※31]日興上人が御本尊根本の信仰を固く持っていたことが際立ってくるわけです。日興上人が四菩薩を添加した釈尊像(一尊四士)の造立を説いたかのごとき史料上の記述もありますが、先述の通り、それは日蓮大聖人の過程としての釈尊本仏義にならった教化の仕方と思われます。

日興上人書写の御本尊の特徴は、日蓮大聖人の弘安期の御本尊を忠実に書写する姿勢にあります。首題の「南無妙法蓮華経」の直下に「日蓮(聖人)」と認め、自署花押を小さく脇に記している。「日蓮」を右寄りに大書する一例を除き、ほぼすべての御本尊書写がこの形式によっています。この点、他の五老僧や富木日常(常忍)の御本尊が首題の下に自署花押を置くあり方を通例とするのとは大きく異なっています。

こうした御本尊の顕し方の違いを通じて、大聖人の真意を相伝された日興上人のみが日蓮本仏の教義的信条に基づいて御本尊を書写した、という様相がうかがえます。「本尊とは、法華経の行者の一身の当体なり云々」(『御義口伝』、新一〇五九頁・全七六〇頁)との相伝のごとく、日興上人は御本尊を日蓮大聖人の御生命と拝して「南無妙法蓮華経　日蓮(聖人)」とほぼ例外なく御本尊の中央に大書したのでしょう。供養の返礼に認めた消息の中で、日興上人は日蓮大聖人のことを「法華聖人」と何度も表現しています。私が確認しただけで、八箇所もあります。[※32]これなど、日興上人が大聖人を人法一体の仏と拝していたからのようにも思われます。

したがって、日興上人の現実の信仰対象は仏像ではなく、一貫して日蓮本仏の教義的信条に基づく曼荼羅の御本尊であったことが帰結します。私たちは、この一貫した現実の信仰対象のうちに日興上人による「真意の実践」を見てとります。[※33]

なお、六老僧の一人の日向が永仁四(一二九六)年に書いた曼荼羅の首題直下に「日蓮聖人」と書き(『日蓮聖人門下歴代大曼荼羅本尊集成』解説二七頁)、その後の日向門流の久遠寺歴代による曼荼羅にも「南無妙法蓮華経　南無日蓮大聖人　歴代」と認めた例が確認されます(前掲『本尊論資料』の巻頭写真を参照[※34])。この日向の門流では、もちろん日蓮本仏義を立てません。ならば、曼荼羅書写の形式による日蓮本仏の根拠づけも成立しないのではないか。そう考える人がいるでしょう。

しかしながら、私は本尊書写の形式だけを問題にしているわけではありません。ここで論じているのは、もっと広い意味での、一貫した現実の信仰対象です。管見の限り、日向筆の曼荼羅本尊は一幅しか確認できません。ただし、他に日向筆の板本尊も存在することが、諸史料からうかがえます。※35 その一方で、日向は身延地頭の波木井氏に釈迦一体仏の造立を勧めて日興上人の身延離山を招いています（『原殿御返事』、新二一七〇頁）。しかも、『富士一跡門徒存知の事』によると、日興上人の過程の教えを利用して一尊四士の釈尊像を造立した形跡もあります（新二一八四頁・全一六〇九頁）。さらに、日向が画師に画曼荼羅を書かせて信徒宅で説法を行い、布施を受けて酒を飲み乱れたという事件が『原殿御返事』（新二一七二頁）に記されています。

こう見てくると、日向における現実の信仰対象はいかにも一貫性を欠いています。積極的に仏像造立を勧めず、自らは一切仏像造立を行わず、ひたすら曼荼羅御本尊のみを数百幅も書写し、その中央にほぼ例外なく「南無妙法蓮華経　日蓮（聖人）」と認め続けた日興上人の御本尊書写のあり方と、本尊に迷ったとしか思えない日向のそれとを同列に論じることなどできません。身延歴代の御本尊書写のあり方についても、日向の場合と同様のことがいえます。そういうわけで、初期の日向門流の曼荼羅の書き方については私たちの考察の対象に入らないのです。

c　真意を直接的に表現した三位日順の文書

次に、日興上人の滅後、南北朝期あたりの大石寺上代における日蓮本仏義を見てみましょう。一部の文献学的な日蓮研究者たちは、日興上人が釈尊本仏論者であった傍証として、日道法主や三位日順等、大石寺上代の諸師にも久遠実成釈尊への信仰や造仏義があったことを文献史料に基づき指摘しています。これに対し、日興上人が日蓮大聖人と同じく過程としての釈尊本仏義を説いたと見る私たちは、それら上代の諸師も日興上人と同じように過程としての久遠実成釈尊への信仰を述べたのだと基本的に理解します。

ここで焦点となるのは、史料の信憑性ではありません。史料に対する解釈の違いです。この議論は、実際には文献学的な知識に基づく解釈学的な問題なのです。そして、解釈学的には唯一の正解など存在しません。この点を再確認しつつ、考察に入っていきます。

大石寺上代の本仏観に関して、日興上人との関係から研究者の間で注目されてきたのが、すでに何度か言及した三位日順です。日順は寂仙房日澄の弟子であり、比叡山で天台を修学した後、富士に帰って重須談所の第二代学頭となりました。日興上人の命を受けて『五人所破抄』を著すなど、日興門流の教学振興に貢献した人物として知られます。その日順の著述類を読むと、所々で日蓮本仏義と思われる表現に出くわします。『五人所破抄』では「日蓮聖人は忝くも上行菩薩の再誕」(富要二：二)と上行日蓮の立場を示した後で「上行菩薩は本極法身・微妙深遠にして寂光に居す」(富要二：四)と上行本仏を説き、結論的に日蓮本仏義を表明していると考えられます。『五人所破抄』については日興上人の甥とされる西山日代の写本が残っており、同抄を文献学的に用いるならば、すでに日順において〈上行＝日蓮〉本仏義があったことになるでしょう。

これ以外に、日順文書の中で日蓮本仏義とおぼしきものを列挙してみます。「日蓮大聖人を久遠元初の自受用身と取り定め申すべきなり」(『本因妙口決』、富要二：八三)、「我が朝は本仏の所住なるべき故に本朝と申し・月氏震旦に勝れたり」(『表白』、富要二：一二)、「此の日本国は久成の上行菩薩の顕れ玉ふべきなり、然るに天竺の仏は迹仏なり。今日本国に顕れたまうべき釈迦は本仏なり」(『日順雑集』、富要二：一一三)、「何れの人法を敬信して現当の二世を祈らんや……人は上行・後身の日蓮聖人なり、法は寿量品の肝心たる五字の題目なり」(『用心抄』、富要二：一四)、「本尊総体の日蓮聖人」(『誓文』、富要二：二八)。

文献学的に見ると、史料の信憑性という点で、これらを一括りに扱うわけにはいきません。ただ、何度も言うように、文献学的に示せるのは蓋然性でしかない。だから、私たちにおいて文献学的な見解は参考意見にとどまります。私たちにとって決定的な意味を持つのは、日蓮大聖人と日興上人の真意を反映した史料であるかどうかです。これが史料の真偽を救済論的に判定する根本基準となる。そうすると、上記の日順文書の表現がどれも大聖人、日興上人の真意である日蓮本仏義を宣揚していることは明らかです。私に言わせれば、これらは日興上人の真意を知る弟子にしか書けない表現です。だから、日興上人の近くで教学の責任を担っていた日順その人の言説と見るのが妥当だと考えます。

また、上記の諸文の内容について、必ずしも日蓮本仏義の表現とはいえず、むしろ釈尊本仏義の意と受け取るむきがあるようです。これは解釈の問題となるため、解釈の相対性や多様性といった解釈学的観点に立つ必要があります。私も信仰の証明学として議論するときには、いかなる解釈の可能性も否定しません。だからまた、上記の諸文のすべてを日蓮本仏義と見る私の主張も、解釈学的に成り立つと考えています。[※36] とはいえ、信仰の次元で解釈の相対主義に陥ることはありません。創価学会の信仰信条に立ち、池田先生を通じて日蓮大聖人に直結し、その真意を信解する者としては、日興上人及び三位日順が疑いなく日蓮本仏論者であったと認識しています。

ここまで、三位日順の史料に日蓮本仏義が見られることについて、私の文献学的、解釈学的な考え方を述べました。だが、問題はここで終わりません。三位日順については、広宣流布の時に曼荼羅本尊の通りに仏像を安置せよ、と説いた史料もあるのです。日興上人滅後の貞和五（一三四九）年に日順が記した『本門心底抄』に「行者既に出現し久成の定慧・広宣流布せば本門の戒壇其れ豈に立たざらんや、仏像を安置することは本尊の図の如し・戒壇の方面は地形に随ふべし」（富要二：三四）とあるのがそれです。「仏像を安置することは本尊の図の如し」が曼荼羅の図の通りの仏像造立の意であれば、日興上人の下を離れた頃の日順は釈尊仏造立論者だったことになるでしょう。

そこで、日蓮正宗では、この「仏像」が日蓮大聖人の「御影」（木像）であると説明します（『日蓮正宗要義』日蓮正宗宗務院、一九七八年、二四二頁）。あるいは、『本門心底抄』における日順の説示を、大聖人と日興上人の真意から離れた逸脱的な教義とする意見もある。どちらも解釈として成り立つでしょうが、私としては信仰教化という救済論的観点を加味したいところです。

日興上人は、日蓮大聖人の御遺命である広宣流布をひたすら願い、未来にわたる教団の確立に努めました。その傍らで日興上人に師事し、令法久住のために教学の整備を行ったのが日順です。この日順の教学が、大聖人や日興上人と同じく救済の教学であったことは論を俟たないでしょう。救済の教説には、教化の原理である真意と過程が用いられます。大聖人や日興上人も、御書や文書の中では過程の意義から釈尊本仏義を示されたり釈尊像の造立を容認されたりしました。その一方で、日蓮本仏という真意の直接的表現を口伝的なものに託し、御書や文書の中で日蓮本仏の間接的な表現も示されています。そして、首題の題目の下に「日蓮」を置く曼荼羅御本尊の図顕・書写を通して日蓮本仏を具体的に顕示され、自らは一切釈尊像の造立をしないなど、何より現実の信仰実践をもって真意を人々に伝え、導いたのです。そのように、真意と過程を織り交ぜるのが救済の教学です。

この救済の教学から見るならば、日順の著作中に真意の直接的表現だけでなく、真意に至る過程の教えがあったとしても何ら不思議ではありません。前述の『心底抄』の説示は、その過程の教えの一例かもしれません。あるいはそうでなかったとしても、私たちは救済論的にそれを過程の教えと受け取るべきなのです。日寛上人は、当文やそれに類する文の解釈に関して「是当時の造立を制せんが為に且く事を広布の時に寄するか」「是宗門最初なる故に宜く信者を将護すべき故なり」(『末法相応抄』、富要三：一七七)との見解を示し、本門戒壇に本尊の図の通り仏像を安置すべしとの日順の説に過程的な意味を与えています。

実際、日順の真意が本門戒壇における曼荼羅御本尊の安置にあったことを思わせる史料上の表現もあります。すなわち、『富士年表』では『本門心底抄』の翌年の作とされる『摧邪立正抄』の中に、日興上人が「爾前迹門の謗法を対治して法華本門の戒壇を建てんと欲し、本門の大曼荼羅を安置し奉つて当に南無妙法蓮華経と唱ふべし」(富要二：四三)と公家武家に奏門し、僧俗男女に教えていたことが記されています。ここで、日興上人の真意が曼荼羅御本尊の戒壇安置であると日順が認識していた可能性も出てきます。日順自身、「観心本尊抄見聞」と題された彼の文書で「聖人は造仏の為の出世には無し本尊を顕んが為なり」(『日順雑集』、富要二：九二)と説くなど、日蓮大聖人の出世の本懐が曼荼羅御本尊の顕示であったと考えていたようです。

以上のことから、広宣流布の時に「本尊の図」のごとく仏像を造立せよとの日順の主張に関しては、日興上人が経済的余裕のできる日まで造仏を控えるよう門人に諭したのと同じ類いの、一時的に信者を護るための過程の教えと解釈することができると思います。

ただし、日興上人の滅後における日順の心中で天台流の仏像への執情が頭をもたげ、日興上人の真意の教えとの間で葛藤を生じていた可能性も、やはり否定はできないところです。堀日亨上人は、次のように指摘しています。

〈代師（筆者注：西山の日代を指す）は、すでに本迹論で失脚したのみならず、国立戒壇の本尊は叡山式のごとく仏像たるべしとの秘念があった。これがまた三位日順にもあったが、日順の学頭としての教講ぶりは、まず開山上人にうかがった上の事であったので、表面には誤講は見えなかったけれども、何分長期の叡山学で台家が身にしみており、あるいは知らずその陰弊が代師に感染せぬともいえぬ。しかし、本門心底抄は眼病により学寮を退きて大沢に退隠してより二十有余年後になりし物で興尊に遠ざかっているので、一般の像法廃残の造仏主義に流れていたのであろう〉

（前掲『富士日興上人詳伝』二八一頁）

このように、日亨上人は隠居後の日順が日興上人の指導から離れたことで元々あった造仏主義に流れたのではないかと推察しています。[※37]『心底抄』の造仏説を一時的な教導とする日寛上人の見解と異なるように見えますが、どちらも「真意」と「過程」の立て分けを前提とした議論である点に注意が必要です。つまり、隠居後の日順が本心から造仏説を唱えたのだとしても、それが日興上人の真意ではないという点では、日寛上人も日亨上人も一致しているのです。

問題は他にもあります。すなわち、『心底抄』の造仏説が日順による過程の教えだったとしても、厳密には日興上人の過程の教えとは異なるという問題です。『心底抄』における日順の意が曼荼羅中の十界の形像の安置であるならば、日興上人の過程の義である一尊四士の仏像安置と異なるわけですから、正統な過程の教えから逸脱していると言わねばなりません。[※38]もっとも、「本尊の図」に基づく本門寺建立時の仏像造立説は日順だけでなく日代にも見られることから、[※39]これがやはり日興上人の過程の教えであった可能性もゼロではないでしょう。前述のように日亨上人は日代が日順から影響を受けた可能性を述べていますが、このあたりはさらに検討を要すると思います。

ちなみに、広宣流布して本門寺を造立する前に仏像を安置してはならない、と日蓮大聖人や日興上人が門下を誡めたという話が、上代の富士門流内に広まっていたといいます。そのことは、日興門下である太夫日尊の弟子・日印が西山日代に尋ねた記録（『日代上人ニ遣ス状』）や、日尊の弟子・日大が著した師の言行録（『尊師実録』）の中に見出されます。これに関しても、従来、現在の造仏を制止するための便法とする解釈がありましたが、救済論的な観点からは、もっと積極的な意義、すなわち真意に至る過程の意義を認めるべきかと思います。

史料を字義的に解釈する文献学的方法を用いると、あたかも日蓮大聖人や日興上人に曼荼羅と仏像という二種の本尊観があったかのように見えることがあります。その際、一方を真実とし他方を虚偽とするか、あるいは両方とも真実と認めるか、といった形式論理的な思考で矛盾が生じないようにするのが、書斎や研究室にこもる学者の常でしょう。

だが、しかし、現実に人を救おうとしている実践者は違います。どこまでも教育的です。仏法は救済であり、救済は教育です。ゆえに、曼荼羅の真意へと至る過程として釈尊像を容認するという、大聖人、日興上人の教育的意図を敏感に感じとることができるのです。

日蓮大聖人、日興上人の教化には真意と過程が混在していました。同様な見方が、基本的には三位日順の場合にもあてはまります。ただし、日順の場合、著述一般の中で日蓮本仏義の真意を直接的に表現する点が特徴的です。大聖人は相伝書の中で真意を直接的に明かされていますが、著述一般では間接的な表現にとどめています。日興上人の文書にも真意の直接的表現は見当たりません。あくまで御本尊根本の信仰実践を含めた全体の教化において、真意と過程が混在していたわけです。そのように、「真意の実践」を基調とした大石寺上代において、日蓮本仏義という大聖人、日興上人の真意を文献の中で繰り返し直接的に表現した人物は日順ぐらいでしょう。また、信仰教化として真意を述べたわけですから、日順の文書に過程の教えである仏像の論議が見られるのも当然のことではないかと、私は考えます。

④室町・安土桃山時代の日蓮本仏義――真意の表明

以上のように、日興上人の時代を中心とする大石寺上代を救済論的に特徴づけるならば、「真意の実践」の時代と呼ぶことができます。続いて、室町時代の初期から安土桃山時代に至る間に、富士門流で唱えられた日蓮本仏義を考察します。日本史の時代区分については諸説あると思いますが、延元元（一三三六）年から慶長八（一六〇三）年に及ぶ、二百数十年間の教学的動向を扱うことになります。

私たちの救済史から見た、この時代の富士門流教学の特徴は、何といっても日蓮大聖人の真意である日蓮本仏義の直接的な表現が主流になることでしょう。要するに、「真意の表明」の時代です。大石寺上代が釈尊本仏義という過程の教えを説きつつ、御本尊根本の信仰という真意の実践に徹していたのに対し、この時代の教学は真意の直接的な文字表現を公に行っています。日蓮本仏義に関して最重要の史料的根拠となる『本因妙抄』『百六箇抄』『御義口伝』等々の相伝書も、この時代に史料として現れます。そうした真意の表明の時代の様相を概説したいと思います。

a　日蓮本仏義を初めて公にした大石寺法主——日有上人

大石寺上代は「真意の実践」の時代であり、その傍らで過程としての釈尊本尊義も見受けられました。三位日順のように著述の端々で日蓮本仏の真意に言及した僧もいましたが、大石寺門流の主流教学にはなっていません。ところが、南北朝期の頃から徐々に日蓮本仏義が目立ち始め、室町前期には大石寺の法主が公然とそれを主張するようになります。

康暦二（一三八〇）年、大石寺六世の日時法主の代に、大石寺の開基檀那である南条時光の子息とされる妙蓮寺日眼の『五人所破抄見聞』の中で、日蓮本仏義が説示されています。『見聞』の真筆はなく、堀日亨上人が写本を編集して富士宗学要集に収録したものが流通しています。それを読むと、冒頭のあたりから「威音王仏と釈迦牟尼とは迹仏なり、不軽と日蓮とは本仏なり、威音王仏と釈迦仏とは三十二相八十種好の無常の仏陀、不軽と上行とは唯名字初信の常住の本仏なり」等（富要四：一）と論じ、日蓮本仏義を唱えています。また、日蓮大聖人が本因妙の行者であること（富要四：八）、「文の上と文の底との大事」とされた文底義（富要四：一二）、大聖人が六老僧の中で日興上人に法を付嘱されたこと（富要四：九、一三）、曼荼羅御本尊根本の信仰（富要四：一九）、「脱益の教主」と「下種の教主」の対比（同前）、大聖人の所持された一体仏の釈尊が「継子一旦の寵愛」「月を待つ間の蛍光」

「しばらく仮の釈尊の形像」であったとする過程の意義（同前）などが、次々に説き示されていきます。

したがって、『見聞』が真書であれば、日蓮大聖人御入滅から九十九年後の文書で日蓮本仏義が宣言されていることになります。大聖人、日興上人の時代の大信者であった南条時光の子息とされる日眼の文書に日蓮本仏義が見られるわけですから、それが大聖人御自身の奥義だった可能性が文献学的にも高まります。当然、日蓮本仏論の批判者たちは文献学的な偽書説を立てています。文末の識語に見られる干支の用法が後世のものであるとか[※40]、勧修寺、広橋両家への伝奏が一般論として記されているから室町末期以降だとか、著者は同じ日眼でも西山本門寺日眼の作であろうとかいわれていますが、どれも決定的な根拠となりえません。およそ研究者の私見の域を出ないと思われます。日蓮宗の執行海秀氏が「五人所破抄見聞が、果して日眼の作であるか否かは書誌学的研究の必要があるかも知れない」（『日蓮宗教学史』平楽寺書店、二〇一六年〔一九五二年初版〕、五一頁）と記すように、偽書の可能性があるといった程度が穏当なところでしょう。いわんや救済論的に考察する私たちにとって、文献学的に議論が続けられていることが重大な障害になるはずもありません。そもそも文献学者が史料批判に基づき主張しているといっても、最終的には主観的な意見を述べるだけであり、解釈の相対性は免れないのです[※41]。決して価値中立的な研究でないことに注意が必要です。私たちの信仰の証明学としては、相当に有力な学説が出てこない限り、『見聞』を日蓮仏法の「真意」が記された富士門流上古の史料として扱いたいと思います。もっとも、『見聞』には五老僧が一同に身延を離山したなど、私たちが理解する史実と異なる記述も見られるため、内容面では信仰学的に取捨選択する必要があります。

なお、『見聞』の中に「本因妙の行者日蓮大聖人」（富要四：八）とあるのは『本因妙抄』の冒頭に記された「本因妙の行者日蓮」（新二二一九頁・全八七〇頁）を意識した記述でしょう。また、「彼の深信は予が浅信、彼の観心は予が教相となるなり」（富要四：三）ともありますが、これは『本因妙抄』の台当二十四番勝劣（天台宗と日蓮仏法の勝劣）にある「彼の深義は予が浅義。彼の深理はこの浅理。彼の極位はこの浅位。彼の極果はこの初心。彼の観心はこの教相」（新二二二五

〜二二二六頁・全八七五頁）との箇所を踏まえて記述したものと思われます。そうしたことから、現時点での信仰の証明学において、『本因妙抄』を引用した最古の史料は妙蓮寺日眼の『五人所破抄見聞』ということになります。

以上を要するに、南北朝期の十四世紀後半に大石寺門流内で日蓮本仏義が明確に論じられていたことが、特に妙蓮寺日眼の文書から推察されるわけです。その後、室町期の応永二十六（一四一九）年に日有上人が大石寺九世となり、以後六十数年にわたって堂塔整備や講学布教に挺身しました。日有上人自身の著述は今に伝わりませんが、門下による講述記録が『化儀抄』や各種の聞書として残っています。そこでは、さまざまな角度から日蓮本仏義が論じられています。

『化儀抄』は、大石寺の信仰信条や作法に関する日有上人の説法を弟子がまとめたものです。百二十一箇条からなる同抄を読み進めていくと、「当宗の本尊の事、日蓮聖人に限り奉るべし、仍て今の弘法は流通なり、滅後の宗旨なる故に未断惑の導師を本尊とするなり」（富要一：六五）、「当宗には断惑証理の在世正宗の機に対する所の釈迦をば本尊には安置せざるなり、其の故は未断惑の機にして六即の中には名字初心に建立する所の宗なる故に、地住已上の機に対する所の釈尊は名字初心の感見には及ばざる故に、釈迦の因行を本尊とするなり、其の故は我れ等が高祖日蓮聖人にて在すなり」（富要一：七八）などと、日蓮大聖人を本尊とすべきことが力説されています。よって、日有上人に日蓮本尊義があったことが史料的に裏づけられます。

この点に関して、日有上人は日蓮本尊義までで日蓮本仏義までは唱えていなかったと言う人がいます。しかし、上記の『化儀抄』の引用文中に「釈迦の因行」が「日蓮聖人」とある通り、日有上人の日蓮本尊義は、本果の仏に対する本因の仏としての釈尊＝日蓮大聖人という論理に基づいています。日蓮本仏義を前提とする日蓮本尊義であることは明白と思います。堀日亨上人も、『化儀抄』で日有上人が宗祖本仏論を立て、そこから諸々の法義を展開している、との見方を示しています（前掲『日蓮正宗綱要』六三頁）。

また、日興上人以来、大石寺一門が真意の実践となる「南無妙法蓮華経　日蓮判」と認められた曼荼羅への信仰を徹底していた点を踏まえるなら、日有上人の日蓮本尊義は妙法の御本尊を大聖人と拝する義に他なりません。つまり、これは人法一箇の御本尊信仰です。

日有上人に人法一箇の思想があったことは、『蓮陽房聞書』に「上行菩薩等の四菩薩の体は中間の五字なり、此の五字の脇士に釈迦多宝と遊ばしたる当躰を知らずして上行等の四菩薩を釈迦多宝の脇士と沙汰するは、中間の妙法蓮華経の当躰を上行菩薩と知らざる」（富要二：一四〇）、「末世の法華経とは能持の人なり」（富要二：一四二）等とある点からもうかがえます。また、日有上人と同時代の日朗門流の本尊相伝書に『御本尊相伝抄』があります。同相伝抄は、日郷系の日向門徒の説を引いて曼荼羅御本尊を安置する堂を御影堂と称したり、「冨士日有仰せ」（身延山短期大学出版部編『本尊論資料』、三一三頁）として富士門流の本尊書写法を記したりと、日有上人等の教学的影響を受けた形跡があります。そして、同相伝抄には「首題の下に御名を遊ばすは人法一体能弘所弘不二なる事を顕すなり」（同前、三一四頁）という人法一箇の曼荼羅御本尊義も記されているのです。これを日有上人の人法一箇思想を反映した史料と見なすことも不可能ではないでしょう。というのも、首題の妙法と日蓮大聖人との人法一箇を強調する曼荼羅観は、曼荼羅書写のあり方から言って富士門流以外からは出てこないはずだからです。

かりに文献史料の上で日有上人が人法一箇の教義をはっきり説いていないと見る場合でも、大石寺一門の現実の信仰実践と照らし合わせると、少なくとも日有上人の時代に人法一箇の信仰があったことは否定できないと思うのです。

以上のことから、日有上人こそが大石寺法主として初めて日蓮本仏義を公にし、それを門流教学の支柱に置いた人物であったといえます。それはまた、日蓮大聖人の時代から二百年近くが経過し、御本尊根本の信仰が大石寺に深く根を張り、門人教化が釈尊本仏義という過程の段階から日蓮本仏義という真意の段階へと移行したことを意味するのではないでしょうか。さらに、日有上人が宗開両祖の真意を公にした重要な背景として、「真意の実践」の模範となるべき存在がいなくなったこと（筆者注：下野阿闍梨の聞書（富要二：一五五）で日有上人自身がそう述べている）、京都の日尊門流で日蓮本仏義の源流である日興上人への相伝書が公に論じられ始めたこと、そのあたりを考慮すべきかと思います。

日有上人の教学を契機として、大石寺宗門では「真意の実践」から「真意の表明」への転換がなされました。現に、日有上人の後の大石寺法主は、対外的にも日蓮本仏義を唱えるようになります。例えば、十三世の日院法主は、要法寺日辰に宛てた書面で日蓮本仏義を主張し、同寺との通用を拒絶しました。そうした言説は、大石寺上代の法主に関する史料には見当たりません。救済論的に見て、日有上人以降、大石寺の日蓮本仏義が「真意の実践」から「真意の表明」に変わったという一つの証左になります。富士門流史研究者の堀日亨上人も「文献を案ずるに日蓮本仏観は開山上人御代の原始教団には不言の間に実行せられて居た、中興日有上人は顕はに口にして門の内外に叫ばねばならぬ事となつたが波動は存外狭かつたやうである」（福重照平『日蓮本仏論』大日蓮社、一九二七年、序文二〜三頁）と記している通りです。

ここで堀上人が述べているように、日有教学の影響力はほぼ富士門流内に限定され、日蓮教団全体に及ぶものではありませんでした。その意味で、日蓮本仏論史における日有上人の意義は真意の「表明」にとどまります。宗の内外に向けた真意の「確立」に至るには、日有上人と並んで第二の中興の祖と称される江戸時代の二十六世日寛上人の登場を待たなければならないのです。

b　日有教学に影響を与えた『本因妙抄』『百六箇抄』

ところで、日有上人の日蓮本仏論が日蓮本仏の第一の文献的根拠となる相伝書によらずに提唱されたとする説があります。特に、日有上人の言説には『本因妙抄』『百六箇抄』を参照した形跡がないとの見方が、今日、文献学上の議論で一定の位置を占めています。ここから、『本因妙抄』『百六箇抄』が日蓮大聖人から日興上人への相伝書でなく日有上人以降に出てきたものだとか、日有上人の日蓮本仏義は八品派の慶林日隆の影響ではないかとか、さまざまな憶測がなされているようです。

私たちの信仰の証明学では、日蓮本仏義の「伝承の事実」として両相伝書を重視します。その存在が、かりに日有上人以後の歴史で初めて確認されるとしても、比較的初期の富士門流に日蓮本仏義を信ずる集団がいたという事実に、日興上人の教義的信条の痕跡と門流の生きた信仰を読み取ろうとします。ただし、私たちは、文献学的にいっても両抄を日有上人が存知していた可能性が高いと考えています。日有教学への両抄の影響を文献学的に確認することで、日有上人による真意の表明が日蓮大聖人による真意の顕示、日興上人による真意の実践と連続性を持つことが証明される。そうなれば、日有上人による真意の表明が真意の創作でないことがわかる。この点は重要でしょう。そこで、この問題をやや詳しく論じてみます。

証明学的な問題意識を持って日有上人のテクストを精査すると、同上人の本因妙思想が『本因妙抄』『百六箇抄』を土台としていたことが、自ずと浮かび上がってきます。最も明らかな例は、『化儀抄』の一文中に「本迹ともに迹」との記述が見られることです。当文の全体は「法華経の本迹も皆迹仏の説教なる故に本迹ともに迹なり」(富要一:七七)です。じつはこれは、ほぼ『本因妙抄』『百六箇抄』からの引用だったのではないでしょうか。『本因妙抄』には「脱益の法華は本迹共に迹なり」(新二二二二頁・全八七二頁)と、また『百六箇抄』にも「今日の本迹共に迹とこれを得るものなり」(新二一九八〜二一九九頁・全八五四頁)とある。日有上人は、この両文の枢要を捉えて「法華経の本迹も……本迹ともに迹」と説き、後にそれが聞書として『化儀抄』にまとめられた——。そう推察するのは、思想内容の類似性からいって自然なことといえます。だとすれば、日有上人の『化儀抄』にも『本因妙抄』『百六箇抄』からの引用が見られることになります。

また、『化儀抄』の中には「未断惑の機にして六即の中には名字初心に建立する所の宗なる故に、地住已上の機に対する所の釈尊は名字初心の感見には及ばざる故に、釈迦の因行を本尊とするなり、其の故は我れ等が高祖日蓮聖人にて在すなり」(富要一:七八)と論じて釈尊本尊義を否定し、日蓮本尊義を説く条目があります。ここでは、教義的理由として名字本因妙の釈尊と末法の教主・日蓮大聖人の一体性が唱えられています。

この『化儀抄』の釈尊日蓮一体説もまた、『本因妙抄』『百六箇抄』の教義を援用している可能性が少なくありません。『本因妙抄』の「心は一代応仏の寿量品を迹となし、内証の寿量品を本となし、釈尊の久遠名字即の身と位とに約して南無妙法蓮華経と唱え奉る、これを出離生死の一面と名づく」(新二二二二頁・全八七一頁)あるいは「釈尊、久遠名字即の位の御身の修行を、末法今時の日蓮が名字即の身に移せり」（新二二二八頁・全八七七頁）といった箇所、また『百六箇抄』の「種」の部に「本因妙を本とし、今日寿量の脱益を迹とするなり。久遠の釈尊の修行と今日蓮の修行とは、介爾ばかりも違わざる勝劣なり云云」（新二二一一頁・全八六四頁）とあることなどを、恐らく日有上人は知っていたのではないでしょうか。

というのも、日有上人の当時、この両抄以外に、本因妙釈尊と日蓮大聖人の異名同体を説く文献があったようには思えないからです。わずかに三位日順作とされる『本因妙口決』が「日蓮大聖人を久遠元初の自受用身と取り定め申すべきなり」（富要二：八三）と論じていますが、本因妙釈尊と日蓮大聖人の一体までは唱えていません。というより、これは『本因妙抄』に関する口決ですから、もし日有上人が『本因妙口決』を参照したとすれば、当然『本因妙抄』も読んでいてしかるべきでしょう。『有師物語聴聞抄佳跡』には日有上人が三位日順の事跡を語りながら「大学匠」（富要一：二〇四）と評する箇所がありますから、こうした推考も無意味ではないでしょう。

その他、日有上人の『雑々聞書』の中にある「高祖開山唯我与我計」（富要二：一六六）という表現と『本因妙抄』の後加文中の「唯我〈日蓮〉与我〈日興〉ばかり」（新二二二七頁・全八七七頁）との類似性を指摘する研究者もいます。※42

以上の諸点を鑑み、私は日有教学が『本因妙抄』『百六箇抄』を背景に展開された可能性が高いと見ています。※43

c　日有上人周辺の学僧による『本因妙抄』『百六箇抄』の引用

ここで、その傍証となる文献も検討しておきます。

左京日教が日有上人の下に帰伏する前年頃の文明十二（一四八〇）年、京都の住本寺にいて本是院日叶と称していた彼は『百五十箇条』を著しています。同書は、『百六箇抄』の文から多数引用しています。ある箇所を読むと、「御書」として「弘の一に云く理造作に非る故に天真と曰い証智円妙なる故に」「独朗と曰う文、久遠の理と今日の理とは理には造作無く、然れども久遠事上の理なり、今日は理上の理なり、故に知ぬ本因妙の理は勝れ今日本果妙の理は劣るなり、是理の本迹なり、是の故独朗と之を釈す又独一法界の故に絶対と名づく云云」（富要二：二二〇）とあり、『百六箇抄』の「種」の部の最後に記された後加文の一部が（新二二一七頁・全八六八頁）、日叶自身の言葉を挿入しつつ、ほぼ原文のまま引用されています。また、『本因妙抄』からの引用も一箇所あります。『本因妙抄』の終わりあたりに「寿量品文底の大事という秘法、いかん。答えて云わく、唯密の正法……」（新二二二七頁・全八七七頁）とある箇所を、日教は『百五十箇条』の中に引用しています（富要二：二〇八）。

ちなみに、日教は、大石寺に来た後の著作中でも『本因妙抄』『百六箇抄』からの直接的な引用を続けています。例えば、文明十六（一四八四）年の日教作『穆作抄』に「如来の本迹は理の上の法相なり、日蓮が本迹は事行の法相なり云云」（富要二：二七二）とある。この文は、『百六箇抄』の「脱」の部の最後の後加文にそのままあります（新二二〇八頁・全八六一頁）。『本因妙抄』の「一代応仏のいきをひかえたる方は理の上の法相」（新二二二七頁・全八七七頁）との教示も念頭にあったでしょう。長享二（一四八八）年の日教作『類聚翰集私』に及んでは、『本因妙抄』『百六箇抄』からの直接的引用がそれぞれ複数回見られます。特に『百六箇抄』からの引用は枚挙に暇がないほどです。

このように、日教は、京都住本寺で『百五十箇条』を著した頃から日有上人の下に行って大石寺関係で活動した時期に至るまで、書名を挙げないものの『本因妙抄』『百六箇抄』の文を数多く直接的に引用しています。そうした点からも、日教と密接なつながりがあった日有上人が両相伝書の存在を知らなかったとするのは、あまりに不自然なのです。

日教は、当時雲州（現在の島根県の一部）における日尊門下の重鎮であった日耀に師事し、日耀から『本因妙抄』『百六箇抄』を重要法義として相伝されています。日教の理解では、『本因妙抄』『百六箇抄』は日蓮大聖人の最重要御書であり、しかもいまだ日蓮教団に広く知られていない秘書でした。※44 それゆえ、日教も書名を挙げずに内容を直接的に引用したのですが、大石寺の学僧たちの間ではそうした直接的引用をも控え、未来の広宣流布の時を待つといった伝統があったのでしょうか。他門から来た日教と比較して、日有上人文書における両相伝書からの直接的引用が「本迹ともに迹」との一句にとどまった理由は、このあたりにあったのかもしれません。

それはともかくとして、日有上人が『本因妙抄』『百六箇抄』を存知していた可能性が高いことは、上人の近辺にいた左京日教の著作群から判断してもうなずけるわけです。[※45] なお、日有上人と重なる時代に生き、その影響を受けたといわれる保田妙本寺の日要も、その著『六人立義草案』の中で『百六箇抄』の「種」の部「下種の今此三界の主の本迹」にある「久遠元始の「天上天下唯我独尊」は日蓮これなり。久遠は本、今日は迹なり。三世常住の日蓮は名字の利生なり」（新二二一〇頁・全八六三頁）との文を、細部は異なるものの直接引用していることを付記しておきます。

左京日教については、念のため、もう少し論じたいと思います。『本因妙抄』『百六箇抄』は元々京都の日尊門流で秘書として重んじられた、それを大石寺に持ち込んだのが左京日教である、だから、それ以前の大石寺には両相伝書がなかったのだ、といった見解があります。私は、証明学の領域で、それを一つの仮説として認めます。しかし、私自身の仮説は別にあります。日蓮大聖人の滅後、京都に進出した日尊門流は、同じく京都に広がった日朗門流の系統と陰に陽に関係せざるを得なかったと思われます。教義的にも、解釈の違いはあれ、両者はともに釈尊本仏論である。かかる状況下の日尊門流が、日蓮本仏義を真正面から唱え、釈尊仏法と日蓮仏法とを画然と区別する『本因妙抄』『百六箇抄』を無二の秘書として尊重したと見るのは道理に合いません。むろん、両抄が日尊門流で創作された可能性も低いでしょう。日教の後の時代になりますが、十六世紀の日尊門流（要法寺門流）で大学匠と謳われた日辰などは、『百六箇抄』の文献的な真偽を疑い、録内御書や天台三大部に相違しなければ信用すべきだと述べているほどです。[※46]

日尊門流の中で、『本因妙抄』『百六箇抄』は解釈困難な相伝書として伝承された感があります。ところが、十五世紀に日教（日叶）が登場すると、むしろ大石寺門流の日蓮本仏義から影響を受けて両相伝書を宣揚し始めたのではないか。こういう見方に立つなら、日有上人の日蓮本仏義が左京日教の影響を受けた結果とは考えにくくなります。私は、やはり大石寺上代からの教義的信条に基づくものだろうと思います。

d　日隆教学とは根本的に異なる日有教学

最後に、日有上人の日蓮本仏義における八品派日隆の影響について考えてみます。これには諸説があります。前出の執行氏は、日有が石山の伝統教学と違って日隆教学の影響を受け、一品二半脱益、八品下種論に立脚し、その種脱を本尊論に適用して宗祖本仏論を唱えたとします（前掲『日蓮宗教学史』一三八頁）。一方、日蓮正宗の六十六世日達法主は、日有上人が決して八品文底を唱えたわけではなく（「種脱相対について」、『日達上人全集』第一輯第四巻、四三八頁）、むしろ元々一致派の日隆のほうが日有上人から感化されて八品下種の論者になったと思われる（同前、四三五頁）、と述べています。有力な説は、今のところ出ていません。

日有上人と日隆の間には種々の交流があったといわれています。執行氏によると、日有上人が「永享四年奏門を企て、尼ケ崎で日隆と相会して日隆より四帖抄を贈られたと伝へられる」と言います（前掲『日蓮宗教学史』一三七頁）。しかし、日蓮正宗側の年表には同年（一四三二年）三月に「申状を幕府に呈し京に遊化」とあるのみで、日有上人が日隆と会った事跡は記載されていません（『日蓮正宗富士年表』富士学林、一九九〇年〔増訂版〕、一二九頁）。

少なくとも教義的に見ると、両者の懸隔は甚だしいものがあります。日隆は法本尊論者にして釈尊本仏論者であり、いわば救済力の相違で種脱を区別するにすぎない。本質はいわゆる「種脱一双」の立場です。釈尊と上行の「一仏二名」を説いて本因妙下種を立てるといっても、法体の種勝脱劣、因勝果劣までは認めていません。日隆の種脱論は種脱を区別しながらも調和をはかるものであって、「勝劣があるような、又は無いような明瞭でない主張」（望月歓厚『日蓮教学の研究』三四八頁）と評されたりします。だから、天台教学との本質的な相違も明瞭でなく、「その教学の本質に於ては迹門的な思想に帰した憾みがある」（執行前掲書『日蓮宗教学史』一二一頁）とさえ言われます。結局、日隆の教学は、ただ時機による本因下種の優位を唱えるにすぎないのです。また、上行日蓮よりも釈尊を中心に置くことは、『私新抄』に「下種の時は地涌と顕れ、得脱の時は釈尊と顕れ」等々と一仏二名を説きながら最終的に「種熟脱倶に釈尊一仏の利益なり」と結ぶところからもうかがい知れます（『日蓮宗宗学全書』第八巻、二四四頁）。

こうした日隆の所説に対し、日有上人は、人法一箇の本尊論とともに日蓮本仏義を立て（『化儀抄』第三三、

第一一八条）、仏身に因果を分かって本因妙を本、本果妙を迹とし（『化儀抄』第一一六条）、種熟脱の化導の本意を下種益とする種本脱迹論を説き（同前）、結論的に種脱の法体の勝劣を認める「種脱相対」の立場を示しています。そこに釈尊仏法に対する日蓮仏法の独自性が示されるわけです。あくまで釈尊仏法の枠内で本因妙下種の題目を立てる日隆教学とは、根本的に立場が異なると言わねばなりません。立てる法体が異なる両者は、まったく似て非なるものです。

また、日有上人が日隆教学との違いを言明したと見られる史料も残っています。前出の『雑々聞書』の中に、日隆門流を意味する「尼崎流」の教義――在世の脱益の機が爾前・迹門・本門と上昇し断惑証理していったあげく、具騰本種して名字妙覚の悟りを開くとする考え方――を取り上げた条文があります。日隆教学の見解は、譬えて言えば山の奥深くを訪ねたあげくに元の里に帰るようなものである。しかし、これは富士門流から見れば「智者の解行」に他ならない。山も里も奥も区別なく「但不知不覚の愚者の当位」に悟りがあるとする日興門流の教義と比べると、似ているようでじつは「天地水火」の相違がある。日有上人がそのように述べたとする聞書があるのです（富要二：一六五）。

これを見るにつけても、日有上人の日蓮本尊義＝日蓮本仏義は、やはり釈尊仏法と日蓮仏法の違いを明示する『本因妙抄』『百六箇抄』を背景にした、大石寺上代からの教義的信条に基づくと解釈したほうが、よほど理に適っているのです。現に、一言（「本迹ともに迹」）とはいえ、日有上人の『化儀抄』に『本因妙抄』『百六箇抄』からの直接的引用が見られる点からも、そう考えるべきでしょう。

それでも、日有上人が日隆との根本的な立場の相違を知りつつ、なおも本因妙思想や八品下種などの着想を借りて日蓮本仏義を創作したのではないか、と訝しがるむきがあるでしょう。蓋然性の極めて低い仮説と思いますが、私たちも証明学の領域では可能性がゼロと言い切るべきではありません。そこで、反証として一つの史料を提示します。それは『聞書拾遺』と堀日亨上人が仮題をつけた文書であり、『化儀抄』等と同じく日有上人の指南を弟子が筆録したものです。『富士宗学要集』にはなく、その母体となった『研究教学書』（全三〇巻、富士学林、一九七〇～七一年）の第二巻に収録されています。「日有尊聖師御物語之内少々」と記された古史料から、日亨上人が取捨選択して編集したものとされています。そこに「此の大石寺は高祖より以来今に仏法の付属切れず次第して候間得給へる人様は仏法世間の御沙汰高祖の御時に少し（も）違はず候」（『研究教学書』第二巻、五六六頁）とあり、さらに大石寺六世日時師の記述として「我が申すこと私にあらず　上代の事を違せ申さず候」（同前）等々と示されています。要するに、大石寺の仏法は高祖（日蓮大聖人）の時代から何も変わらない、と日有上人自らが言明し、歴代法主が途中で教義を作った可能性も否定しているのです。

もちろん、本人の言が事実を語っている保障はないし、日有上人の直筆でない以上、文献の信憑性の問題もあるでしょう。しかし一方で、この史料の内容を批判できるほどの文献学的根拠もないように思われます。ここで、私は証明学的論証の方向性を定めるべく、自らの信仰に立ち帰ります。社会哲学者のハーバーマスが見抜いたように、人間の認識は常に利害関心と結びついています。純粋な認識などは幻想にすぎません。日蓮宗の学者は彼らの信仰に基づく利害関心で日蓮教学史を認識しようとしている。ならば、私たちも遠慮せず、私たちの信仰に動機づけられた学問的仮説を立てればいいのです。池田先生は「日有上人は、大聖人の仰せに基づいて、みずから折伏、弘教をし、教学を振興された。また、厳格に信心を指導され、堕落していた宗門を蘇生させ、再興された」（『池田大作全集』第八一巻、三七二頁）と語るなど、日有上人における日蓮大聖人直結の信心と教学を一貫して称えています。

私は、こうした池田先生の日有上人観に誘導されてその史料的な根拠を探す中で、先の日有上人の聞書を見つけました。そこで、信仰の証明学の領域でこの史料を用い、有力な反証が出てこない限り、日有上人の日蓮本尊義＝日蓮本仏義が大聖人、日興上人以来の教義的信条の継承であることの傍証としたいと思います。

⑤江戸時代の日蓮本仏論——真意の確立

さて、江戸時代に入ると、室町時代に表明された日蓮本仏義の真意が理論的に確立されます。いわば「真意の確立」の時代です。この時代に、日蓮大聖人、また大石寺上代からの日蓮本仏義は対外的な教学理論の装いを得ます。中心的な役割を果したのは、十八世紀初頭の大石寺法主である二十六世日寛上人でした。日寛上人は、身延派、不受不施派、八品派などの教義はもとより、同じ富士門流の要法寺や妙本寺の教義までも取り上げ、それらの宗祖論と大石寺の日蓮本仏論との違いをはっきりさせました。他派との教義上の対決を通じ、「日蓮本仏論」と呼ぶにふさわしい、体系的に筋道を立てた日蓮本仏の主張が生まれたのです。ここに、初めて日蓮本仏の真意が内外に確立されたといってよいでしょう。そういうわけで、私たちも日寛上人の日蓮本仏論に焦点を当てて考察を行います。

従来、日寛上人は教学史の観点から論じられることが多かったように思います。しかし、私たちは救済論的な観点から日寛上人を論じます。日寛上人は、日興上人以来の日蓮本仏義を体系化し、対外的な理論武装を門弟に示すために六巻抄を整備した人です。救済論的に見て、その根本目的は日蓮大聖人の真意を正しく護り、後世に伝えることでした。すなわち、日寛上人は創価学会の救済史における「護持の時代」の日蓮本仏義を完成させたのです。このことは、すでに前章第一節eで詳しく論じました。ゆえに、日寛教学は一つの救済史的な完成点です。これに先行した種々の日蓮本仏義は、すべて日寛教学が形成されるためにあった。そう解するのが救済史的な見方です。

なお、私たちは、信仰の証明学の立場から日寛教学を教学史的に考え直したいとも思っています。そこで、主に従来見落とされていた点を論じるつもりです。具体的に言うと、日寛教学が他門に与えた影響を富士門流に限定する見方を再考し、日寛教学が身延派等の一致派教学をも変容せしめた点を考証します。さらに、日寛教学の普遍性と時代的制約について、ここで基本的なことを確認できればと考えています。

a 日寛教学の「準備」となった先行思想
――中古天台および日教・日要・日我の教学

今、日寛教学が「護持の時代」の日蓮本仏義の完成点であることを述べました。室町時代の日有上人が表明した日蓮本仏義は、完成点である日寛上人の日蓮本仏論の教義的予型にあたることが、救済史的に理解されます。

と同時に、天台本覚思想や、大石寺直系の教学に対して傍系といえる左京日教、日要、日我が唱えた日蓮本仏義が、いわば先行教学として日寛上人の日蓮本仏論の準備の意義を担ったという点も、救済史的に押さえておく必要があります。そのうちで天台本覚思想が日寛教学の準備となることは前章第一節a・bで少し説明しましたが、大事な論点であるため、ここでも再度取り上げます。信仰の学は、論理に加えて読者への感化を重視します。ですから、私たちは、同じことを違った角度から繰り返すパラフレーズの手法を意図的に用いています。ご理解願います。

日寛上人の日蓮本仏論に「自受用身」「無作三身」等々の中古天台的な用語が散見されるためか、天台本覚思想から日寛教学が生まれたかのように言う研究者を時折見かけます。なるほど、「自受用身」「無作三身」の概念は、中古天台の創作でないにせよ、その特徴的なキーワードになっています。ただ、それを言うなら、この二つの概念は『御義口伝』『本因妙抄』『百六箇抄』といった相伝書における鍵概念でもある。日寛上人は、何よりも日蓮大聖人から日興上人へ伝えられた相伝書に基づいて日蓮本仏論を構築しました。だから、自受用身や無作三身が本仏論の中心概念になったわけです。

また、日寛上人の時代に知られていた日蓮教学者たちの多くが、自受用身や無作三身の概念を積極的に用いていたという事情も考慮すべきでしょう。身延教学の大成者とされる室町期の行学院日朝の著述には、自受用身や無作三身の語が散見されます。江戸期の不受不施派の日講が著した録内御書の注釈書『録内啓蒙』でも『御義口伝』が引用されたり、自受用身や無作三身が語られたりしています。そうしたあり方を否定するようになるのは、近代に入って浅井要麟を嚆矢とする、文献学派とも呼ぶべき立正大学の研究者たちが台頭してからのことです。七百年以上に及ぶ日蓮教学史の全体から見れば、近現代の文献学派は特殊な教学の潮流です。安易な進歩史観をとらない限り、そう考えられます。この点から言って、日寛上人が自受用身や無作三身の概念を使って日蓮本仏論を説明したのは、教学史的にはむしろ常識的な手法なのです。だいたい文献学派は日蓮宗の先師たちの教学をも中古天台の亜流と見なすのですから、日寛教学に対するのと同様に、もっと厳しく弾劾すべきでしょう。

それはさておき、文献学的な議論では日寛上人の日蓮本仏論が室町時代に現れる相伝書を通し、間接的に中古天台の教義の影響を受けて成立したことになるのでしょうか。この点も、そう簡単には片づかない問題だろうと思います。天台本覚思想の文献化は、すでに日蓮大聖人の時代には始まっていたとされている。しかも、大聖人が修学中に中古天台の恵心流に属する俊範の下で学ばれたとの説がある。その俊範の相伝を記述したとされる『一帖抄』には「本門の教主は報身自受用の説法と習なり」「十界衆生我等凡夫本地無作三身如来なり」「蓮華とは因果倶時なり」（『天台宗全書』第九巻、一五、一八、二〇頁）等々とあって、「自受用身」「無作三身」の概念、また『御義口伝』の「因果一体」や『本因妙抄』の「因果一念」に通ずる「因果倶時」の概念が明示されているのです。

その他、俊範の思想との関係以外にも考察すべき点は多々あるでしょう。大聖人とほぼ同時代を生きた遊行念仏者の一遍（一二三九〜八九年）なども、門人の伝説によれば、他力の名号を「自受用の智」とし、「自受用といふは、水が水をのみ、火が火を焼がごとく、松は松、竹は竹、其体を（お）のれなりに生死なきをいふなり」と説いたといわれます（『一遍上人語録』、原典　日本仏教の思想5『法然　一遍』岩波書店、一九九一年、三二五、三二六頁）。

したがって、日本仏教思想史の上からも、日蓮大聖人が「自受用身」という言葉を全く用いられなかったと断言することは、なかなか難しいのです。「無作三身」に関しても同じです。真蹟が伝わらないものの『諸宗問答抄』『義浄房御書』『妙一女御返事』といった大聖人の諸御書には「無作の三身」という用語が見られます。このうち『諸宗問答抄』には、日興上人の直弟子・西山日代の写本があります。ちなみに、日代と同じく日興門下の三位日順の著作にも「無作三身」（『従開山伝日順法門』、富要二：九六）の語が見え[※47]、遅くとも日興上人の弟子の時代には「無作三身」の議論がなされていただろうことが文献学的に推察されます。

富士門流初期の無作三身論が、大聖人、日興上人の教えに由来するのか、それとも中古天台の教義の流入なのか、その辺は判然としません。どちらの説を取ろうが、蓋然性の範囲を出ません。また、大聖人の教えの中に無作三身論があったかどうかについて、「あった」ことは史料の発見によって証明可能ですが、「なかった」ことはどんなに史料が蓄積しても証明不可能です。この点も、すでに文献学の限界として指摘した通りです。

そう考えていくと、日蓮大聖人の教学自体に「自受用身」「無作三身」の概念が潜んでいた可能性は、あながちに否定できないでしょう。大聖人の教学が本覚思想を摂取していたことは、今日では学問的にも有力視されています。よって、私たちは、一つの文献学的蓋然性として、この可能性を支持したいと思います。

その場合、日蓮大聖人の教学に影響を与えた先行思想の一つが本覚思想ということになるでしょう。それでも、日寛上人の日蓮本仏論が大聖人の教学に由来することが思想史的に示唆できれば、私たちの信仰の証明学としては十分です。日寛教学の形成は本質的に中古天台の影響ではないことになりますし、大聖人の教学と本覚思想の関係も後者が前者の準備だったのだと捉え直せばよいからです。これが救済史的な理解というものです。『御義口伝』に「無作の三身とは、末法の法華経の行者なり」(新一〇四八頁・全七五二頁)とあります。中古天台にない、末法の救済者としての自受用身、無作三身を、日蓮仏法は説いている。その点を明確化したのが、日寛教学だったといえるのです。

続いて、左京日教、日要、日我の教学と日寛上人の日蓮本仏論との関係を考察します。日蓮教学史の研究者の間では、日寛上人の教学が左京日教や日要、日我の影響を受けて成立したと見るむきがあります。望月歓厚氏は「日郷の門家たる日要及び日我の教学はのち日寛に多大の影響を与へ、大石寺教学の成立を見たりと称せらる程、その教学には特色を存す」(前掲『日蓮宗学説史』二八八頁)と記し、執行海秀氏も「日寛の教学大成に当っては……その教学思想を顕応日教、要賢日我等に受けて」(前掲『日蓮宗教学史』二七六〜二七七頁)等と述べています。こうした意見に従えば、日蓮本仏論の原型は日尊門流から大石寺に来た左京日教や保田門流の学僧である日要、日我が形成し、後代の日寛上人は彼らの後を追いかけたにすぎないことになるでしょう。しかしながら、純粋に教学史的な議論に限定しても、この見解には二重の誤りが見出されます。

第一の誤りは、日寛上人は『本因妙抄』『百六箇抄』等の相伝書を中心に大石寺古来の教義的信条を継承したのであって、望月氏らが言うように左京日教や保田の教学から決定的な影響を受けたわけではない、という点です。日寛教学の結論が示された六巻抄を丹念に調べると、日蓮本仏論にかかわる主張の中で援用されるのは、諸門流に流通していた御書を除けば、『御義口伝』『本因妙抄』『百六箇抄』『御本尊七箇相承』『寿量文底大事』『産湯相承事』『富士一跡門徒存知の事』『本因妙口決』等々、日興上人への相伝書及び大石寺上代の文献が圧倒的です。大石寺系以外の諸師の書では、わずかに保田の日我の『観心本尊抄抜書』が、『文底秘沈抄』の本門本尊篇で宗祖の発迹顕本の現証を示す文の一つとして引用されるにとどまっています。

なお、『当流行事抄』の方便品篇に「御法則抄に云く」(富要三:一八五)として日教の迹門観(『類聚翰集私』、富要二:三五三)が引用されますが、これは方便品読誦の根拠に使われたものです。また、『末法相応抄』と『当流行事抄』に「房州要公が云く云云」(富要三:一五三)、「房州方の義に云く」(富要三:二一〇)と日要の説が示されていますが、どちらも修行論の文脈です。要するに、日蓮本仏論の根拠としては使われていない。そこで使われているのは、明らかに大石寺直系の教学です。傍系の日教や日要の教学ではなかったのです。

第二の誤りは、望月氏らが日教、日要、日我の教説に対する日寛上人の批判を見落としている点にあります。結論を先に言うと、日寛上人は三人の教学を主体的に取捨選択していました。だから、日寛上人を彼らの後継者と見なすのは不当なのです。

実例を挙げましょう。『文底秘沈抄』の本門本尊篇に『観心本尊抄』の「一念三千ほとんど竹膜を隔つ」(新一三八頁・全二四九頁)との文に対する古今の十四解釈が列挙されています。その中に、行学院日朝、啓蒙日講、妙蓮寺日忠、要法寺日辰等と並んで日我の説(『観心本尊抄抜書』の文)が紹介されている。日寛上人は、これらの説がいずれも文底独一本門に暗い「不相伝家」(富要三:七五)の解釈であると批判し、文底から見て文上の事・理の一念三千の差が僅少であることが「竹膜」の意なのだと明かしています。日我教学への明確な批判が、ここに見られます。関連して言うと、日寛上人と日我とでは、『観心本尊抄』に説かれる五重三段の第五の三段に関する解釈でも異なりを見せています。日寛上人は『観心本尊抄』を講義した際、古今の論者の中で「唯房州の日我のみ独りその大要を得たり」(『観心本尊抄文段』、富要四:二一三)として日我教学を評価しました。だが、続けて「然りと雖もその文義に至っては未だ美を尽さざるの処あり」(同前)と述べ、その不完全さを指摘しているのです。

次に、日教と日要の教学については、六巻抄に採用されていない説が多々あります。それが暗に日寛上人が批判した点であると考えることもできるでしょう。

先に述べたように、日寛上人は日教の法主本仏義や戒壇義を六巻抄に取り入れていません。もう一つ言えば、日教の『穆作抄』に釈尊の本因妙の時の師匠が上行菩薩であると説く点も（富要二：二五四）、六巻抄中の日蓮本仏論では用いられていない。結局、日寛上人が肯定したのは日教の説の一部だったわけです。

日要に対しても、これと同じことが言えます。妙蓮寺日忠と交際があった日要の教学は、八品派日隆の影響が色濃いといわれています。確かに、日要が三位日順の『五人所破抄』を注釈した『六人立義草案』を見ると、冒頭から「本門八品上行要付たる首題を信ずべき処に」（富要四：六七）といった表現に出くわします。いかにも日隆の八品思想の踏襲です。だからでしょうか。日要は寿量品の文底を神力品としています（富要四：七二）。一方、この『六人立義草案』を参照し、六巻抄中に二度も引用している日寛上人は、日要の神力正意説を全く取り上げていません。というより、『文底秘沈抄』の本門題目篇で「八品所顕神力の妙法なる故に本門の題目と云ふなり」とする八品派の教義に対して「吾祖の所判四十巻の中に都て此義無し」と反駁し、あくまで寿量品の肝心を本門の題目としているのです（富要三：一〇一）。この点、日寛上人が日要の八品思想を否定して採用しなかったことがありありと知られます。ですから、日要の教学もまた、日寛上人にとっては一つの参考にすぎなかったと考えられるのです。

結局、日教や日要、日我の教学は、大石寺上代の日蓮本仏義を踏まえつつも、真の文底義に徹底することができなかったように見受けられます。そこが、日寛上人をして取捨選択の態度を取らしめた要因といえるでしょう。そして、日寛上人が主体的に三人の教学から取捨選択し、いわば生かして使ったという史実の指摘が、彼らの教学思想を日寛教学の準備とする救済史的見方を支持する証明学的論証になるわけです。※48

b　日寛教学の準備となった反対思想
――要法寺日辰および大石寺日精の教学

ここまで、天台本覚思想や大石寺傍系の教学が日寛教学の形成に先立つ準備の役割を果たしたことを救済論的観点から解説してきました。が、しかし、同じく日寛教学の準備の意義を担った重要な教学が、他にもう一つあります。広蔵院日辰が大成した京都要法寺の教学がそれです。日辰の教学は日蓮本仏義をその根底で否定しますが、結論的にはこれに対する大石寺の危機感が日寛上人の日蓮本仏論を生み出したといっても過言ではありません。先に論じた本覚思想や傍系教学は先行思想として日寛教学の準備になりましたが、日辰教学は反対思想としてその準備になったといえるでしょう。

永正五（一五〇八）年生まれの日辰は日尊門流の僧であり、本隆寺日真の下で学びつつ、西山本門寺で富士門流の教義に接してもいます。当時、日尊門流は衰微し、大石寺や本能寺などの他門に移る僧俗も多くいたとされます（日辰著『負薪記』、『日蓮宗宗学全書』第二三巻、山喜房、一九六〇年、八八頁）。そうした危機感の中、日辰は教学の興隆によって門流を支えようと志します。やがて実力者になると、天文法華の乱（一五三六年）によって消失した同門流の上行院と住本寺を合併して要法寺と改称、十三世に就きました。京都堀川の同寺を拠点に著述活動に精励し、広く学匠と謳われたといいます。日興門流の諸山の融和活動にも取り組み、大石寺十三世の日院法主にも通用を申し出ましたが、拒絶されています。しかし、それから約三十年後、日辰の次の要法寺住職である日賙と大石寺十四世の日主法主との間に両寺の通用が実現します。以来、約百年間にわたって要法寺から大石寺に人材が送り込まれ、じつに九代も要法寺出身者が大石寺の歴代に名を連ねることになったのです。

日朗門流の系統が支配的な関西の日蓮教団と近接していた要法寺の教学は、一致派に近い勝劣論を立て、寿量品の釈尊を本仏と仰ぎ、仏像造立や法華経一経読誦を認めるなど、日蓮本仏義を中心とする大石寺の伝統とは本質的に相容れないものでした。実際、日院法主が要法寺との通用を断るために日辰に送った書状には、釈尊本仏義と日蓮本仏義との教義的な相違が書き連ねられています。ただ複雑なのは、大石寺側も上代には過程としての釈尊本仏義や仏像造立を容認していたという点でしょう。つまり、大石寺門流に要法寺教学を受容する素地が全くないわけでもなかった。そのためでしょうか。要法寺の教義は人材流入を通じて大石寺に入り込み、やがて中核的信条である日蓮本仏義を否定する動きが、とりわけ大石寺十七世の日精法主の代に表面化してくるのです。

その日精について述べる前に、日辰の教学の特徴を一瞥しておきます。日辰教学は、日朗の門下で京都に進出した日像の系統（四条門流）から分流した本隆寺日真の影響を強く受けていることが、つとに指摘されています。日真は本果実証、寿量品正意説を立て、やはり四条門流から分かれた慶林日隆の神力本因下種、八品正意説に対抗しました。したがって、日辰も寿量品の本果釈尊を本尊とし、日隆教学を批判する立場に立ちます。そして、日尊門流に伝承されてきた『本因妙抄』『百六箇抄』に疑問を投げかけつつ、それでいて両抄を用いて「久遠元初自受用身」の教義概念を実修実証の本覚の仏とし、寿量品の本果妙の釈尊を種脱一双、久遠元初自受用身と結論するのです。例えば、「三大秘法の本門本尊とは久遠元初の自受用報身如来なり、是は本果妙の釈迦の事なり」と主張した後で、『本因妙抄』の「彼は応仏昇進の自受用報身の一念三千・一心三観、これは久遠元初の自受用報身の無作本有の妙法を直ちに唱う」（新二二二六頁・全八七五〜八七六頁）を引用したりしています（『二論義』、『日蓮宗宗学全書』第三巻、三〇〇頁）。久遠元初の自受用報身は報身として修因感果の仏だから本果の仏である、というのが彼の主張です。あるいは、『百六箇抄』の「久遠従果向因の本迹」にある「本果妙は釈迦仏、本因妙は上行菩薩」（新二二〇九頁・全八六三頁）との文について、本因妙の上行菩薩とは釈尊本因妙の時の弟子という意味だと説明したりしています（『二論義』、『日蓮宗宗学全書』第三巻、二七六頁）。相伝書の解釈とはいえ、かなり無理があるように思われます。しかし、日辰は釈尊中心の世界観や本因本果総在の本仏論からそう解するわけです。

このように、『本因妙』『百六箇抄』に対する日辰の解釈は本果の立場や釈尊への強いこだわりを感じさせます。元々日尊門流は『本因妙抄』『百六箇抄』を重要深義として相伝していましたが、本来両抄の教えから導かれない釈尊の造像や法華経一経の読誦を行ってきました。日辰は、そうした尊門教学の矛盾を何とか正当化しようと試みたのでしょう。『百六箇抄』の教えを釈尊本仏の立場で解釈するなど、いわば釈尊仏法の亜種としての日蓮仏法を唱えました。つまり、寿量品文底という日蓮仏法の教義の淵底まで入り込んで、本果妙の釈尊を本仏に立てるわけです。他門の一致派や勝劣派の釈尊本仏義と比較して、より根源的な次元から日蓮本仏義を否定しているといえるでしょう。

その日辰の教義が通用によって大石寺に伝わり、要法寺二十六代の日瑤の門から出た日精が大石寺十七世となるに及んで、日辰の説に由来する釈尊仏像の造立や法華経一経読誦が公然と主張され、大石寺末寺に仏像が安置されるまでになったのです。

日精の著『日蓮聖人年譜』を読むと、本尊論に関して日辰教学の影響が顕著に見られます。同年譜中に、『報恩抄』の「本門の教主釈尊を本尊とすべし」（新二六一頁・全三二八頁）云々の文の解釈をめぐって、恐らく八品派の書と思われる「或る抄」の法本尊論を取り上げ、これに偏りがあるとして人法本尊を調和させる日精の論が展開されている箇所があります。そこでは、本尊を総体と別体に分け、総体を曼荼羅本尊、別体を人法本尊とした後、「三大秘法の時は久成釈尊を以って本尊とするなり」（富要五：一一八）と説きます。しかし、この総体・別体の人法本尊論は日辰の『観心本尊抄見聞』の「寿量品の本尊の事」の中で説かれており（『研究教学書』第五巻、三二四頁）、「三大秘法の時は久成釈尊を以って本尊とするなり」という同年譜の文も日辰の『二論義』の「寿量品」に記された「三大秘法の時は本門の本尊とは久成の釈尊也」（『日蓮宗宗学全書』第三巻、二九五頁）という文とほぼ同じです。要するに、日精はここで日辰の本尊論を祖述しているにすぎないのです。

また、別の日精の書『随宜論』（未公刊、日精の正本大石寺にあり〔富要九：六九〕）を見ても、仏像造立と法華経一経読誦が主張されるなど、日辰の説そのままです。同論の冒頭部分に「造仏は即ち一箇の本尊なり、誰か之を作らざる。然るに今に至るまで造立せざることは聖人の在世に仏像を安置せざるが故なり」と造仏の正当性が語られ、末尾には「予法詔寺建立の翌年仏像を造立す」（富要九：六九）と日精自身が実際に仏像を造立した事実が記されています。しかも、日精が主導した造仏行為はこれに限らず、関東方面の複数の末寺に及んでいたことが史料的に確認されます。

こうして要法寺日辰の教学は、その祖述者であった大石寺十七世の日精の時代に大石寺古来の教義的信条を塗り替えようとしていました。このときに、古来の日蓮本仏義を護ろうとする動きが起きます。『随宜論』の最後に「門徒の眞俗疑難を致す」（同前）と記されるように、当初から大石寺門徒の間では造仏への批判の声がありました。日精の隠居後、その声は一層高まったのでしょう。時が経つと、宗内で造立した仏像を撤去する動きが起きてきます。大石寺二十二世日俊は、造仏は邪義であるとして江戸の末寺から仏像を取り除くのみならず、同じ造仏義の北山本門寺をも批判したため、同寺から自讃毀他の咎で訴えられています。元禄二（一六八九）年に北山が寺社奉行所に提出した訴状中には「下谷常在寺は大石寺先代日精開基にして釈迦多宝の両尊上行等の四菩薩鬼子母神等造立仕り数十年の間安置せしめ候処に、日俊造仏堕獄の邪義を盛に申し立て、彼の仏像を悉く去却せしめ候。しかのみならず牛島常泉寺にも古へより両尊四菩薩を安置せしめ候処に、是をも頃年日俊悉く去却せしめ候」（富谷日震『本宗史綱』下巻、六七一頁、書き下し文は筆者）とあります。また、要法寺の寿円日仁の著『百六箇対見記』の付録——記載内容から元禄十一（一六九八）年以降と推測されます——にも「寛永年中江戸法詔寺の造仏千部あり、時の大石の住持は日盈上人後会津実成寺に移りて遷化す法詔寺の住寺は日精上人、鎌倉鏡台寺の両尊四菩薩御高祖の影、後に細草檀林本堂の像なり、牛島常泉寺久米原等の五箇寺並に造仏す、又下谷常在寺の造仏は日精上人造立主、実成寺両尊の後響、精師後施主、又京要法寺本堂再興の時日精上人度々の助力有り、然るに日俊上の時下谷の諸木像両尊等土蔵に隠し常泉寺の両尊を持仏堂へかくし（隠）たり」（富要九：七〇）と記されています。二つの史料を比較すると、『百六箇対見記』付録には北山文書にない法詔寺、鎌倉鏡台寺、細草檀林本堂、会津実成寺等々についての記述が見られます。つまり、『百六箇対見記』付録が北山文書に準じたものでないのは明らかである。したがって、日精が江戸の常在寺と常泉寺で仏像を造立し、日俊がそれを撤去したという史実は、細部の記載が異なる複数の史料によって裏付けられるわけです。

このように、日精の造仏に対する日俊の批判は大石寺近郊の北山本門寺の信仰にまで及び、激しい反発を招くほど徹底したものでした。そして、この伝統教義を再興する努力が、やがて二十六世日寛上人による日蓮本仏論の構築へとつながっていったのです。

日寛上人の『末法相応抄』の序文に「客」の談として「永禄の初洛陽の辰造読論を述べ専ら当流を難ず爾来百有六十年なり、而る後門葉の学者四（よも）に蔓（はびこ）り其間一人も之に酬ひざるは何ぞや」（富要三：一三八）との慨嘆の言葉が記されています。この言葉は、百数十年にわたって日辰の造仏読誦論に攪乱された大石寺教学を憂うる人々の声を代弁したものだったのでしょう。日精の死後、大石寺の伝統である日蓮本仏義を護ろうとする動きが次第に広がる中で、日寛上人は日辰教学の余風を教義の上でも一掃する責任を感じ、六巻抄を通じて日蓮本仏論を提唱するに至ったと考えられます。この観点から見ると、日寛上人が日蓮本仏論の文献的根拠として特に『本因妙抄』『百六箇抄』を重視したのも、日辰が属する日尊門流が古来両抄を尊重しつつも釈尊造像と法華経一経読誦を行ってきたことを正す意味があったのかもしれません。

ともかく、博覧強記の学匠と称えられた日辰や一時は大石寺中興とされた日精による造仏読誦論が存在しなければ、時代を画する日寛上人の日蓮本仏論も生まれ出なかったわけです。真理を本当に輝かせる役割は、その反対説にあります。J・S・ミルの『自由論』に言う「真理と誤謬との対決によって生じるところの、真理の一層明白に認識し一層鮮やかな印象をうけるという利益」（岩波文庫版、三七頁）が、反対説によってもたらされるからです。日蓮大聖人も、法敵であった忍性良観や蘭渓道隆等を自分が仏になるための第一の味方とされました。私が反対思想としての日辰教学、日精教学に日寛上人の日蓮本仏論の「準備」としての意義を認めるのは、じつにこの意味からなのです。

c　日蓮教学全般に深く影響を及ぼした日寛教学

救済論的に考えれば、日寛教学以前のさまざまな教学的動向がその「準備」の意義を担うことを、ここまで論じてきました。では、日寛教学以後の教学的動向について、救済論的にどう捉えるべきでしょうか。私自身の見解はまだまとまっていません。ただ、私たちの救済論的な視点から種々の教学文献を読み込むと、日寛教学が他門流の教学に与えた影響の大きさが看取されます。今回は、この点を指摘するにとどめたいと思います。

立正大学を中心とする日蓮教学史の研究において、日寛教学の文底法門は一宗派の奇想天外な教学のように扱われがちでした。しかしじつを言うと、日寛教学は日興上人を派祖とする富士門流のみならず、日向系の身延門流、日昭系の浜門流、日朗系の日隆門流などの日蓮教学にも浸透し、その教学的変化に少なからず影響を与えた形跡があります。とりわけ身延門流の一妙日導の教学に日寛教学の影響が考えられる点は重要でしょう。一妙日導から本妙日臨、優陀那日輝、新井日薩へと続く流れを継承するのが立正大学の「大崎教学」であり、[※49]今日の日蓮宗学の主流を形成するといえるからです。さらに言えば、明治初期に新井日薩の元で学びながら、その摂受主義に反発して在家仏教団体を設立した田中智学の教学にも、日寛教学の足跡を認めることができるかもしれません。

c－1 要法寺門流への影響

最初に、富士門流の要法寺派における日寛教学の影響から見ていきましょう。十六世紀から十七世紀にかけて、大石寺は要法寺と百年余り親密な関係を築いていました。その間、要法寺出身の僧が九代にわたって大石寺法主の座に就いたことから、大石寺側は教学面でも要法寺の影響を受けました。中でも要法寺出身の十七世日精が日辰流の造仏論を唱え、大石寺の末寺に仏像が安置されるに至ったのは特筆すべき事柄です。ことほど左様に、十七世紀後半頃までは要山系教学が石山教学を凌駕していました。

ところが、十八世紀に入り、日蓮本仏を高唱する日寛上人の教学が台頭すると形勢は逆転します。十三世日辰の教学的影響の下、要法寺では造仏論の立場を取り、仏像を造立してきました。それが、日寛教学の形成と符合するかのように変化を見せ始めるのです。元禄十五（一七〇二）年、要法寺の住職は造仏論者の二十六世日眷でしたが、同寺の円教坊日体が種脱勝劣義による釈尊脱仏、日蓮本仏を唱えました。このため、日体は要法寺を追われ、九條に住本寺を創建して根本日蓮宗を名乗ったといわれます。日体が日寛教学を摂取したのは明らかです。もっとも、日体の弟子の日忍が、大石寺教学は曼荼羅中心で宗祖を軽視すると批判し、宗祖本尊を強調していることから、日体教学と日寛教学を同一視することはできません。

そのように、元禄の終わり頃から要法寺で日寛教学の影響が目立ち始めるわけです。造仏論者の二十六世日眷が享保十二（一七二七）年に死去すると、二十七世の日奠（一六八四〜一七五〇年）は造仏を否定したといわれます（日住『興門百囲論』（前掲『研究教学書』第二十巻、五四八頁）を参照）。日寛上人が六巻抄を再治し完成させたのが享保十（一七二五）年ですから、それから数年後には要法寺の教義が劇的に変化したことになるでしょう。要法寺が出した前掲『本宗史綱』（七五一頁）によれば、日奠は日寛上人も化主を務めた細草檀林に学び、その後、東北の地でも大石寺の学徒と友情を結ぶ中で、日寛教学に深く傾倒したといいます。そして、享保二（一七一七）年に大石寺末の会津実成寺住職を勧められたがこれを固辞し、その後、本山要法寺の日眷の後職に推され、享保十五（一七三〇）年に同寺二十七世を継いでいます。こうした記述に基づくなら、要法寺門流への日寛教学の流入は早くも日寛上人の存命中に始まっていたことになります。

そして時がすぎ、宝暦十（一七六〇）年、二十八世日全が造仏廃止の法令を出すに至るのです。そこに「一、当山の化儀は天文法乱已来暫く諸山に準じ造仏並に黒衣等著用を致し来り候処却つて門流の本意を失ふの間、今般御堂再建の序に衆評せしめ往昔の通り仏壇の躰たらく相改め候、主伴並に檀中我意を以て永々此の義違乱申すまじく候、後代の為に衆伴一統連判仍て件の如し」（富要九：七九）とあります。天文法乱の後に要法寺を再興した日辰以来の造仏等の化儀を改める、との法令がついに出されたのです。

この法令は二十九世日慈、三十世日良の代も継承され、三十一世日住の頃には、日寛教学に基づく種脱勝劣判、宗祖本仏論が一層声高に唱えられるようになりました。日住は、やはり細草檀林に学んだ経歴を持っています。その教学は、先の日体と同じく人本尊を強調したり、左京日教のような互為主伴論を取ったりする点が独特ですが、人法体一の下種本尊を強調する点では明確に日寛教学を継承しています。この頃の要法寺は仏像を廃し、曼荼羅本尊と祖師像を安置する一幅一体の本尊形式を取るなど、かなり大石寺と一体化した信仰に立っていたといえます。

しかしながら、この本尊式の改変が京都の日蓮系他山への挑発と受け取られ、要法寺は窮地に追い込まれます。比叡山が京都の法華宗を襲撃した天文法華の乱が大きな要因となり、寛文五（一六六五）年、要法寺は京都にある他の日蓮系諸山と一味同心、法理一統、諸門和談となる盟約を交わしていきます。これを「寛文の盟約」といいますが、約百年後の要法寺が本尊形式を改め仏像を撤廃したことが、この盟約への違反になると見られたわけです。寛政七（一七九五）年、京都十五本山が連判で要法寺を奉行所に訴え、要法寺の僧たちは不受不施のような異流義を立てたとの嫌疑をかけられ、捕らえられて連行されます。いわゆる「寛政法難」です。このとき、要法寺の側は大石寺と同門であると訴えたのですが、幕府の査問を受けた大石寺側がこれを否定し、要法寺は孤立しました。その経過の中で、寺院活動は制限され、日住とともに造仏否定論を唱えた日誠が三年にわたって監禁され、入牢中に毒殺されるという事件も起きています（前掲『本宗史綱』七九三～七九四頁）。

それでも日住は『興門百囲論』『翻邪興正論』を著すなどして造像批判を貫き、法義で十五山を圧倒したが、最後は一門存立のために涙を呑んで公の命令に従ったとされます（同前、七八六～七八七頁、八一一～八一二頁）。こうして要法寺側の譲歩が始まり、やがて妥協的な和解が成立します。要法寺は、再び釈迦像を安置するようになりました。しかし、なおも十五山の圧迫が続いたため、出雲を中心とする末寺が本寺に抗議して離脱騒動を起こすなどの混乱が続きました。末寺と本寺の争論は、文化元（一八〇四）年、奉行の勧告によってようやく終結を迎えています（同前、八七九頁）。

一連の動きを見ると、とかく純粋な教義論争よりも権力を頼む抗争が目につき、大石寺の保身的な体質も浮かび上がってきます。一つ言えるのは、そのように教義論争が政治闘争にまでこじれたこと自体、日寛教学の持つ思想的吸引力の強烈さを証して余りあるということです。要法寺の『本宗史綱』は、日寛教学の流入以降、幕末が近づく頃に至るまでの自門を総括して「凡そ百数十年間我が一門は殆んど石山同化の変態時代にして、化儀行軌の末に亘るまで悉く富士の流風模倣一向その遅れざらんを期せり」（同書七五四頁）と記しています。京都十五本山が仕掛けた政治的圧力で終わりを告げたとはいえ、じつに百数十年の間、日寛教学が要法寺門流の主流になったというのです。

由来、日蓮教学の根本命題は天台教学との差別化でした。本迹論争が延々と尽きなかったのもそのためです。結局、本果の釈尊を中心とする仏法の範疇で日蓮仏法を論じているかぎり、本因妙思想を説こうが、始覚即本覚を唱えようが、結局は天台教学の亜流の域を出ない。そうしたところに、明確に釈尊の仏法と一線を画する日蓮仏法論が、日寛上人によって体系的に提起されたのです。いかに特異な教義に見えても、日蓮門下に対する宗教的吸引力は計り知れないものがあったに違いありません。要法寺門流が根本教義を反転させ、日蓮系の京都十五本山が一同にそれを騒ぎ立て、政治権力を巻き込む大事件を惹起したのは、じつに日寛教学の影響力の大きさを物語っているのです。

c-2　身延門流への影響

続いて、身延門流の教学と日寛教学の関係を見てみましょう。中心にいるのは、近世日蓮宗学を組織したとされる一妙日導です。日導（一七二四～八九年）は、日寛上人が世を去る二年前に生を受けた一致派の教学者です。出家して京都の鷹ヶ峰檀林や中村檀林に学び、独自の宗学樹立を目指して研学に勤しんだといいます。当時の日蓮系の檀林は天台学に偏向し、日蓮大聖人の御書をほとんど顧みなかった。これに危機感を抱いた日導は、もっぱら御書の研究に没頭し、五年間の歳月を費やして天明五（一七八五）年に『祖書綱要』二十三巻を著しました。

『祖書綱要』（以下『綱要』と略記）は『観心本尊抄』を骨子とし、教相・観心の二門から日蓮教学を体系的に論じた書です。そこで強調されたのは、観心主義的な本迹一致論であり、また五大（地・水・火・風・空）を本仏釈尊とする凡夫本仏論でした。要するに、本覚論的な教学を構築することで、檀林教学の主流であった原始天台あるいは趙宋天台に対して宗学の独自性を確保しようとしたわけです。

けれども、この日導教学にしろ、あるいは身延日朝や平賀日意等の中古天台的な室町期の一致派教学にしろ、釈尊を中心に置く点では天台の余流といわれても仕方がないでしょう。結局、天台教学から真に独立した日蓮教学をいうなら、釈尊本仏に対して日蓮本仏を立てる日寛教学にすぎるものはない。しかも、それはすでに日導が『綱要』を完成させる六十年前に、六巻抄として結実し、教学的に体系化されている。であれば、「台当相対」の意識を強く持っていた日導が、一時代前の日寛教学に注目しなかったはずがないだろうと、私は考えます。

近代の日蓮宗学者である望月歓厚氏も、このあたりのことに気づいていたのでしょう。ただ、日寛教学を自宗の教学的伝統の中に位置づけることが、大石寺教学を批判する立場の望月氏には憚(はばか)られたのでしょうか。同氏は、日寛上人を他門の諸師と並立させながら、錯綜した言い回しで『綱要』に先んじた日寛教学の存在を指摘しています。

〈之(筆者注＝日導の『祖書綱要』のこと)を先きにしては大石寺日寛の人法一体宗祖本仏の本尊論、本因下種の基調に成立せる信心即成論、隆門日憲の他力臨終の成仏論、本因下種論より種脱の成仏を直ちに本法の区別として論ぜんと試みたる名字即成論、什門日受の仏界縁起、応身為正の本果為体論、信心正因次生成仏論の如きは、皆この宗学的意識の上に成立せる本化的教学なり。今本宗の宗学は日導によって組織せられたり。什・隆等の諸門に十年の遅れたるあるも、而もその整斉に於て前諸師の宗学を統合し、諸問題に渉って本尊抄を中心とし、題目を本体として組織せる大功は一に日導の綱要二十三巻の著にありといふべし。〉

(『日蓮宗学説史』七五八頁)

日導より先に宗学的な教学を展開した人物として日寛上人、忍成院日憲、合掌日受の三人を挙げ、それらを「前諸師の宗学を統合」したのが日導の『綱要』であると、望月氏は述べています。ならば当然、日導がこの三人の教学を参照した可能性を考えなくてはなりません。『綱要』の内容からして、日導が決定的な影響を受けたのは、第一に日寛教学ではないか。日導が中古天台的な凡夫本仏を説くのに対して日憲は信行不退の一生成仏としての即身成仏を説くこと、日導が『観心本尊抄』中心であるのに対し日受が『開目抄』中心であることなど、日導と日憲もしくは日導と日受を教学的に結びつけるのは難しいと思われます。むしろ日導教学と無理なくつながるのは、凡夫本仏を高調した日寛上人の教学なのです。

日寛教学は早くから京都要法寺に受容されました。その京都には日蓮系各派の諸山や学問所が集結している。したがって、日寛教学が諸門流に拡散し、約半世紀後に現れた日導教学に影響を与えた可能性は否定できないのです。

具体的に考えてみましょう。最初に言いたいのは、日寛教学のキーワードの数々が日導の『綱要』の中でも重要な概念として用いられている、という点です。「佐前佐後」「文底」「三大秘法」「人法一箇（人法一体）」――これらは日寛教学の骨格をなす教義概念ですが、どれも日導教学で重視され、強調されているものです。

「佐前佐後」とは、日蓮大聖人が佐渡に流罪された前後で法門を分かち、流罪以前を「佐前の法門」、流罪以後を「佐後の法門」とするものです。研究者の中に「佐前佐後」という言葉の嚆矢を日導とする人がいますが[※50]、佐渡流罪以後に三大秘法が弘められたことは日寛上人より少し前の安国院日講の『録内啓蒙』でも指摘されていますし、「佐渡已前」「佐渡已後」と概念化する点では日寛上人のほうが先にこれを行っています。日寛教学では、佐前と佐後の法門の区別が大聖人の真意を知る上で重要とされました。その数十年後に、日導も佐前佐後の重要性を唱えたのです。『綱要』第三巻の「佐渡以前未顕真実章」で、日導は「祖書を習ふの要佐州の前後を識るより先なるはなし」（山口晃一監修『日蓮宗史料』2、三一五頁、書き下しは筆者〔以下、『日蓮宗史料』各巻からの引用も同じ〕）と力説しています。さらに、四巻から第六巻にわたって「佐前佐後法門異相章」が設けられています。同章の趣旨として、「祖書綱要総目録」には「此章は具に祖文を出して佐渡前後の法門の異相を示す」（同前、三四頁）とあります。日導の議論は多岐にわたりますが、とりわけ佐渡以前の法門が念仏・禅の破折にとどまり真言を破さなかったとする箇所（同前、四二二頁）、佐渡以前はいまだ本尊と戒壇を顕さなかったと述べている箇所（同前、四三〇頁）および佐渡以後における安国論の正法が正像未弘の三大秘法を指すとした箇所（『日蓮宗史料』3、二四頁）などは、私には注目に値します。というのも、佐後における真言破折と三大秘法の顕説は、日導よりも前に日寛上人が強調したことだからです。日寛上人は、『三沢抄』に見られる佐渡以前と佐後以後の区別について、日蓮大聖人が佐渡以後に初めて真言宗の破折と三大秘法を顕したことを指摘しています（『撰時抄愚記』、前掲『日寛上人文段集』三〇四頁）。この点、日導は日寛上人の後を追ったともいえます。ただし、日寛上人が佐渡以後の所顕とする三大秘法が御本仏大聖人の御内証に基づくことは、「竜の口の法難」で日蓮大聖人が凡夫の迹を払って御本仏の本地を顕されたとする日寛上人の発迹顕本論に照らして明らかです。だから当然、両者の教学は本質的に異なるわけですが、表面上は類似する点が少なくないのです。

「文底」は、言うまでもなく日寛教学の核心を表す言葉です。法華経寿量品の文底に久遠元初の自受用身を見るのが日寛教学の立場です。これに対し、日導のほうは文上随他の本門と文底随自の本門という「二種本門」を立て、釈尊の五百塵点劫の成道の文底に本覚無作三身の釈尊を見ています。『綱要』第九巻に「随自本門とは所謂寿量品の文底五百塵點の所顕なり」「己心の釈尊無始の古仏を以て名けて随自本門となす」(『日蓮宗史料』3、四四七、四四九頁)等々と記される通り、日導は明確に文底の本門を説き、そこに『観心本尊抄』に説く「無始の古仏」としての本覚無作三身の釈尊を見るのです。日導は、文底の釈尊を無作三身にして自受用身とします。

したがって、『綱要』には中古天台的な観心主義の宗学の影響があるとされてきたのですが、私には日寛教学の影響もあるように思えます。なぜなら、『綱要』の二種本門説は、中古天台的な理顕本よりも日寛教学の「文底独一本門」[※51]を想起させるからです。執行海秀氏も、日導の文上・文底義と日寛教学の文底下種論との類似性を指摘しています。すなわち、「綱要の底上相対は、寛師の種脱底上相対思想と五十歩百歩の相違にすぎない」「両者とも第三重の在世顕説の能入の本門そのものに絶対性を認めるのではなく、その本門を能入・能顕として、その奥底に秘められてゐる所入・所顕の第四重の本門を文底法門と解してゐる点は全く同一である」等と評しています(「祖書綱要の四種三段判に於ける底上相対について」、『棲神』二五号、一九四〇年二月、一八二頁)。

また、日導が寿量品の文底の意義を示すにあたって、日興門流の相伝書である『御義口伝』の諸文を繰り返し引用している点が、私の印象に残りました。一々挙げるときりがないほどですが、特に『綱要』第十巻で引用された「無作の三身の宝号を、『南無妙法蓮華経』と云うなり」(『日蓮宗史料』3、六一〇頁、新一〇四八頁・全七五二頁)は、日寛上人が『依義判文抄』(富要三:一一九)で引用したのと同じ文です。

さらに、日寛教学が日蓮本仏論の文証とした御書の諸文を、日導が文底義を説明する中で同様に引用している点も注目すべきでしょう。少し調べただけでも、日寛上人が『当流行事抄』で引用した『当体義抄』の「釈尊、五百塵点劫の当初この妙法の当体蓮華を証得して、世々番々に成道を唱え、能証・所証の本理を顕し給えり」（新六一八頁・全五一三頁）や『総勘文抄』の「釈迦如来、五百塵点劫の当初、凡夫にて御坐しませし時、我が身は地水火風空なりと知ろしめして即座に悟りを開きたまいき」（新七二〇頁・全五六八頁）が、『綱要』第九、第十巻に同じく引用されています（『日蓮宗史料』3、四九五、五三一、五四四頁）。その他、『三大秘法抄』を随所に引用するところも日寛教学との類似性を感じさせます。

このように、日導の文底義には日寛教学と共通する点が少なからず見られます。むろん、日導の言う文底は教相に対する観心を意味し、法体の面では文上脱益の次元を超えません。つまり、脱益の上に文上・文底の相対を論ずるわけです。この点、種脱相対を立てる日寛教学とは大きく異なります。もっと言うなら、日導が文底に本覚無作三身の釈尊を立てるのに対し、日寛上人は文底に久遠元初の自受用身即日蓮大聖人を立てるという違いもある。[※52]それでも日導教学が『御義口伝』を多用し、本覚思想的とされる諸御書をも重視しながら、文上本門とは別に文底本門を立てるあたりは、日寛教学の文底独一本門さながらの観を呈しています。日導としては日蓮宗学の独自性を示そうとしたのでしょうが、一般の日蓮宗学を質的に超えた感が否めません。

次に、「三大秘法」に移りましょう。これについては、日寛教学が三秘中の「本門の本尊」を一大秘法とするのに対し、日導教学は「三秘は唯是れ一箇の題目」（『日蓮宗史料』6、三二一頁）として三秘合一の題目を立てます。それ以外にも相当な違いがあるのですが、日導が日寛上人と同じく三大秘法を宗義の中核と考えた点は注目に値します。日蓮教学史の上では、室町期の中山門流の本成房日実が『当家宗旨名目』で三大秘法を「当家宗旨の法門」とし、それ以来、各門流で重視されるようになったともいわれます。とはいえ、日導以前の身延派で、彼ほど熱心に三大秘法を論じた教学者はいなかったように見受けられます。日導自身、「古今の学者之（筆者注：三大秘法のこと）を秘して之を詳に弁ぜず　故に初信知らざる者多し」（『日蓮宗史料』2、五一頁）と記しています。日導が三大秘法に着目したのは、天台宗との差別化（台当相対）を徹底したかったからかもしれません。しかし、それ以外にも、日導が生まれて間もない頃に世を去った日寛上人が、六巻抄や御書文段で三大秘法を仏法の極理とし、盛んに講説を行ったことを忘れるべきではないでしょう。

『綱要』第二二、第二三巻は、三大秘法論のために設けられています。最初の「本家宗旨三大秘法章」では、三大秘法を妙解、観心本尊を妙行と区別しながらも、観心本尊を知るためには「宗旨の三箇」である三大秘法を知らねばならない、と主張されています（『日蓮宗史料』6、三一三頁）。「本門の三大秘法は是吾家の宗旨なり」（「祖書綱要総目録」、『日蓮宗史料』2、五一頁）というのが日導の考え方です。日導は三大秘法を「宗旨の三箇」としました。ところが、この「宗旨の三箇」は、日寛教学に見られる言葉でもあります。日寛上人の『観心本尊抄文段』『取要抄文段』『報恩抄文段』等々に「宗旨の三箇」という語が見えます。このうち、『取要抄文段』には「これを本門の三大秘法と名づく。また宗旨の三箇と名づくるなり」（前掲『日寛上人文段集』五八八頁）とある。そのように、「宗旨の三箇」という言葉は先に日寛教学で使われ、その数十年後に日導が使っているのです。付言しておくと、近世の一致派教学の主流をなしたとされる一如日重も三大秘法を「宗旨の三箇」と呼びましたが、戒壇軽視の面が指摘されており、[※53]『綱要』第二三巻で詳しく本門戒壇を論じた日導とは趣を異にしています。もちろん、日導が日重等でなく日寛上人の教学の影響を受けて「宗旨の三箇」を唱えたかどうかは不明です。今は「宗旨の三箇」という言葉の使用に関して、両者の前後関係を示すにとどめます。

最後に「人法一箇（人法一体）」ですが、日寛教学の本尊論の奥義にして日蓮本仏論が帰結するところの中核的な信仰信条です。一方、日導も本尊論において「人法一体の本尊」（『日蓮宗史料』6、四五一頁）を力説します。『綱要』第二二巻の「本門本尊三種違目章」の中に、興味深い記述があります。

問答形式で論を展開する日導は、次のような問いを立てます。——日興門流のある寺では開山以来、釈迦多宝の両尊に四菩薩を脇士とし、四大天王等を添える本尊形式を取ってきたが、近年の住職がそれらを除去して本堂に大曼荼羅を安置し、高祖（筆者注＝日蓮大聖人）の像を中央に移して下種の本尊、人法一箇の大本尊としているが、この義を許すか（『日蓮宗史料』6、四二一頁）――。すでに見た通り、これは日寛教学の日蓮本仏論の影響を受けて二尊四士の仏像本尊を撤去し、曼荼羅御本尊と宗祖御影を安置するようになった時期の京都要法寺門流の様子を伝える記述と見られます。日寛上人の日蓮本仏論の影響を受けて要法寺が本尊を改奠したことを日導が知っていた、という史料的根拠がここにあります。

上記の問いに対し、日導は本門の本尊が寿量品の教主釈尊であるなどと反論を述べるのですが、しばらくして再び当時の要法寺の本尊論に言及します。――日興門流には血脈相承の奥義があって釈尊・上行・日蓮大聖人の三名即一体を談じ、大聖人の像を中央に移して人本尊として尊敬しているが、この義はどうか（同前、四五〇頁）――。当時の要法寺が人法体一の曼荼羅御本尊の上に宗祖御影を尊重し、人本尊と崇めていたことを伝えているのでしょう。釈尊・上行・日蓮大聖人の三名即一体論は、要法寺三十一世日住の「釈迦上行一仏二名……釈迦上行一体ならば其上行菩薩の再誕にて在ます日蓮大聖人なれば釈迦即日蓮の義分明にあらずや」（『興門百囲論』、『研究教学書』第二〇巻、七〇頁）との教説などに見られます。日導が言及した、宗祖を人本尊とする釈尊・上行・日蓮大聖人の三名一体とは、日寛教学の影響を受けた時期の要法寺教学を指すものと思われます。

さて、右のような曼荼羅中心で日蓮本仏の信仰に基づく人法一箇論に対し、日導は、人法一箇の本尊を南無妙法蓮華経とし、『御義口伝』の「無作の三身の宝号を、「南無妙法蓮華経」と云うなり」（新一〇四八頁・全七五二頁）や『諸法実相抄』の「妙法蓮華経こそ本仏にては御座しまし候え」（新一七八九頁・全一三五八頁）を引きながら本仏釈尊と妙法五字の人法一体を唱えて反論します。釈尊と大聖人の関係についても一体の上に差別があるとしています（『日蓮宗史料』6、四五一頁）。このように、日導の人法一箇論は無作三身の本仏釈尊を立て、日蓮大聖人を釈尊の脇士である上行菩薩の後身としか見ません。さらに言えば、行者の当体を無作三身の本仏とする己心本尊論も説いています（望月前掲書、七七三頁）。よって、日寛教学的な人法体一論とは根本的に異なるわけですが、人と法を区別する古来の本尊論に対して人法一体を唱えた点は同じでしょう。日寛教学を金科玉条とした時期の要法寺教学を知り、さまざまな点で日寛教学に似た論理展開を行っているところを見ると、日導が人法一箇という教義概念を直接的あるいは間接的に日寛教学から得た可能性は多分にあると思います。[※54] そして、ひいてはそれが優陀那教学を経て近代の清水龍山、田中智学、山川智応等による人法の一体視につながっているかもしれないのです。

ちなみに、日導が人法一箇の根拠として挙げた『御義口伝』『諸法実相抄』の文を、日寛上人も六巻抄や御書文段で人法体一の本尊を論ずる際に用いています。すなわち、『御義口伝』の「無作の三身の宝号を、「南無妙法蓮華経」と云うなり」は、前述したように日寛上人の『依義判文抄』（富要三：一一九）に、『諸法実相抄』の「妙法蓮華経こそ本仏にては御座しまし候え」は『観心本尊抄文段』（富要四：二八三）に、それぞれ見られます。ついでに言うと、日導は伝教大師の『秘密荘厳論』の文として「一念三千即自受用身　自受用身とは出尊形仏」を示しつつ「大曼荼羅即本門寿量の教主釈尊の形貌なること」を説いていますが（『日蓮宗史料』6、三五〇～三五一頁）、この伝教の文は、言うまでもなく日寛上人が人法体一を証するために六巻抄中に繰り返し引用した文（『三重秘伝抄』〔富要三：五三〕『文底秘沈抄』〔富要三：八五〕『末法相応抄』〔富要三：一六二〕）です。

以上、日導教学と日寛教学の接点を共通の教義概念を通じて考察しました。ここで改めて、最大の共通点といえる凡夫本仏論に焦点を当ててみましょう。日導が『総勘文抄』の「釈迦如来、五百塵点劫の当初、凡夫にて御坐しませし時、我が身は地水火風空なりと知ろしめして即座に悟りを開きたまいき。」（新七二〇頁・全五六八頁）との文を『綱要』第九、十巻に引用したことは先に触れましたが、『綱要』第一巻にも引用されています。日導は当文を示した後、「釈尊五百塵点劫の当初我が身体を成ずる所の五大種三世常住不思議の本法なりと知って　即座に開悟し其身を改めずして即寂光浄土毘盧遮那仏なり」（『日蓮宗史料』2、一一〇頁）と述べて本仏釈尊の本体を地水火風空の五大とします。そして、この五大が妙法五字であり、衆生の本体でもあると説き、衆生と妙法五字と久遠実成の釈尊との一体不二を説くのです。すなわち、「我等衆生の身体全く是妙法蓮華経の五字と久遠実成の釈尊となり」（同前、一一五頁）とあります。ここに、妙法を媒介とする凡夫本仏義が成立するわけです。

この日導の論理展開が、同じ『総勘文抄』の文を引いて日寛上人が立てた論述と似ていることに注目すべきでしょう。『当流行事抄』では、この『総勘文抄』の文が引かれ、その解釈が続く中で、「当家深秘の御相伝に云く我身の五大は即法界の五大なり法界の五大即我身の五大なり云云」（富要三：二〇三）と記されています。この「御相伝」とは『御本尊七箇相承』であり、引用箇所の後に「法界即日蓮、日蓮即法界」（富要一：三二）とある。五大を体とする日蓮本仏論であり、日導との違いは釈尊でなく日蓮大聖人を本仏とする点です。しかし、五大を体とする本仏論という点で両者は変わらない。ならば、前後関係からいって、やはり日導教学が日寛教学の論理展開を踏襲した可能性が考えられるでしょう。それほど、日導の凡夫本仏の論の立て方は日寛上人のそれと似ているのです。

補足しておくと、当時の一致派教学から見ても、日導の二種本門説や凡夫本仏論は奇異に映ったようです。智勇院日進は、文上文底の二種本門説が法華経を虚説とする、凡夫本仏等は凡夫に驕慢を起こさせるなどと論じ、日導教学に批判を加えています（望月前掲書、七九九、八〇〇頁）。また、幕末の学僧である優陀那日輝は、観心主義的な日導教学が唱題を重んじた点を評価しつつも、その理本覚的な面を修正し、始覚的な修行得道の必要性を説いたとされます。一致派の始覚即本覚論は中古天台の影響ですが[※55]、五百塵点劫を仮説とする場合は、本覚の果位に偏して理本覚的な修行不要の成仏論に陥る嫌いがあります。

それはともかく、身延系の一致派教学の歴史において、一妙日導の教学が文底本門の領域に一歩深く足を踏み入れたのは確かでしょう。その理由として、日蓮教学の伝統にある中古天台的な観心主義の影響が指摘されてきました。ただ、それ以外に、日導に先んじて日蓮教学の独自性を打ち出した日寛教学、あるいはこの後に論ずる玉沢門流の境持日通の教学等の影響を検討する余地も十分にあると思います。

日寛上人の六巻抄は大石寺で秘書扱いされたようですが、写本等を介して徐々に宗外に伝わったといわれています。堀日亨上人は「此（筆者注：六巻抄を指す）と本尊抄文段とは特に門外不出貫主直伝の秘書であったが、後世には何日となしに写伝して次第に公開せらるるに至った」（前掲『日蓮正宗綱要』六七頁）と述べています。それでなくとも、すでに日寛上人の存命中から京都要法寺の学僧が日寛上人の日蓮本仏論に感化を受け始めているのです。その要法寺の教義改変を伝え聞き、一致派宗学の立場から批判的に応答したのが日導その人でした。したがって、日寛教学との類似性が多い日導の『綱要』成立について、現代の研究者が両者の関係を詳しく調べるのは有意義なことでしょう。

さらに、日導の影響を受けた優陀那日輝の教学についても、日寛教学との関係を精査すべきかと考えます。要法寺が日寛教学に感化されて京都で本尊問題を惹起したことは当時の一致派の学匠たちも注目したところであり、日導がこれに言及を重ねたのは今述べた通りです。要法寺の事件以後、身延派でも造像本尊の問題が最重要課題となり、日輝が本尊問題から一致派教学を体系化したのもそのためといわれています。[※56] つまり、日寛教学を遠因として江戸時代後期の身延派に本尊論が起きたということでしょう。

日輝の人本尊論で引用される『御義口伝』の「無作の三身の宝号を、「南無妙法蓮華経」と云うなり」（新一〇四八頁・全七五二頁）と「無作の三身の所作は何物ぞという時、南無妙法蓮華経なり」（新一〇四九頁・全七五二頁）は、[※57] どちらも日寛上人が『依義判文抄』で人法体一の根拠とした文です。御書以外の経論に関しても、両者はともに法華経法師品の「此の中には已に如来の全身有す」（創価学会版『妙法蓮華経並開結』、三六三頁）や天台の『法華文句』の「此経は是れ法身の舎利なり」（『国訳一切経』経疏部二、大東出版社、一九八九年改訂四刷、三五一頁）の文を用いて法本尊論を退けたりしています。[※58] 日輝教学は、近代日蓮宗の重要な潮流となっています。ですから、日輝教学と日寛教学との関係性の探究は、最終的に現代の日蓮宗教学における日寛教学の影響の痕跡を調べるところまでいくでしょう。今後の解明に期待したいと思います。

なお、日寛上人以前を考えると、いち早く文上・文底義を唱えた日陣門流の日求のような学僧もいたことが知られます。こうした例についても、単に中古天台との関連を考えるだけでなく、日寛上人以前の富士門流からの教学的影響を検討してみる価値がありそうです。

c－3　日昭門流への影響

日向門流である身延派の次に、日昭門流の教学に対する日寛教学の影響を見ていきます。考察対象は境持日通（一七〇二〜七六年）の教学です。日通は玉沢門流（日昭門流）の教学者であり、長く中村檀林で学んで化主となり、玉沢妙法華寺の三十三代を継ぎました。編年体御書目録である『境妙庵目録』の作者として知られますが、他にも数々の著述を残しています。その一つが『御書證義論』です。執行海秀氏や望月歓厚氏によると、同論で宗祖本仏が唱えられていると言います。ただし、これは公刊されておらず、立正大学図書館所蔵の写本があるそうです。ここでは、執行氏（『日蓮教学史』三二二〜三二八頁）や望月氏（『日蓮宗学説史』七四九〜七五四頁）の解説を通して日寛教学との類似性を押さえることにします。

日通の宗祖凡師本仏論は、「億々萬劫至不可思議」の繰り返し顕本論と法師品正意論に基づいていると言います。前者から説明すると、本仏は下種益を成ずるときには名字未断の凡夫として出現し、億々萬劫至不可思議の間、種熟脱の教化を施して妙覚果満の脱益の仏となった暁に衆生教化から離れる。その後はまた次の下種仏が出現し、同様に億々萬劫至不可思議を経て化導を成就する。前仏の化導が終われば、後仏の化導が始まる。これを無限に繰り返すとするのが、日通の「億々萬劫至不可思議」の繰り返し顕本論のようです。

釈尊と宗祖の関係をいえば、釈尊と宗祖は同体とする。その上で、前仏の釈尊の化導は久遠の億々萬劫不可思議劫の最初の下種に始まり、いまや衆生を得脱させ、そこから漏れた人々も正法・像法の間に尽きたとされる。そして、前仏と後仏の引き継ぎの時期である五五百歳を過ぎ、末法六百年目からは後仏たる宗祖が正しく教主となる時代だという。こうして諸仏道同の一仏の化導が繰り返されるというのが、日通の繰り返し顕本論です。

後者の法師品正意論は、寿量品の我本行菩薩道の化他行を法師品の凡師とし、これを法華経の根本精神とする考え方です。日通によれば、宗祖の本地は上行菩薩ではない。上行をはじめとする地涌の菩薩は、むしろ法師品の凡師を助ける役人なのだと言っています。要するに、宗祖の本地を上行とする一般的な見解を否定するとともに寿量品文底の因行を法師品に求め、宗祖凡師本仏を立てるわけです。日蓮大聖人を上行菩薩の再誕とする見解が日蓮教団に広く定着する前には、宗祖を迹化の菩薩とする考え方があったともいわれま

す。日通の法師品正意は、その流れを汲むのかもしれません。[※59]

日寛教学では、『当流行事抄』（富要三：一九九）や『観心本尊抄文段』（富要四：二七八、二九七）に「久末一同」とある通り、久遠即末法の化導を説きます。つまり、日通の繰り返し顕本のように円環的な時間論ではなく、瞬間即永遠の時間論を展開しています。また、日寛教学では、言うまでもなく法師品を迹門の教えとし、あくまで寿量品文底を正意とします。さらに、日寛上人も釈尊と宗祖の同体を説きますが、日通のような種脱一双の同体論でなく、種脱勝劣における下種仏の異名同体論を唱えます。

両者にはこうした本質的な違いがあります。しかしながら、日通の教学において宗祖を末断の凡師と称し、寿量品の文底を志向し、釈尊・宗祖の同体を説く点などは、日寛教学からの、広くいえば富士教学からの摂取をうかがわせるに十分でしょう。そこで、執行氏は「大石寺日寛の宗祖本仏論の思想と相通ずるものがある」「日通の法師品正意、宗祖凡師本仏論は、興門の寿量文底正意論、本因妙行者本仏論の一変形」（『日蓮教学史』三二五、三二八頁）等と評し、望月氏に至っては「師（＝日通）の宗祖観が本宗に於ける特色あるものにして富士門流のそれに影響されたるは明瞭なり」（『日蓮宗学説史』七五四頁）と断じているのです。じつを言うと、日通は『祖書証義論』と題する書の中で、熱原法難や身延離山、大石寺の創立等について妄想としか言いようがない我説の数々を並べ立てています。それらは堀日亨上人から「険悪極まる暴説」として一蹴されていますが（前掲『富士日興上人詳伝』二三一頁）、逆に言うと、日通はそれほど富士門流に強い関心を抱いていたとも見なし得るわけです。

境持日通の宗祖凡師本仏論は、かなり奇抜な論理でした。にもかかわらず、それは玉沢四十一世の境修日桓に継承され、釈尊名字の凡位が日蓮聖人であるとするなど、さらに日寛教学に接近しつつ鼓吹されていきます。そうして玉沢教学の特色ともなったのです。ちなみに、この日桓の弟子にあたる桓叡日智が玉沢流の宗祖本仏論に疑問を抱き、優陀那日輝にこの点を質問した際に「富士の穴に入る」と語ったといわれています（望月『日蓮宗学説史』八八九〜八九〇頁）。このような玉沢教学の展開を見ても、日寛教学が他門流の教学に及ぼした波紋は存外に大きかったのではないかと考えられます。

c－4　日隆門流への影響

さらに、勝劣派に分類される日隆門流に対する日寛教学の影響を見ておきます。

八品派の門祖である日隆の教学は、日寛教学と似て非なるものです。日隆は本因下種論に立って種本脱迹を唱えましたが、法体を本因妙とするわけではなく、末法を本因妙の時とする主張にすぎません。法体の立場では種脱同体論をとっています。要するに、時機に注目した種脱勝劣論です。また、日隆は寿量品の文底を神力品に見て上行所伝・本因下種の南無妙法蓮華経を立てる。法華経文上の次元にとどまる本因妙思想です。さらに、日隆は本因妙の釈尊と末法の日蓮との一体を説きますが（『私新抄』、『日蓮宗宗学全書』第八巻、八五頁）、他方で本果妙の釈尊と本因上行との同体も述べています（『五帖抄』、望月前掲書、一八三頁を参照）。日隆の場合、本因本果の法体の相違を認めず、ただ因果の立場の違い、種脱の教主の区別を論じてそうなるのです。日隆教学において、「人」は根源的意義を持ちません。錯綜的とはいえ、日隆は基本的に「法先仏後」の法勝人劣論者でした。五百塵点実数説に立った彼の繰り返し顕本論も、要法を釈尊上行の本師とすることで無始無終の世界にかかわるわけです。

このような日隆教学が、種脱の法体の勝劣を説き、文上と文底の次元を厳格に立て分け、「人法体一」の法体を究極とする日寛教学と似ているはずもありません。しかし、一見するだけでは、ともに本因下種論や釈尊日蓮一体を説くなど、両者の違いを見極め難いところがある。日隆教学と大石寺教学の関係をめぐって議論が絶えない理由でしょう。

今、そうした観点を踏まえて日寛教学が成立した後の日隆教学の動向を調べてみると、日隆的な種本脱迹思想を超えて日寛的な種脱勝劣思想を唱える論者が出たことが確認されます。日寛上人が学び、化主となった細草檀林は、元々八品派と富士派が合同で設立した勝劣派の学問所でした。堀日亨上人によると、「此處（筆者補：細草檀林を指す）は建て手即ち資本家の多くは当家であって、先生と学生の多くは隆門の本能寺等であったが、次第に当山が能所共に多数になって」いったとされます（前掲『日蓮正宗綱要』七九頁）。この点、日寛教学が八品教学に流入しやすい素地はあったといえます。そして、江戸後期の隆門に舜龍日蒼という学僧が現れ、日寛教学の種脱勝劣義を思わせる本因本果の法体の勝劣論を展開したのです。

日蒼は、最初一致派の寺で出家しましたが、後に法論を通じて八品派に転じ、さらに富士派に入ってそこも追われ、最後は教団に属さずに終わるという、異色の経歴の持ち主です。その教学的基調は日隆教学に置かれ、八品中の神力品を正意とし、本因妙を下種の体とする日隆の思想を継承しています。その半面、日隆教学を踏み超えた教義理解も見られます。法体本因論と呼ばれるものがそれです。日蒼は、日什門流の日理との論争において日理の本果為体論に反対して本因為体論を唱えました。すなわち、法体そのものを本果の妙法とする日理に対し、日蒼は法体について因勝果劣があり、本果は用、本因が体であると主張しています（執行前掲書、三九三頁）。

日隆の本因下種論は法体を本因妙としないため、日蒼の法体本因論は日隆教学の綱格から外れ、種脱の法体に勝劣を立てる日寛教学に接近しています。執行氏が「日蒼の本因下種論は従来の行法本因論より法体本因論へと展開せしめたものであって、これは富士派に於ける種脱勝劣思想と同一で、ただこれを神力正意論の立場から論じた点が異なるのみである」（同前、三九四頁）と論ずるところです。

その他、日蒼には凡夫本仏論もあったとされます。執行氏は、日蒼の著『本尊分蒙』が日導の『綱要』の文に依拠することから、その凡夫本仏論が日導教学の踏襲であると断じていますが（同前）、背景要因として日寛教学の影響を考えるのも無意味ではないと思われます。そもそも日導教学からして日寛教学を参考にした可能性があるのですから、より詳細な考察が求められるでしょう。

以上の議論をまとめます。日寛教学は同系の富士門流各派に限らず、一致派や勝劣派の教学にも看過すべからざる影響を及ぼしたことが推察されます。もちろん、日寛教学以前の富士門流教学が他門流に与えた影響も同時に検証しなければ、信頼できる仮説は立てられないでしょう。それを行うには多大な労力が必要です。ここでは、創価学会の信仰の証明学という観点から、問題の所在をいくつか指摘したにすぎません。新たな学問的な仮説を立てたつもりはなく、その前の下調べです。ただし、この作業を通じて、日寛教学以前の各宗派の教学を「準備」とし、日寛教学以後のそれを「影響」と見るという、私たちにおける救済史的な日蓮教学史の輪郭が、おぼろげながら見えてきた気もします。

d　日寛教学の普遍性と時代的制約

本項を閉じるにあたり、創価学会の救済史における「広布の時代」を生きる私たちから見て、「護持の時代」の日寛教学のどこに普遍性があり、またどこに時代的な制約があるのかについて、少々私見を述べさせていただきたいと思います。

私は、第四章第一節eで、救済論的観点から日寛教学が創価学会の教学の予型であることを論じました。それは、日寛教学の普遍性を捉えて創価教学の予型としたわけです。では、何をもって、その普遍性を定めるのか。信仰の学にあって、第一の基準は学問的な普遍性ではありません。仏法それ自体です。そして、創価信仰学が出発点とする三代会長は、仏法が生命の哲学であり、そこに根本の人間主義があることを教えています。よって、私たちは、日寛教学の教義上の普遍性が生命の尊厳観、人間主義の教えにあると理解します。日寛上人の日蓮本仏論は人間本仏論に通じていますから、まさにこれにあたります。また、仏法といっても正しい師弟関係に基づく信心の実践の中にしかないことから、日寛教学に見られる日蓮大聖人直結の教えも信仰上の普遍性を持つと思われます。そこには、人法体一の曼荼羅本尊への信仰があります。

以上が日寛教学の普遍性と考えられるものであり、実際に戸田先生や池田先生が指導や講義等で日寛上人に触れる際に言及してきたところでもあります。私が今述べている普遍性は、現代の諸学問が示す普遍性と全く同じではありません。学問的な普遍性については、三代会長の仏法論の中に取り込んだ上で用いていくべきでしょう。信仰の学を論じる私たちは、仏法と学問の順序が逆にならないよう、常に注意しています。

次に、日寛教学の時代的制約について考えます。なぜこれを問題にするかといえば、現代の「広布の時代」にそぐわない過去の「護持の時代」の教学を明らかにするためです。だから、「時代性」でなく「時代的制約」と表現しました。時代性をいうなら、私たちも二十一世紀という時代性の中に入り込んでいます。

ここで論じたいのは、そうした歴史相対主義的な認識ではなく、救済論的に救済史の流れを自覚することなのです。

ですから、日寛教学の時代的制約については、基本的に「護持の時代」に特有の教義や信仰のあり方が該当すると考えています。さまざまな観点からの考察が必要となるため、そう簡単には結論が出せません。今は、創価信仰学の立場から三点ほど指摘します。

第一に、日寛上人の日蓮本仏論には末法の御本仏の唯一性を強調するという特徴があります。もっとも、唯一性と平等性の両面を説いた上で、唯一性を強く唱えるわけです。日寛上人の本仏論に唯一性と平等性の両面があるのは、『観心本尊抄文段』の説示によく表れています。すなわち、「此の本地難思の境智の妙法に即ち御主有り所謂る蓮祖聖人是れなり。」（富要四：二五二）、「当に知るべし久遠元初の自受用身とは蓮祖聖人の御事なり、久末一同是れを思ひ合すべし」（富要四：二九七）などは唯一性の日蓮本仏論であり、「我れ等一心に本尊を信じ奉れば本尊の全体、即我が己心なり……我れ等一向に南無妙法蓮華経と唱へ奉れば我が身の全体即是れ本尊なり。」（富要四：二二七）、「我れ等此の本尊を信受し南無妙法蓮華経と唱え奉れば、我が身即一念三千の本尊、蓮祖聖人なり。」（富要四：二九七）などは平等性の日蓮本仏論といえるでしょう。

その上で、日寛教学の全体を見ると、唯一性の本仏論が強く唱えられていることがわかります。六巻抄においても、平等性の本仏論に通ずる『本因妙抄』の「信心強盛にして、ただ余念無く南無妙法蓮華経と唱え奉れば、凡身即仏身なり。」（新二二二三頁・全八七二頁）との文が複数回引用されるものの、『文底秘沈抄』に「人の本尊とは即久遠元初の自受用報身の再誕末法下種の主師親本因妙の教主大慈大悲の南無日蓮大聖人」（富要三：七七）と記されるごとく、唯一性の本仏論のほうが目につきます。やはり「護持の時代」の本仏論としては、日蓮教団の主流が唱える釈尊本仏義を破して自門の日蓮本仏義を宣揚することが差し迫った課題だったのでしょう。だから、唯一性を強調する日寛上人の日蓮本仏論は、その表現の仕方が「護持」という時代的な制約を帯びていたように思うのです。

ただし、日寛上人の本仏論の核心は、どこまでも唯一性と平等性の両立にあったというべきです。日蓮本仏論の基盤は凡夫本仏論であり、凡夫本仏論は原理的には天台教学の十界互具・一念三千の法理から導かれます。一念三千の世界観は一元論でもなければ多元論でもなく、一と多が自由自在に相即する不可思議なものです。したがって、本仏はただ一人でありながら、しかも万人でありうるのです。どちらかに偏ることはありません。

以前、私は天台教学の相待・絶待の二妙を宗教哲学的に「真理は一つであって多様である」と定式化し、宗教間対話の原理として「多一主義」を立てました（拙稿「創価信仰学の基礎」、前掲『創学研究Ⅰ』一四九～一五〇頁）。今は、十界互具・一念三千の存在論に立って「本仏は一人であって万人である」という「多一本仏論」を支持します。すなわち、唯一性（一性）と平等性（多性）の両方を具えているのが多一本仏論です。「一念三千即自受用身」の人法一箇を唱える日寛教学の本仏論も、存在の論理構造は一念三千ですから「多一本仏論」に他なりません。そして、この本仏論については、「一か、多か」といった極端な二分法に走らないことから、よりわかりやすく「中道本仏論」とも呼びたいと思います。ここで言う「中道」は「一方に偏らない」という意味で用いています。

第二の論点に移りましょう。日寛上人は、それ以前からある大石寺門流の御影本尊義を継承しています。私は、これを日寛教学の時代的制約の一つと見ています。『観心本尊抄文段』に「問ふ蓮祖の影像を造立して本尊と崇め奉るその謂れ如何」（富要四：二八三）とあり、道理と文証の上から御影本尊義の伝統を擁護しているのが、その端的な例でしょう。

しかし、一連の記述をよく読むと、論の強調点は御影本尊義そのものよりも「人法体一の深旨」にあることがわかります。先の問いの前後に立てられている問いの数々を見ると、「末法今時色相荘厳の仏像を造立して本尊となすべきや」（富要四：二八二）、「本門の本尊の四字を以て、色相荘厳の仏となす此の義如何ん」（富要四：二八三）、「釈迦造仏を称歎す此の義如何ん」（富要四：二八四）等々、およそ釈尊仏像の造立に関するものばかりです。そして、これらに対する日寛上人の回答は、徹して色相荘厳の仏を否定し、「人法体一の深旨」（富要四：二八四、二八五）という表現を何度も繰り返しながら、日蓮本仏を唱えるものでした。主眼はあくまで「人法体一の深旨」にあったといえるのです。

強いて御影本尊義の説明に該当する箇所を探せば、「また是れ人法体一の深旨を顕すなり謂く下種の法華経我が内証の寿量品の釈迦仏の形を文字にこれを書けば即大曼荼羅なり木画にこれを作れば蓮祖聖人の御形なり」（富要四：二八五）が挙げられますが、これも「人法体一の深旨」を前提としています。あるいは、「問ふ本尊問答抄の意は但法華経の題目を以て本尊となすべしと云云、何んぞ蓮祖の形像を以てまた本尊とするや」（同前）と法本尊論者の立場から御影本尊義を疑う問いも見られますが、これに対しても日寛上人は「法華経の題目とは蓮祖聖人の御事なり、蓮祖聖人は即是れ法華経の題目なり」（同前）と人法体一の観点から回答を与えています。

要するに、日寛上人は人法体一の信条の上から御影本尊義を容認したのです。日寛上人において、人法体一は中核的な信仰信条であって教義的操作の産物などではない。「人法体一の深旨」は御影に先立ってある。なれば、根本的な信仰対象である曼荼羅御本尊がすでに人法体一だから、さらに御影を本尊と立てる必然性もないわけです。

ここに、日寛上人が御影に本質的な意義を認めていなかったとの推察が得られます。先述しましたが、日寛上人の時代の大石寺の信仰については、十七世紀の要法寺派僧（日忍）が〝大石寺は曼荼羅中心で宗祖を軽視する〟と批判していたほどなのです。そして、この私の推察は、六巻抄で御影本尊義が完全に排除されているという事実によっても裏づけられます。『文底秘沈抄』の本尊篇は「人法体一の深旨」を究極としますが、前段で人本尊が説明されます。その結論は「人の本尊とは即是久遠元初の自受用報身の再誕末法下種の主師親本因妙の教主大慈大悲の南無日蓮大聖人是なり」（富要三：七七）です。御影を人本尊とする教えは、どこにも見当たりません。あるのは末法の救済者である日蓮大聖人の内証を人本尊と仰ぐ義なのです。その他、日寛上人が御影本尊に対する法本尊論者の疑問に対して「法華経の題目とは蓮祖聖人の御事なり」（富要四：二八五）とする人法体一義を示し、「具に予が末法相応抄の如し云云」（同前）と述べている下りが『観心本尊抄文段』にあります。要法寺日辰の造仏論を破折した『末法相応抄下』を指すのでしょうが、実際に内容を確認すると、外難を遮す中で、人法体一の自受用身を教えつつ日蓮大聖人の当体が十界互具の大曼茶羅であることが示されています。しかしその一方で、御影本尊義には全く言及されていません。

御影本尊義に真意に至るための「第二の過程」の意義があることは、すでに第四章第二節gの中で論じました。過程はいずれ廃され、宗祖の真意が顕されなければなりません。ゆえに、後世への教学的遺言ともいえる六巻抄では、御影本尊義が跡形もなく消去されたのではないでしょうか。六巻抄は他宗破折の書ですから、釈尊仏像を否定する御影本尊義が高調されてもよかったはずです。それにもかかわらず、全くこれを扱わなかったところに、私は日寛上人の隠された真意を読み取りたいのです。

ところで、日寛上人が真意を表に出すことを避け、御書文段等で御影本尊義の擁護を行ったのには、いかなる背景的事情があったのでしょうか。日寛上人の生きた時代は祖師信仰が盛んであり、[※60]日蓮系各派が寺院の本堂、祖師堂、位牌堂等に御影にあたる祖師像を安置していました。特に、日蓮宗の信徒集団である「講」を中心とする江戸の民衆信仰において宗祖の祖師像は重要な礼拝対象となり、信徒たちが寺院の年中行事に積極的に参加していたといわれます。

釈尊本仏義を立てる他門流までが寺内に祖師像を安置して民間信仰に応える中で、日蓮本仏義を奉ずる大石寺門流が御影本尊義を廃するならば、かえって日蓮本仏義が覆い隠されることになりかねないでしょう。しかも、幕府の宗教政策である檀家制度が定着し、各寺院が檀家の参詣を日常化させようとした時期でもありました。そうしたことから、世間の祖師像信仰や檀家制度の確立に呼応する形で、大石寺門流も御影本尊義を高揚していったのでしょう。

また、日寛上人の時代は大石寺一門が常に潜在的な存亡の危機にさらされていたという点も見落としてはならないと思います。江戸時代の初期、幕府の招集によって身延久遠寺と池上本門寺の間で行われた「身池対論」で、国主の供養に対する受・不受の問題が争われました。このとき、受派の側で政治的勝利を得た身延派は、日蓮教団の最有力寺院の地位を獲得します。これ以降、身延派は勝劣派へも王侯除外の原則を踏まえるよう求めるようになり、寛文九（一六六九）年には不受不施禁制が発令されます。そうした状況の中で、大石寺門流は表向き受派を装ったものの、もし不受不施と見なされれば、たちまち権力の弾圧を受けて存亡の危機に陥る可能性がありました。

しかし、京都要法寺から大石寺に来て法主になった十七世日精が、元要法寺信徒で徳川家康を養父とする敬台院（万姫）の帰依を受け、その力で寛永十八（一六四一）年に三代将軍の家光より朱印状が下賜されたことで、大石寺は何とか幕府の公認を得ます。とはいえ、幕府の信任を得た身延派が不受不施問題で王侯除外を迫った富士五箇寺の一つが大石寺だったのですから、潜在的な脅威が去ったわけではなかったでしょう。[※61]そのことは、日寛上人が細草檀林で修学を始めた頃、北山本門寺が大石寺を自讃毀他であるとして寺社奉行に訴え、二十二世の日俊法主（当時は隠居）がその弁明に追われたことからも見てとれます。幕府権力と大石寺の間にあった、このような緊張関係が、日寛上人を教団維持のための教義的保守主義に向かわせたのは想像に難くないのです。

御影本尊義についてはこのあたりにして、第三の論点に入りましょう。日寛教学の時代的制約として、さらに述べておくべきは、日寛教学に歴代法主を正当化する配慮が感じられるという点です。最も顕著な例は、造仏読誦を唱え、現実に多数の釈尊仏像も造立した十七世日精の法義攪乱に対し、日寛上人が直接的な批判を避けたことでしょう。

六巻抄の一つである『末法相応抄』の冒頭の箇所は、要法寺日辰の教学を破折する体裁で日辰教学の祖述者だった日精を批判するという意図を感じさせます。あるいは、日寛上人が書き残した『当家法則文抜書』でも、日精が日辰さながらの総体・別体の本尊論や釈尊本仏義、修行論を唱えた『日蓮聖人年譜』の箇所を抜書して「精師且く他解を述ぶ。是れ則ち日辰の意なり。故に本意に非るなり」「是れまた他解なり。正義に非るなり」等々と所感を添え、婉曲的に日精を批判しています（『興風叢書〔1〕』七七、七九頁）。ちなみに、この日寛上人の添え書きの中に、三大秘法における「本尊の人法とは、人即久遠元初の自受用身、法即事の一念三千の曼荼羅なり」（同前、七八頁）と記され、三大秘法の時は久遠実成の釈尊を人本尊とし、事行の南無妙法蓮華経を法本尊とする、という『年譜』の主張を破しています。そのように、日寛上人に日精が日辰流の邪義を説いたとの認識があったことは、まず間違いありません。しかし、あえてそのことを六巻抄で触れず、抜書に添えた文言の類ですら〝これは日精の本意ではない〟などと意味深長に記すにとどめたのです。

そこには、門流僧俗が法主（貫主）の指南に従って結束することが教団維持のために不可欠である、といった認識があったものと推察されます。日寛上人が登場する頃までには、要法寺出身の法詔寺日感が若年の十九世日舜法主を擁護するために〝相承を受けた者は誰であれ「生身の釈迦日蓮」である〟と唱えるなど、すでに大石寺門流内で法主無謬論が形成されていました。これを逆にいえば、法主無謬を唱えなければならないほど教団の結束が危ぶまれていた、ということです。日寛上人が先師の法主を批判することは、机上で可能としても、現実には困難だったように思われます。大石寺の久成坊と寂日坊の本堂安置の板御本尊は、日精筆の曼荼羅を日寛上人が造立したものだと言います[※62]。坊の住職たちの願いを受けての造立でしょうが[※63]、日寛上人としては日精の曼荼羅を塔中坊の本堂に安置することで、大石寺法主に対する山内の信頼が揺らがないよう配慮したのかもしれません。

また、日寛上人は十代の頃、江戸の地で、晩年の日精の説法を聞いて出家を決意しています。それだけに、日精には大恩を感じ、自らも大石寺の血脈相承を受けたことから、あからさまな日精批判は控え、日精文書からの抜書に真意を書き添えるにとどめたのではないでしょうか。さらに言うなら、日精には敬台院の庇護を受けるなどして幕府に大石寺を公認させたという一面もありました。日精の政治的な動きがなければ、幕府権力の手を借りた他宗の攻撃によって大石寺が危殆に瀕することもありえたでしょう。そうした複雑な事情が絡み合ってか、日寛上人が日精を真正面から批判し、その邪義を後世に知らしめることは、ついぞなかったのです。

以上、日寛教学の時代的制約について、三点ほど論じてみました。この他に、日寛上人が行った「弘安二年の御本尊」（本門戒壇の大御本尊）の位置づけという問題があります。これへの考察は、先述したように別の機会に譲るしかありません。

日寛教学には創価教学の予型としての救済史的な使命があったと思います。ただし、時代的制約を受けた面に関しては、そうとはいえません。事実、創価教学がここで論じた日寛教学の時代的制約を伝統として継承したようには見受けられません。両者はともに中道本仏論の立場に立ちますが、日寛教学が唯一性を強調する本仏論を説くのに対し、創価教学はあくまで唯一性と平等性が並立する本仏論を志向するように見えます。日寛上人が容認した御影本尊義は、もとより創価教学が用いるところではありません。大石寺法主の権威主義的な正当化は、宗門との訣別以降、創価教学では明確に否定しています。結局、「護持の時代」に固有な教義的傾向は「広布の時代」の教学の予型とはならないのです。

⑥近現代の日蓮本仏論――真意の流布

私たちの救済論的な日蓮本仏論史も、ようやく最終のところまで来ました。近現代の日蓮本仏論に入りたいと思います。

近世の仏教界では、徳川幕府の宗教政策によって他宗批判が禁じられていました。そのため、日寛上人も日蓮大聖人の真意としての日蓮本仏論を広く提唱することなく、広宣流布の時代を待望しながら教義の整備に努めました。これが「真意の確立」の時代の様相です。

ところが、十九世紀後半に明治維新が起き、封建社会は崩壊しました。明治新政府は欧米先進国に倣(なら)った近代化を推進し、明治二十二(一八八九)年に大日本帝国憲法を発布します。そこで、国家神道に抵触しない範囲という条件付きながら信教の自由が保障されました。仏教界は維新後の廃仏毀釈で大きな打撃を受けていましたが、これを機に各宗が積極的に布教活動を行うようになっていきます。

日蓮系教団においては、日蓮宗の還俗僧である田中智学が在家教団を組織して「日蓮主義」を唱え社会進出をはかるなど、近世にはなかった布教の活発化が見られます。大石寺門流(現日蓮正宗)も、時流に乗り遅れまいと憲法発布の年に「大石寺布教会」の規則を定め、翌年には布教員登用の試験演説会を開き、明治二十七(一八九四)年には大石寺五十六世日応が北山本門寺の驥尾日守との教義論争の書である『弁惑観心抄』を発刊する、といった矢継ぎ早の動きを見せました(前掲『日蓮正宗富士年表』三七二、三七三、三七七頁)。

そのような中で、大石寺上代から伝承され日寛上人が確立した日蓮本仏論が初めて公然と論じられ、世に弘められるようになったことは特筆に値します。また、第二次世界大戦を通じて近代日本の帝国主義が終焉し、戦後憲法で完全な信教の自由が保障されると、その勢いは加速度を増していきます。とりわけ戦後社会で創価学会が急成長し、突出した発展を遂げたことによって、いまや日蓮本仏論は日本の全宗教界に知れ渡り、社会的にも広く名の知られた思想となっています。

こうしたことから、私たちは近現代の日蓮本仏論の特徴が「真意の流布」にあると考えます。この時代の日蓮本仏論は、確かに「真意の流布」を目指して展開されています。あえて色分けすれば、日蓮正宗は特に仏教界への流布を意識し、創価学会は広く現代社会への流布をはかったということができるでしょうか。

救済論的観点から言えば、救済史の流れが「護持の時代」から「広布の時代」へと移ったのが近現代です。そこで日蓮本仏論は多様な展開を遂げるわけですが、創価信仰学を掲げる私たちは「広布の時代」の日蓮本仏論の完成点を創価学会の教学に置きます。その前提の元で、証明学的な合理性、客観性にも留意しつつ考察を進めるつもりです。

a 「護持の時代」の日蓮本仏論を弘めた日蓮正宗
――異名同体説と二元一体説

日蓮教団の中で、大石寺流の日蓮本仏論は長く異端の烙印を押されてきました。御書と経文の字義的な意味と異なる本仏論のためでしょうが、天台教学を脱して独自の教学を打ち立てた日蓮大聖人の真意を追求するならば、あながち不当な解釈ともいえません。そのためなのか、じつは身延門流や日昭門流等の教学にも看過できない影響を与えたことは前節に述べた通りです。

しかしながら、時機の相違を論ずるとはいえ、仏教の創始者である釈尊よりも日蓮大聖人を本仏に立てるのは、仏教界の一般常識からは受け入れがたい面があるでしょう。明治に入り、不完全ながら自由な布教が許される時代が到来すると、大石寺宗門はこの点を強く意識した節があります。そこで注目されたのが、釈尊と日蓮大聖人の異名同体説でした。

この異名同体説は、すでに『百六箇抄』に「久遠の釈尊の修行と今日蓮の修行とは、介爾ばかりも違わざる勝劣なり」(新二二二一頁・全八六四頁)と示されるなど大石寺上代から伝承され、江戸時代の日寛上人も日蓮本仏論の根拠の一つとしています。もっとも、日寛上人その人が力を入れたのは、むしろ本果妙の釈尊と本因妙の日蓮大聖人との差別化でした。当時の大石寺教学を侵食した要法寺日辰の釈尊本仏義を破すためには、両者の区別が最重要だったのでしょう。

a－1　大石日応による
釈尊・日蓮大聖人の異名同体説

これに対し、近代日蓮正宗の教学では釈尊と日蓮大聖人の一体性のほうを強調する傾向が見出されます。明治期の五十六世日応著『日蓮本仏論』をひもとくと、「吾宗の法系を申せば、久遠元初・名字の釈尊に由て起り、末法出現の日蓮大聖人に至て開顕せられたるの法義」(『日応上人全集1』一頁)との言明から始まります。読み進めると、本果釈尊は入滅後に名字の僧形となって末法に出現した(同前、一〇頁)、『観心本尊抄』に記された「仏像」とは「本門寿量文底下種の教主釈尊即宗祖日蓮大聖人の御事」である(同前、二六頁)、「宗祖は三大秘法総在の御本尊にして、久遠五百塵点劫の当初より此土有縁深厚の本仏教主釈尊」である(同前、二七頁)、「体同異名」を知らない学者が謗法を犯すのだ(同前、三〇頁)と、枚挙に暇がないほど、久遠元初・名字即の釈尊と末法の日蓮大聖人の異名同体説が強調されているのです。

この日応は、明治二十五(一八九二)年に要法寺前住職の驥尾日守が出版した日寛教学批判の書『末法観心論』に反駁して『弁惑観心抄』(明治二十七〔一八九四〕年刊)を著しています。そこでも、「本門教主釈尊とは色相荘厳の釈尊にあらず即ち久遠元初の本因妙の教主釈尊是也、其の教主釈尊とは豈に異人ならんや末法出現主師親三徳有縁の大法主宗祖日蓮大聖人にて在すなり」「久遠名字の釈尊即無作三身本門寿量当体の蓮華仏たる本地自受用報身の再誕日蓮大聖人の御当体を指すものなり」「久遠元初の教主釈尊宗祖日蓮大聖人」「宗祖の御内証より之を云ふときは久遠名字の釈尊と異名同体にして」(前掲『弁惑観心抄』三四、三九、六一、六五頁)と、異名同体説が繰り返し唱えられています。

察するに、日応は釈尊と日蓮大聖人の一体性を強調する書を公刊し、大石寺が唱える日蓮本仏論の正統性を仏教界に訴えたかったのではないでしょうか。

a－2　堀米泰栄氏(日淳法主)による
釈尊・上行の二元一体説

また、昭和期に入ると、後に六十五世日淳となる堀米泰栄氏が宗門機関誌『大日蓮』昭和六（一九三一）年五月号に「釈尊か日蓮大聖人か」と題する論考を発表し、釈尊・上行の一体説と見られる主張を行っています。堀米氏はそこで、因果倶時の妙法における「釈尊上行体一」（『日淳上人全集』一五頁）を説いています。

〈教主は釈尊と上行菩薩とである。因果倶時の不思議の一法といひ因行果徳の二法と云ふ、因行は上行果徳は釈尊でなければならぬ。因行に果徳を摂すれば教主は上行、果徳に因行を摂すれば教主は釈尊になる〉（同前）

因果倶時の妙法には因行果徳の二法が具足している。その因行を上行、果徳を釈尊と配し、釈尊・上行の一体不二を立てるわけです。ここでいう上行とは、文上でなく文底の上行を指しているといえます。

堀米氏による釈尊・上行の一体説は、戦後の言説においても目立っています。創価学会の機関誌『大白蓮華』昭和二十九（一九五四）年十一月号に、堀米氏は「何故に日蓮大聖人が御本仏であらせられるか」という小論を寄せています。その中に「釈尊が果上の十界を表するならば、上行は因位の十界を表し給うのである。此に等しく妙法の当体にあらせられても事理の辺には異りがあるのである」（同前、一四一〇頁）との一文が見られます。文底下種の妙法において本果釈尊と本因上行が一体である旨が、はっきりと説かれているのです。

釈尊・上行の一体説については、すでに室町期の左京日教がそれを前提に互為主伴説（筆者注：在世では釈尊が主で上行が伴、末法では上行日蓮が主で釈尊が伴となり、互いに主伴になるとする説）を唱えています。[※64] また、江戸期の日寛上人も『観心本尊抄』の「我らが己心の釈尊は、五百塵点乃至所顕の三身にして無始の古仏なり……我らが己心の菩薩等なり。地涌千界の菩薩は己心の釈尊の眷属なり」（新一三五頁・全二四七頁）との文に即して、無始（久遠元初）の本因本果を具備した己心の釈尊を主君、地涌上行等の菩薩を臣下とし、この君臣が我々の己心にあって合体することを示しています（『観心本尊抄文段』、富要四：二五一）。つまり、総じて我々衆生、別して久遠元初自受用身に具わる釈尊と上行の一体不二を説くわけです。

したがって、大石寺教学において釈尊・上行の一体説は目新しい説でもないのですが、近代に入ると特に高唱されたという印象があります。つまり、釈尊・日蓮の異名同体説にとどまらず、釈尊・上行の一体説まで論じる傾向が見られるのです。じつは先に述べた日応も、釈尊・日蓮大聖人の異名同体説とともに釈尊・上行の一体説を立てていました。前掲の『弁惑観心抄』(六一〜六二頁)では、霊山に出現した上行ではなく内証の次元の上行、すなわち久遠元初の釈尊＝日蓮大聖人の内証に具わる「文底観心の上行」「久遠の上行」が論じられ、「釈尊と上行とは名異体同にして一体の尊仏」と結論されています。釈尊・日蓮大聖人の異名同体説と同じく釈尊・上行の一体説もまた、仏教界への日蓮本仏論の浸透を意図して強調されたのかもしれません。

a－3　福重照平氏の二元一体説

さて、ここで堀米氏と親交があり、やはり釈尊日蓮や釈尊上行の一体論を高唱した福重照平氏の本仏論を紹介しておきます。明治十一(一八七八)年、福重氏は日蓮正宗の有力信徒だった荒木清勇氏の長男として生まれました。明治三十二(一八九九)年に金子堅太郎(明治憲法の起草者)の書生として渡米し、シカゴ大学で政治学を学んでいます。帰国後、韓国統監府の参事官に任用されましたが、明治四十三(一九一〇)年に大石寺五十七世日正の弟子として出家得度、最後は滋賀の妙静寺住職として昭和二十(一九四五)年に世を去っています。

出色の経歴が示す通り、近代的素養を持った福重氏には宗門の伝統教義に飽き足らないところがあったようです。その福重氏が昭和二(一九二七)年に出版したのが『日蓮本仏論』でした。これには、堀日亨上人が原稿校閲を行い、堀米泰栄氏が資料提供の面で協力しています(前掲『日蓮本仏論』「自序」四頁)。日亨上人は宗外にも名を知られた富士門流史の研究者であり、堀米氏は早稲田大学東洋哲学科出身の教学者です。彼らも近代的素養をもっており、その点から福重氏との交友関係を深めたのでしょう。『日蓮本仏論』の「序文」は日亨上人が書いており、同書の手引となる『日蓮本仏論辞典』(昭和六(一九三一)年刊)には「信仰に純にして、真剣に菩提を求むるものは、須らく一読を要する書である」等々と記された堀米氏の推薦文が載せられています。

福重氏の本仏論は、何といっても釈尊と日蓮大聖人の二元一体説を特徴とします。そして、これを易経の陰陽二元論や神学的あるいは宗教哲学的な思弁を用いて論証しようとした点が、当時の宗門教学にしては異色でした。堀米氏による釈尊・上行の一体説も二元一体を含意していたといえますが、福重氏のほうは陰陽説まで持ち出して法体の二元一体を高唱したのです。

易経は外典ながら仏法の初門であり、不変の理と事相の変化の関係がよく説明されている。そう考える福重氏は、陰陽二元論を種脱の本仏に適用して「法界は釈迦日蓮の陰陽一体を中心とする円体なり」(同前、一三九頁)、「一体の陰陽、下種は日蓮大聖人熟脱は釈尊と始終し遥に対照顧応して救済の本願を充さうとなさる」(同前、九六頁)、「聖祖(=日蓮大聖人のこと)釈尊一体の陰陽なる上その所入の法体は共に不二の妙法界である」(同前、三五二頁)等と論じています。

また、「吾々は科学的研究を以て宗教の極地に到達するものとは信じない」(同前、一〇頁)、「宗教は哲学でも議論でもない」(同前、三五八頁)と断ずる福重氏の所説には、神学と哲学を峻別したバルト神学を思わせるところがあります。その上で、宗教的世界観における一元論と二元論の対立を意識し、宗教哲学的な二元一体論を展開してもいます。「宇宙を一中心を有するものとの観念より更に進みて、その中心が一体の陰陽互に主伴となる法界観」(同前、七三頁)、「二而不二倶体倶用、仰で如来秘密神通之力に感歎合掌するのみ」(同前、一〇二頁)、「果徳を中心と見るならば、因行も亦他の力と認めねばならぬ。因行を一の力と認むるならば、果徳も又他の力と認めねばならぬ。丁度電気に両性がある如きである。之を単なる一中心一力用で方付けやうといふのが抑の無理だ。日蓮本仏論の今迄に徹底せぬのは全く此の一中心一力用の誤判に基づくと思ふ。」(同前、三七二頁)、「法界は二元一体の中心を有する円体」(同前、四〇二頁)。要するに、日蓮仏法の因果倶時の妙法を宗教哲学的に解説しているわけです。

このように、福重氏の日蓮本仏論は、それまでの釈尊・上行の一体説を受け継ぎながら、その論理構造が二元一体説となることを表明するものでした。ここで、福重氏が本果と本因の二中心を強調した点は特筆に値します。大石寺の日蓮本仏論の強調点は、およそ文底本因妙における釈尊・日蓮の異名同体説でした。これは法体を本因と見る一元論です。それに対し、因果倶時の妙法において上行（因）・釈尊（果）の一体不二を説くのは、法体を因果の二元一体と見る立場でしょう。一元論と二元一体論とでは異なるように見えますが、日蓮仏法の法体は〈本因妙にして本因本果〉ともいうべきものと拝されるため、[※65]両者は根源的には矛盾しないわけです。とはいえ、二元一体説のほうは文底の次元を強調しないと文上の釈尊・上行の一体説に見えてしまい、八品派日隆の一仏二名と同じように受け取られかねません。福重氏や堀米氏も、むろん文底の次元で釈尊・日蓮の二元一体を説いたと思われます。ただ、何かと誤解を招く表現であることは確かです。

では、福重氏はなぜ、本果釈尊と本因上行の二元一体説にこだわったのでしょうか。それは恐らく、大石寺の日蓮本仏論が本質的な意味で釈尊の仏法を否定しないことを、広く仏教界に訴えたかったからだと思います。福重氏の『日蓮本仏論』の本文は、以下の叙述から始まります。

〈日蓮本仏、それは他宗門徒は勿論、聖祖門下でも興師の流を汲むもの以外には唯或耳驚心の説、教相を無視する禅家の弊風を扇ぐ議論として軽視され、そこに仏法上の重大なる意義を見出さうと努めるものの尠（すくな）いのは歎かはしい次第です……日蓮本仏を否定する暗礁は、仏法は釈尊を中心として成立するものとの考えがそれです、所が仏法を唯一中心を有する圓体とのみ解するのは爾前迹門の理圓には当嵌るにしても、本門の事圓を沙汰する上には未到の見と云はねばならないのです。その一中心は正しく一體の陰陽交互に主判となることを語るが本門の談道です一體の陰陽とは即釈尊と上行日蓮です。〉（同前、一～二頁）

仏教界全般に釈尊と上行日蓮の二元一体を知らしめ、何とか日蓮本仏論の正統性を認めさせたいとの福重氏の心情が文面に滲み出ています。かかる心情は、福重氏一人でなく、堀米泰栄氏をはじめとする周辺の法門家、ひいては大石日応以来の正宗僧侶が少なからず共有していたことでしょう。血脈相承を受けた法主の権威を重んずる大石寺門流は歴代法主でない学僧の論を顧みない傾向にあるのですが、福重氏の本仏論は戦後の宗門でも折々に参照され、日淳法主（堀米泰栄）の周辺を中心に継承された趣があります。

a－4　大橋慈譲氏の法体／化導説

福重本仏論の流れを汲む戦後宗門の論者として、一際目を引くのは大橋慈譲氏でしょう。神奈川県相模原市・正継寺の住職だった大橋氏は、昭和五十三（一九七八）年に刊行された『仏教思想と富士教学』の著者です。その大橋氏によれば、大石寺流の日蓮本仏論を身延派等が非常識な説と見なすのは、日蓮本仏論に論理が一つ欠けているからだという（『仏教思想と富士教学』一〇〇頁）。福重氏や堀米氏も、日寛上人の日蓮本仏論が論理を省略していると述べたそうですが、大橋氏はその論理が何かを追究しました。そして、因果種脱に関する一体性の論理、すなわち「因果倶時」の論理に行き当たったようです。

大橋氏の議論は相当に入り組んでいますが、基本線は「法体」の次元を因果倶時、「化導」の次元を因勝果劣、と区別する立場にあります。大橋氏は、堀米氏が昭和二（一九二七）年に発表した論文「富士一跡門徒存知事に就いて」の中に「脱益とは法体化導の上のこと」（前掲『日淳上人全集』一二〇九頁）とある点を見つけて宿年の疑惑が晴れ、さらに福重氏も「富士門流に立つる日蓮本勝釈迦迹劣の名目は本体論ではない、化導の上の話です」（前掲『日蓮本仏論』一二〇頁）等と述べていることを発見した、と述べています（大橋『仏教思想と富士教学』一二三頁）。こうして次の結論が導出されます。

〈宗祖は法体に於ては因果倶時であるが、本果の仏もその法体に於て因果倶時で差異はない。差異あるは化導の立場に立つ時、本果の仏は脱益の教主であり、宗祖は本因妙の仏である。故に印度出現の釈尊は本果の仏の垂迹であるが故に、これを本果脱迹の教主と云い、末法出現の宗祖を本因妙の教主と云うのである。その法体について云ったものではなく、その宗用に対して云ったものである。〉（前掲『仏教思想と富士教学』、一二六頁）

大橋氏も堀米氏や福重氏と同じく、因果倶時の妙法において釈尊と上行（日蓮大聖人）の二元一体を説くと思われます。しかし、法体の二元一体を主張するあまり、大石寺教学の伝統である法体の本因一元が見えなくなった感が否めません。少なくとも堀米氏は法体の本因一元も説いていたと思われます。例えば、宗門機関誌『大日蓮』昭和四（一九二九）年一月号に発表した論稿「日蓮大聖人の御修行の意義」の中で、堀米氏は「因果倶時不思議の一法に於て因位の仏様を拝さねばならぬ……此の方が本因妙の仏様である」（前掲『日淳上人全集』七八五頁）と述べています。これは、因果倶時の二元一体を本因妙の一元に摂する考え方と受けとれるでしょう。ところが、大橋氏の場合、しきりに法体の因果倶時を唱えたため、本因妙の法体を究極とする大石寺教学の基本線から逸脱するように見えるのです。だからでしょうか。大橋氏の法体論については、八品派教学の「本同益異」と同じではないかといった批判もあったようです。

いささか私見を述べれば、大橋氏の論には、日蓮仏法の法体である妙法の不可思議なあり方を素直に受け入れる姿勢が欠けているようにも思われます。私自身は、法体の妙法を本因妙における因果倶時とでもいうしかないものと捉えています。本因妙における因果倶時というのは矛盾にも見えますが、矛盾のままで統一されているのです。私たちはここで、あらゆる二項対立的思考から離れた仏の教えを受け入れるべきでしょう。近代日本の西田幾多郎の哲学に傾倒していたという大橋氏は、哲学的な概念の区別にこだわるあまり、本因と本因本果を対立させて後者の立場に傾いたのではないでしょうか。

私としては、あくまで文底本因妙において因果倶時であるという考え方をとりたいと思います。『百六箇抄』に「日蓮は本因妙を本となし、余を迹となすなり、これ真実の本因本果の法門なり」（新二二一六頁・全八六七頁）とあるように、〈本因妙にして本因本果〉を日蓮仏法の究極と拝信するものです。大橋氏が支持した福重氏も「本因妙中の本因本果」（前掲『日蓮本仏論』一三〇頁）という表現を使っています。ちなみに、昭和五十三（一九七八）年に発行された『日蓮正宗要義』に「無始の法界中本果仏界の中心釈尊と、本因九界の中心大聖人との二元一体は、本地の元初一念の実証に約する時、本果は本因に摂せられる」（同書一〇六頁）とあり、やはり本因妙中の本因本果を指示していると見られます。

a－5　二元一体を強調する中道本仏論
——近代日蓮正宗

ここまで、五十六世日応、後に六十五世となる堀米泰栄氏、福重照平氏、大橋慈譲氏の日蓮本仏論を取り上げ、それぞれの異名同体説や二元一体説を検討してきました。他にも、六十六世日達法主が比較的短編の「日蓮本仏論」（『日達上人全集』第一輯第四巻所収）を著しています。御書と宗門先師の本仏論を教・機・時・国・教法流布の前後という五綱判によって分類し、考察した論稿となっています。全体的には宗祖大聖人が末法の御本仏たるゆえんを論ずる内容となっていますが、冒頭に日寛上人と並べて福重照平氏の名を挙げ、日淳法主（堀米泰栄）の教示も複数引用されるなど、二人の先師による二元一体説の影響も散見されます。特に上行菩薩が久遠の仏であることを論ずる節では、「釈迦地涌菩薩誠に一仏の異名なり」（富要二：二四四）、「釈迦二度の出世なり、此の下種の導師を以って本門教主釈尊と申すなり」（富要二：一八一）といった左京日教の『百五十箇条』の文を織り交ぜながら、「日淳上人は釈尊と上行を『同体用異』と説いている」（『日達上人全集』第一輯第四巻、四六九頁）と堀米氏による釈尊・上行の一体説を紹介しています。ただし、創価学会躍進期の宗門僧だった日達法主にあっては、そうした一体説がさほど重視されたようには見えません。この頃には、仏教界への普及よりもさらに広く、広宣流布を推進するための日蓮本仏論が求められたのでしょうか。

いずれにしろ、近代の日蓮正宗は、伝統的な文底本因妙の釈尊と日蓮大聖人の異名同体説に注目するだけでなく、さらに釈尊と上行日蓮の二元一体説を強調することによって、仏教界への日蓮本仏論の浸透をはかったように思われるのです。理論面に限定されるものの、日蓮本仏論のエキュメニカルな展開といえなくもないでしょう。ただ、伝統的な本因一元の異名同体説を継承していますし、釈尊上行体一の教義も昔からあるものですから、大石寺の伝統を逸脱した異端でもないわけです。

a－6　事実上の唯一本仏論——現日蓮正宗

むしろ異端的なのは、伝統的な異名同体説や近代の二元一体説を議論の片隅に置き、日蓮大聖人の唯一性を過度に強調する日蓮本仏論のほうでしょう。この種の本仏論は、近年の日蓮正宗や、正宗から分離独立した在家教団の顕正会の言説に見てとれます。決して主流的ではないものの、近現代の日蓮本仏論を語る上で避けて通れないものです。

戦後の日蓮正宗は、日本最大の宗教団体となった創価学会とともに歩みました。「広布の時代」を主体的に推進する創価学会と「護持の時代」の残滓を引きずる大石寺教団とは、布教の主導権や教義解釈をめぐってしばしば対立します。とはいえ、六十六世の日達法主の頃までは、両者の関係が完全に断たれることはありませんでした。

しかし、日達法主の死後、当時宗務総監だった阿部信雄が後継指名を自己申告して六十七世の地位に就き、日顕と名乗って宗門の実権を握ると、一種の強権政治が台頭、加速します。日顕は、就任直後に「祖道の恢復」を掲げて原理主義的傾向を示すと、反日顕派である「正信会」の僧侶二百余名を次々に擯斥（ひんせき）処分とするなど、反対者への強硬手段を繰り返していきました。その間、創価学会とは協調関係を保っていましたが、自分の独裁的立場が確固たるものになるにつれ、巨大な信徒集団への支配欲が高まったものと思われます。

信用できる宗門内部の資料（いわゆる「河辺メモ」）に基づくと、平成二（一九九〇）年、日顕は池田先生の影響力を排除しようと「C作戦」なる謀略を立て、※66同年暮れに作戦を実行に移しています。その後、平成三（一九九一）年十一月に創価学会の「破門」、平成四（一九九二）年八月に池田先生の信徒除名、平成九（一九九七）年には創価学会員の信徒資格喪失と処分を続け、ついに創価学会を完全に宗外に追放したのです。一連の経過からわかるように、日顕は当初、池田先生一人を排除した上で、何百万人もの創価学会員を信徒として抱え込もうとしていました。結果的に、彼の企ては失敗に終わっています。

このような日顕が、教学面では法主信仰を高揚したことで知られます。先に触れた通り、大石寺門流において法主信仰は室町期の左京日教や江戸期の法詔寺日感等が唱えたものの、大石寺の主流教学からは排除されていました。ところが、日顕宗門は創価学会と対立関係に陥るや、「唯授一人の血脈の当処は、戒壇の大御本尊と不二の尊体にまします」（平成三〔一九九一〕年七月、宗門高僧が学会幹部に送付した公式文書より）と主張し、血脈相承を受けた法主が御本尊と不二の尊体であり、一つの信仰対象である旨を信徒に伝えました。以降、日顕宗門では法主信仰が中心的な教義となっていった観があります。

この法主信仰は大石寺の異端的な伝統に掉さすのですが、日蓮本仏論とも深くかかわってきます。というのは、法主信仰が法主の唯一性を唱え、その唯一性は血脈相承の起源である御本仏日蓮大聖人に由来するからです。つまり、法主の唯一性を説く法主信仰は、御本仏の唯一性を説く日蓮本仏論を根拠としなければならない。ゆえに、日顕は日蓮大聖人の唯一性に強くこだわる姿勢を示したわけです。

それを象徴するのが、創価学会が掲げる「民衆仏法」への日顕の激しい拒否反応でしょう。宗門による創価学会解体の計画が進められていた平成三（一九九一）年五月、日顕は宗内僧侶の家族が集まる「寺族同心会」で、学会の民衆中心主義を激しく非難します。その中に「本当の仏の智慧、仏智というものは一般民衆には判るはずがない」「三毒強盛の凡眼凡智の凡夫が千人、万人集まっても、仏様一人のお考えのほうが正しい」（日蓮正宗機関誌『大日蓮』五五七号、五六頁）という仏教的な愚民思想が見られます。明らかに大聖人の唯一性に偏した本仏観です。日寛上人は「末法の観心は信を以て本と為す」（『当流行事抄』、富要三：二一二）と教示しています。名字即の凡夫が御本尊への信心口唱によって決定作仏（けつじょうさぶつ）するというのが、大石寺の正統教義でしょう。ところが、法主の地位にある人物が「仏智というものは一般民衆には判るはずがない」と言い放ったのです。伝聞情報では、日顕の生の発言には「ボンクラどもが千人、万人おるよりも、仏様一人のお考えのほうが正しい」という過激な内容もあったと言います。

日寛上人の日蓮本仏論も、大聖人御一人が末法の御本仏であられることを力説します。けれど、同時に「以信代慧」の凡夫成仏を説くことも忘れていません。これは唯一性と平等性が調和した中道本仏論なのです。これに対し、日顕の日蓮本仏論はあまりに唯一性に偏している。事実上は「唯一本仏論」であると考えざるを得ないのです。

そして、それが日顕宗門の法主信仰にもつながっています。平成三（一九九一）年十一月の『創価学会解散勧告書』で学会員が仏子であることを意味する「大聖人直結」を「血脈無視の誤り」と難じたこと、あるいは平成十七（二〇〇五）年六月に正宗当局が私に宛てた文書中で「久遠元初の悟りを証得された大聖人が定められた唯授一人金口嫡々の相承により御法主上人の御内証にのみ、〝久遠元初の完全なる悟り（境智冥合）〟が相伝される」（『離脱僧松岡雄茂の本宗の唯授一人血脈相に対する邪誑の難を粉砕す』一六〇頁）と広言したことなどは、数多くの例証のうちの一つにすぎません。結局、法主信仰に執する現日蓮正宗においては、日寛教学に見られた「唯一性を強調する中道本仏論」が「事実上の唯一本仏論」へと変質しているのです。

a－7　顕正会に見る事実上の唯一本仏論

同様に、顕正会の日蓮本仏論も「事実上の唯一本仏論」に陥っていると指摘しなければなりません。同会の淵源は、昭和十七（一九四二）年に発足した日蓮正宗妙光寺の講組織「妙信講」です。中心者の浅井甚兵衛・昭衛が指導教師と折り合わず、同組織は所属寺院を転々としましたが、昭和四十年代に入ると実質的な戒壇堂とされた「正本堂」の建立をめぐって宗務当局や創価学会と対立し、昭和四十九（一九七四）年に宗門から講中解散処分を受けました。これを不服とした妙信講は、同講の青年部七十人を創価学会本部に乱入させるなど、流血を辞さない過激な行動に出たため、浅井父子をはじめとする信徒三十三名が除名処分となります。その後、独自の活動を続けた妙信講は昭和五十七（一九八二）年十月の総会で名称を「日蓮正宗顕正会」と改め、平成八（一九九六）年十一月に宗教法人を取得した直後には「冨士大石寺顕正会」と名称を再変更して今日に至っています。

顕正会の教義的な問題は、日蓮大聖人の御書の時代性を考慮せず、ひたすら「国立戒壇」の建立を訴える点にあります。確かに、『三大秘法抄』には「戒壇とは、王法仏法に冥じ、仏法王法に合して、王臣一同に本門の三秘密の法を持って、有徳王・覚徳比丘のその乃往を末法濁悪の未来に移さん時、勅宣ならびに御教書を申し下して、霊山浄土に似たらん最勝の地を尋ねて戒壇を建立すべきものか。時を待つべきのみ。事の戒法と申すはこれなり。」（新一三八七頁・全一〇二二頁）とあって、王仏が冥合したとき、天皇の詔勅と幕府の令書を通じて本門戒壇を建立すべきことが説示されています。国の主権者による戒壇建立の指示なのですが、大聖人御在世と現代の日本とでは政治体制も社会システムも全く異なります。日蓮門下として大事なのは大聖人の真意であって、形式的な事柄ではないはずです。戒壇建立の指示といっても、大聖人の真意は全民衆の救済以外にありません。門下が時代を超えて従うべきは広宣流布の御遺命であり、戒壇建立の指示は時代社会の状況に応じて柔軟に解釈すべきです。

だから、当時の宗門も池田先生の民衆中心の考え方を受け入れ、主権在民の現在では国民一人一人が国主にあたるとする民衆立の戒壇論を採用し、従来の「国立戒壇」という用語は使わないことにしたのです。そもそも「国立戒壇」なる用語は、明治時代に日蓮宗系の日蓮主義者・田中智学が使い始めて広く流通したもので、宗門や学会でも便宜上これを使っていたにすぎません。ところが、浅井等は「国立戒壇」の名称に固執し、「勅宣並に御教書」という形式にもこだわり、あくまで旧来式の戒壇建立を目指しました。この頑迷な姿勢と実力行使を辞さない過激さは近年も変わらず、「国立戒壇」建立を訴えるパンフレットを全国会議員等に送りつけたり、若年層を狙った暴力的勧誘で社会問題を引き起こしたりしています。

顕正会の教学的主張は、時代性を考慮せずに原点回帰を訴える点で原理主義的傾向を帯びています。その内実は、日蓮大聖人を唯一絶対神のごとく崇め、末法本仏の唯一性を叫ぶものです。実際、顕正会会長の浅井昭衛が著し、一国諫暁の書と意義づけた二冊のパンフレットの題名は「日蓮大聖人に帰依しなければ日本は必ず滅ぶ」「日蓮大聖人に背く日本は必ず滅ぶ」でした。

また、平成二十七（二〇一五）年に出版された浅井昭衛の著書『基礎教学書　日蓮大聖人の仏法』（冨士大石寺顕正会刊）では、救済者としての大聖人の唯一性が声高に繰り返されています。本書の「序」は「日蓮大聖人は、三大秘法という根源の仏法を以て、末法の全人類を現当二世（現世と来世）にお救い下さる、大慈大悲の御本仏であられる」（同書一頁）との言葉で始まり、「全人類をお救い下さる御本仏の絶大威徳」（同前、二頁）、「日蓮大聖人を信ずるか背くかによって、日本国の有無も人類の存亡も決する」（同前、三頁）と、大聖人こそ唯一の救済者であることが連呼されています。同書を通読すると、日寛教学を尊重することから異名同体説や凡夫成仏も述べていますが、ほとんど印象には残りません。「日蓮大聖人御出現の予言証明」

を「釈迦仏の一大使命」とし（同前、一四六頁）、一生成仏を説きながら「我ら凡夫は何もわからなくてもいい」（同前、三七頁）とするあたり、やはり末法本仏の唯一性のほうが重要とされているように思われるのです。

現日蓮正宗にしても、顕正会にしても、とかく権威主義的、差別主義的な教義解釈が目立ちます。私たちからすれば、「広布の時代」の正しき師がわからず、「師弟不二」の信心にも目覚めないがゆえに、大聖人の真意から外れた御書解釈となり、本仏論においても「事実上の唯一本仏論」という異端的主張に陥っているのです。また、信仰の証明学としては、彼らの本仏論が日蓮仏法の解釈学の一つに過ぎない点が重要となります。日顕も、浅井も、この点が自覚できていない。だから、学問的知見を踏まえた冷静な議論を拒否し、信仰と理性の関係もわからず、ただいたずらに唯一本仏論を誇張するばかりなのです。

本節を総括すると、近現代の日蓮正宗及びその周辺で唱えられた日蓮本仏論は、大きく二つの潮流に分かれたことが確認されます。一つは本因妙の釈尊と日蓮大聖人の異名同体説や釈尊上行の二元一体説を強調して仏教界の理解を得ようとする流れであり、もう一つは権威主義的な御書解釈を盾に末法の御本仏大聖人の唯一性を唱える流れです。前者は「異名同体や二元一体を強調する中道本仏論」であり、伝統的な「唯一性を強調する中道本仏論」の枠内にとどまったといえます。一方、後者のほうは法主信仰や国立戒壇論を正当化するために伝統から逸脱し、「事実上の唯一本仏論」という教説を作り上げています。この限り、「真意の流布」の時代を象徴するのは異名同体説や二元一体説の強調であって、唯一本仏論は異端的な動きにすぎないことになるでしょう。

もっとも、私たちの信仰学に基づくなら、異名同体説や二元一体説の強調のほうも、本当の意味で「真意の流布」の時代に適う本仏論とはいえません。なぜならば、「護持の時代」から「広布の時代」へという救済史の一大転換に対応していないからです。「唯一性を強調する中道本仏論」は「護持の時代」のあり方です。異名同体説や二元一体説の強調は真意の流布に踏み出しましたが、いまだ「護持の時代」のあり方を引きずっています。つまり、二元一体のような形で本仏の唯一性を強調するのみで、「広布の時代」の新しい本仏論を展開できなかった憾みがあるのです。

「広布の時代」にふさわしい本仏論は、全人類へのメッセージとして、唯一性とともに平等性をも強調するものと考えられます。しかも、民衆の生活に浸透する実践的な理論でなければならない。近現代の日蓮正宗の日蓮本仏論には、そうした平等性と実践性の観点が欠けていました。平等性と実践性を備えた日蓮本仏論は、むしろ次節に論ずる創価学会の人間主義的な日蓮大聖人観の中に見出されるのです。

b 「広布の時代」の日蓮本仏論を弘めた創価学会
――生命論・人間主義・師弟不二の実践

私たちの救済論的な認識からいうと、「広布の時代」の日蓮本仏論は、広宣流布のために出現し、現実に日本及び世界への広宣流布を実現しつつある創価学会によって弘められました。学会の本仏論は、生命論的、人間主義的、実践論的に展開されています。また、宗教哲学的に見ると、唯一性と平等性が調和し、自在な本仏論であるところが特徴的です。先ほど末木さんが「救済型」と「自己実現型」という本仏論の二類型を用いて、本来日蓮には両面があるのではないかと話されていました。私の議論では、救済型が唯一性の本仏論、自己実現型が平等性の本仏論になります。創価学会の本仏論は救済型でも自己実現型でもある。その点では、末木さんの日蓮理解と符合するわけです。

b－1 唯一性を表とする中道本仏論
――戸田先生による生命論的な日蓮本仏論

創価学会の本仏論は、第二代会長の戸田城聖先生が法難の獄中で「仏とは何か」を探究した末に体達した「生命」を原点としています。戸田先生の自伝的小説『人間革命』に記すところでは、悟達の瞬間、先生は両手を打って、こう叫んだと言います。

〈仏とは生命なんだ！……仏とは、生命の表現なんだ！　外にあるものではなく、自分の命にあるものだ！　いや、外にもある！　それは宇宙生命の一実体なんだ！〉

（『戸田城聖全集』第八巻、五〇一頁）

本仏論の文脈でいうならば、本仏とは「生命」である、と戸田先生は悟ったわけです。そして、この本仏が自分自身の生命であると同時に、大宇宙の生命に他ならないことを明らめています。本仏は、すべての生命に平等に内在し、しかも宇宙生命という唯一の実在でもある。ここに、唯一性と平等性に自在な中道本仏論が成立します。事実、出獄後の戸田先生は、改めて生命論的視座から創価学会の教学を構築する中で、自在な中道本仏論を展開していきました。例えば、昭和二十九（一九五四）年に創価学会の会合で講演した際、戸田先生は次のように語っています。

〈宇宙は、一つの生命、われわれは宇宙生命の一つの生命と同じものなのです。そうして、この宇宙には、変化しないというものがない。宇宙は、変化以外にないのです……その宇宙生命の実体という、変化させていくその大もとに、変化させていくものがあるのです。この変化させていくものを、南無妙法蓮華経という。その大宇宙の生命の根源、これが南無妙法蓮華経であると同様に、われわれの生命の本源が南無妙法蓮華経というものなのです……南無妙法蓮華経といって、大宇宙生命の本体それ自体が、わが生命のなかへ働かなかったならば、ないも同じでしょう。それを働かせるために日蓮大聖人様は、南無妙法蓮華経という御本尊様を顕されたのです。その御本尊様に向かって、われわれが南無妙法蓮華経と言うとき、われわれの生命のなかにある南無妙法蓮華経という実体が動きだし、活動するのです。〉

（『戸田城聖全集』第四巻、一四一～一四三頁）

戸田先生にとって、本仏とは日蓮大聖人であり、南無妙法蓮華経であり、御本尊であり、すなわち宇宙の一大生命である。そして、一切衆生の生命の本源も南無妙法蓮華経であるから、本仏とは人間であり、全人類であり、生きとし生けるものである。じつに自在な中道本仏論であり、唯一性と平等性が不可思議に調和する日蓮本仏論ということができるでしょう。

日寛教学を完成点とする「護持の時代」の日蓮本仏論は、「唯一性を強調する中道本仏論」でした。そこには、他門の圧倒的大多数が支持する釈尊本仏義に対して日蓮大聖人を末法の御本仏と立てねばならないという事情があった。近代に入って不完全ながら信教の自由が認められると、釈尊日蓮の異名同体説や釈尊上行の二元一体説を表に出して他門の理解を得ようとする動きも出ましたが、最終的には末法の御本仏日蓮大聖人の唯一性の強調に帰着しています。こうした大石寺宗門の教学的動向と比較すると、戸田先生の日蓮本仏論には唯一性と平等性の調和があります。

そもそも「広布の時代」の日蓮本仏論は、何より現実の人間の苦悩を解決するものでなくてはなりません。すなわち、実践的に人を変えるための本仏論、学会教学で言う「人間革命」のための本仏論が求められる。そのためには、本仏の唯一性において師弟の道筋を示し、本仏の平等性において自己変革の可能性を保証し、両者相俟って師弟不二の信仰が確立される必要があるのです。すなわち、「広布の時代」だからこそ、唯一性と平等性に自在な日蓮本仏論が説き出されたといえます。

ただ、戸田先生の時代は「広布の時代」の草創期にあたり、創価学会の信仰の基盤を確固たるものにすることが最優先課題でした。そのためか、唯一性と平等性が調和する日蓮本仏論といっても、唯一性を表にするところが少なくなかったように見受けられます。日蓮大聖人御一人を末法の御本仏と仰いで師弟の道を立て、そこに創価学会の師弟を重ね合わせることが、異体同心の組織を作る要だったのではないでしょうか。実際、御本仏の弟子としての師弟の道を力説する戸田先生の指導が多く残されています。

〈われわれは、日蓮大聖人様の家来であり、子であり、弟子なのである。そして、宇宙の仏様であらせられる大聖人様の家来、子、弟子となれることは、人生の大因縁なのである。〉

（『戸田城聖全集』第三巻、四〇九頁）

〈大聖人の弟子として、信行にはげむ青年諸君よ、青年こそ国家を救い、民衆の良き指導者としての使命をになう者である。〉

（『戸田城聖全集』第一巻、二六六〜二六七頁）

また、十界互具という平等無差別の世界にあっても、主師親としての御本仏の唯一性を表に立てるというのが、戸田先生の信仰指導でした。

〈大聖人は仏界所具の人界をお示しくだされたのにたいし、われわれは、大聖人の大慈大悲に浴し、大御本尊の光明に照らしいだされて、初めて人界所具の仏界が開覚されるのである……別して、日蓮大聖人様が御本仏であらせられ、われわれ凡夫は、主従、師弟、父子のごとく、あまりにもしたしく、しかも、あまりにも厳然たる区別のある存在なのである。〉

（『戸田城聖全集』第三巻、六六～六七頁）

日蓮大聖人を唯一の仏と仰ぎ、あくまでその弟子として信仰に励むことを、戸田先生は学会員に強く訴えています。もちろん、「われわれのこうしている肉体、このなかがぜんぶ大宇宙の生命自体です」（『戸田城聖全集』第二巻、四一五頁）といった人間本仏論的な指導も一、二にとどまりません。

今、「われわれは、日蓮大聖人様の家来であり……」との戸田先生の文言を引用しましたが、じつはその少し前の箇所で、立宗七百年を期して「大聖人様の命を受けたる折伏の大闘士」が出現すると論じられています。前後の文脈からいって、この「折伏の大闘士」が創価学会員を指すことは疑いようがありません。そして、「この折伏の大闘士こそ、久遠元初においては父子一体の自受用身であり」（『戸田城聖全集』第三巻、二〇一頁）との戸田先生の断言が見られます。つまり、折伏の大闘士として現代に出現した創価学会員は、日蓮大聖人と父子一体の久遠元初の自受用報身なのだとの宣言がなされているのです。大聖人を父と仰ぐ唯一本仏論でありながら、その子たる学会員も本仏なりとする人間本仏論が見てとれるわけです。そのように、戸田先生の本仏論も本質は唯一性と平等性が調和する中道本仏論なのですが、その上で唯一性が表に出ているといえるでしょう。

先に私は、日寛上人の日蓮本仏論を宗教哲学的に「唯一性を強調する中道本仏論」と表現しました。これと戸田先生の「唯一性を表とする中道本仏論」は同じに見えますが、基本的な立場が違うように思います。日寛上人の本仏論は、「護持の時代」の教学として釈尊から日蓮大聖人への教主交代の意義を理論的に闡明（せんめい）するものでした。一方、戸田先生の本仏論は、「広布の時代」の教学として大聖人との師弟の実践を声高に唱えるものです。前者は唯一性を理論的に強調し、後者は唯一性を実践的に掲げます。つまり、両者の本仏論には理論中心か実践中心かという基本的立場の相違があるように、私には思えるのです。

b-2 唯一性と平等性が並立する中道本仏論
――池田先生による人間主義の日蓮本仏論

さて、このような戸田先生の日蓮本仏論に導かれた創価学会の師弟の信仰は、広宣流布を推進する一大原動力となっていきました。第三代会長・池田大作先生の代に入ると、広宣流布の運動が飛躍的に進展し、日蓮大聖人の妙法が世界の隅々まで広まっていきます。それにつれて、本仏論の基調にも自ずと変化が現れたように思います。いまや世界的な仏教教団となった創価学会は、異なる文化、異なるイデオロギー、異なる宗教の対立や紛争を克服し、世界平和と人類の幸福を実現するという世界史的使命を担おうとしています。その自覚の下で、池田先生は人類が「人間」という共通の原点に立ち帰るべきことを力説しています。

〈広宣流布とは、即、人類の幸福であり、世界平和の実現である。それは、人間の心に内在する、「仏」という善なる生命を開き、耕し、ヒューマニズムの友情の輝きをもって、世界を包みゆくことにほかならない。いわば、人間という普遍の大地に立った生命のルネサンス運動が、広宣流布であるといえよう。〉

（『新・人間革命』第一巻、二四二頁）

エキュメニカルな仏教を考えるなら、これ以上のものはないと思われます。真に人間であること――それが仏教の目的とされたのです。この本質的な意味での寛容性も、創価学会が世界宗教となりつつある大きな要因でしょう。

池田先生の指導の下、創価学会が未曽有の仏法流布を成し遂げたことによって、まさしく「広布の時代」が開花期に入ったといえるでしょう。広宣流布の実践が、そのまま世界平和の鍵を握る時代が到来したのです。ここに至って、池田先生は仏法の「人間主義」を高く掲げ、人類社会の調和と繁栄のための対話運動を世界的規模で推進していきました。その功績を称え、世界各国の大学や学術機関から池田先生に対し、四百を超える名誉学術称号が授与されています。そして、そうした中で池田先生の手による人間主義の日蓮本仏論が形成されていくのです。

人間主義の日蓮本仏論は、あらゆる差異を超えた人間の宇宙的尊厳を唱えます。「久遠元初の仏――無始無終の常住の仏は、宇宙生命そのもの」（『法華経の智慧』如来寿量品、『池田大作全集』第三〇巻、二六六頁）であり、その宇宙生命は私たち自身の生命でもある。ゆえに、日蓮仏法に説く文底の仏の顕本とは、じつは一切衆生の顕本でもあるとするのです。

〈寿量品での説法は、釈尊個人についての「顕本」です。

「人間・釈尊」が自分の「生命の本質」を示したと言ってもよい。これは、あくまで「個人としての」顕本です。

しかし「文底」の顕本は、これとまったく違う。けたはずれに違う。それは全宇宙的な顕本です。凡夫から仏まで、十界の一切衆生の全体の顕本なのです。〉（『法華経の智慧』如来神力品、『池田大作全集』第三一巻、二二七頁）

久遠元初の仏の顕本――それが寿量文底の顕本であり、宇宙生命としての顕本を意味する。よって、宇宙の一切衆生がそのまま本仏と現れることになる。結論的に、池田先生は「生きとし生けるものが本来、仏なのです。これが寿量品の叫びです。これに目覚めよと法華経は訴えているのです。」（同前、二二八頁）と述べています。本仏の唯一性（久遠元初の仏の顕本）と平等性（一切衆生の顕本）が、ここに余すところなく説明されているといってよいでしょう。人間主義の日蓮本仏論では、唯一性と平等性がどこまでも並立します。これこそが真に中道の本仏論であり、日蓮本仏論史の最後の終着点とはいえないでしょうか。

b－3　自己変革的な日蓮本仏論
――宇宙的ヒューマニズムと師弟不二

また、ヒューマニズム論の観点からいうと、宇宙生命論に立脚する池田先生の人間主義は、すべての人間の人間性を尊重するヒューマニズム的平等主義にとどまりません。それに加えて宇宙生命の唯一性を含意したヒューマニズム、すなわち「宇宙的ヒューマニズム」なのです。[※67] 一種の宗教的ヒューマニズムであり、とりわけ二十世紀のバルト神学のヒューマニズム観と比較すると興味深い共通点が浮かび上がってきます。二度の世界大戦を経験したバルトは、近代の人間中心主義を鋭く批判しました。それでも、バルトは神の人間性としての「神のヒューマニズム」の可能性を認めています。これは、イエス・キリストが神性と人性を同時に持つという「両性論」に基づく見解でしょう。つまり、イエスという一人の人間に神性を認める宗教的ヒューマニズムです。これに対し、池田先生の宇宙的ヒューマニズムでは、日蓮大聖人御一人でなく万人が本仏であり宇宙的存在であると説いています。

〈すべての人間は、全宇宙と一体です。全宇宙のあらゆる営みが、一人の人間の独自性を成り立たせている。言い換えれば、一人一人の人間は、「大宇宙」を独自の仕方で映しだす「小宇宙」です。「個人」は本来、「全人」なのです。

だから、〝一人〟がかけがえのない存在なのです。そういう生命の秘密を知る究極の智慧が、仏の一切種智であり、平等大慧です。どの人も、どの生命も、かけがえのない存在として平等と見るのです。

この法華経の人間主義こそ、「次の千年」に必要な「宇宙的ヒューマニズム」である、と私は確信します。〉(『法華経の智慧』薬草喩品、『池田大作全集』第二九巻、三一九頁)

池田先生の人間主義の根拠は宇宙生命にあります。すべての人間の生命が一なる宇宙生命と一体である。生命は一にして多であり、唯一性かつ平等性を持っている。一種の逆説的な論理ですから、私たちはこれを「逆説的ヒューマニズム」とも呼んでいます。唯一性と平等性の並立という逆説から、創価学会の日蓮本仏論の自己変革的な側面が現れてきます。唯一性と平等性が並立するからこそ力動的であり、自己変革的なのです。唯一性や平等性に偏る本仏論からは、およそ強烈な自己変革の実践が出てきません。

ここで念のために、唯一性かつ平等性に貫かれた池田先生の本仏論をいくつか紹介しておきましょう。創価学会の信仰において、御本仏日蓮大聖人は唯一の救済者であり、その御境界は宇宙大とされます。しかし、学会員は、この大聖人と師弟不二になることで「宇宙的ヒューマニズム」を実現しようとします。「宇宙的ヒューマニズム」は、実践的には「師弟不二の道」に帰着するといえます。

〈勇んで広宣流布に生涯を捧げる覚悟を定める時、わが生命は、御本仏である日蓮大聖人に連なり、何ものをも恐れぬ大力が涌現し、仏の大歓喜の生命が脈打つのである。〉（『新・人間革命』第二九巻、三四頁）

〈御本尊を受持し、真剣な唱題に励む時、私どもの凡身が即、御本仏日蓮大聖人と全く等しい、無作の三身とあらわれるとの仰せであります。〉（「観心本尊抄講義」、『池田大作全集』第二四巻、二八五頁）

〈実に凡愚下賤の私どもであっても、唱題に励み、弘教に励むことによって、御本仏と等しい境界にまで達することもできる〉（「御書要文講義――『御義口伝』」、『池田大作全集』第二四巻、四五八頁）

〈ゆえに、「信心」があれば、乗り越えられない苦難などない。「師子王の大生命力」がわいてくる。御本仏日蓮大聖人の御生命がわいてくる。分別功徳品にも〝仏と同じく師子吼して〟とある。〉（『法華経の智慧』分別功徳品、『池田大作全集』第三一巻、三〇頁）

〈また「天上天下・唯我独尊」とは、これまで論じてきたように、別しては末法の御本仏・日蓮大聖人ただ御一人でありますが、今度は、日蓮大聖人の生命即御本尊を受持し、信心修行に励む私たちの生命もまた、総じては「唯我独尊」となるのであります。私たちが三大秘法の御本尊に向かって妙法を唱えるとき「我が身即ち一念三千の本尊、蓮祖聖人なり」と日寛上人の仰せのごとく、私たちの生命もまた、日蓮大聖人の御生命と顕れるからであります。〉（池田大作「百六箇抄講義」〔連載第九回〕、創価学会機関誌『大白蓮華』昭和五十二〔一九七七〕年一一月号、一六頁）

池田先生の本仏論は、どこまでも自己変革的です。つまり、信仰実践を通じた師弟不二の逆説（而に二不二）を根本としています。唯一の救済者と我々は、別々であって（而二）別々でない（不二）。だから、本仏観が唯一性にも平等性にも傾かない。師弟の自在な関係を志向する。こうして「救われる者」が同時に「救う者」となるのです。

先ほど、日蓮大聖人を「仏界所具の人界」、我々弟子を「人界所具の仏界」とする戸田先生の指導を紹介しました。「救われる者」としての弟子であれば、確かに我々は「人界即仏界」の立場でしょう。だが、しかし、真に地涌の使命を自覚した「救う者」としての弟子になれば、大聖人の「仏界即人界」の立場にも連なるといえないでしょうか。戸田先生は、この点を暗示しつつ、あえて表に出さなかったように拝察されます。一方、池田先生の指導にはそれがはっきり見られます。『御書の世界』では、「十界互具に生きる仏界所具の凡夫」になることが「宿業に汲々としていた凡夫から、民衆の使命を転換しようと立ち上がる『使命の凡夫』に変わる」ことだとされています（『池田大作全集』第三五巻、七〇頁）。また、『新・人間革命』の中に、たとえ修羅界の生命が強い人でも広宣流布の大願に生きるならば「仏界所具の修羅界」になるのだ、との山本伸一の指導があります（第二五巻、一九一頁）。広布の使命に生き抜く創価学会員は、唯一なる御本仏に「救われる者」として「人界所具」の仏を目指しながら、しかも御本仏と同じく「救う者」として「仏界所具」の凡夫であるということでしょう。このような唯一性と平等性の並立は、ただ不可思議としか言いようがないものです。

「広布の時代」の日蓮本仏論は、戸田先生の「唯一性を表とする中道本仏論」から、池田先生の「唯一性と平等性が並立する中道本仏論」へと展開していきました。どちらも自在な中道本仏論であって、生命の平等な尊厳を説いて自己変革（人間革命）を保証する実践的な教えです。「広布の時代」の日蓮本仏論の真髄を、私たちはここに見出します。創価教学は「広布の時代」の日蓮本仏論の完成点です。それだけではありません。日蓮大聖人の仏法の目的は広宣流布です。よって、「広布の時代」の日蓮本仏論である創価教学、なかんずく真に中道本仏論を開示した池田先生の教学こそ救済論的な日蓮本仏論史の全体における完成点というべきなのです。

池田先生が「大聖人は「一人を手本として一切衆生

平等」（御書五六四ページ）と仰せです。釈尊の「永遠の自己」は一切衆生の「永遠の自己」なのです。一切衆生が総じては本仏なのです。」（『法華経の智慧』従地涌出品、『池田大作全集』第三〇巻、一九五頁）と述べ、万人本仏、人間本仏を明言したことなどは、それ以前にない徹底した平等性の本仏論といえます。しかし他面、「御本仏・日蓮大聖人の御使いとして、自分は今、ここにいるのだ」（『新・人間革命』第二四巻、一七七頁）、「末法の御本仏は日蓮大聖人お一人であられる」（スピーチ、『池田大作全集』第六九巻、二八頁）といった戸田先生以来の唯一本仏観を継承しているから、結局、唯一性と平等性が並立しています。池田先生が常々「師弟の道」でなく「師弟不二の道」を強調するのも、唯一かつ万人に開かれた本仏観と無関係ではないように思うのです。

b-4　平等本仏論の問題点

このように、池田先生の日蓮本仏論は真に自由自在な中道本仏論です。ただそれだけに、断片的な内容を切り取って論ずると、たちまち唯一性や平等性に偏した本仏論が出来上がります。ことに平等性の本仏論を奇貨として、日蓮本仏論の現代化をはかろうとする動きには注意を要すると思います。

日蓮正宗と訣別した後、創価学会関係の研究者の間に、以前よりも自由に日蓮本仏を論じようとする気風が生まれました。他ならぬ私も、その流れの中で日蓮大聖人を論じているわけです。問題なのは、学術的観点から従来の日蓮本仏論を再検討する場合、創価学会の信仰を中心に置かないため、過去の教義との連続性が寸断されがちなことです。しかも、純粋に学者の意見で終われればいいのですが、論者のほとんどは創価学会員であるため、教団の教義形成にかかわることを願って研究を行っているのが常なのです。

日蓮本仏論をめぐる近年の動向もその例に漏れません。例えば、日蓮本仏論から本仏の唯一性を排除し、平等性のみの本仏論を立てる、といった一つの議論の方向性があります。個人の説というより教義解釈の一傾向として要点を述べれば、日蓮大聖人を仏法の先覚者として尊敬するが特別視はしない、といったところでしょうか。戦後民主主義的な価値観が投影された、平等本仏論ということもできます。

神学者の佐藤優氏によれば、こうした本仏論はキリスト教におけるユニテリアンの考え方に近いそうです（月刊誌『第三文明』二〇二二年八月号、第三文明社、五六頁）。キリスト教において、イエス・キリストは真の神であり、真の人であるという「神人」としての特別な地位を与えられています。ところが、近代のユニテリアンはイエス・キリストの神性を否定し、イエスは偉大な教師であったが神ではないとしました。伝統的な三位一体論を否定し、神の唯一性を強調したのです。そこにおけるイエスは、他宗教の中にもある真理を発見しただけの人になるとも言われています。

かりに、これと似たような日蓮本仏論が立てられたとすれば、どうなるでしょうか。創価学会の本仏観は、人間本仏にして日蓮本仏と考えられます。唯一性と平等性が調和した中道本仏論です。ところが、平等本仏論は人間本仏の平等性だけを採用して日蓮本仏の唯一性を否定します。そうなると、日蓮大聖人はただ人間本仏の見本、手本でしかありません。「末法の教主にして手本ともなる本仏」が「単なる手本の本仏」に変質します。そして、「法」の絶対性が強調される。確かに、ここでは純粋に平等主義的な信仰が実現します。しかしながら、御本仏日蓮大聖人に直結する創価学会の師弟の道は形骸化し、弟子が自由に師を批判できるようになるでしょう。当然、師から託された崇高な任務を果たすという弟子の使命感も希薄になります。師弟不二の逆説という信仰のダイナミズムは失われ、自己変革（人間革命）もなされない。それでは結局、人間本仏、平等本仏と言っても観念論にとどまります。何より、「創価学会は、大聖人の御遺命である世界広宣流布を唯一実現しゆく仏意仏勅の正統な教団」（「創価学会会憲」前文）とする、創価学会の信仰信条に真っ向から反してしまうのです。

平等本仏論は、創価学会の信仰の現場というよりも学問的な教学議論の中で語られているように見えます。けだし、日蓮本仏論という創価学会の信仰の根幹にかかわる問題は、学問的な議論だけで片が付くものではありません。実際の信仰実践の場で定着しなければ、意味をなさないように思われます。また、現代の仏教学、哲学、宗教学等は、実証性を重視して直観知を排除する傾向にあります。そこで捉えられるのは目に見える事象であって、目に見えないものは考察の対象外です。目に見えない世界を重んずる信仰者に言わせるならば、現代の学問は真実の可視的な面、すなわち真実の部分観しか捉えられないことになります。これらを鑑みるにつけ、創価学会の日蓮本仏論に関しては、何十年単位でさまざまな議論を積み重ね、時が熟し、自然に意見が集約されるのを待つべきではないかと、個人的には思います。むろん、今回の私の救済論的な日蓮大聖人論も一つの試論にすぎません。今後の議論の糧（かて）にしてもらうためであり、何か決定的なことを言うつもりなど毛頭ありません。この点ご理解ください。

ただ一点だけ申し添えるなら、創価教学の自在な中道本仏論は、状況に応じて唯一性を立てたり平等性を立てたりすることができます。池田先生も、師弟の峻厳さを教える際には御本仏日蓮大聖人の唯一性を、師弟の一体を説くときには我が身が大聖人となる意義を、それぞれ論じています。したがって、現代的な価値観に合わせて平等本仏論を唱えること自体が逸脱的であるわけではありません。むしろ時に適った広宣流布の実践といえる場合があります。危険なのは、自在な中道本仏論の平等性の側面だけを本義と捉えてしまうことです。「御本仏を求めぬく一心に、御本仏の力用が現れる」（『法華経の智慧』、『池田大作全集』第三〇巻、三九五頁）という師弟不二の逆説を、単なる論理の矛盾としか見ない近代合理主義的な思考は、やはり私たちの信仰にとって危険と考えざるを得ません。この点、私たちは、創価学会の信仰信条が記された「創価学会会憲」と「創価学会会則」、そして後世のために池田先生の信仰信条が語られている『新・人間革命』全三十巻を常に座右に置き、その上で時代性や地域性などを十分に考慮しつつ、日蓮本仏論を現代に展開すべきではないでしょうか。

本項の結論を述べます。救済論的な日蓮本仏論史において、創価教学なかんずく池田先生の教学は「広布の時代」の日蓮本仏論の完成点であり、取りも直さず全時代の日蓮本仏論の完成点である。池田先生の日蓮本仏論は、唯一性と平等性が並立する本仏論であり、真に自由自在な中道の本仏論といえる。以上が私の考え方です。

この池田先生の日蓮本仏論を完成点としつつ、世界宗教化への対応としては、創価学会において今後さらに新たな日蓮本仏論が展開されることでしょう。宗教の真理は不変でも、その表現の仕方には進化があって当然です（拙稿「創価信仰学の基礎」における「宗教の進化」〔前掲『創学研究Ⅰ』一〇三〜一一三一頁〕を参照）。真理の表現としての日蓮本仏論の進化は、基本的に池田先生の論によって完成したものと私自身は考えます。だがその上で、創価学会が生きた宗教である以上、布教表現の進化には終わりがないはずです。布教表現としての日蓮本仏論の進化は、むしろこれから本格的に始まるように思うのです。

おわりに

それでは全体のまとめに入りたいと思います。

今回のテーマは「創価信仰学から見た日蓮大聖人」でした。創価信仰学の大聖人論の出発点は、文献史料でもなければ教義概念でもありません。それは創価学会の信仰であり、本質的には学会の三代会長が実践的に教えてくれた大聖人の「真意」です。創価学会の信仰実践の中で、私たちは「万人が仏である」という人間本仏の思想、民衆仏法こそが大聖人の真意であることを、頭だけでなく体で理解することができました。日蓮仏法が民衆仏法であれば、そこにおける真実の仏は凡夫の仏でなくてはなりません。民衆仏法の必然的な要請として、凡夫僧であられた日蓮大聖人こそが真実の仏であるとする日蓮本仏論が主張されることになります。ここで、私たちの日蓮大聖人論は日蓮本仏論に絞り込まれます。

これを受け、私は第一章で研究の方法論を検討しました。学問的な研究者は史実に基づいて日蓮像を構築しますが、教団の教学に基づく研究者は救済者としての日蓮像を探求します。前者は史実論、後者は救済論です。史実論と救済論とでは、もとより議論の次元が異なる。つまり、両者はカテゴリーが違う。ところが、そのカテゴリーの違いを無視して史実論的に救済論を批判したり、反対に救済論的に史実論と論争したり、といったことが日蓮論に関して長らく行われてきました。私たちは、このカテゴリー的誤謬から脱し、明確に救済論の立場から日蓮本仏論を論じることにしました。といっても、史実論を無視するわけでなく、救済論のカテゴリーにおいて史実論を捉え直し、文献学的、解釈学的にも日蓮本仏を考えようとしたのです。それは取りも直さず、自分たちの信仰を証明するための考察、すなわち信仰の証明学となります。

そこで、第二章、第三章では信仰の証明学に取り組みました。私たちは、まず文献学が蓋然性の議論に他ならないことを確認しました。遠い過去の文献史料についても、「あった」ことを証明できても「なかった」ことまでは証明できない。だから、文献学的な実証主義に基づき、ある史料が「なかった」と主張しても一つの推測にすぎません。実際、偽書説が有力だった御書（『諸人御返事』）の御真蹟が、後になって発見され、偽書説が覆った例もあるのです。また、文献学的な仮説の蓋然性が高いとか低いとかいうのも、結局は解釈の問題であって、数学の公理のように自明性があるわけでもない。

そうしたことから、私たちは、日蓮本仏論の史料上の初出を相伝書の『本因妙抄』『百六箇抄』とする仮説を支持します。文献学的に偽書説が有力な両抄ですが、偽書が確定することは永久にない、内容も日蓮大聖人にしか説けないものである、との信仰的認識に立った判断です。そして、さらに大聖人、日興上人の時代に日蓮本仏の思想があったかどうかは実証できなくても、室町期における「日蓮本仏の信仰の伝承」という史実なら実証できる、という点に注目し、これを信仰の証明学における文献学的根拠とします。日蓮大聖人を末法の御本仏と仰ぐ生きた信仰が少なくとも五百年以上続いてきたことは、私たちの信仰の本質に深くかかわります。だから、「伝承の史実」を実証的に確認することが救済論的に極めて重要なのです。

一方、信仰の証明学における解釈学的な根拠のほうでは、テクストの客観的解釈という幻想を捨てて解釈の歴史性、相対性を唱える現代の解釈学的な潮流を受け入れました。そして、宗教テクストの神話的表現や隠喩的表現をめぐる二十世紀以降の聖書解釈学を参考に、日蓮本仏論の基盤となる法華経文底の解釈を「非神話化」「再神話化」として捉え直し、日寛教学のキーワードである「人法体一」が隠喩的真理にあたることを論じました。従来、日寛教学は文献学的な視点から数々の批判にさらされてきました。しかし、日寛教学は宗教的解釈学です。それを文献学と同じ土俵で批判するのは、筋違いと言わざるを得ません。

そうした解釈学的な見直しを通じ、私たちは文献学的な見解も一つの解釈にすぎないことを改めて確認しました。元々文献学は文献学的解釈学として、神学的解釈学、法学的解釈学と並ぶ一つの領域でしかなかったわけです。ならば、私たちが神学的解釈学にあたる創価信仰学的な解釈学を展開し、その見解が文献学的解釈学と異なっていたとしても、どちらが正しいかという議論にはならないはずです。その前提に立ち、私たちは真蹟のある日蓮大聖人の御書から日蓮本仏論を導き出す解釈が可能であることを、一つの宗教的解釈として提示しました。また、日蓮仏法の相伝書という救済の書に対して文献学的に史実の検証を行うことは、救済論と史実論を取り違えるカテゴリー的誤謬になる点も指摘しました。

このように、私たちは信仰の証明学における日蓮本仏論の文献学的、解釈学的根拠を論じました。そこに加えて、第四章でもう一つの方法論的基礎を検討しました。それは救済論的な日蓮本仏論で用いられる諸原理であり、「準備」「予型」「過程」「真意」の四つに分かれます。準備・予型は救済史の原理、過程・真意は教化の原理です。

「準備」は日蓮本仏論の足場となった思想、「予型」は日蓮本仏論の予兆となった思想を指します。具体的にいえば、中古天台の本覚思想は日蓮本仏論の準備であり、釈尊、世親、龍樹、南岳、天台、伝教等々の経論の中には日蓮本仏論の思想的な予型があったと考えます。さらに、私たちは日寛教学の日蓮本仏論を創価学会の日蓮本仏論の予型であるとも見ています。これによって、創価学会の日蓮本仏論の思想的アイデンティティーが確立するとともに、それが仏教史における正統の系譜上に位置づけられるのです。

次に、「過程」と「真意」は、救済のための教化という観点から日蓮大聖人の教えを読み解くための原理です。人を救うことは教育的な行為です。ましてや仏の悟りは難信難解である。だから、段階的に法を説く必要がある。仏に方便の教えがあるのはそのためです。仏は、真意に至る過程の教えを織り交ぜながら、人々を導いていくのです。日蓮大聖人の教化にあって、人間本仏にして日蓮本仏という真意に至る過程の教えは釈尊本仏義でした。過程としての釈尊本仏義は日興上人にも継承され、室町時代の日有上人の時代に終焉します。しかし、それに代わって大聖人の御影を本尊と崇める御影本尊義が第二の過程として現れ、二十世紀の創価学会の出現によって終焉するのです。文献学的な日蓮研究者たちは救済論を史実論と取り違えて議論するため、教化における真意と過程の区別をせず、史料に直接的に現れた釈尊本仏義や御影本尊義を著者の真意と見なし、史料に直接現れない奥深い含意を無視しがちです。私たちは、その陥穽にはまらないように教化の原理である真意と過程を意識しつつ、考察を進めました。また、室町期以降、「真意」である日蓮本仏義が表明された後にも一見釈尊本仏義に属するような地涌の菩薩の主張が見られる点について、それを「過程」への後退とは捉えず、むしろ「真意」の上から地涌の菩薩の本義を「菩薩仏」と明かす段階に入ったものとして理解しました。

さて、第一章から第四章を通じて、私なりに救済論的な日蓮本仏論を考察する方法論を固めたつもりです。それを踏まえ、第五章では救済論的な日蓮本仏論史を描き出す作業に取り組みました。基軸となるのは、やはり日蓮大聖人の真意です。私たちは、大聖人の真意が人間本仏にして日蓮本仏であることを信仰学的に先取りしています。また、その真意への理解が文献学的、解釈学的に支持可能なことを確認しています。そこで、私たちは人間本仏にして日蓮本仏という大聖人の真意が歴史上にどのように現れていったのかを考察しました。大まかに表すと次の五段階になります。

第一に、日蓮大聖人御自身が「真意の顕示」をなされました。『開目抄』『観心本尊抄』『撰時抄』『諫暁八幡抄』『諸法実相抄』等々で日蓮本仏の真意が間接的に顕示され、日興上人への相伝書の中では真意の直接的な顕示が行われ、曼荼羅御本尊の図顕では真意の具体的な顕示がなされています。

第二に、日興上人を中心とする大石寺上代の諸師は、主として「真意の実践」に努めました。日興上人に関連する文献史料には釈尊本仏義が見られますが、私たちはそれを過程の教えと理解します。真意を文字化し、直接的に表現することは、この時代では慎重に避けられた感があります。その一方で、「南無妙法蓮華経　日蓮」と大書された御本尊への信仰を徹底する形で、むしろ真意が実践されたことがうかがえるのです。

第三に、室町時代の大石寺九世日有上人の頃から「真意の表明」の段階に入ります。日有上人からの聞書である『化儀抄』には明確に日蓮本尊義＝日蓮本仏義が見られます。これ以降、大石寺門流内では日蓮本仏義の直接的な表現が主流になり、過程としての釈尊本尊義は姿を消します。ただし、真意である日蓮本仏と極めて近しい関係にある御影本尊義が第二の過程として登場します。

第四に、江戸時代に入ると、日寛上人によって室町時代に表明された日蓮本仏の真意が理論的に確立され、「真意の確立」の時代を迎えます。大石寺古来の日蓮本仏義は、ここで初めて体系的に筋道を立てた「日蓮本仏論」になります。私たちの救済史的理解において、日寛上人の日蓮本仏論は一つの完成点です。また、救済論的な原理の上から、従来日寛教学の背景として取りざたされてきた種々の先行思想や反対思想——中古天台、要法寺日辰、左京日教、保田日要、保田日我の教学等々——は、すべて日寛教学が生まれるための準備に他ならなかったと考えます。さらに、要法寺教学、身延派教学、日昭門流、日隆門流など、江戸時代の日蓮教学全般に日寛教学が大きな影響を与えたという史料上の見解に基づき、日寛上人による「真意の確立」の波紋が宗外にも及んでいたことを確認しました。

第五に、明治維新から現在に至る近現代においては、日蓮本仏の真意を広く社会に弘めようとする「真意の流布」の時代になっています。戦前は、条件付きの信教の自由の下で、日蓮正宗と名を改めた大石寺の僧俗が、釈尊と日蓮大聖人の異名同体説や釈尊上行の二元一体説を強調するなどして、仏教界への日蓮本仏論の浸透をはかりました。戦後になって完全な信教の自由が保障されると、創価学会がまたたく間に日本全国に大聖人の仏法を流布し、日本最大の宗教団体となります。さらに、学会は第三代会長である池田先生の指導の下、世界百九十二カ国・地域に日蓮仏法を流布し、いまや世界宗教へと歩みを進めています。学会の日蓮本仏論は唯一性と平等性が並立する中道本仏論であり、自己変革的で開かれたものといえます。しかも、「生命」「人間」をキーワードとする普遍性を持っています。私は、創価学会の本仏論なかんずく池田先生の本仏論をもって日蓮本仏論史の最後の終着点と見ています。

また、「広布の時代」の日蓮本仏論にあっては「真意」の流布の中で改めて釈尊の仏法の概念を用いることも重要になってきます。戸田先生と池田先生は、創価学会員が——本質的には全人類が——内証を仏とする地涌の菩薩であることを説き示しました。学会員は、釈尊久遠の弟子としての地涌の菩薩ではなく、内証を仏とする菩薩——「菩薩仏」——として地涌の菩薩なのです。それは釈尊の真意でもあります。この意味から、我々は日蓮大聖人とともに霊山に集い、末法の衆生の救済を誓った地涌の菩薩であるとの深き使命を自覚しなければなりません。そして、世界に日本の日蓮仏法を流布し、また他宗教や他宗派と開かれた対話を行うために、創価学会が釈尊に連なる仏教の正統中の正統であることを示すべきでしょう。釈尊の仏法を通じて、いかに日蓮仏法の正しさを語るか——この点は、今後の学会教学にとって避けて通れない課題ではないかと考えるものです。

以上が、日蓮大聖人の真意の顕れ方を中心に置いた日蓮本仏論史の概略です。「真意の顕示」「真意の実践」「真意の表明」「真意の確立」「真意の流布」という五段階は、それぞれの時代の特徴を捉えた表現であり、実際には重層的に進展した面もあるでしょう。

私たちの目的は、創価学会の救済史の中に日蓮本仏論史を位置づけながら、信仰の証明学として一つの学問的な仮説を立てることでした。創価信仰学において、「日蓮大聖人は末法の御本仏である」という信仰学的な前提は不変です。しかしながら、この前提に基づく証明学的な仮説は誤りうるものです。その点、関係各位の忌憚ない批評を乞う次第です。ただ、言い添えておきますが、私たちの信仰学に無知であったり、それを認めなかったりする人たちからの批判は相手にしません。再三述べてきたように、カテゴリー的誤謬に気づかない人たちといくら話し合っても、議論が平行線になるだけだからです。

経済学者A・センの有名な造語に「合理的な愚か者Rational Fool」があります。この言葉は、経済学でいう合理的な人間が利己的で道徳心に欠け、社会的には愚か者になるという指摘と思われます。無理を承知で私たちの文脈に移し替えるならば、自分たちの仏法理解が実証的に合理的だと思い込み、そこに執着して仏の難信難解の教えを疑う者が「合理的な愚か者」ではないでしょうか。方法論的懐疑を盾に信仰からの出発を嘲笑する。彼らこそ凡夫の分別智で仏の無分別智を貶（おと）しめる仏法上の愚か者に見えるのです。「愚人にほめられたるは第一のはじなり」（『開目抄』、新一二一頁・全二三七頁）が、信仰学徒としての私の座右の銘です。無上道の仏法から外道に堕した者たちによる非難の数々を、かえって誇りにしたいと思います。

最後に、三点ほど述べておきます。

一点目は、日蓮本仏論と「法」の信仰との関係についてです。一般に仏教は「法」の宗教といわれています。創価学会も例外ではなく、例えば池田先生はイギリスの歴史家A・トインビー氏との対談の中で、人格神を立てるキリスト教に対して「法」の宗教である仏教の現実主義的、自己変革的な思想性を説明しています。近年、制定された「創価学会会憲」にも南無妙法蓮華経が「根本の法」であると記されています。

　したがって、創価学会も「法」を立てる仏教なのですが、それはあくまで御本仏の御境界を通して表された「法」を強調しているわけです。したがって、「人」を強調するときには日蓮本仏論が説明され、さらに人間本仏論的な人間主義が唱えられます。この使い分けは、創価三代の会長に一貫して見られます。

　ただし、三代の会長の中で、初代の牧口常三郎先生については「法」の信仰を唱えた印象を持つ人がいるため、あえて一言しておきます。牧口先生に「人」の信仰がなかったわけでは決してありません。昭和十二（一九三七）年に出されたパンフレット『創価教育法の科学的・超宗教的実験証明』を開くと、第六章の「教育乃至生活の根本原理としての仏教の極意」の中で釈尊を「前仏」、日蓮大聖人を「後仏」とし、両者の仏法の価値は月と太陽のごとく異なると記されています（『牧口常三郎全集』第八巻、六八頁）。また、「唯一正統たる日興上人門流」の教義に従って「忠実純真に三大秘法」を信じ実践するしか法華経を理解する道は絶対にない、とも強調されています（同前、六九～七〇頁）。

　そして、同章の結論部分では「五重の相対」の教判を掲げ、その種脱相対の段に「脱益＝法華経後十四品の久遠実成の仏の説、一般日蓮宗のよる所」「種益＝法華経寿量品の文底の本仏の説、日蓮正宗のよる所」と記して、日蓮本仏論が明示されているのです（同前、七二頁）。このように、牧口先生は日寛教学の流れを汲む日蓮本仏論者であり、日蓮大聖人という「人」を信仰しながらも、[※68]日蓮仏法を生活法として普及・布教するために「法」を表に立てて会員を指導したものと推察されます。

　してみると結局、創価教学では南無妙法蓮華経というも、御本仏日蓮大聖人と申し上げるも、宇宙生命と呼ぶも、「法」と称するも、我が生命の仏界と表現するも、皆同じことを意味するわけです。むろん、そこに師弟や人法の立て分けはありますが、本質的にはすべて一体と見ています。

　ですから、世界広宣流布を展望する今日の創価学会にあっては、従来にも増して時代や国情、文化の違い等に応じて自在に法を説くことが重要になってきます。池田先生が特に海外で「宇宙根源の法」「宇宙の根本法則」といった表現を用い、「法」の意義を強調したのは、それが世界の人たちに最も説得力を持って伝わるからでしょう。もとより池田先生が「法」に偏っていないことは、その教学著作等を読めば一目瞭然です。同様の意味で、現在の創価学会が「根本の法」を表に立てるのも、世界広宣流布の時代への適切な対応に他ならないと考えるものです。

思い起こせば、日蓮本仏論の始原に位置する『百六箇抄』は「法本人迹」を随所で説き示しています。端的な例を示すと、「本因の妙法蓮華経の本迹」に「全く余行に分かたざりし妙法は本、唱うる日蓮は迹なり」(新二二〇九〜二二一〇頁・全八六三頁)とあります。本質論(内証)の上では南無妙法蓮華経即日蓮大聖人であっても、現実の修行の姿(外用)としては本因の直体である妙法が本、それを唱えて弘通される日蓮大聖人が迹となる。そういう意味かと拝されます。したがって、創価学会が信仰実践の面から法根本を唱えるのは当然のことといえるでしょう。

二点目は、日蓮大聖人の唯一性に関することです。大聖人御一人を御本仏と仰ぐ信仰を唱えれば、結局は現在の日蓮正宗のような権威主義の宗教になってしまう。そうした懸念の声が、もしかしたらあるのかもしれません。しかし、本論で述べた通り、真の日蓮本仏論は同時に人間本仏論です。すなわち、唯一性と平等性のどちらにも偏らない中道本仏論です。そして、私たちは日蓮本仏論史を救済論的に概観する中で、現日蓮正宗の本仏論が事実上の唯一本仏論に変質していること、また唯一性と平等性が並立する池田先生の中道本仏論こそが本仏論史の完成点であり、世界広布の時代にふさわしいことを見出したわけです。したがって、創価学会の日蓮本仏論が現日蓮正宗のような権威主義を誘発することはありえないと思っています。

読者の理解のために、唯一性を強調する本仏論を「縦軸の本仏論」、平等性を強調する本仏論を「横軸の本仏論」と言い換えてみましょう。横軸の本仏論だけを用いれば、確かに権威主義に陥る危険性は少なくなる。しかし、師弟の意義が弱まり、各人の使命の自覚も薄れるでしょう。縦軸の本仏論――そこにこそ「師弟」「使命」の信仰という創価学会の宗教的独自性の起源があります。なるほど縦軸の本仏論は、日蓮正宗で権威主義的な法主の正当化に用いられました。だからといって、縦軸を捨て去るのは見当違いです。宗門の権威主義化は、あくまで宗門の信心の問題です。信心の歪みから教義が歪み、本来の中道本仏論が事実上の唯一本仏論にすり替わって権威主義の宗教になったのです。

ついでに言うならば、縦軸の本仏論という超越の信仰には世俗的な価値観を超えて人間同士を結びつける力があるという点も見落とせません。今日、ＳＧＩ（創価学会インタナショナル）が国籍やイデオロギーの壁を越えて地球的な人間の連帯を拡げ、世界平和の一翼となっているのは、ある意味で創価学会の師弟が世俗を超えた地平にあるからです。佐藤弘夫さんが、先ほど「天皇を相対化できる宗教的権威が天皇制のためにも大事だ」と言っておられました。では、横軸の本仏論のような宗教的平等主義で天皇を相対化できるかというと、それだけでは弱い気がします。佐藤さんも少し触れていましたが、日本政治思想史の丸山眞男氏は、日本人古来の状況主義的な思考を突破する普遍者の自覚を鎌倉仏教の中に見出しました。近代主義的な捉え方とはいえ、一面の真実を突いていると思います。私たちの信仰でいえば、縦軸の本仏論が普遍者の自覚につながります。そのような現世超越の契機がないと、伝統的権威の頂点は相対化できないと思うのです。

三点目は、創価学会の日蓮本仏論と日蓮正宗の教学との関係についてです。創価学会が日蓮本仏論を立てているのは、日蓮正宗の影響の残滓ではないのか。学会が日蓮本仏論を強調すれば、むしろ宗門の権威が高まるだけではないか。以前、ある人からこうした質問を受けたことがあります。教義の是非を組織戦略的に論ずるのはどうかとも思いましたが、単に歴史的な経緯を見るなら、この人の考え方にも一理あるといえます。歴史的に見ていくと、日蓮本仏論は大石寺門流（現在の日蓮正宗）で形成されたものであり、大石寺の信徒団体として出発した創価学会はそれを受け入れただけだという話になるからです。そこで、学会が独立した教団となった今、旧来の日蓮本仏論にとらわれず、自由に議論すべきだという意見も出てくるわけです。

私個人の印象ですが、この種の史実論的かつ戦略論的な意見には根本的な何かが欠けているように思えます。それは救済論であり、なかんずく師弟の精神です。戦略論の前に、私たちが師と仰ぐ三代会長の考え方はどうなのか。創価学会の信仰者としては、これが死活的に重要ではないでしょうか。三代会長の根本精神は、創価学会会憲に明確に規定されています。そこには、創価学会が仏意仏勅の団体であり、御本仏の教団であることが明記されている。一般の仏教史はさておき、私たちの信仰における救済の歴史の中心には創価学会があります。歴史的に見て大石寺門流が日蓮本仏論を形成したのだとしても、私たちの救済史では仏勅の創価学会が出現して世界に妙法を弘めるための予兆であり、「予型」であると位置づけられる。よって、創価教学が宗門教学の展開なのではない。むしろ宗門教学が創価教学の前段階であり、予型なのです。

創価学会の信仰者である私たちは、史実論よりも救済論を根本とすべきです。その限り、創価学会の日蓮本仏論が大石寺の権威を高めることにはならないと、私は固く信ずる次第です。

注

※1　法華経分別功徳品の「一念信解」に関する『御義口伝』に「「信」のところに「解」あり、「解」のところに「信」あり。しかりといえども、「信」をもって成仏を決定するなり」（新一〇六〇頁・全七六一頁）とある。そのように、日蓮仏法では、信仰と理解の循環を説きながら成仏への根本的な道筋を信仰に求める。それゆえ、創価信仰学も信仰と理解の循環における出発点を信仰と定める。

※2　天台本覚思想の研究者である花野充道氏は、天台智顗の教説が初住位の成仏を目指す「始覚仏教」であるのに対し、日蓮の教説は名字即の成仏を唱える「本覚仏教」であるとし、「日蓮の教説は、釈尊―天台―伝教という三国四師の系譜から直ちに出てくるものではなく、日本中古に展開した天台本覚思想を経なければ成立しないことは明らかである」と結論づけている（「法華仏教の思想史的研究（一）」、『法華仏教研究』第二四号、法華仏教研究会、二〇一七年七月、三六頁）。そして、「信仰的な宗学者は、日蓮の思想を超歴史的に考察するから、中古天台の本覚思想の影響を認めたがらないが、批判的・実証的な思想史研究においては、そのような護教論は

通用しない」（同前）とも述べている。我々の信仰学は、歴史を顧みない「信仰的な宗学」でもなければ、ただ歴史の中で思考する「批判的・実証的な思想史研究」でもない。言うなれば超歴史的に歴史を見る――つまり、「救済史」を見る――という第三の立場であり、そこから中古天台を日蓮仏法の準備と捉えていくのである。

※3　法華宗（本門流）の研究者である大平宏龍氏によれば、「従来、日蓮遺文としてはまだ出ている筈はないと考えられた段階の本覚思想が、出ていて当然というようにみる論説が現れた」「本覚思想の時代区分に従来の説に対する変更があり、日蓮遺文にみえる思想との時代的矛盾がなくなった」とされるような研究情勢の変化があったという（「日蓮聖人研究管見」、『興隆学林紀要』第一六号、興隆学林専門学校、二〇一九年、五頁）。具体的には、本覚思想の教義である四重興廃の成立を日蓮滅後とする従来の説に対し、仏教学者の花野充道氏らがむしろ日蓮以前に成立していたと主張することなどを指していると思われる。

※4　参考までに述べれば、歴史学者の佐藤博信氏は、複数の論文中で日要、日我の曼荼羅の写真を掲載している（「安房妙本寺学頭坊歴代考――日朝から日成まで」、『興風』第二二号、興風談所、二〇一〇年、六二頁、及び「安房妙本寺門流にみる上人権の実態」、『興風』第二六号、興風談所、二〇一四年、二九、三〇頁）。それらを見る限り、日要と日我は首題の直下に「日蓮在御判」と認めて左下に自署花押を置く形の曼荼羅書写を行っている。

※5　筆者は、日有上人から保田の日要・日我へ、そして日寛上人へ、という教学的な流れを想定する。堀日亨上人も、次のように述べたといわれる。「有師の説が寛師の説になった。有師と寛師との中間に、有師のものが房州に伝わって、房州の日要日我の説になっている」（「富士宗学要集の解説⑤」、『大白蓮華』昭和三十四（一九五九）年六月号、三二頁）。

※6　大石寺教学において曼荼羅の「南無妙法蓮華経　日蓮判」を人法体一の教義と結びつけて論ずるようになるのは、管見の限り近代以降のことと思われる。例えば、明治期の法主・大石日応の『弁惑観心抄』に「人法体一とは宗祖所顕の大曼荼羅の中央に南無妙法蓮華経日蓮判と大字を以て書顕す是即本尊の本主実体なり」「本尊中央の南無妙法蓮華経に人を具し日蓮に法を具す」「南無妙法蓮華経の下に天台と書けば迹化理行の題目本尊なり故に十界悉く迹化なり……南無妙法蓮華経日蓮と書きたまへば本門観心事行の題目本尊なり故に十界悉く本種を騰発せしむるなり」等々の説明が見られる（『弁惑観心抄』大日蓮編集室、一九七一年〔第四版改訂、初版一八九四年〕、九三、一六五、一六六頁）。

※7　中古天台の本覚思想では本門の発迹顕本に事顕本と理顕本の二種を立てる。事顕本は、寿量品の文上に説かれる釈尊の久遠実成の顕本を指す。対するに、理顕本は久遠実成の顕本を仮の教え（仮説）と見なし、衆生の身心が無始無終の理のあらわれであり無作三身の仏であることを真実とする。したがって、中古天台の理顕本は寿量品の文底を志向している。池田先生は、この理顕本が指し示すものが「久遠元初の自受用報身如来」に他ならないとしている（『池田大作全集』第三一巻、二二四頁）。中古天台の理顕本論が説く「理」の正体を、久遠元初の本仏の人法一箇の当体と見るのである。ここにおける理顕本は、久遠元初の本仏の顕本としての事顕本と一体である。つまり、日蓮仏法では文底の事・理の顕本を唱えるといえる。『御義口伝』に「この事・理の顕本を一念に信解するなり……今、日蓮等の類い、南無妙法蓮華経と唱え奉る者、これなり」（新一〇六〇頁・全七六〇～七六一頁）とあるように、事・理の顕本が一体なのが文底の南無妙法蓮華経と拝されるのである。

　このように、いわば中古天台の結論を日蓮仏法とするのが創価教学の立場である。その限り、史実論的に中古天台から日蓮仏法が生じたとする見方は採用できない。むしろ、救済論的に日蓮仏法の準備が中古天台であったと捉えるべきである。

　したがって、中古天台の理顕本論が文底を志向するといっても、我々から見て文上の域を完全に脱しているわけではない。そもそも観念論的な中古天台は仏の化導を重視せず、当然ながら種脱の法体の区別も論じない。三位日順の『本因妙口決』に「台家にさたする理顕本は十界の理智慈悲に約して無能所の重に之れを談ずと雖ども法体未だ顕はれず、高祖御出世の後・絶待不思議の妙法出現し給ふなり今の題目是れなり」（富要二：七九）と記されたゆえんである。池田先生の『法華経の智慧』で「理顕本」とは、文上には、はっきりと説かれていないけれども、「事顕本」が内々に示している「久遠元初の自受用報身如来の顕本」をさすと言ってよい」（『池田大作全集』第三一巻、二二四頁）と説明されるように、中古天台の理顕本論は文底顕本を「指す」のであって、文底顕本そのものではないのである。

　また、中古天台の理顕本はあくまで理法を中心とする思想である。それゆえ、人法一体の妙法という実在の全体観に至っていない。理法の面からの部分観であり、「人」による救済性がない。言い換えれば、宗教性がない。してみると、中古天台の学僧たちは自ら悟らずして観念的に悟りを論じたようにも思えるのである。

※8　例えば、インド哲学者・仏教学者の金倉圓照氏は、宗教的な社会階級の意味を否定した点で、仏教がいわゆる

六師外道やジャイナ教とともに「革新的宗教運動」であったと見る(『インド哲学史』平楽寺書店、一九六二年、四六頁)。また、ブッダ(釈尊)がウパニシャッドの根本原理であるアートマン説を否定して立ち上がったところに「婆羅門の哲学と仏教のそれとの基本的な相違」を見定めるべきだと論じている(同前、四八頁)。

※9 この点は、望月歓厚氏も「特色ある石山の教学を大成したる大弐日寛はその教学の根源を本因妙抄に取り」(前掲『日蓮宗学説史』六一五頁)と述べるところである。

※10 『修禅寺決』の成立年代については、平安末期、鎌倉初期、鎌倉中期から末期、と諸説がある。思想史学的には、どの説をとるかで日蓮大聖人の御化導との前後関係が変わり、大聖人の妙法の独自性を肯定したり否定したりすることになるのだろうが、我々の救済論的考察にとっては本質的な問題ではない。『修禅寺決』の成立が大聖人の生きた時代の前であろうと後であろうと、あるいは同時代であっても、『修禅寺決』に万人成仏のための御本尊が説き示されていない点は動かしようがない。だから、我々の救済史においては、『修禅寺決』の妙法唱題思想に大聖人の御本尊を流布する「準備」の意義を与えるしかないのである。

なお、『修禅寺決』と日蓮大聖人の関係について、『十八円満抄』の中で「伝教大師の修禅寺相伝日記」(新一七九四頁・全一三六二頁)として『修禅寺決』に言及されている点を付記しておきたい。

※11 『本理大綱集』の書写については、池上本門寺に一巻十二紙(第八紙は断簡、第十二紙は他筆)からなる「本理大綱集等要文」が伝えられている(『日蓮大聖人御眞蹟対照録』下巻、立正安国会、一九六八年、二八六〜三〇一頁)。また、法華宗(陣門流)の研究者の布施義高氏は、文献学的な視点から日蓮が本覚思想を学んだ形跡を調べている(「日蓮と天台本覚思想」、小松邦彰・花野充道編『日蓮の思想とその展開』〔シリーズ日蓮 第二巻〕、春秋社、二〇一四年、二〇二〜二〇四頁)。

※12 したがって、我々は日蓮仏法の唱題が念仏の影響であるとか、あるいはその曼荼羅が真言の影響とかいった思想史的な見方と逆のベクトルで思考する。つまり、念仏が日蓮仏法の唱題の準備、真言が日蓮仏法の曼荼羅の準備として先行したものと見る。もちろん、これらは日蓮仏法の反対思想であるが、部分的に生かして使うことはできるし、そういう形態を持った仏法を世間が受け入れるための地ならしになったともいえるだろう。

※13 興風談所の山上弘道氏による「円明日澄の著述を初出とする偽撰遺文について」(『興風』第三二号所収、二〇二〇年)を指す。

※14 法華宗陣門流の教学者である佐古弘文氏は、六條門

流の教学について「六条門流の教学は、中国原始天台的な本迹実相同の迹体（迹門の実相）正意論が基調とされ、これに『本迹超絶の題目』が重ねられていったという様相を呈している」と述べ、そのような六條系一致論の教学は円明日澄によって定着したごとくであると論じている（「日朗門流の成立と展開」、小松邦彰・花野充道編『日蓮教団の成立と展開』〔シリーズ日蓮　第三巻〕、春秋社、二〇一五年、一一九～一二〇頁）。この迹体正意の一致教学からしても、円明日澄が『御義口伝』を偽作したなどは教義的に考えにくいと筆者は推考する。

※15　冠賢一氏は「日蓮在世中の弟子の数は、日蓮遺文・曼荼羅本尊の授与書その他によれば、六六名の名前を確めることができ、そのうちに二〇名が天台僧侶であったと推定する。この数字をもって弟子の総数とするものではなく、弟子のうち三割弱が天台僧であったことが重要で、さらに次の事実に注目する。すなわち、日蓮が一二八二（弘安五）年一〇月一三日の示寂に先立つ同月八日、本弟子六名を指名したが、日朗・日頂を除く、日昭・日興・日向・日持の四名が天台宗出身の弟子であったことである」と述べている（「日蓮教団の展開」、前掲『日蓮教団の成立と展開』六頁）。

※16　太夫日尊の弟子である日尹（日印）の『日代上人ニ遺ス状』に「冨士御門流ども、出家在家の人来て難じて云く、凡そ聖人の御代も、自ら道場に仏像造立の義なし」等々（前掲『日蓮宗宗学全書』第二巻、四〇八頁、書き下し文は筆者）とある。

※17　なお、日蓮大聖人は、伊東流罪の折に海中から出現した釈迦一体仏を生涯所持されていたという。この一体仏に関して、日興上人門下の三位日順が『五人所破抄』や『法華観心本尊抄見聞』（『日順雑集』所収）の中で大聖人が彫刻されたかのような記述をしているが、その解釈には注意を要する。

第一に、『法華観心本尊抄見聞』に「聖人海の定木を以て一体の仏を造り」（富要二：九二）とあるように、日順は大聖人が海から出てきた木を使って一体仏を刻んだとしている。これは偶然の造立を意味していよう。大聖人が造像を意図して木を探し求めたのならば、わざわざ海から得る必要もないと思われるからである。それゆえ、日順の彫刻説をとったとしても、大聖人が積極的に造仏されたわけではないと考える。むろん、その場合は真意でなく過程の意義を持った彫刻と見るべきである。

第二に、『船守弥三郎許御書』には「仏体」（釈迦像）の海中出現が記されているが（新一七二三頁・全一四四六頁）、日蓮大聖人滅後に生まれた日順は当然として、伊豆流罪の実情に疎い五老僧もその経緯を知らなかった可能性があるだろう。日興上人だけは伊豆に赴いて給仕したため、富士門流で後に海中出現の故事が定着したのかもしれない。ただし、『五人所破抄』の記述では、五老僧の日蓮彫刻説に対する日興上人の否定の言が見られない。だが、海中出現にせよ彫刻にせよ偶然の造立であって、それよりも仏像所持を「継子一旦の寵愛」（新二一九一頁・全一六一四頁）と教えることのほうが重要だったのではないだろうか。同抄を作成した日順に対しても、日興上人と同様な態度を想定できる。なお、『船守弥三郎許御書』は真蹟も古写本もないことから偽撰視する声もあるが、およそ内容面での疑義の指摘が多く、結局は研究者の主観に帰するものであろう。さらに言うなら、同御書が偽撰だとしても、直ちに海中出現の故事が偽りとは断定できないはずである。

第三に、本文中に言及したように、上古の富士門流の人々が大聖人による積極的な造仏を否定していたことを伝える史料も存する。このことは、かりに大聖人が伊豆で釈迦像を彫刻させたのだとしても偶然の造立であったことを物語り得るだろう。

以上の理由から、筆者は本文中に大聖人が求めて釈迦仏を造立したことはないと記した次第である。これは私の信仰学的な一仮説にすぎない。しかしまた、私にとっては、海中出現説をめぐる研究者たちのさまざまな解釈がどれも主観性を免れないことを示すためにも必要な作業なのである。

※18　日興上人が過程の義として釈尊本仏義を唱えていたことを実証的に証明するのは難しい。したがって、我々は後述するように、史料上の言説よりも日興上人の現実の信仰実践のあり方にその真意を見出すことによって、これと異なる日興上人の教義に過程の意義を認めようとする。

※19　同書は大石寺三十一世の日因が記したものであり、上・中・下とあるが、上巻のみが伝わっている。『富士宗学要集』に収録した際の堀日亨上人の注記（富要一：二五八）および大橋慈譲氏が記録した堀談話（「富士宗学要集の解説⑦」、『大白蓮華』昭和三十四（一九五九）年八月号、四四頁）を総合すると、同書の上巻は紙いっぱいに書かれた巻き物であり、日亨上人が大石寺の蓮葉庵の棚に積んであった多くの書物の中から発見し、整理し貼り合わせて完本にしたものである。同上人は中巻、下巻も必ず後に出てくると思っていたようである。

※20　日有上人と同時代の康正三（一四五七）年に作成された日朗門流の『御本尊相伝抄』に「日向門徒には法華堂をばみな御影堂と習ふなり　その故は首題の下に日蓮と遊たるは妙法全く我身也と云へる御心中なる旨なり　左右の脇士は又日蓮聖人の脇士也諸堂皆御影堂なりと申す伝なり」（身延山短期大学出版部編『本尊論資料』〔臨川

書店、一九八八年（初版一九〇九年）」、三一四頁）とあり、『有師物語聴聞抄佳跡』と同じように曼荼羅中の「日蓮」の御名によって御本尊安置の堂を御影堂と称する日向門徒の思想が示されている。人法一箇の曼荼羅の思想が本来の日朗門流にはないこと、また同相伝抄に「冨士日有仰せに云く」（同前、三一三頁）として日有上人の本尊書写法が紹介されていることなどを勘案すると、日向の日郷門徒や日有上人の思想が日朗門流に伝わって『御本尊相伝抄』に反映されていると考えられよう。さらなる検討が必要である。

※21　昭和期の大石寺観行坊の住職・能勢順道氏による宗内の宝物調査の記録『諸記録』を見ると、大石寺門流では伝統的に宗開両祖の御影や画像に対する開眼を行ってきたことがわかる。一、二例を挙げれば、享保十一年に日寛上人が江戸の常泉寺九世の日義を大願主とする宗祖御影の開眼を行ったことが裏書からうかがえる（『補訂諸記録』第一部〔非売品〕、三五〇頁）。また、某信徒が所持する宗祖御影の背中部分の裏書に「明治二十年丁亥五月九日奉開眼五十二世三度目住職再度巡回之砌　七十二歳日霑（在判）」（同前、三五七〜三五八頁）とあることから、明治期に五十二世日霑が信徒宅の御影の開眼を行ったことが知られる。

　ちなみに、曼荼羅御本尊についていえば、大石寺法主が書写・造立した御本尊に対してさらに開眼を行ったとする記録はほぼないようである。ただし、信徒が歴代法主から授与された紙幅御本尊を自発的に板御本尊にしたと思しき場合などでは、当代法主が「開眼」という形を取って後追い的に承認した形跡が史料的に見られないわけではない（『諸記録』第三部〔非売品〕、一二七頁）。御本尊に関する権能を法主に集中させるための措置であって、御影や数珠等に対する開眼とは性質が異なるものと考えられよう。

※22　少しく史料をあたってみると、宮城県栗原市にある妙圓寺には日興上人の御影像があり、御影の裏書に文政十（一八二七）年、大石寺四十八世日量が当地に下向した際に開眼を行ったと記録されている（『諸記録』第八部〔非売品〕、二五四頁）。また、日有上人が開基した山梨県の有明寺に日有上人の御影があり、裏書に十七世日精の署名花押が認められているという（『諸記録』第六部〔非売品〕、七三頁）。

※23　少し補足すると、堀日亨上人が『化儀抄』の「当家の本尊の事・日蓮聖人に限り奉るべし」「只十界所図の日蓮聖人の遊ばされたる所の本尊を用ふべきなり」との両文に関して「便宜に依り或は宗祖の人を挙げ、或は大曼荼羅の法を挙げ・互顕的に人法一箇の本尊を顕揚し給へり」（富要一：八五）と解説している。これは、日有上

人関係の史料に人法一箇が見当たらない、という意味ではないだろう。むしろ堀上人は、「当家の本尊の事・日蓮聖人に限り奉るべし」「只十界所図の日蓮聖人の遊ばされたる所の本尊を用ふべきなり」という両文が『化儀抄』に併記されている点から、同抄に人法一箇の思想がうかがえると論理的に主張しているわけである。そもそも人法一箇の教義を前提にしなければ、一方で日蓮聖人が本尊だとし、他方で曼荼羅が本尊だとする『化儀抄』の主張は成り立たない。私自身は、そう解釈するほうがよほど自然ではないかと考えている。

※24　日要の来歴を見ると、若年の頃から日隆門流の尼崎本興寺で多年にわたって修学し、小泉久遠寺で日隆の『四帖抄』を書写してもいる（佐藤博信、前掲論文、四九頁）。大石寺教学の影響とともに、八品派との関係も深かったのが日要その人であった。

※25　池田先生は、創価学会員が「菩薩仏」であることについて、文底の意義から次のように語っている。「法華経の文底の仏は、凡夫の仏です。本地は仏でも、姿・行動は菩薩です。菩薩仏です。偉ぶらない。そして民衆のなかで、民衆と苦楽をともにしていくのです」（『法華経の智慧』、『池田大作全集』第三〇巻、九四頁）。

※26　山中喜八氏は、日興上人の本尊目録に記載された曼荼羅の現存率が一七パーセントであることから、日蓮大聖人は実際には七百有余の大曼荼羅を図顕されたと想定している（山中喜八『日蓮聖人真蹟の世界　上』雄山閣、一九九二年、四四三頁）。

※27　日蓮宗の都守基一氏は「題目の下に記される『日蓮（花押）』は、題目を受持し、虚空会に参入する末代凡夫であるとともに、本仏釈尊の付属に従って末法に出現した上行菩薩の応現でもあるのである」と説明する（「日蓮図顕大曼荼羅の考証」、前掲『日蓮の思想とその展開』一五二頁）。では、なぜ弘安期の日蓮大聖人の曼荼羅において「日蓮」の御名が中心に大書され、「南無釈迦牟尼仏」を圧倒しているのか。また、なぜ釈尊の名が省略されることもあったのか。あえてそうした疑問を呈しておきたい。

※28　佐渡始顕の御本尊は明治八（一八七五）年の身延大火で消失し、現在では身延三十三世日亨等による模写でその相貌を知りうるにすぎない。それによると、この御本尊は十界の諸尊に南無を冠する、いわゆる総帰命式を取っている。建治・弘安期の日蓮大聖人の御本尊が仏・菩薩・縁覚・声聞のみに南無を記す、いわゆる四聖帰命式を取るのとは異なっている。これに関して、田中智学や田中の高弟である山川智応は四聖帰命式の始顕本尊もあったはずだと主張するが、学問的には否定されているようである。

※29　これが敬慕の念を超えた信仰対象の表現であったことは、特に大聖人を「法主」と称した点に明らかであろう。

※30　筆者が言いたいのは、とりわけ曼荼羅を通じて御書を解することの重要性である。例えば、佐渡流罪を赦免された日蓮大聖人が文永十一（一二七四）年十二月に御図顕の通称「万年救護の御御本尊」の讃文の中に「月・漢・日の三ヶ国の間、未だ此の大本尊ましまさず」「後五百歳の時に上行菩薩、世に出現して始めてこれを弘宣す」とある（山中喜八編『御本尊集目録』立正安国会、一九九二年訂補五版〔一九五二年初版〕、二三頁。ただし、書き下し文は筆者）。これによって大聖人が建治三（一二七七）年六月に弟子のために代筆された『下山御消息』にある「教主釈尊より大事なる行者」（新二九九頁・全三六三頁）との文を考えれば、日蓮本仏義や曼荼羅正意を文献学的に推察することも可能となろう。また、『諸法実相抄』に「釈迦・多宝の二仏というも用の仏なり。妙法蓮華経こそ本仏にては御座しまし候え」（新一七八九頁・全一三五八頁）というご教示がある。これも、自ら認められた曼荼羅御本尊の中央に南無妙法蓮華経、左右に釈迦・多宝が配されていることによって、大聖人の真意であられたことが裏付けられるのではないか。そのように、信仰そのものでなく信仰の証明学の立場において、私自身は曼荼羅史料の第一義的な重要性を訴えたいのである。

※31　立正大学の宮崎英修氏が監修した『日蓮門下歴代　大曼荼羅本尊集成』（日蓮聖人門下歴代大曼荼羅本尊集成刊行会、一九八六年）という出版物がある。そこに収録された大聖人の直弟子等の曼荼羅御本尊を見ると、日向が一幅、日朗が五幅、日法が二幅、富木日常（常忍）が二幅、日像が六幅となっている。また、併せて冠賢一前掲論文（前掲『日蓮教団の成立と展開』一二〜一四頁）も参照されたい。

※32　前掲『日興上人全集』一七三、二〇〇、二〇五、二二三、二二四、二二五、二二七、二三〇頁。

※33　ちなみに、日興門流の曼荼羅書写のあり方から日蓮本尊義が必然的に展開していったと見る研究者もいる。参考までに紹介しておきたい。「言うまでもなく、日興門流では必ず『日蓮在御判』と記して、曼荼羅本尊の主体が『南無妙法蓮華経　日蓮』であることを確認する。これも日蓮聖人を列衆の一人として記名し、南無妙法蓮華経の首題の下にはみずからの名を記す他門の化儀と比較した場合、曼荼羅本尊全体を日蓮聖人そのものと拝する日蓮本尊義へと展開するものと、容易に推測することができる」（大黒喜道「日興門流における本因妙思想形成に関する覚書（一）」、『興風』第十四号、興風談所、二〇〇二年、二五四頁）。

※34　日蓮教団史の研究者である寺尾英智氏は諸門流の曼荼羅本尊を「書写型」「勧請型」「中間型」の三種に分類し、日興上人の曼荼羅を「書写型」とする。そして、日向の曼荼羅も「書写型」に属するが、それ以降の身延の先師の中には書写型のごとく首題直下に「南無日蓮大聖人」と認めながら、しかも「南無」を冠して天台や伝教と同じく日蓮聖人を先師として勧請するという「中間型」が見られると論じている（講義録「諸門流先師の曼陀羅本尊について」、前掲『興風』第二六号、五、八、九頁）。こうした分析は、日向門流の曼荼羅書写の型式が一定していなかったことを例証しているといえよう。

※35　『身延山久遠寺諸堂建立記』に「一、板本尊　本尊は祖師の御筆を写すか、下添え書きは第三祖向師の筆なり」等々（『日蓮宗宗学全書』第二二巻、山喜房、一九六〇年、五六頁）とあり、正安二（一三〇〇）年に造立された「向師」すなわち日向の筆による板本尊があるという。この板本尊は長く身延の本堂に安置されたようであり、中山法華経寺第三代の日祐による『一期所修善根記録』によれば、観応二（一三五一）年に「身延山久遠寺同御影堂、大聖人御塔頭、塔板本尊　金箔　造営修造結縁」がなされた（『日蓮宗宗学全書』第一巻、一九五九年、四四六頁）と記されている。ちなみに、近代日蓮正宗の堀日亨上人は、実際に身延でこの日向筆の板本尊および日重、日遠、日乾の板本尊も見たと証言している（「堀上人に富士宗門史を聞く」、『大白蓮華』第六六号、一九五六年一一月、九〜一〇頁）。

※36　本文中に日蓮本仏義を表明したと見られる日順の言説を列挙したが、そのうちの「本尊総体の日蓮聖人」という『誓文』の表現について、筆者の解釈を述べてみたい。私たちの救済論において、この言葉は人法一体の日蓮本仏義を鮮明したものと解される。前後の一連の文章は次のようになる。「当家一味の師檀の中に大事堪え難きこと・出来の時は本尊を勧請し奉りて各判形を加へ、偏頗を破却せしめて宜しく衆議を成すべし……若しくば妄情自由の見を起して悪と知つて改めず若しくば正直無差の訓を聞き善と知つて同ぜざる者は、仏滅後二千二百三十余年の間・一閻浮提の内・未曽有の大漫荼羅・所在の釈迦多宝十方三世諸仏・上行無辺行等普賢文殊等の諸薩埵・身子目連等の諸聖・梵帝日月四天竜王等・刹女番神等・天照八幡等・正像の四依竜樹天親天台伝教等・別して本尊総体の日蓮聖人の御罰を蒙り、現世には一身の安堵を失ひ、劫つて諸人の嘲りを招き・未来には無間に堕ち将に大苦悩を受けんとす、仍つて興隆和合の為め厳重の誓文件の如し」（富要二：二八）。

筆者は、右の文中に「別して」という表現が用いられている点に注目する。つまり、ここに見られるのは「総別の二義」という日蓮仏法の教義である。総とは全体的な観点、別とは総の肝要の観点を言う。

日蓮大聖人は『曾谷殿御返事』や『御義口伝』で総別の二義を説かれているが、日順の『誓文』では曼荼羅御本尊の相貌を総別に分けて論じているとみられる。すなわち、「所在の釈迦多宝十方三世諸仏」から「正像の四依竜樹天親天台伝教等」までは、総じて曼荼羅御本尊に認められた十界の列衆が勧請される、という意味と思われる。また、そうした曼荼羅御本尊の総体が妙法の当体であられる日蓮大聖人に他ならないとして、「日蓮聖人」が別して勧請されている。要するに、曼荼羅中の諸尊と「日蓮聖人」は別々のものではない。むしろ、総じての曼荼羅諸尊の当体が別しての「日蓮聖人」である、という総別の関係が示されているようにみえる。だとすれば、「本尊総体の日蓮聖人」という日順の言葉は、妙法の曼荼羅御本尊の当体を日蓮大聖人とする日蓮本尊義であり、取りも直さず人法を一体と見る日蓮本仏義であると解釈できるだろう。

※37　日亨上人の最終的な日順評は不明であるが、『富士日興上人詳伝』に次の文言があることを付記しておきたい。「とにかく、当初の学頭として特に叡山長年の習学の上に、開山上人に提鎚せられた理想の適格の良学頭であったと信すべきであれども、現存の著書のなかには純正でなく、雑反の法門が散見するに読者は注意すべきである」（同書三〇四頁）。

※38　『本門心底抄』における仏像安置云々の記述に関して、日亨上人は非公式の場で次のように語ったとされる。「日興上人の滅後に、（筆者補：日順が）叡山の天台流によって書いたものがある。御開山日興上人の存命中は、日興上人が順師に注意されたから、順師にそれほどの間違いがないが、滅後はどうかすると、叡山流の解釈で書いてある。叡山でも仏像一体であるのに、多数の仏像を立てる（要集二巻三四頁・心底抄）というのは、かえって、むかしに戻ったように思われる……この当時の天台カブレは、順師ばかりでなく、民部日向にも金剛集が天台流であり、日法のものも岡の宮にあるが、これも天台流である」（「富士宗学要集の解説⑨」、『大白蓮華』昭和三四（一九五九）年十月号、二九頁）。

※39　日代の『宰相阿闍梨御返事』に「仏像造立の事、本門寺建立の時なり……御本尊図はそれがためなり」（『日蓮宗宗学全書』第二巻、二三四頁）とある。

※40　『五人所破抄見聞』の識語に「康暦二庚申年六月四日」とあるが、「康暦二」と「年」の間に干支を入れる用法は、戦国時代末から見られ始め江戸時代に定着すると古文書学ではいわれている。この点を踏まえ、『見聞』の作者は南北朝期末の妙蓮寺日眼でなく後世の人物では

ないかと推測する向きが以前からあった。それに対し、時代による記年法の違いは絶対的なものでなく例外もあるとの指摘が日蓮正宗の高橋粛道氏からなされた。ところが、池田令道氏は高橋氏が例外として挙げた『富士宗学要集』の史料の原本を提示しながら、例外とされたものは編集上の処置か表記ミスにすぎず、やはり記年法における時代の通格は文献批判に有効であると主張している（「『五人所破抄見聞』の考察」、『興風』第十二号、興風談所、一九九八年、七七〜八三頁）。

筆者は、こうした文献学的な議論に終わりはないと考える。池田氏の論にしても、古文書学でいう時代の通格から外れた記年法を有する史料が「ある」と証明される可能性はあっても、「ない」と証明されることは決してない。それは事実上不可能な証明である。また、活字化の際の表記ミスをいうなら、写本の作成者による表記ミスの可能性も検討しなければならないだろう。つまり、『見聞』の最古写本は江戸初期の日諦本であるが、この日諦が伝写本に「康暦二年庚申六月四日」とあるのを江戸期の通格で「康暦二庚申年六月四日」と書き間違えた可能性がないと言い切れるだろうか。さらに、日諦は「右写本は古写本にして文字分明ならず」（富要四：二六）等々と記して門弟に正本の探索を委ねており、伝写本の正確さという問題も看過できない。池田氏も「現行の『富士宗学要集』の『見聞』は堀日亨師のかなり大胆な編集があって出来上がったものであり、日諦師の写本、さらにはその底本ともに、多くの体裁上や文章上の乱れがあったことを想像せずにはおれない」（同前、八八頁）と述べている。その他、日諦に浮説が多いとされる点なども含め、文献学的な課題はまだ多く残されている。いずれにせよ、我々は文献学の限界を知った上で『見聞』を信仰学的に用いたいと思う。

※41　前出の「『五人所破抄見聞』の考察」で、池田令道氏は『見聞』の内容面と文献面の両面から偽書の疑いを提示しているが、決定的な言い方はしていない。「私は推測する」「私には思える」「私は考える」「文献上の疑問がある」「直ちに主張するものではない」「想定がある」といった慎重な言い回しで、自己の解釈の相対性を認めているといってよいだろう。こうした禁欲的な態度が、我々信仰学者が文献学的な意見を取り上げる際の前提となるのである。

※42　前掲大黒論文「日興門流における本因妙思想形成に関する覚書（一）」、二三五頁。『本因妙抄』の「唯我〈日蓮〉与我〈日興〉ばかり」を含む後加文の箇所について、堀日亨上人は「宗祖より開山に相伝された本には恐らく無かったと思う。右の此等の文は宗祖の言われる筈にあらざる文、後世でなくては言えない分は多い。開山已後

西山等に伝わってから帰入（ママ）せられたものと思う」と語ったという（堀日亨「両巻抄講述（下）」、『法華仏教研究』第十二号、二〇一二年、二三〇頁〔筆者注：同講述は大石寺僧侶である杉谷香道氏の筆記とされている〕）。

※43　これによって、『本因妙抄』を引用したと目される妙蓮寺日眼の『五人所破抄見聞』の成立年代を日有上人以後とする説も退けられることになろう。

※44　富谷日震の『本宗史綱』によれば、日尊門流の史料『本因百六ヶ等相承書』の奥書に「本云、本是院日叶之、以前此秘蔵抄自先師日耀雖有相伝……」と記されているという。ここにある通り、日叶（後の日教）は『本因妙抄』『百六箇抄』の二抄を「秘蔵抄」と見ていたことが知られる（『本宗史綱』上巻、本山要法寺、一九九四年、二六〇～二六一頁）。

※45　左京日教は、南条日住による『化儀抄』の蒐集に参加し、それを『化儀抄』と名づけた人物ではないかとも推察されている。堀日亨上人は、日教の『類聚翰集私』に「化儀抄に云ハく」（富要二：三三九）とあって同抄の内容が引用されている点について、次のように語っていたという。「この文は、化儀抄の引用である。下に、化儀抄に云くとあるが、南条日住の化儀抄の蒐集に左京日教も参加し、左京日教は、ここに化儀抄というのは、当然と思う。あるいは、左京日教自身、化儀抄と呼称したかもしれぬ」（「富士宗学要集の解説（終）」、『大白蓮華』昭和三十五（一九六〇）年四月号、八〇頁）。こうした点から、日有上人と左京日教は、少なくとも思想的には非常に緊密な関係にあったことがうかがえる。

※46　日辰の「二論義（開迹顕本法華二論義得意抄）」の中に、『百六箇抄』について「御正筆を拝せざる間は謀実定め難し、然りと雖も上来の会通をもって録内并玄文止に合せてもし違背せずんば之を信用すべし」（『日蓮宗宗学全書』第三巻、山喜房、一九六一年、三七〇頁）と記した箇所が見られる。日辰の著作では『本因妙抄』『百六箇抄』が多数引用されているが、自門の秘書を継承しつつも、そこに日辰の本果的な解釈を施して用いたのだろう。

※47　堀日亨上人は永禄六（一五六三）年の日璙写本によって同文書を活字化しているが、その奥書から、文安四（一四四七）年に重須本を日安が書写したことや永禄二（一五五九）年に要法寺日辰が重須で書写したことなどが見て取れる（富要二：一〇四）。日亨上人は同文書の題号や法義に関して「『従開山伝日順法門』は、要法寺の写本にそうあるだけで、順師の原本にあるものではない。これは、まとまっているが、御書の内容ではない。これには、そうとうの肝要の法門が書いてある。このような、バラバラの法門を研究するには、その時代の法門

を頭に入れる必要がある。そうとうに慎重に考えてあつかわねばならない」と語っていたという（「富士宗学要集の解説⑩」、『大白蓮華』昭和三十四（一九五九）年十一月号、二八頁）。ここから、日亨上人が同文書の法門を日順の時代のものと考えていたことがわかるだろう。

また、昭和期の富士門流史研究者である松本佐一郎氏は、『従開山伝日順法門』の文献学的な価値について次のように論評している。「三位日順師の日順雑集中に『従開山伝日順法門』（要義一143 学二380）が有る。この本は文安四（聖滅一六六）年、日安師が重須の本を借りて写したと奥書にある。この人は小泉の日安師と思われる。入文に興師が身延に御堂造をしたこと……寂仙澄師と日興師の問答など、興師に親しい人でなければ書けそうもない文が有り、法門にも順師のものとして差支のある所は見付からぬ。もっとも書取り文ばかりで順師の特徴たる華麗な筆致も畳み込むやうな論鋒もない。この書の終わりの所に……項目を次々と挙げてその下には口伝を註している形が似ているし（筆者注：『百六箇抄』と似ているという意味）、特に勝劣といふかはりに本迹といふ用法の、全く特殊なものが共通している」（松本佐一郎『富士門徒の沿革と教義』大成出版社、一九七九年〔復刻版、初版一九六八年〕、一四〇～一四二頁）。

以上のことから、文献学的な観点からいっても『従開山伝日順法門』を一概に偽書として扱うべきではない、というのが筆者の見解である。

※48 前出の松本氏は、保田門流の日要・日我と日寛上人との間の教学上の関係について「特に要我両師が陳呉と為り、寛師が漢帝の旗を翻した」と述べ、日要・日我の教学が日寛教学の先駆けとなったことを指摘している（前掲『富士門徒の沿革と教義』四六七頁）。この点は、日要・日我の教学を日寛教学の「準備」とする我々の見解との類似性を感じさせる。ただ、史学者の松本氏に信仰学的な思考は見られない。「久遠元初」を「五百塵点に倍した古代といふのだから、十億年や百兆年では無いから、勿論まだ太陽も地球も無い頃だ……モット古い昔に存在した或る天体の上でのご説法だった」（同前、四九九頁）と推測して単純に歴史上の出来事と見なすなど、宗教哲学的な視点も欠落している。その他、国柱会の教学に共感的な態度を示すところもあり、筆者としては参考程度に留めることにした。

※49 優陀那日輝の宗学の流れは「充洽園学派」と称される。日蓮宗の小野文珖氏によると、優陀那宗学は新居日薩、小林日董、清水龍山、茂田井教亨氏らによって継承・展開されたという。また、小野氏は、優陀那宗学の合理性、批判性、進歩性に着目して現代日蓮教学を再構成していったのが祖書学の浅井要麟氏、文献学の鈴木一

成氏、教学史の望月歓厚氏や執行海秀氏らであるとして、この一群の流れを「新充洽園学派」と呼んでいる。そう見ていくと、「充洽園教学を継承した立正大学の〈大崎教学〉」ということになるのであろう。（小野文珖「日蓮教学の展開と論争――近世から近代へ」、上杉成文・末木文美士編『現代世界と日蓮』〔『シリーズ日蓮』第五巻〕、春秋社、二〇一五年、五五、六〇頁）。

※50　高森大乗氏は「現代において日蓮教学を佐前・佐後とに分けて異相を論ずることが一般化しているが、この端緒となったものは、本書（筆者注：『祖書綱要』のこと）の「佐前・佐後法門異相章」である」（「日蓮遺文の注釈・研究史」、前掲『日蓮の思想とその展開』四二〇頁）と記している。

※51　日寛上人が『三重秘伝抄』で引用しているように、『本因妙抄』に「迹門を理具の一念三千と云う。脱益の法華は本迹共に迹なり。本門を事行の一念三千と云う。下種の法華は独一の本門なり」（新二二二二頁・全八七二頁）として独一本門の義が述べられている。

※52　以下は、久遠元初に関する筆者の私見である。『御義口伝』に「「久遠」とは、はたらかさず、つくろわず、もとのままという義なり」（新一〇五八頁・全七五九頁）とあるように、「久遠元初」の「久遠」には本有常住、永遠の意味がある。また、「元初」は時間的な始原を思わせるが、「久遠即末法」とも称される瞬間即永遠の意義――例えば『百六箇抄』の「久遠元初の直行の本迹」に「久遠の釈尊の口唱を、今、日蓮直ちに唱うるなり」（新二二〇八頁・全八六二頁）とある――を有し、現代の宗教哲学でいえば「永遠の今」の概念に通じていよう。してみると、日導の文底義は久遠の常住論のみあって「永遠の今」という瞬間即永遠の意義を欠くように見える。日寛教学の久遠元初論からすれば一面的な理解であり、真の文底義の部分観にとどまるといってよい。

　なお、創価教学では久遠元初を宇宙生命の本源と捉える。池田先生は、久遠元初の意味について「生命の奥底の真実――無始無終に活動し続けている宇宙生命そのものをさして「久遠元初」と呼んでいる」（『法華経の智慧』、『池田大作全集』第三一巻、一七七頁）、「久遠元初とは、いわば〝生命の根源の時〟です」（『法華経　方便品・寿量品講義』、『池田大作全集』第三五巻、一九八頁）と教えている。宇宙生命は永遠だが、現実世界を織りなす現在の一瞬にあらわれる。久遠の常住論でもなければ、時間的な繰り返し論でもない。瞬間瞬間が永遠の宇宙生命の顕在化であり、瞬間即永遠である。そうした久遠元初に対する生命論的理解は、日蓮仏法の時間論を現代に蘇らせるものであり、布教表現の進化として画期的な意義を持つように思われる。

なお、近代の日蓮正宗では、久遠元初の瞬間即永遠から時間的な五百塵点の化導に移り、大回りして末法の瞬間即永遠に来るという流れを考えるむきがある。例えば、堀日亨上人の『日蓮正宗綱要』に「元初と末法とが中間の長き大きな五百塵點劫の圏線を一巡して出会った様なもの……同じ見当の外面を間断なく進行する限り無き渦線」（同書一七六頁）と、また福重照平氏の『日蓮本仏論』に「釈迦日蓮は一体の陰陽、本因妙と本果妙と循環往来して妙化を成就する」（同書一一二頁）とあるのがそれにあたる。こうした近代宗門の循環的化導論が八品派日隆の繰り返し顕本などと異なるのは、循環の中にも瞬間即永遠の意義をはらむという点であろう。

※53 望月歓厚氏は、日重が三大秘法を「宗旨の三箇」と称しながら戒壇を論じなかったことを指摘している（前掲『日蓮宗学説史』三五四頁）。

※54 日導は、日興門流の教義を気にかけ、しばしば取り上げていたようである。本文中に掲げた箇所以外に筆者の管見に入った例を示すと、『祖書綱要刪略』（日導の『祖書綱要』二三巻を日寿が七巻に刪略したもの）の第七巻に「或る説」として「当に今下種の時至れり。宜しく本因口唱の人法を用いて、以て本尊を定むべし。法は謂く南無妙法蓮華経なり。人は謂く大聖人なりと」等々とある（『日蓮宗史料』8、法華ジャーナル、一九八六年、五一三～五一四頁、書き下し文は筆者）。この記述を大石寺の日蓮本仏論の紹介と見るむきがあるが、本文中で言及した『綱要』第二二巻の記述のように日寛教学の影響下にあった頃の要法寺門流を指すとみられるものもある。したがって、当該の文が大石寺教学と要法寺教学のいずれを意味するのか、筆者には判然としない。

※55 「始覚即本覚」の義に関してあえて卑見を述べると、この主張は法体と修行という二つの立場の違いを踏まえていないようにも見える。法体の面からいうと、いかなる仏の悟りも同一と言わねばならない。しかし、修行の面でいえば、始覚と本覚の違いは明らかであろう。つまり、始覚・本覚は修行面の議論であって、これを法体面に適用するのはいささか無理があるように思われるのである。以上が、筆者の現時点での理解である。

※56 前掲小野文珖論文（『現代世界と日蓮』所収、三七頁）を参照。

※57 日輝は『本尊略弁』の中で、これらの『御義口伝』の文を引用している（『充洽園全集』第三編、三七八、三八四頁）。

※58 具体的に示すと、日輝の『本尊略弁』（『充洽園全集』第三編、三八五頁）と日寛上人の『文底秘沈抄』（富要三：八五）に、本文中に挙げた法師品や『法華文句』の文を直接的もしくはほぼ直接的に引用した箇所が見受け

られる。

※59　堀日亨上人からの聞書記録の中に「日蓮大聖人が上行菩薩であるというのと、迹化の菩薩であるという両説があって、広狭はあるが、大体その当時（筆者注：日興上人の門下が活躍した時代か）は迹化の菩薩であるということが広くあったものらしい。玉沢流は、いまでも迹化の菩薩である。他教団では、古くから両説があった」とある（前掲「富士宗学要集の解説⑨」、『大白蓮華』昭和三四年十月号、三〇頁）。

※60　望月真澄氏は、江戸時代の日蓮宗の講を中心とした祖師信仰の実態について、次のように述べている。「日蓮宗における民衆信仰は、寺院行事の年中行事化も相俟って江戸時代に定着し、民衆が自由に信仰表現できるようになった江戸後期から拡がりをみせた。篤信者を除く一般民衆の信仰表現は、『法華経』や日蓮の教義理解といったことよりも、題目の功徳による唱題の実践にあった。そこで、法華信徒である民衆の祈りは、主に霊験ある祖師像や鬼子母神像に代表される守護神、そして民衆が自ら創り出した流行神、といった現世利益の祈りを叶える神仏に向けられた。民衆は、開帳・縁日の儀礼を通じて神仏と結縁を結ぶことにより、霊験ある祖師像や守護神像に惹きつけられていった。そこで各地に祖師や守護神の霊場が誕生すると、民衆は積極的に参詣して神仏の加護を求めた」（「講と民衆信仰」、前掲『日蓮教団の成立と展開』四〇二〜四〇三頁）。

※61　この点については、渡邉信朝「南条阿闍梨日諦の写本にみえる不受不施資料」（『興風』第三〇号所収、興風談所、二〇一八年）に詳しい。

※62　『随宜論』で造仏の正当性を訴え、実際に大石寺末寺で造仏を行った日精は、他方で大石寺法主として多くの曼荼羅御本尊を書写し、僧俗に授与している。しかしながら、これによって日精が造仏義を改めたと見ることはできない。なぜならば、日精の本尊義は曼荼羅と仏像の二種本尊を使い分けるものだからである。『日蓮聖人年譜』（富要五：一一八）に見られるように、要法寺日辰の本尊義を踏襲する日精は、総体の本尊を曼荼羅、別体の本尊を人本尊（久遠実成の釈尊）と法本尊（事行の南無妙法蓮華経）に分け、しかも三大秘法を立てるときには久遠実成の釈尊を本尊とすべしと説くのである。

※63　前掲の『諸記録』第一部には、久成坊の日精筆板御本尊の裏書として「享保六辛丑歳四月二日　施主　島崎半次郎　彫師　佐野道仙　願主　大倉阿日寿　日寛（花押）」（『補訂　諸記録』第一部、一三六頁）と記されている。これは、日寛上人が隠居していた頃の造立である。また、寂日坊の日精筆板御本尊の下部に日寛上人の加筆があり、そこに「右為所願満足奉造立之者也　施主　加

州金沢住人　蓑輪長舊　中島武良　青田陳宜　願主　寂日坊上野阿日筌」「享保七壬寅歳五月十三日日寛誌之」（同前、一六三頁）とあるという。やはり隠居中の日寛上人による造立となる。これらの記録から、日寛上人が隠居中に塔中住職の願い出を受けて二体の日精筆板御本尊を造立したという経緯が浮かび上がり、日寛上人自らが積極的に造立を行ったわけではなかったように見受けられる。

※64　左京日教の『穆作抄』に「釈尊上行は一体」（富要二：二六一）と明言した箇所がある。

※65　『百六箇抄』に「日蓮は本因妙を本となし、余を迹となすなり。これ真実の本因本果の法門なり」（新二二一六頁・全八六七～八六八頁）とある。本因本果の二元一体を真実としながら、しかし究極的な根本を本因妙とする教義的信条は、それ以上の説明が不可能な信仰のトートロジーであろう。筆者自身は、どこまでも現実を重視するのが最後に本因をとる信仰ではないかとも考えている。

※66　二〇一八年に創価学会教宣部が出した『教宣ハンドブック』（非売品、六三頁）によると、「C作戦」とは「創価学会分離作戦」を意味し、一九九〇年に日顕が首謀したものである。当時の日顕側近の僧・河辺慈篤の直筆メモには、宗門役僧等が日顕と「池田追放」の線で密儀した際、河辺が「それでは、この作戦はG作戦だ」と言ったところ、日顕が「それは違う、Cだよ」と答えたことが記されている。また、日顕自身が「C作戦」の「C」の意味について「あの野郎の首をカットするという意味だよ」と語り、池田先生の切り捨て・追放のための謀略であったことを白状したという。

※67　日本仏教では「草木国土悉皆成仏」が説かれる。創価教学でも自然や動植物に仏の生命を認めている。創価学会の生命論においては、環境世界もまた、永遠の仏である宇宙生命の顕れに他ならない。したがって、池田先生の言う「宇宙的ヒューマニズム」は同時に「エコロジカルなヒューマニズム」を含意している。地球環境と調和する人間主義を人類社会に根づかせることも、宇宙的ヒューマニズムの重要な実践なのである。

※68　なお、獄中における牧口先生の尋問調書の中に「人法一箇」「久遠の本仏たる曼荼羅」等とあって（『牧口常三郎全集』第一〇巻、一九七、二〇二頁）、明確に人法一箇の曼荼羅御本尊信仰が表明されている。同調書には、堀慈琳（日亨）著『日蓮正宗綱要』等の内容が反映されているとみられる。だが、それも牧口先生の主張に沿って取り入れられたわけだから、本人の考えと解するのが自然であろう。

第3章 「理性と信仰」をめぐる研究会(下)

東京大学名誉教授
思想史・カトリック神学
黒住 真

同志社大学客員教授
プロテスタント神学
佐藤 優

創学研究所所長
創価信仰学
松岡幹夫

はじめに（前号掲載原稿から抜粋して再録）

松岡幹夫　この研究会では「理性と信仰」というテーマを立てました。創価学会の信仰が、近現代の理性とどう関わっていくのかを考えてみたいと思います。そのときに、キリスト教の長年の経験に学んでいくことが非常に重要になってきます。今回、キリスト教の信仰をお持ちでありながら、長年学問的な研究をされてきた黒住真さん、佐藤優さんのお二人をお招きしました。

最初に、東京大学名誉教授の黒住真さんをご紹介します。黒住さんは、日本思想史、特に近世・近代思想の研究で大変に著名な方です。また、日本思想に限らず、キリスト教や仏教、神道、西洋哲学にも詳しく、またカトリック神学会にも属され、その視点から現代社会の問題を論じておられます。

じつは、私も東京大学大学院時代に黒住先生から教えを受けた一人です。学生の間では非常に面倒見がいい先生、特に留学生に対して親切な先生として有名でした。そのおかげで、多くの弟子が育ちました。黒住さんのもとで学んだ人たちが、日本だけではなく中国や韓国、台湾などのいろいろな大学で教壇に立っています。

もうお一人は同志社大学客員教授で作家の佐藤優さんです。創価学会関係者には、改めてご紹介するまでもないでしょう。プロテスタントの神学者でありながら我々と関わっていただいて、創価学会の思想にも非常に精通されています。現在の日本の論壇の第一人者として、大変な活躍を続けておられます。

最近(編集部注・二〇二〇年六月三十日当時)では、朝日新聞出版の週刊誌『AERA』で「池田大作研究　世界宗教への道を追う」の連載を続けておられます。私も毎号愛読しています。「創価学会の世界がそのまま語られている。これは本当に朝日新聞系の雑誌なのだろうか。創価学会の機関誌である『大白蓮華』の間違いではないか」と思うほど、鋭く内在的論理をえぐる論陣を展開されています。大変に啓発される内容です。

お二方の知性と経験から、多くのことを学び取らせていただきたいと念願しています。

(二〇二〇年六月三十日収録)

第3部　文献学／歴史学と信仰の学

1　松岡幹夫の見解

「真正の聖書」をめぐる長い論争

松岡幹夫　ここからは、文献学や歴史学による学問的な宗教観と、各宗教の信仰に基づく学――キリスト教では「神学」、仏教では「教学」「宗学」になると思いますが――との関係について語り合っていきたいと思います。

佐藤優さんは、すでにこの問題について、いろいろなところで論じておられます。特に創価学会に関わる出版物の中で、有益な示唆を与えてくださっています。聖書にしても、日蓮大聖人の御書にしても、いったい何をもって真正なテキストとするのか。これは非常に難しい問題だと、佐藤さんは述べています。

〈聖書の「正典化（キャノニゼーション）」――今あるような聖書の形にまとめる作業は四世紀くらいに行われたのですが、多くの文書を取捨選択していくプロセスのなかで、グノーシス主義（一～二世紀ごろ、地中海沿岸で流行した宗教思想）的な余分なものが入ってしまったり、逆に真正な文書が捨てられてしまったり……ということが起きたと考えられているからです。ただ、その後長い間論争が行われた結果、「いにしえからキリストの教えとして受け止められてきたものは、聖書から外すべきではない」という考え方になってきています。〉

（佐藤優『希望の源泉　池田思想②』四〇〜四一頁）

〈創価学会／ＳＧＩの世界宗教化が今後本格的に進むにあたっては、キリスト教徒たちが聖書について行ってきた長い論争のようなことが、釈尊の教えや日蓮の教えをめぐって、必然的に起きてくるでしょう。〉（同前、四四頁）

たとえばキリスト教神学において、ルター派の聖書では、ルターの考えに基づいて「ヨハネの黙示録」や「ヘブライ人への手紙」などを他の文書から区別して巻末にまとめているそうです。現代では、文献学的な聖書研究が進んでおり、この点について複雑な論争もあるかと思います。ただ、論争を繰り返した結果として、「先人がキリストの教えとしてきたものを簡単に聖書から外してはいけない」という考え方になってきていると、佐藤さんは述べています。

宗教の聖典が研究対象とされるときに、「文献学的な真実」が問われるのは当然のことです。しかし、それと「宗教的な真実」は次元が違う、だから同列に論じられない、ということだと思います。

共同主観としての宗教的真実

松岡　そして次に出てくる問題は、宗教的真実をはかる基準とは何なのか、ということでしょう。文献学の世界では種々解釈の基準があります。では、信仰学の場合、聖典を解釈する基準はどうなるのか。佐藤さんは、最近、週刊誌『AERA』で連載している創価学会研究の中で、その点に言及しています（編集部注＝二〇二〇年六月三十日時点の発言。その後、同連載が『池田大作研究』と題して刊行されている）。

〈歴史的事実と宗教的真実は異なる場合がある。「マタイによる福音書」「マルコによる福音書」「ルカによる福音書」の3福音書（共観福音書）と「ヨハネによる福音書」が描くイエス像はかなり異なる。特に「マルコによる福音書」には、復活したイエスが弟子たちの前に姿を現したという記述がない。これは「マルコによる福音書」を描いた教団がそのような考えをしていたからだ。現行の「マルコによる福音書」には、復活したイエスの物語が記されているが、これが後世の加筆であることは文献学的に証明されている。

それぞれの福音書には、その福音書が真実であると考えた教団が存在するのである。福音書には、それぞれの教団の共同主観的な真実が表現されているのだ。福音書は古代のテキストなので、近代的な著者という概念が存在しない。使徒であるマタイ、マルコ、ルカ、ヨハネの名を冠した教団によって編集された共同作品なのである。それぞれの編集方針が異なるので、四つの福音書を統合して一つにすることができないのだ。〉（佐藤優『池田大作研究　世界宗教への道を追う』一四二〜一四三頁）

つまり、宗教的真実は教団の共同主観として伝承されていく、という考え方です。共同主観とは「共同主観性 Intersubjektivität」のことです。二十世紀の哲学者フッサールの現象学で使われた哲学用語で、「相互主観性」「間主観性」とも言われます。簡単に言えば、「皆が『正しい』と思っていることは、皆が『正しい』と認めているから正しいのだ」というのが、共同主観という概念です。何事も皆の主観が共同して正しいと認めて初めて真理とされるのです。ここで佐藤さんが「教団の共同主観的な真実」を強調するのは、各教団における信仰の真理を問題にしているのでしょう。

佐藤さんが言う「教団の共同主観的な真実」という聖書解釈上の問題は、我々にあっては相伝書の捉え方に関わってきます。日蓮大聖人の御書の中に、大聖人から弟子たちに口伝された、いわゆる相伝書というものがあります。大聖人の法華経講義を日興上人が筆録したとされる『御義口伝』などがそうです。これらの相伝書に関しては、今日の文献学的な研究では日蓮滅後、後世の門人による制作とする議論があります。たとえば『御義口伝』を、大聖人滅後、二百年以上経ってから制作された文献と見る学者が一定数います。けれども、日興上人の門流においては、長い信仰の歴史の中で、『御義口伝』をはじめとする諸々の相伝書が成立・伝承され、真正の御書として扱われてきたわけです。創価学会は、この日興門流の正統を自任しています。先の佐藤さんの言葉を借りるならば、『御義口伝』を真の御書と拝する創価学会の伝統には、文献学的な主張もありますが、それ以上に日興門流の「共同主観的な真実」が反映されているのです。

したがって、日蓮大聖人の相伝書に関して、創価学会は文献学的事実を考慮しながらも、本質的には宗教的真実を重視する方向をとると、私自身は考えています。

物語りとして宗教的真実を伝える

松岡　そして、この宗教的真実という観点は、創価学会の教団史を考える上でも重要になってきます。つまり、宗教的真実を記す教団の歴史の編纂は、歴史的事実を追求するような歴史書であってはならないということです。池田先生は「小説という形態で宗教的真実を伝える」という方法を採っています。

〈筆者の池田大作研究においては小説である『人間革命』（全12巻）と『新・人間革命』（全30巻）が決定的に重要な資料になる。

小説は、フィクションだ。史実をモデルにする場合にも、そこにはさまざまな編集や脚色が行われている。小説という文学形態で池田が創価学会の歴史と教義を伝えるのが最適であるというアプローチをとっていることを踏まえた上で、創価学会の内在的論理をつかむのに最適な方法は、この二つの小説を読み解くことであると筆者は考える。〉（佐藤優『池田大作研究』一四一頁）

また佐藤さんは『AERA』の連載でこう説明しています。

〈『人間革命』は、池田による小説に留まらず、創価学会の教典としての性格を帯びている。従って、『人間革命』の著者である池田も、創価学会員の集合的意思を反映するのである。〉（同前、一六二頁）

佐藤さんによると、池田先生の小説『人間革命』も、創価学会の共同主観において宗教的真実を伝えるものである。歴史的真実に縛られずに宗教的真実を語るために、小説というフィクションの形態を取っているのだ。こう説明しています。これは非常に鋭い洞察だと私は思いました。

フィクションには物語り性があります。それは虚構といえば虚構ですが、私たちに対して現実の新しい捉え方、あるいはより根源的な世界を提示することがあります。フィクションによって、私たちは世界を違った角度から見て、自分自身を変えることさえできる。こうしたフィクション論が、P・リクールなど現代思想の論者たちの間で行われています。こうしたフィクションは、私たちの日常から距離を置くことで、過去に実現はされなかったが本来的に起こり得た可能性を開示する力を持つのかもしれません。少なくともフィクションを単純に虚構と見なす実証主義的な思い込みは、現代の思想界で通用しなくなってきています。

文献学／歴史学は神学の補助学

松岡　結局、文献学も歴史学も、それ自体では宗教的真実を伝えることはできません。では、信仰者にとって、それらの学問が果たす役割とは何なのか。私は以前、佐藤さんとこの点について次のように語り合ったことがあります。

〈佐藤　文献学や歴史学は、神学から見ると「補助学」になります。つまり、あくまで補助的な位置づけであって、補助学の内容によって教義の根幹が揺らぐことはありません。たとえば、『旧約聖書』の「モーセ五書」は、伝統的には「すべてモーセが書いた」と解釈されてきました。しかし、五書の最後の『申命記』にはモーセ自身の死が描写されていますし、「モーセが書いた」とする解釈は科学的には否定されます。文献学的にも、モーセが生きた時代よりかなり後に成立したと考えられています。しかし、科学的に否定されたとしても、モーセ五書の宗教的価値はいささかも揺るがないのです。

松岡　誰が編纂したものであれ、モーセの精神を正しく展開したものである以上、宗教的真実として成立するということですね。

佐藤　そういうことです。

松岡　これからの学会教学の構築にあたっても、そのような姿勢で臨んでいくべきでしょうね。学会教学の根幹をなすような日蓮の重書（重要な御書）のなかにも、文献学的には偽書とされるものがあります。そういう御書に対する姿勢を、明白にしないといけない時期にさしかかっています。

佐藤　それは、何ら問題にならないと思います。『聖書』のなかにも、カギカッコでくくった文章がたくさんあります。「文献学上、後世に挿入されたことは明白だが、教会の長い歴史のなかで真正テキストとして受け止められてきた記述だから、削除せずに残す。ただし、区別のためカギカッコに入れ、後世挿入と明示しておく」という意味です。文献学的真実と宗教的真実は、必ずしも重ならないのです。キリスト教でも創価学会でも、信者のすべてがインテリではないわけで、「インテリ向けの教学」になってはいけないのです。信者である民衆、大衆にとっての真実でなければいけない。救済と関係なければ宗教ではないですから……。

（佐藤優・松岡幹夫『創価学会を語る』一八九〜一九〇頁）

信仰者から見れば、文献学や歴史学は、宗教的真実を明らかにする補助的な役割を果たす補助学である。学者の立場から見ればそうではないけれども、我々は信仰者の立場から補助として位置づけるということです。

実際は、文献学的真実と宗教的真実とでは食い違う場合が少なくありません。ただ、その違いがむしろ「ここは、宗教的真実を述べているのだ」ということを明らかにしてくれる。文献学が信仰学と違った見解をとることで、信仰者は宗教的真実を宗教的真実としてはっきり自覚できる。そうした意味から、文献学や歴史学は私たちが宗教的真実を自覚するための補助となる。
私はそう理解していますが、いかがでしょうか。

佐藤優　松岡さんがご指摘のとおりです。

霊感説に代わるキリスト論の必要性

松岡　また佐藤さんは、いわゆる「霊感説」について、ご自身の見解を述べています。霊感説とは、聖書をすべて神の霊感によるものとする説です。

〈逐語霊感説、十全霊感説のようなファンダメンタリストが前提とする聖書の権威は幻想です。幻想を信じろと強要しても、世俗化した人間はついていくことができません。こういう無理を避けるためにも、教会が現代のキリスト論を確立する必要があると私は考えています。〉（佐藤優『神学の思考』二九九頁）

古来、キリスト教の世界では「聖書の一字一句は神の霊感によって書かれたものだから誤りはない」と信じられてきたそうです。これが聖書の真実性を証明する一つの理論となったわけです。けれども、現代人から見れば、佐藤さんが言うように幻想の権威に映ります。合理的ではありません。ですから、ある程度は現代人が受け入れられるような説明が必要です。それが、たとえば先に挙げた「教団の共同主観的な真実」といった捉え方なのかな、と私自身は感じました。

文字が生きた心を伝える

松岡　続いて黒住さんの見解についてご紹介します。黒住さんは、「書かれたもの」が文字による声の抽象化であり、生の息吹を失ったものでありながら、しかしそれが永続性を持つことに注目されています。黒住さんは著書の中で、ウォルター・ジャクソン・オング（アメリカの古典学者、イエズス会神父）について言及されていました。オングは「声の文化」（orality）と「文字の文化」（literacy）について研究しています。

〈書くことは、息吹きを殺し、人を弱める。だからオングは「書くことは……死と密接につながりをもつこと」だと述べている。しかしそれでも、その抽象的である書かれた文字は、存在する限り「AはAだ」と言い続ける。この一貫性・同一性は、個々の人々や状況をはるかに超え出ていくことができる。だから、書記は死物だが、その硬直して凝固物となったものが「耐久性を手に入れ、その結果、潜在的には無数の生きた読者の手で、数限りない生きたコンテキストのなかによみがえるための力を手に入れる」。死んで凝固した物が、かえって、生きたものに対してこれを超えて働く。この一種の弁証法によって、書かれたものは、生活上の時空を超えて個々の人やその群れのうちに生き続ける。言い換えれば、それらを一貫して支配しつづける〉（黒住真『文化形成史と日本』一七九〜一八〇頁）

フランスの哲学者J・デリダが指摘したように、西洋世界には声、すなわち話し言葉（パロール）を書き言葉（エクリチュール）よりも主体に近いものとして重視する伝統があります。オングも、声が持っていた生命の息吹を殺して抽象化されたものが文字のテキストである、と考えます。ところが、生命の息吹が殺されたはずのテキストは、確定した一つの見解として時代を超えて生き続けます。ここに一種のパラドックスがあり、黒住さんは「一種の弁証法」であるとも述べています。私は、この黒住さんの見解を、聖典と信仰の問題に関連づけて考えました。

と言うのも、キリスト教の聖書、日蓮仏法の御書といった聖典に向き合う信仰者は、テキストとして抽象化された文字を通じて、その生命の息吹に触れようとするからです。日蓮仏法では、中国天台の妙楽大師湛然の「色心不二」説を展開して、目に見える文字（色法）に目に見えない作者の心（心法）が現れているとします。御書には次のようにあります。

〈滅せる梵音声(ぼんのんじょう)かえって形をあらわして、文字と成って衆生を利益するなり……色心不二なるがゆえに而二とあらわれて、仏の御意あらわれて法華の文字となれり。文字変じてまた仏の御意となる。されば、法華経をよませ給わん人は、文字と思しめすことなかれ。すなわち仏の御意なり〉（「木絵二像開眼之事」、新六六三頁・全四六八頁）ですから、大事なのは「仏の心が現れて法華経の文字になる」という点です。文字化によって失われた仏の生命が蘇り、私たちの生命と感応する。御書において、仏と衆生の生命の交流が起きるのです。さらに言うと、創価学会員は文字曼荼羅の御本尊を拝むわけですが、この文字の御本尊を拝むという信仰も、上記の色心不二の原理に基づくのではないかと私は考えています。

難しい内容ですが、信仰を持って御書を拝すれば、文字を通じて仏の心と一体化できる。文字化

「写本」時代と「印刷」時代の違い

松岡　また黒住さんは、印刷技術の発達が学問にもたらした影響について述べています。

〈たとえば人文学でも、まず、写本を扱っている段階では、たしかに文字によって、もっぱら声に委ねられていたときよりはよほど確かに〈言葉そのもの〉の同一性が成り立つ。しかしやはり書き写されるたびに、テキストは不確かだから人の主観性が投影されて変化を生む。むしろ写本はその変化によって興味深い成長をすることさえある。そうした崩れや恣意を受けつけずに正確性を守るためには、限られた人間での〈秘伝〉扱いが必要にもなる……そうした場合、そこには結局はかえってテ

キスト外的な関係また場所や超越的な信仰が宿ってくるかもしれない……。しかし印刷された言葉においてはそうではない。言葉そのものの同一性は、固い物質的基盤をえて、だれの目にも確かなものとなる……。

……人々の目は、時・所や人を整理しながら主観性と特殊性の重みと偏りを脱し、その明るみと抽象において正確さもますます可能になってくる。そこに、客観的な知としての真をもとめる学問という諸領域が行為的社会的に実体化してくる〉

（黒住真『文化形成史と日本』一九〇～一九一頁）

写本は手で書き写していくので、どうしても主観的になって間違いも起きてきます。それに対して印刷は、活字として確定されるわけですから、客観性を持っています。近代以降の学問は客観的な知を求めるわけですが、これは印刷技術の普及が前提になっています。ということは、「写本」時代には今よりも主観性が大事にされたのかもしれません。私たちの問題関心に引きつけて言うなら、日蓮大聖人の御書の真偽を論ずる際も、客観的な根拠以上に主観的な信仰のあり方が問われたのではないかと思います。

視覚的認識に偏る近代人

松岡　さらに黒住さんは、現代人の認識の仕方についても考察されています。

〈いま知覚的捨象といったが、近代的文字空間の人間にとっての特異さの一つはその知覚の一面的な発展にある。マクルーハンは、文字への集中が人間の「五感の比率を変化させ」たといっている。それは「固定的な視点」をもった「とびぬけて視覚的な認識」である。この視点の固定性が、他の知覚、とくに共鳴的・連想的なそれを遮断ないし抑圧し、自我の視野に集中と閉塞をつくり出すとともに、さきの「社会―自己」関係を構築して〔そこに……〕近代人にふかい分裂と「人間精神の細分化」が含まれている……知覚のこうした一面的な発展およびそれへの持続的な集中は、人間の他の諸知覚とりわけ生命感覚の抑圧や鈍麻、あるいは諸知覚の総合の失調を引き起こしている。おそらく前近代人が近現代人を前にしたら、彼はかれらがもつ知覚の鋭さと逆の鈍感さに息を呑まされるような感覚をもつだろう〉

（黒住真『文化形成史と日本』一九四頁）

ここで、メディア論で有名なハーバート・マーシャル・マクルーハン（カナダの文明批評家）の説を引いています。我々近現代人は五感（視覚・聴覚・嗅覚・味覚・触覚）の中でも、視覚に突出して偏重しています。声を文字化し、客観的に固定する活字印刷技術の発達は、人間の認識のあり方を聴覚中心から視覚中心に移行させました。現代の学問の客観性は、およそ印刷された文字情報を通した視覚的認識によるものです。そこでは、聴覚とか嗅覚とかが持っている他者と共鳴し合う機能が抑圧されていく。生命感覚が衰退していくとも言えます。ですから現代人は、視覚に偏った認識を修正する必要がある。

そう黒住さんは言われています。

だからこそ私は、宗教によって生命全体の根本的感覚を取り戻すことが重要であると考えます。信仰は感化です。感化は全生命的な認識とも言えます。それによって、近代人が失った感情、直観の力を取り戻していく。視覚に突出した理性的認識だけでなく、人間の全体的な認識にもっと目を向けないといけない。そういうメッセージが、黒住さんの見解に込められているように思いました。

黒住さんは著書の中で、ルドルフ・オットー（ドイツのプロテスタントの宗教学者）が言う「ヌミノーゼ」という概念にしばしば言及しています。それは合理性に収まらない「魂」の体験として〈「聖なるもの」に向かう根本感覚〉（『文化形成史と日本』九七、一六〇頁）なのだと、黒住さんは表現しています。宗教的な認識は、このヌミノーゼと切り離せないでしょう。

『法華経』は釈尊の直説

松岡　以上をまとめますと、佐藤さんは〝文献学的、歴史的な真実とは別に、共同主観的な宗教的真実がある〟と洞察されています。そして、黒住さんは〝文字という視覚情報に偏らない、全生命的な認識が重要である〟と主張しています。これらの見解を踏まえて池田先生の著作を読み直してみると、池田先生の見解の中に、お二人の意見と同じものが見出せます。

池田先生の教学鼎談『法華経の智慧』の中で、大乗非仏説が取り上げられています。文献学的な研究ですと、大乗仏典とは釈尊が亡くなってから制作されたものです。法華経は一世紀から三世紀に成立したと言われていますから、紀元前四〇〇年ころに釈尊が亡くなったとすれば、法華経は数百年後にできたことになります。この実証的な見解を踏まえ、池田先生は次のように論じています。

〈――話が少しそれるかもしれませんが、さまざまな法華経がありうるという法華経観は、二十八品の法華経が、はたして釈尊の「直説」をそのまま伝えるものなのか、後世の編纂者たちの「創作」なのかという問題にも光をあたえてくれます。

つまり、核心となる思想は釈尊の直説だが、今の表現形態は、編纂当時の時代状況を反映しているとは考えられないでしょうか。

池田　核心となる釈尊直説の思想が、編纂当時の時代状況、思想状況に応じて、一つの形をとったと考えられます。

時代が釈尊の思想を希求し、釈尊の思想が、時代を感じて出現してきた。「感応道交」（仏と衆生が互いに通じあうこと、天台智顗のことば）です。普遍的な思想とは、そういうものです。真実の思想の生命力と言ってもいい。形態は新たになったとしても、時代状況のなかでは、それが、より、その思想の「真実」を表しているのです。その意味で、私は、直説か創作かと問われれば、直説だと言いたい。

もちろん、時代状況も反映しているし、その時代の歴史的な研究によって明らかになる面も多いと思う。真摯な学問的成果なら、大いに受け入れるべきでしょう。それでも、法華経の思想的価値は決して揺るがないし、いよいよ輝いていくと私は確信します。〉（教学鼎談『法華経の智慧』、『池田大作全集』第二九巻、八五〜八六頁）

ここでは二つのことが言われています。一つは〈核心となる釈尊直説の思想が、編纂当時の時代状況、思想状況に応じて、ひとつの形をとった〉ということです。これは、佐藤さんが指摘される「教団の共同主観において伝承されてきた宗教的真実」という見方に通じると思います。

また『法華経の智慧』では〈時代が釈尊の思想を希求し、釈尊の思想が、時代を感じて出現してきた。「感応道交」です。〉と言われています。仏と衆生の生命が互いに通じあうのが「感応道交」です。時代を超えた生命の次元の交流があって、そこで蘇ってきたのが法華経なのだという見方です。ですから法華経を制作した、釈尊入滅から何百年後に生きた後世の仏弟子が、全生命で聴聞した釈尊の説法が法華経になった。「観仏体験」と言われますけれども、瞑想によって仏を見る、そこで直接仏の説法を聴く、そういう瞑想体験が宗教的真実の把握につながるのです。さらに瞑想以外にも、釈尊への深い信仰の中で法華経制作者が体でつかんだ真理があったのだろうと思います。こうした点は、黒住さんが言う人間の全体的な認識の重要性を想起させます。

以上の点から、佐藤さん、黒住さんお二人の見解は、池田先生の見解と共通するように思うわけです。

仏の機能となった法華経編纂者

松岡　なお、「観仏体験」については、次のような池田先生の言及があります。

〈――たしかに「大乗非仏説」の弱点は、「これほどの偉大な法を説いた経典編纂者が、『自分の勝手な自説を、釈尊の名前で発表する』ような破廉恥なことをするのか」ということです。「如是我聞（是の如きを我聞きき）」（法華経七〇㌻）とある通り、その教えを文字にまとめた人々は、「自分はたしかに釈尊からこの教えを聞いたのだ」と信じていた――自覚していたと考えたほうが、すっきりします。

池田　それでは、その「如是我聞」申し上げた相手は、だれなのか。「たしかに聞いた」――だれから聞いたのか。それこそ、「常住此説法（常に此〈＝娑婆世界〉に住して法を説く）」（寿量品、法華経四八九㌻）の「永遠の仏」から聞いたのではないだろうか。その「説法」を、たしかに聞いた。その宗教体験を「如是我聞」と言ったと考えられる。〉（教学鼎談『法華経の智慧』、『池田大作全集』第三一巻、二一二～二一三頁）

釈尊自身でなく、後世の弟子が法華経を編纂した。歴史的事実はそうでしょう。けれども、宗教的真実は違います。師の釈尊と後世の弟子たちが生命の次元で交流する中で、宗教的真実は伝えられます。言うなれば、師弟不二による宗教的真実の伝承です。師弟不二の原理において、未来の弟子が記した法華経はそのまま過去の師の直説なのです。

まさに師弟不二の経典が法華経といえます。ただし、師弟不二の法華経と言っても、説法の主体はあくまで仏の釈尊です。弟子たちはそれを瞑想の世界で「如是我聞」し、忠実に書きとどめた。不二の弟子として、「仏」というより「仏の機能」になったわけです。池田先生が法華経を仏である釈尊の「直説」と強調するゆえんも、そこにあると思います。「釈尊自身が仏の一念によって法華経を成立させた」という言い方もできるでしょう。法華経寿量品にある「常住此説法」という言葉からも、それが読み取れるのです。

つまり、「常住此説法」とは「釈尊は死んだ後も此（＝娑婆世界）で法を説き続ける」「現実の此岸で法を説き続ける」ということです。仏の悟りの生命は宇宙全体に広がっていますから、仏はいつでもどこにでも姿を現します。日蓮教学に「一念三千」という言葉があります。自分の心に一切の心が具わっているということです。そうなると、時代も場所も離れた弟子たちの心の中に釈尊（ブッダ）がいることになります。すると、釈尊が後世の弟子を通じて、直接的に法華経を編纂したという見方もできるわけです。法華経を説いた人も釈尊だし、法華経を編纂した人も釈尊である。こう言っても、本質的に間違いではないと思います。

池田先生の見解に従うと、法華経の成立にはまず共同主観的な伝承がある。それから後世の弟子の全生命的認識が関わっている。その上で本質的には、仏である釈尊の一念の生命が、時代と場所を超えて法華経を成立させた。ゆえに、池田先生は『法華経の智慧』の中で〝法華経が釈尊の直説である〟と断言したのだと、私は考えるのです。

2　松岡幹夫からの発議（実証主義と信仰の本質）

「史的イエス」と「宣教のキリスト」

松岡　ここまで、「文献学／歴史学と信仰の学」というテーマでお話ししました。関連して「実証主義と信仰の本質」というテーマがあり、これについても佐藤さんの見解をご紹介します。まず佐藤さんが『神学の思考』という本の中で述べていることを整理します。

〈イエスがどのような人物であったかについて実証的に確定することを、史的イエスの研究（探究）といいます。この研究は、一九世紀末に、イエスという男がいたともいなかったとも証明できないという袋小路に陥ってしまったというのが、一昔前までの定説でした。最近では、米国系の神学では再び史的イエスの探究が始まっています……史的イエスの探究が行き詰ったところから、教会の宣教内容、ケリュグマからイエス・キリストについて考察するアプローチが出てきます……ケリュグマとは、原始キリスト教会における宣教者（ケーリクス）が宣教する（ケーリッソー）

福音の内容を意味します。先ほども述べましたが、特に重要なのがパウロの宣教です……ケリュグマは、史的イエスの探究が限界に至ったところでリアリティを持ちます。実証主義的方法で、イエスの生涯について神学者がたどることができる限界が、神の子として生き、苦難を受け、死んで葬られ、三日目に復活し、天にあげられ、栄光に浴したナザレのイエスについて語る原始教会による宣教の内容、すなわちケリュグマなのです。新約聖書学者のルドルフ・ブルトマンは、ケリュグマと直接結びつくイエスの言動について歴史実証的に証明するというアプローチ自体が不可能であり、意味のないことだと考えました。一九六〇年代頃までは、このブルトマンの考え方が主流でしたが、現在は、史的イエスとケリュグマを直接的に結びつけることが可能であると考える神学者もかなり多いです。〉

（佐藤優『神学の思考』二一六〜二二〇頁）

「史的イエスの探究」「宣教されたキリスト」という対比は、近代の神学で大きなテーマになっています。「史的イエスの探究」とは、救世主キリストではなく、ナザレの人間イエスの姿を明らかにする研究、歴史的真実を探求する研究ですね。それに対して「宣教されたキリスト」とは、福音書とか宣教の中に現れてくるキリストの姿、これは教団の共同主観において真実とされるキリストであって、宗教的真実のキリストです。

これを我々の問題に移し替えると、日蓮研究の分野でも、同じような論争がすでに起こっています。つまり、歴史学的に「人間日蓮」として見ていくのか、それとも教学・

宗学の面から「救世主日蓮」（末法の御本仏あるいは仏使としての日蓮大聖人）と見ていくのか、という論争があります。私自身は両面があっていいと思いますが、科学技術文明のまっただ中にいる現代人は、どちらかというと歴史学的な「人間日蓮」像に偏りがちです。佐藤さんが記しているように、現在のキリスト教神学でも再び実証的な史的イエスの探究が勢いを増しています。だからこそ私たち信仰者にあっても、宗教的真実という視点を忘れないことが大事になると思います。

「歴史」という概念の近代性

松岡　佐藤さんは「歴史」という概念自体が、すでに近代性を持っているのだと指摘されています。

〈神は死を克服することができます。それは、十字架にかけられて死んだイエスが、葬られて三日後に復活したという出来事によって証明されています。ちなみにこの出来事を史実として確定するという設問自体に意味がありません。今日、われわれが想定する歴史という概念そのものが、近代的思考という枠組みにとらわれていますす。歴史的方法で過去を観察して、事実関係を認定することには時代的な限界があります。仮にできたにせよ、中世以前の時代のキリスト教について知る場合、史実を確定するというアプローチを貫き通すことはできません。なぜなら、キリスト教関連のテキストを綴った人々は、歴史記録を残すという目的ではなく、「真の神で真の人であるイエス・キリストに従うことによってのみ人間が救済されることを一人でも多くの同胞に伝える」という目的を持っていたからです。それですから、後に新約聖書という一冊の本に編集される福音書や手紙などのテキストを描いた著者と編集者が考えていた事柄を明らかにするというアプローチをとるのが適切です。〉

（同前、二九一頁）

「歴史的真実」と言うときの「歴史」の概念自体が近代的なものであって、普遍的な真理となりえないのではないかという見解が述べられています。これは、ガダマー（ドイツの哲学者）の解釈学で言う「歴史的理性」という考え方に通じています。

つまり、私たちが想定する歴史の概念は近代的思考の枠組みから離れられない、という歴史主義的な見方が大事になってきます。もちろん、それでも史実を求めること自体には意味があると思います。しかし、史実を確定できるかといえば、特に中世以前に関してはできないというのが佐藤さんの見解なのです。

伝承による確信

松岡　それから、伝承による確信も神学では大事になってきます。

〈ある時代より遡った歴史については、実証的には証明できないが、伝承によって存在したことを確信しなくてはならない事柄があります。この点を理解しないと、イエス・キリストという出来事を私たちはとらえることができなくなってしまいます。〉（同前、二八〇頁）

神学の議論では、イエス本人が行動した足跡を、歴史的にたどれる資料が存在しないと言われています。実証的研究には時代的な限界がある。だから、伝承を大事にしていくしかない。史的イエスについて直接の資料がないから、後世の伝承からしか浮かび上がってこないのです。

日蓮研究でも、同じようなことがあります。例えば、『御義口伝』『百六箇抄』『本因妙抄』等々の日蓮仏法の相伝書は真蹟を史料的に確認できません。その存在を確認できるのは、日蓮大聖人滅後二百年頃からの室町期の写本や引用を通してです。そこで、文献学的な日蓮遺文の研究者たちは、内容面の疑義もあるとして、相伝書類を偽書扱いしてきました。

しかしながら、実証主義の歴史学者ならともかく、私たち信仰学者がこのような態度をとることはありません。キリスト教神学がイエスに関する伝承からその出来事を確信するように、私たちは創価学会の信仰に基づき、日蓮仏法の相伝書に関する伝承からその存在を確信しています。室町期の写本や引用は、相伝書の伝承をあとづけています。たとえ実証的に証明できなくても、写本等の伝承があれば、十分信仰学的な根拠になるのです。

「原歴史」と「虚空会の儀式」

松岡　さらに、次の佐藤さんの視点も我々が参考にしたいところです。

〈実証的に証明することはできないが、しかし、確実に存在するものがあると考えることができる人のみにわかる事柄があります。こういう発想は、キリスト教神学の世界で「原歴史（Urgeschichte、ウルゲシヒテ）」という形で処理されます。〉

（同前、二八二頁）

「原歴史」とは、先ほど来述べているとおり、宗教的真実としての歴史にあたると思います。「キリストが死後三日目に復活した」という話は、まさにそうでしょう。これは歴史上の出来事とは言えないが、高次の宗教的な歴史認識としては〈事実〉である。「原歴史」である。

私たち仏教徒が「キリストが死後三日目に復活した」などと聞くと、いかにも荒唐無稽に思えます。では、仏教に荒唐無稽さがないかといえば、じつはあるわけです。私たちの信仰で言うと、法華経に「虚空会（こくうえ）の儀式」が出てきます。「虚空会の儀式」とは、釈尊が空中に現れた巨大な宝塔の中に入り、聴衆も空中に浮かぶのです。そして、全宇宙、全世界から仏や菩薩を集めて釈尊が説法する。歴史的事実ではありえません。ですが、これを生命の深層における根源的な歴史ととらえることができます。

戸田城聖先生（創価学会第二代会長）は、法華経を釈尊己心の説法であると洞察しました。それは、戸田先生自身が法華経の虚空会の世界に入った、という獄中の宗教体験に基づいています。こうした戸田先生の法華経理解は、神学の用語で言えば「原歴史」的な捉え方であるように、私には思われるのです。

池田先生は、戸田先生の悟達（ごだつ）についてこう説明しています。

〈戸田先生の獄中の悟達も、〝折伏戦の棟梁〟としての「永遠の自己自身」をつかまれたと考えられる。これが虚空会の体験です。それは、まぎれもない「生命の真実」です。「事実以上の根源的事実」なのです。ですから戸田先生は、虚空会を事実として語られている。学会員も、そこに連なっていたのだと語られたこともあった。〉（教学鼎談『法華経の智慧』、『池田大作全集』第三〇巻、一九六頁）

現実にはありえなくても、信仰体験の上からは事実である。「生命の真実」である。こうした池田先生の法華経理解も、神学における「原歴史」の観点と響き合うように思われるのです。

松岡　以上述べたように、キリスト教の神学ではイエスの史実に関して実証主義的な検証を熱心に行いました。しかし、現時点で史実を明らかにすることはできていません。だから、信仰の本質を伝承に求める傾向が、二十世紀のブルトマン神学の頃から顕著になっています。キリスト教がそこまでくるのに百五十年かかった、と佐藤さんは述べています。

〈結局は、いにしえから「正しい教え」として人々の間に受け継がれてきた教えを正しいと見なすしかない。実証主義的な検証は、信仰の本質とはあまり関係がありません……日蓮の御書の文献学的検証は大事ですが、その結果として信仰の根幹が揺らいでしまうようでは本末転倒なのです。

キリスト教神学の世界では、「実証主義的検証は、信仰の本質とあまり関係ない」ことに気づくまでに、百五十年かかりました。それは無駄な努力だったとは言わないまでも、迷路に迷い込んだような百五十年であり、もっともっと労力を節約して取り組むことはできたはずです。今後、創価学会が本格的に世界宗教化していくなかで、日寛教学の再検討もなされていくでしょう。その過程において、ぜひキリスト教神学の歴史も参考にして、百五十年かかった道のりをショートカットしてほしいと思います。〉（佐藤優『希望の源泉　池田思想②』二二〇～二二一頁）

キリスト教は仏教よりも相当前に近代文明と出会い、その受容をめぐって苦悩を重ねてきました。私たちが、キリスト教の苦い経験を参考にしないのは愚かであると思います。

『神学の思考』（二四六頁）で佐藤さんは、現代の北米のプロテスタント神学にも触れています。そこには実証主義が根強く残っていて、コンピューターを用いた統計処理なども試みられているそうです。実証主義と信仰の本質の関係は、今も極めて重要なテーマといえるでしょう。

3　佐藤優さんの見解

聖書の翻訳をめぐる難しさ

佐藤　今、松岡さんが北米のプロテスタント神学の実証主義的な傾向に言及されました。たしかに北米の神学は、ヨーロッパのそれとはだいぶ違っています。とにかく実証性を重視してテキストを読むのです。データ処理によって、どの言葉を何回使っていたかとか、確率的に判断していくやり方を採っています。そうしてテキストを読み解きながら、「なぜ、それを信じることができるのか」というところを飛び越えてしまうのです。そこに問題を感じます。

日本でも、東京大学西洋古典学出身で新約聖書、さらにグノーシス主義を追った荒井献（ささぐ）さんか、あるいは民間の在野で活躍している田川建三さんとか、こういった人たちが独自に新約聖書の翻訳を出していますよね。彼らの訳は、ネストレ・アーラント*のギリシア語新約聖書の第二十八版を使っています。

ところが、日本聖書協会から二〇一八年十二月に出た聖書協会共同訳は、ネストレ・アーラント版ではなく、ドイツ聖書教会から出ている普及版を使っているのです。本文は基本的に一緒です。新約聖書にはいくつもの写本がありますよね。先ほど黒住さんが指摘されたとおり、写本を書くときに、今で言うところの「改竄」という発想は非常に希薄です。中世までの人たちは「より正しく自分の信仰に照らして書いていく」という意識ですからね。原本を書き写していくときに、信仰的良心に照らして抵抗がある場合、その内容に加筆したり、削除したりすることがあります。その結果、異なる写本がいくつもできてしまいます。現代の研究者は、多くの写本の中からどれとどれをつなぎ合わせるかを決めることが重要な作業になります。聖書に関しては、どのような編集が絶対に正しいとは言えない状況にあります。

では、荒井献さんや田川建三さんが聖書を翻訳する際の基準はどこにあるのか。究極的には個人の「趣味」と言うほかないでしょう。その上で、学問的また歴史的に伝承される基準線から外れていないことが非常に重要です。聖書の翻訳というのは、いろいろな形でいろいろな試みがなされます。実際に通用していく翻訳は、教会の礼拝で用いられている聖書です。その聖書は、学問的な見解から極度にかけ離れたものにはしないの

＊編集部注　ネストレ・アーラント＝現代の聖書の大半の底本となっている、ギリシア語版の新約聖書。1898年にドイツの聖書学者、エベルハルト・ネストレの校訂により出版。その後同じくドイツの聖書学者、クルト・アーラントが再校訂した版が1952年に出版されたことから、こう呼ばれる。（『デジタル大辞泉プラス』より）

です。

ちなみに、正教会などは、聖書を新しく翻訳しようとしません。二〇一四年に出た直近の聖書を見ると、ひらがなで書いている一九八五年の正教会の聖書を、逆に一九〇一年のカタカナに戻しているのです。つまり、ニコライが直接翻訳にあたった古いものに戻しているわけです。要するに、「古ければ古いほど正しい」という発想ですよね。これは正教会特有の発想です。

しかも正教会では、新約聖書は全部訳しても、旧約聖書はすべて訳すことをしません。なぜならば、旧約聖書は正しい神父の指導のもと、教会で読まれるべきであって、信徒が勝手に読まないほうがいい、こういう考え方があるからです。このように、聖書と言っても教会ごとに全然考え方が違うわけです。

御書の問題と教団のあり方は表裏一体

佐藤　私が創価学会との文脈で、今非常に関心を持っていることがあります。大石寺（日蓮正宗総本山）が日顕法主のもとで御書を出しましたよね（一九九四年刊行『平成新編日蓮大聖人御書』）。日顕氏による、その御書の「発刊の辞」の中では、創価学会版の御書の欠陥が指摘されています。たとえば、系年（御書の述作年代）をめぐる問題点について、こう述べている。

〈各御書の系年における改訂に著しいものがある。彼の御書全集は戸田大講頭の懇志による堀日亨上人の御苦心の編纂であり、宗門の御書編纂として多大の意義が存した。しかし、当時はまだ各処に散在する宗祖御真蹟原本を直接に拝すべき頼りなく、ために真蹟の御書体や特に御署名御花押に関する研究で、後に明らかとなった系年変更を必要とする相当数の御書についても、従来の所伝によられておる。……そのため正確な御書を編纂するには、系年を見直すべき御書がかなり存していた〉

（『平成新編　日蓮大聖人御書』「発刊の辞」二〜三頁）

結論としては、系年問題、真偽問題、校訂問題、この三つの問題において、堀日亨上人の業績をオーバーライドする必要がある、という考え方が示されています。

なおかつ、創価学会版の御書を指して〈御書全集は、信徒を中心とする研鑽の状況を慮られてか、大聖人の御法門の基礎的な分野をなす初期の御書を排除され……〉（同前、四頁）とも記されています。創価学会版御書は信徒用に易しくしているから、いくつかの重要文献を敢えて外している。こういう考え方でしょう。要するに、「僧侶は上、一般信徒は下」という思考ですよね。だから、『平成新編　日蓮大聖人御書』では、編纂しているテキスト（御書）の順番も御書全集とは違っています。

今までと違う御書を宗門が作った。御書というベイシックなテキストが変わった。そのことによって、日蓮正宗は学会と別教団になりました。私はここに非常に注目しています。

キリスト教で宗教改革が起きたときにも、旧約聖書続編の扱いの違いが出てきました。創価学会の世界宗教化を考えるときに、伝統的な御書全集を排除しない創価学会と、それをあえて変更していった宗門をどう見るのか。ここは非常に興味深い問題です。テキスト、文献学の問題と信仰体験、さらに教団のあり方は、私は表裏一体だと考えています。

4 黒住真さんの見解
実践的教会の中でテキストを解釈した岩下壮一

黒住真 「文献学/歴史学と神学」というテーマについて、議論が深まってきました。プロテスタントの中では、聖書学の分野で大きな論争が起きる場合が多いのです。それぞれの学者が「自分は偉いのだ」と思い込んでいる。だけど、ほかの人は「彼は偉いのだ」とは思っていない(笑)。おかしなぶつかり合いがよくあります。そうして学者が文献学、神学を突き詰めていくうちに、人々の生活する世界からかけ離れていってしまう。そういう思想の運動とは、いったい何なのだろうと、私はいつも思います。

二十世紀のカトリックは、ローマ教皇がマリア信仰について触れて、マリア関係のものがどんどん中心になってくる傾向がありました。「回勅」と言いますけれども、ローマ教皇が世界中のカトリック信者に向けて書簡を出し、テキストの解釈に入り込んでいく。そこに信者がつながっていく。そうしてローマ教皇が掲げる教理と、現実の教会やグループ内で語られるものを、離ればなれにせず連関させていくのです。

ここは信仰の本質に関わるところです。大正末から昭和前期にかけて活躍したカトリック神学者・中世哲学者の岩下壮一は、最終的に「テキスト解釈をやるだけでは駄目なのだ」と言いました。なぜ彼がそういう発想をしたのか。彼の対象への向かい方はいつもただ抽象的な把握ではありません。彼は、明治末の時代閉塞の帝国において、大学ではロシア出身のケーベルに学び、卒論『アウグスチヌス神国論の歴史哲学』を著し高く評価されました。それはまだ「中世」哲学ではありません。その岩下は、大正の初め、第一次世界大戦のため留学を中止し、また産業に関わった父清周が失脚します(一九一四〜一五年〈大正三〜四年〉)。ただ、彼はまだ、中世哲学やトマス・アクィナスには向かいませんでした。それがさらに変わったのは、一九一九年(大正八年)に、実際に世界大戦直後の欧州に入って体験的に知ったことに、どうも拠ります。

「超自然的」による戦死また病からの救済

黒住　岩下壮一は、その欧州で、文明にとって大きな事件となった大戦のありさまを日本人では先立って知りました。実際に彼は、第一次世界大戦での傷付いて死なんとする人のこと、またそのような病人のことを時に言いたくはないが言われざるを得ない例として挙げています。机上で聖書学をやっているだけであれば、戦争に巻きこまれて苦しんだり、亡くなったりする信者への応対がきちんとできない。ただ、そうした事柄にこそ関わる人がいます。このあたりは、まずはコスモス（天地）の様相が大事です。その上で更なる超越があります。その両者は無関係でも一方的でもなく関係付いています。これが岩下にとっては、「自然的秩序と超自然的秩序」といった語りになっており、前者（自然的）が理性・思考を担う哲学の、後者（超自然的）が信仰のあり様を担う神学の課題です。ここでの「理性と信仰」にあたります。

　信仰はただ内心のことではありません。「超自然的」ととらえられている事柄は、「秘跡」（秘蹟）とも称される営みに拠ってです。それをだんだんなくして、宗教を論理や言語や心の内面だけにしていく近代史の傾向にむしろ反して、営みのかたちあっての宗教だ、キリスト教だ、と考えます。むろん理性や思考をどこまでも持つべきなのですが、それが信仰に結び付く、そのような「自然的と超自然的」です。

　超自然的な「秘跡」のうち、キリスト教でよく知られているのは「洗礼」ですが、カトリックではさらに時々の「聖体拝領」（聖餐）「告解」「叙階」「婚姻」また「終油」（塗油）などがあります。岩下は、それらを儀式的に強調してはいません。ただ、病者にとっての日々の聖体の、まさに死なんとする人にとっての聖体・終油の、意義をつよく見ています。第一次世界大戦直後、西欧に行ったとき英国の神学校で、司祭たらんとした人たちの次のような体験を知り、その秘跡（聖体・終油）が言葉以上なのだ、と言います。

〈戦場帰りの学生の半分以上が他宗派からの改宗者であるのに驚いた。私がその動機を尋ねた時、彼等は異口同音に答えた。戦場で僕等は以前の信仰の無力を体験したと。

では、何が意義ある働き・事柄だったかというと、特に軍隊附カトリック司祭の行動が彼等の注目をひいた。血腥い塹壕内で傷ついて呻吟する負傷者から負傷者へと、司祭は黙々として馳せ寄って行った。そうして痛悔の祈りを唱えさせ、彼の手は赦罪の十字を切るべく挙げられ、胸にしかと抱いた聖体容器から聖体を取出して拝領させせた。告白も聖体拝領もできぬ者には終油を施した。それはまるで器械の様に働いた。それでも信者は皆安心して死んで行った。之に反して牧師達は、実に施す術も知らなかった。機関銃と砲弾の炸裂するすさまじい音響の裡で、彼等の宗教的な勧めや慰めの言葉は全く用をなさなかった。その時僕等は始めて秘蹟に対するカトリックの信仰の偉大さを悟った。〉

(「司祭職と秘蹟(SACRAMENT)の問題」『カトリック』一九一六、一九三九〈昭十四〉年十一月)

そこから岩下は、実際に司祭たろうとしたようで、その考え方は癩病院(ハンセン病療養施設)での患者さんや臨死のこと、また父清周の葬式などに残っています。その例にはいま入りませんが、とても印象的なのは、ぎりぎりの段階において、いわば治者と被治者、主と従との、序列だけでなく反転がまた結局あるかのようなことです。授ける患者さんによっては、この方自身のほうが自分よりもっと偉い、といった言葉もときに残しています。彼にとってキリスト教体験、宗教体験は、そのようなものだったと思います。「自然的秩序と超自然的秩序」に戻りますと、簡単にいえば、「自然的」はコスモスにおける人間のあり方であり、「超自然的」はアウグスティヌス的な神の国や三位一体、その贖罪・浄化を介しての、トマス・アクィナスのさらなる完成・「成聖」といった経過・世界が捉えられています。自然的と超自然的は無関係ではなく後者は前者の完成であり、そこに（むろん祖先崇拝や諸伝統の聖化ではなく）キリストまたマリアが考えられていた、といえます。そうした中世的な語りと世界とが、昭和前期・戦時中の若者を感動させたわけです。

それだけでなく、すでに言ったように岩下は、日本で、癩病（ハンセン病）の救済事業に深く関わり、静岡県御殿場市で神山復生病院という専門病院の院長まで務めます。キリスト教では、人の形を身に担うことをIncarnationといい、漢字では戦後「受肉」という語が一般化されますが、岩下はいつも「托身」という語を用います。物事も言葉も、そこにこそ関わっています。そこにキリストがあり、戦死の人また患者の身になる。そこからこそ教理があり言葉やテキストもあるので、それを離れて文献だけが大事なわけではないのです。

愛こそがあること

黒住　岩下のキリスト教にとって最後に大事になるのは、彼がキリストに倣うと共にマリアを生きたものの如く感じており、それはさまざまな場所でより「愛」を持ちそれを伝える人だ、ということです。これは、彼がどこまでも癩病（ハンセン病）患者の人たちと関わったことにも、パウロの愛を尊んだことにも、アウグスティヌスの『告白』が当時「懺悔録」と称されるのが、むしろ「讃美録」だといったことにも、いつも見てとれることです。

それは、教義論（『公教要理解説』として一九二七年刊、著者没後、戦後『カトリックの信仰』の名称で出版、以下そのちくま学芸文庫版の頁数）にも記されています。

〈注意しておかねばならぬ重要なことは、我々は理性の光明を辿って神の存在を認め得るけれども、それは単に創造者または主宰者たる神であって、未だキリストの説きあらわしたところの「天に在す我等の父」という考えには達していない点である。すなわち理性の力だけでは神の愛の啓示には到達し得ないので、そこまで我々を導いて下さるのは、神の我々に対する正義の働きではなく、愛の発現である。〉

（岩下壮一『カトリックの信仰』七一頁）

そして「我等はこの無限の愛が十字架上の犠牲として発現する時に、始めてパウロと共に」という「神の啓示」論になっています（同）。先の「超自然」は、「愛の発現」「神の啓示」と、それに向かう「本人の意志」（同）となるわけです。

これが岩下にとっては、身障者でもあった彼自身の体験・活動でもありました。その近くにいた小林珍雄は、本書『カトリックの信仰』の序に岩下の活動を纏めながら次のように記しています。

〈「超自然という世界が死においてみられるのである。」その視野はいつも世界大、而も点と地とを合頁わせた立体的世界大にひろげられ、しかもキリストの愛の命ずるところ、自ら司祭となってまずキリストに倣い……、事変の勃発するや当局の懇請黙しがたく華北の教会事情視察の壮途につかれ、ついにその帰途病を得て、再び立つ能わさるに至ったのである。蒲柳の質、ことに片足を幼時より小児麻痺で不自由にされた身で、実に寧日なき献身的な活動は、その動機を超自然的愛から汲んでこられたのである。〉(同前、六頁)

超自然的愛の発現・啓示ということは、たしかにより岩下壮一の活動と結びついて見えます。また、危機をみずから担った当代の方々にもありえたことと思います。

近現代の社会の実際

黒住　以上は生死をも含む実際の物事に関わっており、それが彼の中世からの近代的な文明批判にもなっています。古い言葉使いが見られますが、現代にも繋がる内容なので、岩下の別の著書から引用しておきます。岩下は、欧州から米国を経て日本に帰る際の印象をこう述べます。まず都市の摩天楼について。

〈大西洋を渡ってニューヨークに着いた時の感慨を、未だに忘れる事ができない。米国人がCathedral of Commerce〔商業大聖堂〕と銘打って誇りとする五十何階かのウールウルス・ビルヂングの頂上から脚下に展開する大米国物質的繁栄の縮図を見せつけられた時、屹立する摩天楼の谷底に教会の尖塔が埋もれてゐるのに気付いた私は、決してかかる文明を祝福する気にはなれなかった。これはアメリカ文明の価値顛倒の最もよき表徴であると思った。〉（「中世思潮」『中世哲学思想史研究』七四頁）

また、関東大震災後の帝国東京についてこう述べます。

〈殆ど十年振りで東京の地を踏んだ時、出迎へてくれた一人が、東京駅近のビルヂングを示して誇り顔に「日本も全然アメリカの様になった」と云ふのを聞いて、余は堪らなく不愉快に戚じた。余の記憶に残る震災前の東京の趣、特にこんもりと茂った木立と其の間に隠見した神社仏閣、震災によって破壊され新時代の人達によって再建されぬ之等の旧文明の遺物が、真に日本を精神的にしてゐた事にかかる人士はいつになったら気付くのであらう。之等のものが滅亡してビルヂングが建ったが為に、日本人はより幸福になり道徳的に向上したと果して真面目に考へ得よう

か。〉（同前、七五頁）

こんもりとした木立中の神社仏閣が壊れ、それよりもビルディングを喜ぶ日本人は幸福なのか、と見ています。では、そこに何があり、どうあればいいのか。岩下はこう指摘しています。

〈無際限の欲望に対して、与へられる極めて制限された財貨の分配に焦慮しつつある現代の社会経済学は、何等かの形で中世的理想に復帰せざる限り、不可能なる問題の解決に従事しつつあるのではあるまいか。〉（同前、七四頁）

社会経済は、現在、欲望に取り憑かれている、むしろ近代以前の環境あるいは中世的理想を望む、という岩下の考えは、じつは東京商科大学（現一橋大学）の非戦論経済学者・上田辰之助（一八九二〜一九五六）が主張するものでもありました。石橋湛山（一八八四〜一九七三）、また先立って渋沢栄一（一八四〇〜一九三一）にも似た考えを見ることができます。いずれにせよ、資本主義的な欲望が止まらない近現代、考えるべきテーマと思われます。

近代以後、人間の営みは経済力や軍事力の拡大と結びつき、「超越」の元での謙虚さを失い、さらに「自然」的コスモス（天地）をさえ無視し所有・破壊し続けているのではないか——我々の歩みを振り返ると、そう考えさせられます。

近代人にとっての課題――コスモスに触れる

黒住　こうした問題意識から、私は、自分の著書のほぼ最後に〈自分たちの生死の根をまたコスモスを再生すべきではないか〉と書きました。ここでの「コスモス」は「地平」「自然」「天地」などとしても構いません。

〈そのいわば「地平と超越の連関」が、リスクと共に地球上に位置付くことが大事である。そもそも近代以後の人間の「発展」する「文明」は、「エネルギー」所有の拡大と天地（コスモス）の破壊とが、共に結び付いて展開している。ならば人間は自分たちの位置づけの無さ・異常さを、問題として認知すべきであり、また次の真面目な方向を担うべきだろう。そのことで自分たちの生死の根をまたコスモスを再生すべきではないか。〉

（黒住真「科学文明史における天地の解体と再生」『文化形成史と日本』三〇七～三〇八頁）

地平（コスモス）と超越とが分離するのではなく連関することが重要なテーマとしてあるのです。宗教においても、言語、テキストを厳密に解釈する仕事はもちろん大事でしょう。ですが、それだけで物事を見てはならない。また物事はただ真偽や優劣ではない。そもそも人間が生きたり死んだりする現実に、宗教がはっきり関わる、コスモスに直に触れる、それ自体が非常に重要です。

創価学会の場合でも、もちろん法華経の研究が大事なのでしょう。けれども、創価学会は法華経の研究者を輩出しただけで終わっていません。それ以上に、人々の生活世界そのものに飛びこんで応対していった。実際に、創価学会は多くの苦しみ、絶望した人々を救ってきています。文献学だけにとらわれていたら、こういう教団の本質は見えてきません。キリスト教の聖書や神学についても同様です。現実世界での宗教、それと文献・言葉とが結びつくことが必要で大事なのです。

教団は信者の集合的意思を反映する

黒住　先ほど紹介された佐藤さんの『AERA』連載の一節を、もう一度振り返ってみます。

〈『人間革命』は、池田による小説に留まらず、創価学会の教典としての性格を帯びている。従って、『人間革命』の著者である池田も、創価学会員の集合的意思を反映するのである。〉（佐藤優『池田大作研究』一六二頁）

ここはかなり大事な論点です。もともと寺院や教会は、信者が結びついて連帯し、信者の集合的意思を反映する集合体でした。創価学会員の集合的意思には何があるのか。

文献解釈を進めながら、創価学会員の集合的意思を読み解く佐藤さんのアプローチは非常に興味深いところです。

生命次元の共鳴は個体レベルを超える

黒住　また、先ほど松岡さんが「視覚的認識に偏る近代人」について私の著書『文化形成史と日本』（第九章「文化史から見た完成の形態」五「人間の産業と力動の分類」）での指摘を引かれました。現在、人間の認識が個々に細分化されるばかりで、元来のより全体的な個々の完成形態が見失われ、そこに勝ち負けの力動性が結び付いていく――しかし、それを考え直す必要がある。もっと言えば、そうした位置なき偏重とは違って、「共鳴的・連想的」な知覚が人間には元来あったのではないか、と思われます。今のローマ教皇フランシスコはイエズス会出身です。イエズス会は「霊操」（心霊修業）という修行をやります。彼らは信仰の最後の段階で、共鳴が起きると考えている場合が多いんですね。こうした共鳴的な認識もあるのです。

日本のキリシタン史を振り返ると、学者として十分な研究を積み重ねたにもかかわらず、転向してしまう人がいました。他方で、内心に強い共感、共鳴を感じた信者は――特に女性が多かったのですが――転向せず潜伏キリシタンとして持続していました。それが幕末に現れました。生命に共鳴するものがあるからこそ、そうだったのです。生命次元の共鳴は、個体のレベルを超える面があるのではないでしょうか。池田先生の言葉や働きも時空を超えた生命感覚として信者さんたちにとって個体のレベルを超えているのでしょう。

「感応道交」の普遍性

黒住　さらに松岡さんは、池田先生の『法華経の智慧』から「感応道交」（仏と衆生が互いに通じあうこと、天台智顗のことば）という言葉を紹介しています。鈴木大拙が『日本的霊性』という本を書いていますけれども、彼は日本的霊性をいろいろなレベルからとらえます。言葉として出てくるのは、「感応道交」という言葉です。鈴木大拙が言う「感応道交」は、浄土真宗や禅の文脈ですけれども。実際、道元の『正法眼蔵』にも〈この帰依仏法僧の功徳、かならず感応道交するとき成就するなり〉という一節が出てきます。松岡さんが紹介された池田先生の著作には、こういう一節がありました。

〈戸田先生の獄中の悟達も、〝折伏戦の棟梁〟としての「永遠の自己自身」をつかまれたと考えられる。これが虚空会の体験です。それは、まぎれもない「生命の真実」です。「事実以上の根源的事実」なのです。ですから戸田先生は、虚空会を事実として語られている。学会員も、そこに連なっていたのだと語られたこともあった。〉（教学鼎談『法華経の智慧』、『池田大作全集』第三〇巻、一九六頁）

戸田先生は、生命の次元で法華経に説かれる虚空会の儀式を自ら体験されたのだという。そこで「永遠の自己自身」「生命の真実」が見出された。これも「感応道交」ではないかと思います。

この「感応道交」という観点からは、従来型の分類にない宗教観も考えられるでしょう。戦前ソ連との関係で、イスラム教の信者が逃げて日本列島に入ってきたことがありました。彼らのことを調べた学生さんがいまして、その研究を読んでびっくりしたことがあります。いろいろな宗教が日本列島で別々に存在し、それぞれに「自分たちはここにいる」と思っている。けれども、そのイスラム教の信者の多くは「自分とあの信者たちはまったく別だ」とは思っていなかった。「宗教と宗教の違い、戦いはあるにしても、最後は一つであれ」といった考え方だったというのです。そこでは、ある種の「感応道交」が働いていたのかもしれません。そうしたことは、けっこう普遍的にあるようにも思うわけです。

私が日本のキリシタン史を調べた際にも、同じことを感じました。イエズス会が日本に入ってきたときにキリシタン弾圧をした仏教者は、興味深いことに「仏教の形態の中のちょっとおかしな一部分がキリシタンなのだ」と言っています。異教徒としてキリシタン弾圧が進む中でも、「彼らも大きな仏の中の一部だ」と見ている仏教者が多くいたのです。こうした分類を超えている点は、今一度再考する必要があるでしょう。

5　黒住さんの意見を受けての佐藤優さんの見解

「頭が良い競争」に陥りがちな文献学者

佐藤　黒住さんが今おっしゃられたことに、非常に共感します。黒住さんとお会いするのは今回が初めてですが、お話を聞いていて二つの特徴を感じました。知的に誠実であること、人間として優しい方であること、この二つです。学者、特に東京大学の先生は、自他ともに認める日本のアカデミズムのトップですよね。そこには陥りやすい誘惑があると思うのです。いわゆる「頭が良い競争」です。「自分のほうが他人よりも頭が良いのだ」という競争にどうしても陥ってしまう。

すると文献学の世界では「自分の解釈が絶対に正しい」と考えて、ほかの人の解釈を蔑むようになるのです。キリスト教神学の世界で聖書学をやっている人はそういう傾向が非常に強くなって、だいたい教会から離れていきます。「我々がやっている聖書学と聖書神学は違うのだ。聖書神学なんてやっているヤツは教団の御用学者なのだ」という感じで「頭が良い競争」に入っていってしまうのです。

人間性に根ざした学問研究

佐藤　一方で、黒住さんのように知的に誠実な学者もいる。黒住さんは日本人の霊性、文化性について、特定の宗教や思想にかかわらず幅広く扱い、学術的な成果をきちんと残している。そして、民衆の一番奥深い気持ちをつかんでいく人間性も持っておられる。こういうところから、寛容の精神が出てくると思うのです。

学術面では、黒住さんの姿勢は厳格なものがあると思います。「これはいけないのだ」という自分なりの厳しい基準もあるのでしょう。自分の信念を強く持っているから、他人に対して寛容になれるのです。自分の中に信念が何もない人は、流動してすぐフワフワしちゃう。「今の世の中の流れはこうなっているから」と言って、フワフワと別の考え方に流れてしまうのです。

鋭い宗教感覚

佐藤　今日うかがった黒住さんのお話の中で、私は特にお母さまのお話がすごく印象に残りました（編集部注＝『創学研究Ⅰ』三〇二～三〇三頁を参照）。お母さまがもともと信じていらっしゃった日蓮宗不受不施派は、江戸時代を通じて、それから明治時代に至っても、非常に厳しい状況に置かれていました。お父さまと結婚されたあと、お母さまは真面目なキリスト教徒になり、プロテスタント教会に行きました。プロテスタント教会は、カトリック教会と比べると救いが確実ではありません。カトリック教会では、カトリックのシステムの中にさえ入れば救いは確実です。プロテスタントはそうではありません。

プロテスタントでは事柄がサクラメント（秘蹟）性を持つのではなくて、人の要素が重要です。だから、信仰が牧師のキャラクターに依存する。お母さまはそういうプロテスタント教会で牧師の人柄を観察しながら「どうやら自分が求める道はここにはないのだ」と感じて、別の牧師のもとへと場所を移っていった。その葛藤のプロセスは、私にはすごくよくわかります。そうして宗教遍歴を重ねられたお母さまの葛藤に気づいたのは、やはり黒住さんの霊性、宗教に対する感覚が非常に鋭く、優れているからだと思うのです。

強靱な人間力を持った教育者

佐藤　また、黒住さんはプロテスタントだったのですが、創価学会に対して偏見がありません。おそらく創価学会以外の新宗教の信仰を持っている学生も、東京大学の教え子の中にはたくさんいたと思います。特定の信仰を持っている学生もいれば、信仰を持っていない学生もいる。無神論の学生もいれば、共産党員の学生だっていたでしょう。でも「そういう違いは関係ないですよ。学問は学問としてきちんとやってもらいます」と学生に分け隔てなく接していける強靱な人間力を、黒住さんはお持ちなのです。我々がここから学ばなければいけないことは、たくさんあると思いました。

それは池田先生の言葉で言うと、人間主義です。人間の手前には人間がいます。人間主義に基づいて対話できる人と人の連帯を作っていく。松岡さんは創学研究所を設立して、創価学会とアカデミズムをつなぐ機能を果たしていこうとされています。こういう発想の根っこにあるのは人間主義であると、私は強く感じました。

6 議論

文献学的研究と信仰上の信念の融合

松岡 先ほど佐藤さんが、北米の実証的な神学研究の動向について教えてくださいました。具体的にはデータ処理なのですね。

佐藤 データ・サイエンスを生かして、データ・サイエンスと聖書学を結合させていこうというのが基本的な方向です。統計処理によって、統計的に正しいと言えるのか言えないのかを真偽の基準にしていくのです。

松岡 データ・サイエンスの手法は、コンピューターが発達し始めたころから日蓮研究の分野でも取り入れられています。最近ではデータベース化がいっそう進みました。すべてのテキストがデータベースに入って、一瞬にして検索できます。このデータベースがあると非常に便利ではあるのですが、逆にそこには落とし穴があります。「すべてが実証的に論じられる」という過信が、研究者の間に生じてくる危険があるのです。佐藤さんのお話をうかがいながら、あらためてその危険に思い至りました。

また、大石寺の前法主・阿部日顕が作った新しい御書の話が出ました。御書が変わることによって、日蓮正宗は別の教団になった。こういう大きな変化を、キリスト教の見識の上から指摘していただきました。大石寺で起きたのは、まさにそういうことだと思います。宗門は宗門で、すでに新しい御書を作りました。二〇二一年の日蓮大聖人御聖誕八百年へ向けて、創価学会は御書全集の新版を作成しています（編集部注＝二〇二一年十一月十八日に『日蓮大聖人御書全集　新版』として刊行された）。

文献学的な研究と信仰上の信念をどう融合していくのか。今日論じ合ったテーマは、創価学会の教団としての問題に大きく深く関わってきます。

生活から遊離した〝神学論争〟の危険性

松岡　黒住さんのご発言の中で、聖書学をやっている人同士が戦いになってしまうというお話がありました。日蓮研究でも、どうしても戦いになってしまいます。真蹟のない御書の真偽問題とか、その成立過程はどうなのかとか、「この御書は正確にはいつ書かれたのか」という系年の問題とか、いろいろと激しい論争が交わされています。

一番落とし穴になるのが、黒住さんが指摘されたように、信仰者の生活から離れた、いわゆる〝神学論争〟になっていくことです。すると、以前佐藤さんが言われたように、まわりでその論争を眺めている人は「学者が言っていることは我々には関係ない。彼らの論争は我々の生活からあまりにもかけ離れている」と感じて、反知性主義的になってしまうおそれがあります。中には反動と反発によって、原理主義的な傾向も出てくるでしょう。そうなるのは非常に不幸なことですので、やはり信仰学的に解決しなければなりません。

人間は実証的なものだけを信じていない

松岡　お二人のお話をうかがいながら、肝に銘じなければいけないと強く思ったことがありました。それは、今回話し合った問題を学者同士の論争に終わらせてはいけないということです。先ほど佐藤さんから「霊感説では現代人は納得しない」というお話がありました。特に知識人は霊感説だけでは納得しない。ちゃんとした学の体系がなければ納得しないわけです。「自分たちの信仰を世界に弘めるためには、知識人を納得させなければならない。実証的なものをしっかりと踏まえた研究をしなければ、知識人には通用しない」という意見も根強くあります。このあたりについて、佐藤さんと黒住さんから個別具体的なご意見をぜひおうかがいしたいです。

佐藤　実証性に完全に反することに共鳴するのは、避けたほうがいいのは間違いありません。ただし、その先まで全部実証的に説明できなければ、果たして知識人を説得できないのか。人間が実証的なものだけを信じる存在だったら、そうかもしれません。しかし、現実はそうではありませんよね。

アカデミズムについて率直に考えてみましょう。大学に入ってきたとき、明確な専門をもって入ってくる人はごく一部じゃないでしょうか。資格試験を通過したいといったように、勉強する目標を最初から持っている人は別です。多くの人は、明確な目標や専門が決まっていないところで学問を始めます。その中でちょっとした出会いがあったり、先生やゼミの先輩の中に魅力的な人が見つかって刺激を受ける。あるいはライバルである誰かに打ち克ちたい。そういった人間的な要素がたくさんある中で、人は勉強に打ちこむ動機づけを見つけていきます。

実際の広宣流布においても「理性に訴えて合理的に人を説得できなければ、仏法は広がらない」というわけではありません。そういう意見を言う人は、実際の広宣流布の現場をあまり経験していないのではないでしょうか。もちろん、実証性からかけ離れたことばかり言っていたら、知識人は離れていきますよ。けれども、実証的に証明できないことがときどきあるからといって、知識人がその信仰に全然入ってこないとか、その信仰を軽蔑するとは限りません。教義の実証性と信仰に入ることとは、そもそもカテゴリーが違う問題だと思います。

民衆宗教が目指すべきベクトルとは

佐藤　いずれにしても重要なのは、「とにかく正しいのだから、この宗教を信じなさい。あなたは余計なことは言わないほうがいい」といった態度を取らないことです。こういう形では知識人が納得できないと同時に、それは官僚主義に陥ります。要するに「複雑なさまざまな問題については上層部が考えてやる。お前たちは手足だ。だからお前たちは何も考えなくていい。頭脳は我々だ」という官僚主義につながりかねない。

その意味で、すべての人が祭司になっていくべきです。そうすれば、ピラミッド構造の上にいる祭司は必要ありません。またすべての人が知識人になっていくならば、結果として特定の知識人は要らなくなる。民衆宗教が目指さなければいけないのは、こういったベクトルではないでしょうか。キリスト教も本来そういった方向を目指してきました。聖書を聖職者だけが独占せず、みんなに開いていく。また、プロテスタントのように聖書中心主義になる前のキリスト教でも、教会へは皆が来れたわけです。その教会という開かれた場所で、誰でも礼拝やミサに参加できる。大事なのは民衆性です。これをなくした宗教は、やはり勢力を失っていきますね。

以前、歴史的に長い伝統のある奈良のお寺に行ったことがありました。かつては僧兵まで持っていた、非常に大きなお寺です。ところが「今僧侶は何人いるんですか」と訊いたら「七人です」と言うのです。全員が学者です。彼らは、学術的には大きな成果を残していますが、お寺のほうは七人の僧侶まで縮小してしまった。どんなに歴史的に伝統がある寺院や教会であっても、民衆性を失うと、こういう形で収斂していくのです。

信じていいものとよくないものを区別する

佐藤　いかなる分野であれ、民衆性が一つのカギになると思います。宗教の世界でも、知識人とは民衆に奉仕するためにいるのですから、学術をいたずらに濫用してはいけません。「知識人は驕ることなかれ」です。

ただし、民衆が大事と言っても、信じてはいけないものを信じるのはいけない。今私が同志社大学で教えている大学院生の一人は、フランス語が非常によくできるので、ピエール・ベールというフランスの神学者について研究しています。十七世紀のカルヴァン派の神学者です。日本では初期啓蒙主義、あるいは前啓蒙主義の思想家ととらえられています。

このピエール・ベールには『彗星雑考』という本があって、その学生が非常におもしろい読み解きを進めているのです。ほうき星（彗星）が見えると、悪いことが起きると人々が脅えます。ピエール・ベールは「それは違う。あれは単なる物理の法則で動いている天体の運動にすぎない」と喝破しました。だから彼は啓蒙主義者だと言われているのです。「本当に拝まなければいけないものは、神のみである。そうじゃない彗星みたいなものを拝むのは偶像崇拝だ」と合理的な発想をして、啓蒙主義への道を開いていく。ピエール・ベールの発想の根っこには、「拝んでいいものと拝んじゃいけないものを区別しなければいけない」という思考がありました。

知識人が信仰と理性を結びつけて、民衆の中に分け入っていく。官僚主義も反知性主義も乗り越えて、知識人と民衆がともに信仰と理性を結びつける。それが可能になれば、「知識人を折伏できなければ世界宗教化しない」といった偏狭な考え方にはならないと思うのです。

理のあり方を考え直す

黒住　理性をどういうふうにとらえるのか。もちろん理性には実証性があります。ですが、実証性と言っても関係があります。そこに、結局は成り立たせる物事があり、またその一端であるから、森羅万象、天地人、梵我一如などと称されます。またパスカルがさらに包み込む宇宙での考える葦、その根拠を思考するみじめさの自覚の偉大さと述べます（『パンセ』）。つまり結局は、包摂された位置を持つ、そしていま個々に生きて考えている自分です。その考えにとって、関係はまずは具体的な物事、もっと言えば天地との関係を踏まえたものであって、それを論理的に捉えるのが理性なのだと思います。

これに関して、漢籍では「所以然（しかるゆえん）の理／故」とか「所当然（まさにしかるべきところ）の理／則」と言われます。宇宙、天地における根本的な理、そして個々の理の両方がとらえられるのですね。前者は人間を根本的に位置づけてくれる根拠である理、そして個々のさまざまな物事に関わっていく理がある。誰もが後者から前者に向かってゆくが、前者の根本的な理は悟ったような、いわば聖人だけがそれ自体を実感したと、漢籍の世界では言われていました。

ただ、時代を考えてみると、宇宙とか天地における「所以然の理」と言われる感覚は、近代化を通じてほとんど消されていきました。自分たちが実験をやって、実験がうまくいったかいかないか。そういう個々の理だけを追求する運動体になってしまっている。位置づいた「聖人」はもう居ないし、現代人にとって活きてもいない。国家権力、科学技術的なものに至っては、悪く言うと「どうやれば売れるか、つまり得をするか」、さらに「結局、勝つか負けるか」といった覇道のような観点で理が追求されている。だから、現代人は、個々の応対や勝敗、戦略といったことを乗り越え、元来の理のあり方、仏教なら「仏法」について改めて考え直さなければいけません。

西洋史を振り返ると、デカルト以後、思想的な運動体が宇宙、天地という前提を見失って、自分自身の理性に依存しました。それに連動して、科学がものすごい勢いで発展していきます。そこで、「人間は宇宙の中の『考える葦』である」と言ったパスカルは、「デカルト以後の哲学には大変な問題がある」と考えました。そして、「本来、宇宙の中の一部で考えているのが自分たち人間なのだ」という東西どこでも前提とされていたことをあらためて訴えたのです。

ですから現代の知識人が実証性について語るときには、宇宙に対してどういう立ち位置で言っているのか、そこが重要です。私たちの生活世界そのものを宇宙、天地に位置づけ、個々の理だけでなく根本的な理を考える。昔の人にはこれがありました。日蓮聖人の仏法における三証（文証・理証・現証）なども、それをあらためて知って納得することを説かれたのでしょう。そこに立ち帰ってこそ、我々は理性を正しく捉え、実証性の真の意味もわかるように思うのです。

先ほど「集合的意思」とか「永遠の仏」とかの話が出ましたが、これらも根っこのところの理に通じているのではないでしょうか。そうした大きな枠組みの理を見直し、現代の科学と離れるというよりも、むしろそれを包摂していく。そうなれば、現代人にも根本的な謙虚さが生まれ、個々の勝ち負けに終わらない健全な文明が築かれるように思うのです。

知識人も民衆も同じ人間である

松岡　知識人と民衆に関して、佐藤さんから非常に示唆に富んだお話をいただきました。池田先生は歴史家のアーノルド・トインビー博士と対談集『二十一世紀への対話』を出しています。その中で、知識人と民衆についてこう言われています。

〈一般によくいわれることですが、大衆とか知識人とかいう立て分け方があります。しかし、私は、人間を知識人と大衆に分けるこの発想法には誤りがあると考えています。……人間は、知識人や大衆である前に、同じ人間であるということをまず大前提におかねばならないと考えるわけです。少なくともこの立場においては、知識人と大衆の境界線などというものはありません。どんなに優れた知識人も、現実の生活においては大衆の一人であって、何ら他の人とは異なるものではありません。普通一般に大衆と呼ばれる人々も、それなりに豊富な知識を身につけた〝知識人〟なのです。〉（『池田大作全集』第三巻、一三五〜一三六頁）

〈われわれは、まず大前提として、知識人も大衆もともに同じ人間であるという原点に立ち戻り、歴史を真に動かすものは、特定の階級やグループではなく、人間一人一人であるという自覚をもたなければなりません。私は、人間がともに同じ人間として、よりよい社会を築こうと決意するなかに、知識人と大衆の疎外が取り払われ、強い連帯が生まれてくることを期待したいと思います。〉

（同前、一四三～一四四頁）

池田先生は人間主義の思想家であり、何よりもその実践者です。だから、知識人も大衆も同じ人間であるという点を強調します。佐藤さんの考え方も、まさにこれと同じだろうと思います。組織が知識人の声ばかりを重んじると、上から民衆を抑えつける官僚主義に陥りかねない。かといって「民衆だけでいいのだ」という姿勢だと、偏狭で閉じた共同体を作ってしまう。どこまでも人間として健全なバランス感覚を持ち、知識人と民衆がともに学び合い、高め合う関係を築かなければいけない。その点を再確認できました。

信仰即理性、理性即信仰

松岡　また、黒住さんからは、「理性」とか「実証性」と言うときの理のあり方について、深い洞察の上からご意見をいただきました。もともと本来は、宇宙・天地における根本的な理があったのではないか。そこから個々の理が出てくるはずだという見立てです。根本的な理は宗教的な次元であり、個々の理は理性的な次元である、と言い換えることもできるでしょう。ところが、近代以降は信仰と理性が対立し、分離するようになった。そして、コスモスに根ざした宗教的な次元の理が失われた。このことを黒住さんは指摘されたように思います。

池田先生は、常々「宗教的なものと理性的なものは本来対立しないのだ。また、両者は統合して一つにしてしまうものでもない。理性は理性のままでいい。信仰は信仰のままでいい。そのままで互いに通じ合っていくのだ」という趣旨のことを述べています。信仰と理性に関する池田先生の見解は、「信仰即理性」「理性即信仰」と説明できるでしょう。

大乗仏教には「即」という深い概念があります。私たちが「即」という言葉を用いると、論理的な説明から逃げている、知的な怠惰ではないか、と学問人の側から批判を受けることがあります。しかしながら、「即」は信仰の論理なのです。信仰実践の中で、いわば皮膚感覚で知るものであって、論理的に分析したり表現したりできる範囲は一部にすぎません。にもかかわらず、学問の論理で「即」を詳しく説明しろと言うのは、カテゴリーの違いを無視しています。たとえば、西田哲学の「絶対矛盾的自己同一」は、哲学の論理で「即」に近づこうとしたものといえます。ところが、哲学者の思考は分析的にすぎるため、自由自在にして中道の「即」の意義を捉え損ね、いわゆる流出論的になっています。華厳的とは言えるかもしれませんが、法華経的ではないでしょう。

それはともかく、「信仰即理性、理性即信仰という見地に立ち、信仰と理性を循環させていくべきだ」と、池田先生は強調されたように私には思えるわけです。

二〇一九年、ジャーナリストの田原総一朗さんが『創価学会』という本を出版して、十万部を超えるベストセラーになりました。その中で、田原さんが初めて池田先生に会ってインタビューしたときのことが書かれていました。そこに興味深い記述があるのです。田原さんは池田先生と初対面だったので、池田先生に気に入られようという下心があった、媚(こび)を売るようなことを言ったと、ご自身の筆で書いています。お二人の間で、こんなやり取りがありました。

〈田原「人間は理性だけじゃ生きられないですよね。だから宗教が必要なのでは?」

池田「そうではありません。人間がものを考える際の基本は理性です。だから理性をなくしてはいけません。理性があり、さらに信仰がある。この二つはなんら矛盾していません」〉(田原総一朗『創価学会』一七九頁)

「宗教は理性を超えていますよね」という質問に対して、「当然そうです」という答えが返ってくるかと思ったら、全然違う答えが返ってきた。人間にとって理性は大事だ。理性と信仰は別々であっても無理なく通じ合う。それが本来のあり方だ。こういう答えだったのです。まさにこの理性即信仰のあり方こそ、私たちが学問と信仰の関係について考える際の基本線であると考えた次第です。

第4部　総合討論

コロナ禍の同調圧力に対する一般人と宗教者の間のズレ

佐藤　今回の討論は、必ずしも議論を収斂させないということでスタートしました。黒住さんや松岡さんや私が立てた問題点も考える方向性も似ているため、おのずから議論の方向性が収斂してきたと思います。信仰と理性に関しても、学問と信仰に関しても、調和的な考え方へと話が収斂していきました。真の宗教者は信仰と理性を調和させ、学知と信仰の両方から力を得るものだと思います。

そして今度は、学知と信仰から得た力を、どうやって現実社会に生かしていくのか。それが信仰を持つ知識人にとって重要なテーマです。黒住さんのお話の中で、国家の危険性、国家主義の危険性が繰り返し強調されました。この点は、私は痛いほどわかります。私は以前外務官僚でしたから。同じ官僚でも、たとえば環境省や厚生労働省、国土交通省の官僚をやっていた人は、そんなに国家主義的ではありません。それに対して警察庁、防衛省、外務省の官僚は、非常に国家主義的になりやすいのです。私自身が外務省で公権力を行使する側にいたため、公権力の論理は手に取るようにわかります。

今回の新型コロナウイルスの蔓延に際して、法制度を整えることは容易にできるはずですよね。日本国憲法第22条には〈何人も、公共の福祉に反しない限り、居住、移転及び職業選択の自由を有する。〉と定められています。〈何人も〉ということは、すなわち日本人だけではなく、外国籍の人、無国籍の人、自然人全部に認められるという意味です。その上で〈公共の福祉に反しない限り〉という但し書きがついていますから、新型コロナに関する特別立法を作れないわけではありません。なのに、なぜ政府は新型コロナ特別措置法を作らないのでしょう。私は行政官だったからよくわかるのですが、たぶん二つの理由があります。

第一に、違憲訴訟にかかずりあうのが煩わしいからです。今回の国会論戦を見ていたら、与党よりもむしろ野党のほうが「立法措置を取れ」と騒いでいましたよね。そういう立法措置をとろうと思えば、たぶん国会で通るでしょう。しかし新型コロナ特措法ができれば、必ず憲法第22条に関して違憲訴訟を起こす人が出てきます。この忙しいときに、官僚はマンパワーを違憲訴訟にさきたくありません。

第二に、国民の同調圧力に訴えれば、わざわざ新しい法律を作らなくても立法行為とほぼ同じ効果が得られるからです。このやり方について、何も私は「日本は素晴らしい」と言っているわけではありません。世界的に見て、日本は非常に特殊なのです。

国民の同調圧力に訴えれば、日本の場合、おのずから「翼賛の思想」になります。すなわち、臣民（国民）が天子（皇帝、天皇）を自発的に支持するという翼賛の思想が、違った形で出てくるのです。だから、今回も同調圧力で十分だとする意識が、官僚の中に集合無意識としてあった。それが、法的措置ではなく同調圧力によって人々の行動を抑制するという、日本独自のモデルにつながっていったのでしょう。

こういった危機の時代において、天皇がどこかで関与してくる。これは非常に宗教的な問題です。我々の日常の中に、今も宗教的な天皇の神話が息づいている。この点を見据えると、国民の大多数がなんとなく持ってしまう同調圧力に対して、「何か気持ち悪いな」と思う感覚が私にはあります。黒住さんにもあるでしょう。創価学会の多くのメンバーも、同じ感覚を持っていると思います。それはどういうことかというと、私たちのOS（Operating System）と他の日本人のOSがちょっと違うわけです。

コロナ禍において、我々宗教を信じている人、あるいは特定の宗教は信じていないけれども、宗教にコミットメントして批判的なり肯定的に考えている人と、一般の人々との間にズレがある。このズレをどう社会に生かして活用していくのか。これが非常に実践的な課題として、大きく浮かび上がってきた感じがします。

宣伝や依存によって国家全体が動かされた近代日本

黒住　今、佐藤さんが言われたように、危機的な時期に同調圧力的な力が生じ、全体主義的な方向へ向かっていった例は、日本史においてしばしばあります。明治初期、天賦人権が運動となりましたが、その「天賦」が帝国下では失われました。結果、三権分立が十分成立したとも言えません。日清戦争後、治安警察法が成立、集会・結社や言論の取り締まりが拡大します。大正デモクラシーの時代はみんながかなり自由だったと言われます。けれども、第一次世界大戦後の一九二〇年（大正九年）に株価が大暴落して、戦後恐慌が始まりましたよね。一九二三年（大正十二年）九月一日には、関東大震災も起きました。その中で、朝鮮人虐殺事件も発生します。実際の程度は議論があるのでしょうが、人間の理性的な動きが十分ではなかったとは思われます。一九二五年（大正十四年）の普通選挙法は、同時に治安維持法の成立でもありました。あとから見ると、それから翼賛体制と言われる流れが、日本の中でたちまち主流になっていくのです。

先に、天賦が失われ三権分立が十分でない、と言いましたが、人々の力が拡大してその自然法や理性を無くする中で発生するのは、スペインの哲学者オルテガの『大衆の反逆』（一九二九年）が指摘する全体主義的な動きといえます。その大衆運動に人々は介入し、また、させられていったのでは、と思われます。言い換えれば、当時の国家主義や宣伝力ではない、元来の自然に拠って基礎づいた自立した組合や組織が必要で大事だ、と考えられます。創価学会はその仕事をまさにしてきたし、している、と歴史的にいえます。ほかにも良い意味で似たものがあって、そのよき連関や交流があれば、と希望しています。

今日の日本を見ても、いろいろと大きな事件が連続しています。二〇一一年三月十一日には、東日本大震災と福島第一原子力発電所の事故が起きました。そして今回のコロナ禍です。大きな事件が起きるたびに「日本はこれからどうなるのだろう。良い形になればいいな」と思いつつも、片方で「日本がおかしな方向に入っていくのではないか」

と心配になります。

やはり、物事をしっかり考えて決めていくプロセスが、またそれを成り立たせる生活や組合が大事です。状況的な力や宣伝によって国家全体が動かされるのではなく、天地自然・自分たちの体験に基づいて、判断・主張する人々が広がればいいと考えられます。そうでないと、「勝てば官軍」と言わんばかりに、「ただうまくいけばいいや」というタイプの政治家が主流になってしまいます。もっとしっかりした考え方を持った政治家が生まれてほしい。今のままでは危ないと思います。

「自滅」から生まれた超越性の思想

黒住　日本は大日本帝国時代に戦争を繰り返し、いったんは自滅しました。創価学会をはじめとする新しい宗教や文化は、その戦時中の自滅・受難の体験からこそ戦後に生まれ出てきたわけです。

神道を信奉する民俗学者の折口信夫（おりくちしのぶ）は、戦後になってから「結びの神」「産霊（むすひ）の神」について鋭い指摘をしました。自分たちを生かしてくれる「結びの神」と人間を合一させるのではなく、神そのものを超越性を持ったものとしてとらえるべきだ。天の側と地の側、両方の根っこをちゃんと成り立たせるべきだ。折口は神道の側からそう主張しました。ただし、彼の考えは主流派にはなっていませんが。

その点で、仏教・創価学会では日蓮大聖人また三代の会長がいらっしゃるのでしょうが、その日蓮（一二二二〜一二八二）の存在に繋がるだろうキリスト教側の哲学・神学者として、同時代のマイスター・エックハルト（一二六〇〜一三二六）が挙げられます。先に近代批判から近代以前の中世的意義を立ち上げる動きとして、岩下壮一がトマス・アクィナスに向かったことに触れましたが、日本の戦前・戦時中には、同様の動きとしてエックハルトが見出されてもいました。トマスの倫理学については、岩下壮一が共感する最後の段階、すなわち神の「至福直観」（visio beatifica）が重要です。これに対しては、プロテスタントの三谷隆正がそれは「主知主義的幸福観」にとどまる。むしろ「もっと動的な……飽くまでも生動的な、生きるいのちの溢れる境地」「至福共生」「能動的至福観」が自分たち自身がもつもの、また古代教会のものだったのだ、といいます（『幸福論』一九四三年）。

三谷が、トマスをまだ主知的と見て、もっと生きた生命や幸福の体験こそが大事な本質だ、と考えていたことがわかります。その点をより担って、一般庶民や女性たちにも語ったのが、エックハルトでした。いわば天・男性だけでなく、地・女性をも捉え、そこに生命力の共鳴が見出されていたようです。

エックハルトは、西欧では、戦前はプロテスタント、戦後はカトリックも注目しています。日本では、早くは一九一六年頃から好んで調べられていました（山田又吉）。またそれと仏教的な生命の躍動や感格〔祭祀感格などといわれ、体得すること〕、また無の思想と繋がるとも見られていました（金子白夢『体験の宗教』）。

戦後、エックハルトに関して仏教とキリスト教を根底的に結びつけて捉える動きとして、日本では空海密教の系統から出た中世哲学者の上田閑照氏が重要な働きをされました。また創価学会でも、山崎達也氏（東洋哲学研究所主任研究員）がカトリック神学者とも繋がってエックハルトを学ばれたようです。その他、多くの大事な活動があります。それは我々の元来の生命・いのちを見出す営みではないでしょうか。創価学会系の研究者の方たちも、そうした地平を担っていらっしゃることに期待感を持っています。

ともあれ、折口が強調した神の超越性は、「自滅」から生まれた思想と言えるでしょう。超越性を持たずに、人間が根本的な生き方を変えるのは難しい。だから、危機の時代において、こういうことを考えるのは決して古くさい議論ではありません。現代のような危機の時代に、「自滅」から生まれた思想を見直すことは、将来的に有益な意味を持つと思います。

なお、最近、『福音と世界』二〇二二年七月号では「空になること（ケノーシス）」について特集が編まれました。「ケノーシス」（無化）という同じ次元に諸宗教は向かっているようです。

国家主義的なものと対峙する創価学会の信仰

山岡政紀（創価大学文学部教授、創学研究所研究員）　佐藤さんが『ＡＥＲＡ』に連載されている「池田大作研究」の中で、「共同主観」という言葉を使って宗教的真実を表現されていることが印象に残りました。

〈歴史的事実と宗教的真実は異なる場合がある。「マタイによる福音書」「マルコによる福音書」「ルカによる福音書」の3福音書（共観福音書）と「ヨハネによる福音書」が描くイエス像はかなり異なる。特に「マルコによる福音書」には、復活したイエスが弟子たちの前に姿を現したという記述がない。これは「マルコによる福音書」を描いた教団がそのような考えをしていたからだ。現行の「マルコによる福音書」には、復活したイエスの物語が記されているが、これが後世の加筆であることは文献学的に証明されている。

それぞれの福音書には、その福音書が真実であると考えた教団が存在するのである。福音書には、それぞれの教団の共同主観的な真実が表現されているのだ。福音書は古代のテキストなので、近代的な著者という概念が存在しない。使徒であるマタイ、マルコ、ルカ、ヨハネの名を冠した教団によって編集された共同作品なのである。〉（佐藤優『池田大作研究』一四二～一四三頁）

別の箇所では「集合的意思」という言葉も出てきます。

〈『人間革命』は、池田による小説に留まらず、創価学会の教典としての性格を帯びている。従って、『人間革命』の著者である池田も、創価学会員の集合的意思を反映するのである。〉（同前、一六二頁）

今回の議論でそれに関するお話も出ました。私たちの社会の深層には、翼賛的な同調圧力など漠然と蔓延している悪しき集合的意思があります。そういうものと常に対峙していかなければいけないという問題意識を、私たち創価学会員は持っています。日本人の深層にある集合的無意識と我々の集合的意思とが対立することがあるわけです。

また、新型コロナに関する佐藤さんのお話の中では「国家権力の強制力が高まっていくことを怖れるべきである」という趣旨のお話がありました（編集部注＝『創学研究Ⅰ』二七一～二七三頁を参照）。人々の動きを見ていますと「行政がもっと厳しく取り締まるべきだ」と意見する人がいたり、それでも夜遊びをする人たちをＳＮＳで吊し上げる「自粛警察」がいたりします。「行政が取り締まらない分、我々自粛警察が厳しく取り締まっているのだ」と胸を張る人もいます。権力に迎合することを良しとする意識がどこかにある。

今回の議論の冒頭で、松岡さんから『立正安国論』のお話がありました（編集部注＝『創学研究Ⅰ』二五八～二六四頁を参照）。鎌倉時代の当時も、今と同じく国じゅうで疫病がはやっていました。『立正安国論』の一節を引用しましょう。

〈旅客来って嘆いて曰わく、近年より近日に至るまで、天変地夭・飢饉疫癘、あまねく天下に満ち、広く地上に迸（はびこ）る。牛馬巷に斃（たお）れ、骸骨路（がいこつみち）に充てり。死を招くの輩（ともがら）既に大半に超え、悲しまざるの族（やから）あえて一人も無し。〉（新二四頁・全一七頁）

こういう状況に立ち向かう自発的な意思を喚起するのが、日蓮大聖人の仏法です。我々の社会の深層には、国家主義に迎合する受動的な意思がある。他方で、信仰を自発的・能動的に持って、国家主義に対抗していく宗教的意思がある。両者の間には対立構図があります。中間団体である創価学会が、これから国家主義的なものとどう対峙していくのか。私自身、日蓮仏法の信仰者という立場から、このテーマについての問題意識を持っています。

そうした意味で、私からは、キリスト教の信仰における国家への対峙の仕方について、佐藤さんと黒住さんのご意見をうかがいたいと思います。

内側から国家を変えていく

佐藤　ひどい国家が出てきたときに、「原則的にそれに対しては戦え」という考え方があります。ただし、キリスト教において、そういう意見は少数派です。ここは非常に難しい選択なのですが、多数派は「国家権力の中にギリギリまで入りこんで、内部からの変容の可能性について考える」と言います。それはキリスト教の成功体験、すなわちローマ帝国で国教化に成功した体験があるからです。かつて競技場でライオンに生きたまま食べられたほどの過酷な迫害を受けたキリスト教が、ローマ帝国の中にどうやって浸透したのか。キリスト教は国家の厚い壁を壊すのではなくて、壁の向こう側に仲間を送りこむ戦いをやったのです。

キリスト教は基本的にこの路線です。第二次世界大戦中にナチスドイツに抵抗したディートリヒ・ボンヘッファーは、ヒトラーの暗殺計画に関与して、結局は絞首刑になりました。しかしボンヘッファーは、抵抗運動を組織するスタイルを最初から採っていたわけではありません。そうではなくて、彼はドイツ国防軍の顧問になるのです。英語が堪能であることを利用して、スイスでイギリスを担当する諜報担当者になりました。イギリスの情報を諜報しながら、逆に連合国と連絡を取っていた。そして徐々にドイツ軍の中でネットワークを作っていき、とりあえずヒトラーを除去したいというグループと手を組むのです。

ちなみに、私が研究しているチェコの神学者ヨゼフ・ルクル・フロマートカは、ボンヘッファーに対して非常に批判的です。ボンヘッファー自身に対して批判的というよりも、彼の抵抗運動を礼賛している戦後ドイツのプロテスタント教会への批判です。「あなたたちプロテスタント教会の大多数はナチス体制に、積極的もしくは消極的に協力していたでしょう」「あなたたちはボンヘッファーを礼賛するけど、彼が戻そうとしていたドイツは、プロイセン的、軍国主義的なドイツだったのではないか。しかも『ルター派の中にある極端な主観主義がナチズムを生み出した』というところへの反省をなくしてしまう機能を、ボンヘッファーが果たしている」。これがフロマートカの見解です。彼は、ボンヘッファーに対して非常に批判的でした。

そのフロマートカが、今ではチェコで相当に批判されています。なぜかというと、彼は一九四七年に帰国したあと、共産主義体制下のチェコスロバキアの中で、内側から国家を変えていく歩みを採りました。そこでのカギは「人間とは何か」という対話です。この対話は大きな効果をもたらしました。フロマートカの対話によってマルクス主義者が変わってきて、「人間の顔をした社会主義」という考え方が生まれます。そこが「プラハの春」（一九六八年）の源泉の一つになったのです。

フロマートカの考え方に共鳴したミラン・マホベェッツという有名な哲学者もいますが、「プラハの春」のうねりはソ連軍によって力ずくでつぶされてしまいました。フロマートカは抗議の公開書簡を出し、そのせいで今度は反体制派にされてしまいます。フロマートカは「プラハの春」の翌年（六九年）に死んでいます。

私はこの神学者の影響を非常に強く受けています。国家を敵に回して戦っていくあり方も一つの選択ではありますが、そうではない選択もあります。国家は所詮人間によって作られているわけですから、人間の可能性をあきらめずに、人間を変容させていく可能性を追求する。ただし「ここの線は譲れない」というところまで来たときには、抵抗権を行使する。こういう選択をしていかなければいけないな、と感じています。

日本人の無反省な傾向

黒住　佐藤さんがキリスト教徒の国家へのアプローチを語ってくれたので、私はキリスト教徒も含めた日本人の国家への向き合い方についてお話ししたいと思います。それは絶対なことではなく見える傾向についてです。そのあたり、一番の問題は、過去の国家主義への迎合を反省しない点でしょう。

日本では何か事件があったあとに、それについてあまり反省しないことが多いんですね。きちんと過去を反省したあと、次にやるべきことを考える。これが当たり前なのに、日本史を見ると、必ずしもそうなっていない。だから、昔よく「状況主義」と言われました。人々が状況や宣伝によって簡単に動いてしまうのです。だから、我々日本人はしっかり考え、反省することが大事だと思います。

ドイツは、戦時中にものすごくとんでもないことをやりました。だけど、そのあとでカール・ヤスパース（ドイツの哲学者）などが、ドイツのどこにどんな問題があったのかをしっかりと考え、自己反省していますよね。また、そうした論説を皆がちゃんと読み、理解している。ところが日本の場合、ある程度はそうしたことをやったと思いますが、そのあとやらないほうが主流になっています。沖縄や朝鮮半島、中国での過去の出来事について、ヤスパースが行ったような深い反省の論陣がまだまだ足りないわけです。この点に関して、沖縄の人や朝鮮半島の人、中国の人は「日本人はおかしい」と思っているのではないでしょうか。もしそう言われたときには、現在の中国や韓国に加担するとかしないとかではなくて、自分たち自身の過去への反省がどうなのかを、よく考えてみる必要があります。

近代への根本的な反省

山岡　佐藤さん、黒住さん、ありがとうございます。佐藤さんのお話の中で「国家も人間が作ったものだ」という指摘が印象深く残りました。今我々がいる社会は民主主義社会ですから、私たちには国家を作り上げていく権利があります。選挙制度も保障されています。なのに「自分たちには国家を作り上げていく権利がある」という主体的な意識は薄く、受け身的な国家観がなんとなく漠然と蔓延しているように感じます。

そうした日本社会で創価学会が出現して、今では公明党が与党に参加して主体的な意思を持って国家に対峙している。そこには重要な意味があります。実際に国家を作っていく側で人間としての意思を持つ。翼賛的、受動的な自発性ではなく、人間としての主体性を持つ。このことは、日本史の中で非常に意義深い現象ではないかと思うのです。

黒住さんのお話では、「日本人には近代史における反省が足りないのではないか」という指摘がありました。おっしゃるとおりだと思います。第二次世界大戦を終えたあと、日本の軍国主義は自分たちにとってどういう意味があったのか。日本人はそのことをちゃんと咀嚼しきれていない。乗り越えられていないと思います。日本人の意識の深層にはいつまでも「寄らば大樹の陰」「長いものには巻かれろ」という受動的な精神風土が蔓延しています。それは、国家の決定に対して常に受け身であった戦前・戦中の意識への根本的な反省がなく、歴史のつまずきを乗り越えられていないからではないでしょうか。

黒住　私は先ほど「反省」という言い方で意見を申し上げました。もう一つ言い忘れたことがあります。近代史において人権を考えるときに「天賦人権」という言葉がありますよね。人権とは神様や仏様から与えられたものである。あるいは神仏でなくても、一般論として天から与えられたものだ。そう言われたのです。ところがその後、日本では「天賦人権」と言うときの「天」がどんどん消え失せていきました。

するとに、人権論は単なる権力闘争になる。上の人間ばかりが権力を握っているのであれば「下にもよこせ」という運動が起きるわけです。人権にかかわる力や物が、どのような形で天＝コスモスと関係を持っているか。そこの部分がまったく消えてしまっている。だから、今こそ「天賦人権」という元々の枠組みを思い出すべきです。人権は、元来宇宙的なものとつながっている。それを思い出すことが、近代への根本的な反省にもつながるでしょう。補足として、先ほど言い忘れたことを述べた次第です。

第5部　まとめ

都合の悪いことまで記録する創価学会の姿勢

――最後に、創学研究所ないし創価学会へのご意見をお願いします。

佐藤　創学研究所の試みをはじめ、世界に対して開かれている創価学会の姿勢は非常に重要だと私は思います。先ほど「反省」についての話が出ました。小説『人間革命』における「大阪事件」についての記述を読んでいると、学会員の、それも中堅クラスの幹部によって露骨な買収、選挙違反が起きた事実が書かれています。通常そういったことは一行か一段落くらいサラッと書くだけで、詳しくは書きません。ところが『人間革命』では、どういう経緯でどういう謀議をして、どこに逃げたのか。こういったことまで詳しく書いてあるのです。自らの歴史にとって汚点になる部分を、敢えて「そこに魔の働きがあった」とはっきり書く。それによって、後世の会員が反省する材料とする。

露骨な選挙違反とは別の選挙違反についても書かれていました。選挙への焦りと情熱によって、非正規労働者が戸別訪問して現行犯逮捕された事件です。これも違反行為ではありますが、幹部が行った選挙違反とは明らかに異質なものであることが、はっきりわかるように書いてあります。両方とも反省しているのです。個別性の中に宿る自分たちの問題が、いったい何だったのかを丁寧に書いているのです。ここは興味深いと同時に、世の中からずいぶん誤解されている部分でもありますよね。「創価学会は自分に都合の良いことだけを言って、都合が悪いことは言わない」というのは、明らかに誤解です。『人間革命』を読むと、創価学会は自分たちに都合が悪いことまで記録していることがはっきりわかります。

それから歴史的な状況において、書けないこと、語れないことがあります。たとえば宗門との関係についてです。戦時中の宗門の一部の僧侶たちの、国家神道への「迎合」どころか「自発的な協力」に関して、初版の『人間革命』では触れられていません。それについて戦後の学会員が厳しく弾劾した話は、今の聖教ワイド文庫や『池田大作全集』に収録されている第二版の『人間革命』には加筆されている。じつはこれも反省なんですよね。過去には書いていなかったこと、書けなかったことがどういう文脈だったのか、わかるような形で第二版に書いているのです。

「自分たちはこういう問題についてこうとらえて、内部ではこのように考えているんですよ。それは公刊物に出ていますよ」と、今の創価学会のありのままの姿を外部に伝えていく。そうすることによって、外側における創価学会の理解者が増えていくと私は考えています。

生活と信仰は切り離せない

松岡　休憩時間を挟みつつ、四時間の長丁場にわたって多岐にわたるご意見をいただきました。創学研究所としてこれを糧(かて)としながら、ますます研鑽を深めていきたいと思います。このような座談の場を、今後も継続的にお願いできればと思います。

今回のテーマは「理性と信仰」です。「宗教の本質とは何なのか」という議論に貫かれた四時間でした。日本は世俗化した社会だと言われていますけれども、神道的な精神性が依然として強く浸透していることはたしかです。新型コロナ問題によって同調圧力が強く働いたり、政治決定において、いきなり理性を飛び越えて大きなことが決定されていく。しかもそのことに対して責任を取らない。こうした精神性は日本思想史の分野で、丸山眞男などが論じてきたところです。

山岡さんが最後に言われた「日本人の受動性」については、今回は十分話し合うことができませんでした。日本人の精神性の中に浄土信仰、念仏の信仰が広がり、それが神道とともに大きな影響を及ぼしているように私は思います。純粋な世俗化社会は、私はないと思うんですね。フランスは世俗化社会だと言われますが、フランスにはカトリックのバックボーンがありますから、カトリック的なものが中心的に認められる文化です。黒住さんがおっしゃるように、人間が生活する以上、必ず信仰は一切の基盤、バックボーンとしてあります。その本質を我々が探っていくことによって、理性と信仰、学問と宗教の問題について、あるべき本来の道筋を探り出すことができるのではないでしょうか。

自らの信仰を相対化せずに他宗教を尊重する

松岡　佐藤さんは常々、我々は宗教の相違点でなく共通点を探っていかねばならない、と訴えられています。私たちも同じ思いであり、特に宗教間対話を重視しています。そのときによく言及されるのが、山登りの喩えです。マハトマ・ガンジーも、この喩えを使いました。すべての宗教が目指す「頂上」は一つである。キリスト教はキリスト教のルート、イスラム教はイスラム教のルート、仏教は仏教のルートで頂上を目指していきます。「お互い人間だし不完全なのだから、お互いに学び合って頂上を目指していきましょう」と。こういう寛容論が、今日の主流になってきました。ジョン・ヒック（イギリスの神学者）が言う「宗教多元主義」も、まさにこれです。すべての宗教の不完全さ、相対性が前提に置かれているのです。

けれども、私たちはそうではなく、自らの信仰を相対化せずに他宗教を尊重する道を探りたいと思います。今回の黒住さんの議論の中で「神は超自然的である」という話がありました。それぞれの宗教が究極的真理に立とうとしている。そこは相対化できません。むしろ相対化すべきは自分個人の考えです。それさえできれば、無理のない寛容性が出てくるのではないかと思います。いわば「究極」の不可思議さを前提とした不可思議主義的な寛容であって、従来の多元主義的な寛容とは性質を異にするものです。

佐藤さんの本、黒住さんの本はそれぞれ深みがあって、そう簡単には読み解けません。今回大変苦労して読み進める中で感じたのは、宗教の本質を深く探求していこうというお二人の姿勢です。

佐藤さんが『神学の思考』の中でこう書かれています。

〈巷では、「一神教は不寛容だ」という俗説が流布しています。自らの判断基準を絶対視し、全知全能の神を受け入れていない中途半端な一神教徒が不寛容になるのです。三一の神を信じるキリスト教徒は、神に従うがゆえに、人間の社会における多元性を認めます。〉（佐藤優『神学の思考』二五一頁）

これが真に敬虔な宗教者の見方でしょう。宗教者が不寛容に陥るのは、信仰の真理の絶対化というよりも自分の偏った判断の絶対化による。そういう見方に立てば、仏教者もキリスト者も無理なく調和できると思います。深みのある宗教であれば、信仰の真理は単なる相対的な優劣論を超えているはずです。だから、差別にも平等にもとらわれない。また、国家に対する姿勢においても、単なる二項対立に終わらない。先ほど佐藤さんが言われたような、キリスト教徒の「内側からの変革」というアプローチも出てきます。そこは私たち仏教徒も真摯に学んでいく。そうして異なる宗教同士が互いに触発し合う関係を築く。池田先生が提唱する「宗教の人道的競争」も、それぞれの信仰の真理を深めていくことから生じる寛容性がカギを握るように思うわけです。

そうした意味から、創学研究所としても今後、「宗教の人道的競争」に寄与できる活動を推進していければと願っています。

第4章 講義

創価信仰学とは何か(1)

三浦健一
創学研究所研究員

「創価信仰学」という耳慣れない言葉を聞いて、一体どんな学問なのだろうと疑問に思われた方も多いのではないでしょうか。本講義ではそうした皆さんの問いに応えるべく話をしていきたいと思います。また私自身の創価信仰学との出会いについてもお話をさせていただきます。加えて、本講義の内容は創価信仰学をよりたくさんの人に理解していただくための個人の試論であることもお伝えしておきたいと思います。

1 「創価信仰学」の定義

そもそも創価信仰学とは何なのか。二〇一九年に創学研究所が設立されましたが、「創価信仰学」の略称として「創学」としています。また『創学研究I――信仰学とは何か』(第三文明社)では「創価信仰学」という表現だけでなく、「創価の信仰の学」「創価の信仰学」という表現も出てきます。もちろん、「創価信仰学」「創学」「創価の信仰の学」「創価の信仰学」はどれも同じ学問領域を指し示しており、状況によって言葉を使い分けています。

まず「信仰の学」という視点から創価信仰学を紐解(ひもと)いてみたいと思います。一般的な学問はいわゆる価値中立が原則になっています。つまり、なるべく研究者の主観、価値観を排して、客観的に批判、検証を行い、誰からもわかるような理屈を示す。そうした価値中立の姿勢が学問的態度になるわけです。それに対して「信仰の学」というのは、一般的な学問に求められる価値中立の原則とはある意味で対極に位置する信仰という営みを前提に、学術的な探究を行います。それが「信仰の学」と称している所以です。

次に「創価の信仰学」という表現に着目してみたいと思います。「創価の」とあるように、創価信仰学は創価学会の信仰を前提にした学問です。あらゆる宗教を見渡したとき、「高等宗教」「世界宗教」と言われる世界的な広がりを持った宗教は、それぞれの「信仰学」をしっかりと確立していると言えます。その最たるものがキリスト教における神学です。その他、ユダヤ教におけるユダヤ学やイスラム教におけるイスラム神学などがあります。逆説的に言えば、信仰を前提にした学問領域を確立したからこそ、世界宗教としての地位を獲得することが出来たとも言えるかもしれません。

このように、あらゆる世界宗教はそれぞれの教団として独自の「信仰学」を確立しています。そうであれば、創価学会における世界的な思想運動においても、「創価の信仰学」という領域が今まで以上に求められるのではないでしょうか。こうした問題意識に基づい

て、「創価の信仰学」のさらなる発展を目指して設立されたのが創学研究所です。

2 ― 信仰とは何か

前述してきたように、創価信仰学は創価学会の信仰を土台とした学問領域です。ここで、これからの議論の前提として、「信仰」とはそもそも何なのか考えてみたいと思います。創価信仰学では、創価学会の信仰において「永遠の師匠」（創価学会会憲）と定められている池田大作先生（以下、池田先生）の言説に基づいてすべての言論活動を行っています。そのため、池田先生が信仰をどのように考えているのか、主著『人間革命』の記述をいくつか引用しておきたいと思います。

〈人間の営みのすべては、信じて行ずるということの反復、積み重ねにほかならない。何ものかを信じなければ、人間の行動は始まらないからだ。

ある特定の思想や宗教を、奉じている人もあろう。あるいは、科学や、医学や、技術を、万能とみる人もいるだろう。さらには、それぞれの勤める会社や、所属する団体や国家の主義に殉ずる人もある。また、そこまでいかなくても、肉親や、親友や、あるいは自己の信念に、忠実に生きようとする人もあるだろう。たとえ無神論者をうそぶいている人でも、無意識のうちに、何ものかを信じ、行動しているはずだ。（中略）

信仰とは、なにも遠くにあるものではない。特殊な人間のすることでもない。要は、信じるということに対する、自覚の浅深によるだけである。

人びとは、それぞれ信じているものの本質が、あらゆる視点から見て、絶対に誤りのないものであるかどうかについて、おそろしく無関心である。正邪、善悪を不問に付して、いかにも平然としている。ここに、救いがたい不幸の根源があるのだ。〉（『人間革命』第一巻、『池田大作全集』第一四四巻、九七〜九八頁）

池田先生は戸田城聖先生（以下、戸田先生）の言葉を通して、「何ものかを信じなければ、人間の行動は始まらない」「無意識のうちに、何ものかを信じ、行動している」という人間の本質を鋭く指摘しています。そして、自覚の有無や信仰対象の正邪善悪の違いはあるにせよ、信じることと全く無関係に生きている人間はいないと結論付けています。

このように、ある前提を「信じて行ずる」という信仰的態度は、一般的な学問的態度とは真逆とも言えます。しかし、そもそも完全に価値中立的な人間などこの世に存在するのでしょうか。問われるべきはむしろ、その人がいかなる前提に基づいて思考し、行動しているのか、という点にあるように思います。信仰学者は信仰という立脚点を自覚的に表明した上で、信仰と理性の両者を架橋し、信仰を前提に人間の理性を積極的に活用することを目指しています。むしろそうした信仰的態度こそ、学問への誠実な向き合い方のように思えてなりません。さらに池田先生は日蓮仏法の信仰について次のように述べています。

〈戸田は、信仰とは、決して、人生、生活から離れてあるのではないことを、まず語っていった。

「しかして、妙法蓮華経とは、宇宙一切の森羅万象を包含する、一大生命活動の本源力であり、人生の最高法則である。この大法則を根本とする信仰生活には、言うに言われぬ偉大な利益があるのです。

逆に、不信、謗法の徒には、生命の一大法則に背くがゆえに、因果の理法により、厳しい罰の現証があるのであります。

このことは、法華経に述べられ、大聖人の御書には枚挙にいとまのないほど、数多くの御聖訓があります」〉（『人間革命』第二巻、『池田大作全集』第一四四巻、三二九頁）

日蓮仏法が「一大生命活動の本源力」「人生の最高法則」であるという確信は信仰の根幹です。日蓮仏法の信仰を持たない人にとっては独断的、独善的にも思えるかもしれません。しかし、信仰の本質は本来、どんな宗教においてもそうした揺るがぬ確信にあるのではないでしょうか。現代社会において、信仰の確信を維持することは至難と言えるでしょう。情報化やグローバル化の進展はあらゆるものを相対化させ、一般的な学問の世界では価値中立や批判的思考を求められます。だからこそ、現代社会を生きる信仰者にとって、信仰の確信を護る防波堤としても「信仰学」という領域が求められるのだと思います。

また本来、信仰は現実の生活と遊離したものではなく、人間の生きる意味そのものであり、なおかつ、人生をかけて向き合うべきものです。そうした信仰という営為は信仰者一人一人にとって、「この信仰こそが世界一である」という確信に裏打ちされていると言えるでしょう。もし仮に、自らの信仰が数あるうちの一つの思想に過ぎないと思うようになってしまえば、信仰の活力は失われてしまうはずです。

これまでの話を踏まえた上で、皆さんの中には「鰯の頭も信心から」という言葉があるように、一歩間違えば妄信につながってしまうと危惧する方もいるかもしれません。また信仰が信じることを前提にしているとして、あえて信仰を学問として探究する必要はないのではないかと思われる方もいるでしょう。そうした問いに対して、池田先生はこのように指摘しています。

〈さまざまな宗教の功罪について、また、その高低浅深について、深く思いをいたす現代の識者は、まことに皆無に等しい。この事実は、現代社会における、最大の不幸の一つといってよい。現代の人間の不幸の根が、実は、このような無知にあることを、人びとは、ほとんど気がついていないのである。

宗教を論じるからには、何よりも、その宗教の本質をまず問うべきである。信じるものが、なんでもよいとは断じて言えないことは、日常の飲む水が、水なら、どんな水でもよい、などと言えないと同様である。選択は、宗教に関しては、ことに厳しくなければならない。人生に深くかかわるからである。〉(『人間革命』第九巻、『池田大作全集』第一四八巻、一四九頁)

信仰とは思議し難い境地を体得する全生涯をかけた営みです。しかし、宗教には当然、高低浅深があり、思考を停止して軽々しく断定したり、論じたりすることはむしろ信仰の価値を貶めることにもつながってしまいます。信仰は人生に関わる重大事であるからこそ、他の対象以上に厳しく比較検証をすることが必要です。だからこそ、自らの信仰を証明し、さらに展開するために「信仰の学」を探究することが重要なのではないでしょうか。

日蓮大聖人は「行学の二道」(諸法実相抄)という実

践と学びを強調していますが、信仰と学問は決して対立するだけの関係ではありません。信仰を土台として理性を活用すればよいのです。信仰学は言うなれば「信仰者の、信仰者による、信仰のための学問」と言えるでしょう。このような立場は護教的であるとか、御用学であるといった批判を受けるかもしれませんが、そのような批判自体がある特定の立場や見解に基づいた批判であることもまた事実です。

さらに、信仰学が「信仰のための学問」であるからといって、信仰を持たない人に門戸が閉ざされているわけではありません。クリスチャンでなくてもキリスト教神学を学ぶことが出来ますし、信仰の内在的論理を外に開いていく試みですので、むしろ宗教の閉鎖性を打破する積極的な役割を果たしていると言えます。これまで論じてきたように、信仰の確信と情熱を護り、一方で、自らの信仰が教条的にならないためにも、世界宗教には必然的に信仰学が要請されるのだと思います。

3――文証・理証・現証の三証

日蓮大聖人は仏法において「信」が根本であることを強調します。しかし一方で、自らの信仰を検証することの重要性についても指摘しています。その最たるものが「三証」という考え方です。ここで簡単に説明しておきたいと思います。

三証は一つが文証、もう一つが理証、そして現証という三つを総称した表現です。文証は聖典の裏づけのことです。日蓮仏法で考えれば、仏教経典や日蓮大聖人の御書が文証に当たります。理証は道理にかなうことです。そして現証は結果があらわれることであり、現実がどのような変化したのかを現証として見極めます。つまり、聖典の裏づけがあるか（文証）、道理にかなっているか（理証）、現実がどのように変化しているのか（現証）という三つの基準によって信仰を検討することが三証という考え方です。池田先生は三証についてこのように語っています。

〈日蓮大聖人の御書に、「日蓮仏法をこころみるに道理と証文とにはすぎず、又道理証文よりも現証にはすぎず」（御書一四六八㌻）とある。

宗教というからには、まず、基本となる教典がなければならず、教典に説かれている教義は、道理に適（かな）ったものでなければならない。そして、その教えを実践した場合に、そこに説かれた通りの現証が現れるかどうかが、宗教の正邪を判断する何よりの基準となるというのである。〉（『人間革命』第八巻、『池田大作全集』第一四七巻、二二五頁）

創学研究所の松岡所長は『創学研究Ⅰ――信仰学とは何か』に掲載された論文「創価信仰学の基礎」において、「説得原理」という表現を用いて創価信仰学における三証を提示しています。

　創価信仰学において文証に相当するものが「池田的解釈」です。簡潔に言えば、池田先生の言説に立脚していることが池田的解釈に当たります。しかし、池田先生の言説に立脚していると言っても、「きっと池田先生はこう思っているに違いない」という私見では説得原理にはなりません。創価学会の公式な教義信条の大枠を示した創価学会会憲に準拠しつつ、池田先生の根拠となる文献を示しているかどうかが池田的解釈の基準になります。

　次に理証に相当するものが「学問包括性」です。日蓮大聖人は当時のさまざまな法律や仏教以外の思想に

三証

文証（聖典の裏づけ）……仏教経典や日蓮大聖人の御書の裏づけ

理証（道理にかなうこと）……世間や仏法の道理から外れていないこと

現証（結果があらわれること）……仏法が現実の生活に影響を及ぼすこと

創価信仰学における説得原理

文証……（「創価学会会憲」に準拠する）池田的解釈

理証……（現代の学問を取り込むこと）学問包括性

現証……（個人レベルの体験を超えて）世界宗教化

（『創学研究Ⅰ―― 信仰学とは何か』pp.53-55 を参照）

ついても知悉していました。同じように、現代においては諸学問をしっかりと包摂し、信仰を証明するために活用することが求められます。つまり、あらゆる学問を証明学として生かすことが学問包括性であり、立場の異なる人たちと対話の懸け橋を築くことにもつながります。現代において、こうした学問包括性を担保出来ているかどうかは非常に重要です。ですから、現代における理証と言えるわけです。

そして最後に、現証に相当するのが個人レベルの体験を超えた「世界宗教化」の進展です。文証と理証に基づいているからこそ現証は成立し、現証がまた文証と理証の正しさを証明する。このように考えれば、創価学会の信仰が池田的解釈と学問包括性に基づいているからこそ、今日の創価学会における世界宗教化の進展があり、創価学会の世界宗教化という現証が現代における池田的解釈と学問包括性の重要性を物語っていると言えるのではないでしょうか。

つまり、創価信仰学は日蓮仏法の世界宗教化という未曽有の現証に立脚し、池田先生の言説に基づいてあらゆる学問を包摂し、活用する試みです。これが創価信仰学の根本的な立場であるとご理解いただければと思います。

4 創価信仰学との出会い

ここで私自身の信仰の変遷について、創価信仰学における説得原理（池田的解釈、学問包括性、世界宗教化）を通して手短にお話ししたいと思います。

私がまだ小学生の頃、初めての海外旅行でアメリカに行きました。そのときに家族がロサンゼルスやニューヨークにある創価学会の会館にも連れて行ってくれました。二〇〇一年の同時多発テロが起きる直前だったので、天空にそびえるワールド・トレード・センターの姿を今も断片的に覚えています。

世間では宗教二世という言い方があるようですが、我が家は父方、母方共に祖父母の代から日蓮仏法の信仰をしていたので、当然、幼いときは「代々続く家の信仰」という感覚もありました。しかし、初めて海外で見た創価学会の姿は良い意味でカルチャーショックでした。もちろん、創価学会の信仰が世界に広がっていることは知識としては知っていましたが、満面の笑顔でＳＧＩ（創価学会インタナショナル）メンバーに出迎えられ、人種や世代も全く異なる人たちが題目を唱えている姿を見て、世界宗教化の現証を目の当たりにしたような気持ちになりました。そのとき、心の奥で「これだったら僕もやりたい」と思った記憶があります（笑）。理屈を超えて、世界宗教化の現証をこの目で見ることが出来た。この経験は私自身の信仰にとって、とても大きな意味があったと思います。

その後、両親から池田先生が創立した創価中学校の受験を勧められましたが、その当時、信仰の確信までは到底至っていませんでしたので、二つ返事で「はい！」とはとても言えませんでした。今思えば、信仰は人生をかけてやるものだという感覚がどこかにあったのだと思います。もちろん、創価学園に入学することと信仰は全く別次元の問題です。しかし、当時の自分にとって創価学会の信仰に自らの決意で足を踏み入れるのか、人生の大きな決断を迫られた気分でした。思春期の只中でしたので家族内でも相当な葛藤がありましたが、最終的に一世一代の大勝負にかけるような気持ちで創価学園に入学しました。

創価学園入学後はこれまで以上に「池田先生ってどんな人なんだろう」「日蓮仏法って何なんだろう」という問いが心をとらえて離れませんでした。そんな問いに向き合う青春の日々の中で、十代の頃に行き当たった一番の疑問が「創価学会のアイデンティティとは何か」という問題でした。どういう意味かと言えば、創価学会の思想運動を学問的態度で歴史学的に考えた場合、当然ながらその思想的な背景は今から三十年程前まで和合していた日蓮正宗という僧侶の団体を抜きには語れません。もっとさかのぼれば、大乗仏教の思想的系譜の延長に創価学会はあると言えるわけです。さらに話を広げれば、牧口常三郎先生（以下、牧口先生）の提唱した「価値論」はカント哲学を土台としており、戸田先生が「生命論」を提起した素地として、大正生命主義が流行っていた事実があります。そして創価学会が成仏の現代的表現として使用している「人間革命」という言葉は、東京大学の南原繁総長（当時）が最初に使用した言葉だと言われています。

創価学会のアイデンティティ、つまり、創価学会が創価学会でなければいけない理由を探究する過程で、創価学会のアイデンティティがわからなくなり、そこに重ねている自分自身のアイデンティティも不安定になっていた時期がありました。そんな実存的に葛藤していた頃、松岡所長に初めて会う機会がありました。

中学生のときだったかと思います。その当時、この葛藤を解決するには信仰の先輩方に話を聞くしかないと考え、いろいろな人に話を聞く機会を求めていました。松岡所長はもともと日蓮正宗の僧侶でしたので、話を聞けば何か疑問を解決するヒントが得られるのではないかと思い、たくさん質問を投げかけたことを覚えています。その後、創学研究所の設立に至るまでとても長いご縁になりました。

結論として創価信仰学では池田的解釈を掲げていますが、創価学会の永遠の師匠である三代会長、就中(なかんずく)、池田先生を抜きにした場合、創価学会のアイデンティティは成立することが難しいように思います。もっと言えば、池田先生こそが創価学会におけるアイデンティティの核であると思うわけです。私自身が心からそう思えるようになったのと比例して、「創価学会のアイデンティティとは何か」という疑問も少しずつ晴れていったような気がしています。

このような見解は池田先生の神格化を意味してはいません。仏法における師弟関係は峻厳でありながら、根本的に平等だからです。晩年、牧口先生は「学会は発迹顕本しなくてはならん」と口ぐせのように語っていたと『人間革命』に記されています。私が求めていた「創価学会のアイデンティティとは何か」という疑問の答えは、「発迹顕本(本来の境地を顕すこと)」した創価学会にあったのだと思っています。

また三代会長はあえて仏教用語を使わずに、さまざまな学問を生かし、時代をとらえた言葉を活用して日蓮仏法の思想を表現してきました。その本質が十代の頃はよくわからず、池田先生がなぜ人間主義といった仏教用語ではない表現を使うのか、信仰の垣根を越えて各界の有識者と対話を重ねるのか、素朴な疑問を持っていました。今思えばよくわかるのですが、池田先生はあらゆる学問を包摂して余りある思想性が日蓮仏法にあることを証明し、日蓮仏法のエートスを世界に広げるためにあえてそうしているわけです。言い換えるならば、学問包括性を三代会長はそれぞれの時代、それぞれの立場において担保してきたのです。その結実が牧口先生の「価値論」であり、戸田先生の「生命論」であり、また池田先生の提唱する「人間主義」なのではないでしょうか。

5　創価学会三代会長と創価信仰学

創学研究所の公式ホームページ（https://www.sogakuken.com/）に「創価信仰学の継承と発展」という短い論考を発表しています。私以外の研究員も『創学研究Ⅰ――信仰学とは何か』に未収録の短い論考を公開していますので、ぜひご参照いただければと思います。当方の論考から一部を抜粋して引用します。

〈創学研究所は、創価学会三代会長の確立した信仰に基づく学問論を探究する研究機関です。創価学会の初代会長である牧口常三郎先生は『価値論』を著し、日蓮仏法と西洋哲学、さらに人々の生活を結びつけながら、大善の価値に生きる「大善生活」の重要性を世に問いました。また第二代会長の戸田城聖先生は「仏とは生命なり」と宣言され、日蓮仏法を科学の宇宙論をも包摂する『生命論』として展開したのです。そして、第三代会長の池田大作先生は「一念三千」「色心不二」などの仏法哲理を『人間主義』として表現され、各界の識者との対話などを通じて実践していま す。このように、創価学会三代会長はあらゆる学問を生かしながら、創価学会の信仰学を確立しました。そして、創価学会は三代会長が確立した信仰学の土壌に、「平和」「文化」「教育」を核とする多角的な活動を展開して来たのです。〉（三浦健一「創価信仰学の継承と発展」https://www.sogakuken.com/8/）

「創価信仰学」という言葉はたしかに、耳慣れない新奇な言葉かもしれません。しかし、その取り組みは創価学会三代会長が確立した創価の信仰学を継承、発展させることを目的にしています。その意味で、創価信仰学はゼロから提起された新しい学問・思想体系ではありません。あくまでも、創価学会三代会長が確立した創価の信仰学の一翼を担えればという思いの中で、創学研究所を設立しました。

6　信仰と理性の統合

続いて創価信仰学が目指す「信仰と理性の統合」について、少し長くなりますが再び当方の論考を引用します。

〈信仰の土台は「信」です。信仰はまず「信じる」ことから全てが始まります。その反対に、理性の土台は「疑」であると言えるでしょう。ある現象や対象を客観的、分析的に懐疑しながら、自らの仮説を証明し、先行研究の誤りをも指摘する。そして、読者もまたこうした学術的態度で言説を理解しようとします。創学研究所は「信仰と理性の統合」を目的に掲げていますが、一見、信仰と理性は水と油の関係のようにも思えます。しかし、創価学会三代会長は信仰に基づく学問の開花を提唱し、信仰と理性を統合する道を指し示したのです。これは仏教史上、前代未聞の出来事と言えるのではないでしょうか。

しかし、創価学会三代会長による信仰学の構想は、無理解に基づく批判も受けて来ました。宗門からは教義逸脱、学者からは独自の思想がない、などと言われたこともあります。それでも、三代会長が信仰学を確立する戦いをやめることはありませんでした。そして現実に、創価学会は世界192カ国・地域に広がり、各国の高等教育機関に「池田思想」「創価思想」の研究所が設立される時代となったのです。世界各国の研究機関は池田先生の哲学者、教育者などの様々な側面に注目し、その思想性を学術的に大変高く評価しています。このような池田先生の多面的な活動の土台には、日蓮仏法への揺るがぬ信仰があります。池田先生は諸機関に向けた講演や提言において、自らが戸田先生の弟子であることや、日蓮仏法の信仰をしていることを前提に、話を展開しているのです。こうした信仰と理性の統合を目指した創価学会三代会長の足跡こそが、創価信仰学の原点ではないかと思います。〉（三浦健一「創価信仰学の継承と発展」https://www.sogakuken.com/8/）

池田先生は信仰と統合された理性を「大理性」（『人間革命』第八巻、「明暗」の章）と表現し、理性の役割を積極的に評価しています。現代においては理性を包摂し、活用しなければ、社会と遊離した独善的な信仰になってしまうのではないでしょうか。『新・人間革命』の中に記された「信は理を求め、求めたる理は信を深からしむ」（第二四巻、「厳護」の章）という戸田先生の言葉には、信仰と理性の統合を目指す創価学会の信仰が象徴されています。

信仰と理性はたしかに、一見すると相矛盾しています。しかし、物事や存在の本質が別々であり、一体でもあると考える「即」や「不二」の立場に基づけば、決して対立するだけの関係ではなくなります。さらに、日蓮仏法ではそうした自由自在の論理を単なる観念論や言葉の遊戯ではなく、実践として体得することが出来ると教えているのです。繰り返しになりますが、理性によって成り立つ現代社会においては、信仰と理性を統合してこそ、初めて文明の礎となる思想運動が展開出来るのではないでしょうか。その意味で、仏教史上、前代未聞の出来事である創価学会の世界宗教化は、信仰と理性を統合した信仰学の確立にその大きな要因を見出せるように思います。

一方、創価学会のこうした信仰と理性を統合した現代に開かれた思想運動は、時に無理解による批判も受けてきました。その最たる例が宗門です。創価学会は創立以来、牧口先生の時代から幾度も教義逸脱の批判を受けています。そうした批判の主たるものの一つが、現代の諸学問を取り入れた創価学会の思想は外道義（仏法ではない教え）であるという批判です。また論考でも言及しているように、一部の学者からは「創価学会には独自の思想がない」といった趣旨の批判を受け、創価学会の発展を組織論、運動論にのみ還元して論じる有識者も多くいます。しかし、創価学会が宗門と決別し、海外において池田先生の思想研究が盛んに行われている昨今、確実に時代は変化しつつあるように思います。

これまで論じてきたように、信仰と理性の統合を目指した創価学会三代会長の足跡こそが、創価信仰学の原点です。また三代会長が確立した創価の信仰学を継承し、発展させることが創学研究所を設立した意義でもあります。このことは何度申し上げても言い足りないぐらい大事な点であると思いますので、改めて強調しておきたいと思います。

7 前半部分のポイント

ここで、これまでのポイントを三点、押さえておきたいと思います。

まず一つが、信じて行動することが人間の営みの原点、という点です。広義の意味において、信仰と無関

前半部分のポイント

①信じて行動することが人間の営みの原点

②三代会長の取り組みを継承することが創学の目的

③信仰と理性の統合があってこそ世界宗教といえる

係に生きている人間はいません。また本来、信仰は人間の生きる意味と直結しています。そうした前提に立つからこそ、信仰を土台として学問を生かし、理性を活用することが重要になるわけです。

もう一つが、三代会長の取り組みを継承することが創学の目的、という点です。どこまでも三代会長に立脚するからこそ、創価信仰学は池田的解釈を掲げているのであり、この点を抜きに創価信仰学を語ることは出来ません。創価信仰学という言葉自体は新しいものであっても、その取り組みはすでに三代会長によって確立されており、創価信仰学はその継承とさらなる発展を目的にしています。

そして三つ目が、信仰と理性の統合があってこそ世界宗教といえる、という点です。神学に代表されるように、あらゆる世界宗教が信仰と理性を架橋する文明のエートスとなる世界精神を形成してきました。創価学会が世界宗教化しつつある今、創価信仰学のさらなる発展が求められているように思います。

8—教学と創価信仰学

ここからは教学、仏教学、神学といった既存の学問領域と創価信仰学はどういった類似点があり、相違点があるのか、比較思想的に考察していきます。その中で、創価信仰学の意義や輪郭がより明らかになると思います。

まず「創価信仰学」と聞いて、特に日蓮仏法の信仰をしている方が最初に思い浮かぶのが、「教学と何が違うのか」という問いだと思います。創価学会の信仰では「教学」という表現を使って、日蓮仏法を学んでいます。他の仏教宗派においては「宗学」という言い方をする場合もあります。教学や宗学は一般的に、特定の教団内で信仰者を対象に行う学びの営みを指します。『創学研究Ｉ――信仰学とは何か』において、松岡所長は「発刊の辞」の中でこのように語っています。

〈「創学」とは「創価信仰学」の略称であり、創価学会の信仰の学のことを指しています。創価学会には「教学」という信仰の学があるではないか――そう思う方も少なくないでしょう。たしかにそうなのですが、我々が掲げる学は学会の教学を基礎としながら現代の学問全般までを視野に収めています。〉

（松岡幹夫「発刊の辞」、『創学研究Ｉ』三頁）

松岡所長も指摘しているように、当然ながら創価信仰学は教学と対立するものではありません。教学を基礎として、さらに現代の諸学問を取り入れ、より信仰の外側へと展開したものが創価信仰学です。創価学会の信仰をしている方が日常的に使用している人間革命という言葉をはじめ、価値創造、生命といった表現は日蓮大聖人の御書にはありません。しかし、創価学会では信仰の内在的論理を外側に開いていくために、そうした信仰学的表現を積極的に用いています。このように、すでに創価学会の信仰においては教学を基礎として、信仰学的に日蓮仏法を展開することが自明のこととして行われています。そのため、創価学会の信仰において教学と創価信仰学は表裏一体の関係になっており、簡単に区別出来るものではありません。しかし、一般的な意味における教学や宗学はあくまで教団の内側を対象としているため、その議論を理解出来るのは一部の学者や信仰者に限られてしまいます。こうした前提を踏まえた上で、教学と創価信仰学の相違点をあえて指摘するとすれば、対象が信仰の内側なのか外側なのか、という点にあると言えるでしょう。つまり、教学が信仰の内在的論理を内側にいる信仰者を主たる対象として論じているのに対して、創価信仰学は信仰の内在的論理を現代社会に向けて普遍言語化し、信仰の外側に開いていくことに力点が置かれているのです。

次にもう一歩踏み込んで、教学とは異なる「信仰学」という領域が果たす役割について考えてみたいと思います。松岡所長は「発刊の辞」において、続けてこのように論じています。

〈キリスト教には、教義学とキリスト教思想という二つの学の形態が見られます。教義学は教会の教理であり、教団全体で共有するものです。これに対し、キリスト教思想は教義学の外側にあり、そこでは個人がより普遍的な言語で宗教論や信仰論などを試論的に展開しています。(中略)

今、我々創学研究所は、このキリスト教思想のような役割の一分を、創価学会の中において果たしていければと考えています。〉(同前、四頁)

キリスト教には教会の教理として教団全体に共有される教義学があります。一方、その周縁にキリスト教思想と呼ばれる広大な地平が広がっています。キリスト教思想は教義学と一般的な学問の中間領域と言えるかもしれませんが、広義の意味におけるキリスト教思想の中に神学も位置付けられます。こうしたキリスト教の事例と対比して論じるならば、教義学に相当するものが創価学会の信仰においては教学に当たるのではないでしょうか。さらに、二〇一六年に創価大学通信教育部学会編『池田思想研究の新しき潮流』(第三文明社)という本が発刊されましたが、教学とは異なる創価思想、池田思想と呼ばれる領域がすでに展開されています。広義の意味において、創価信仰学も創価思想、池田思想に含まれると言えます。

それでは、創価信仰学はこれまで論じられてきた創価思想、池田思想の研究とどういった点が異なるのでしょうか。もちろん、教学と創価信仰学の違い同様、既存の創価思想、池田思想の研究と創価信仰学も明確に区別出来るものではありません。すでに創価信仰学的な研究を潜在的に行っている方もいるのではないでしょうか。その点は本講義の最後に触れることとして、あえて既存の創価信仰学の輪郭をとらえるために、あえて既存の創価思想、池田思想研究との相違点についても考えてみたいと思います。松岡所長はこのように指摘しています。

〈創価学会には、学会教学とともに「創価思想」と呼ばれる領域が存在します。創価大学で推進されている創立者・池田大作先生の思想研究などは、教学の外側にある創価思想として理解できます。我々の創価信仰学も、そうした創価思想の一つのあり方として認識されるように、研究員一同、努力を重ねてまいる所存です。

もっとも、創価思想の領域にあるとは言っても、創価信仰学は神学的な研究を行うところに特徴があります。例えば、人間学や教育思想の分野で池田先生を論ずるときには、研究者が池田先生と向き合い、先生を客観的な研究対象として扱います。これは、学問的な創価思想と言えるでしょう。一方、我々の場合は、池田先生と同じ側に立ち、池田先生の考え方に従って学問的な客観性を取り入れていきます。これが、神学的、信仰学的な創価思想と称するゆえんです。創価信仰学は、創価学会の教学の外側にありますが、学問的な創価思想よりも教学に近い位置にあると思っています。〉

（同前、四～五頁）

キリスト教における神学は教義学やキリスト教思想のどちらとも重なり合っていながら、独自の領域を形成している側面があります。教義学が教会の教理として教団の内側で展開されているのに対して、神学は高等教育機関に設置された神学部に象徴されるように、信仰を持たない人にも門戸が開かれています。一方、キリスト教思想においては自らの信仰を顕在化させずに論じている場合や、キリスト教をあくまで客観的な研究対象として扱っているものも含まれるでしょう。そのように、創価思想、池田思想の研究においても、自らの信仰はあえて顕在化させず、それぞれの研究者が専門とする学問領域を基盤として、一般的な研究手法を用いながら行われている研究もあろうかと思います。わかりやすい事例で言えば、既存の創価思想、池田思想の研究では「池田先生」「日蓮大聖人」といった敬称表現が使用されることは稀です。創価信仰学では信仰を土台にして学問を生かす立場ですので、敬称表現を用いることが前提になります。この点は後に詳述しますが、こうした表現の違いから、創価信仰学が信仰に根差した学問であることの意義をご理解いただけるかと思います。

もちろん、創価信仰学は教学同様、従来行われている創価思想、池田思想の研究を否定しているのではありません。既存の研究をさらに発展させる意味でも、三代会長が確立した信仰学の領域がより重要になってくると考えているのです。松岡所長は「創価信仰学は、創価学会の教学の外側にありますが、学問的な創価思想よりも教学に近い位置にあると思っています」と結論付けていますが、本来、それぞれの領域はグラデーションのように重なり合っており、互いに生かし合う関係にあることも付言しておきたいと思います。

9 仏教学と創価信仰学

高等教育機関で仏教を学ぼうと思った場合、避けては通れないのが仏教学です。西洋由来の仏教学は近代において、日本の仏教界に多大な影響を与えてきました。ここで『人間革命』第八巻、「学徒」の章において、戸田先生と東京大学に設立された法華経研究会に所属する学生との大変示唆的な対話の場面が描かれていますので、その一部を引用します。ちなみに、『人間革命』に登場する法華経研究会を源流として、後に創価学会において学生の集まりである学生部が結成されることになります。

〈「先生、大学に印度哲学科という科があって、仏教なども講義していますが、あれも勉強した方がよいのでしょうか」

「君、そこで教えているのは、ロンドン仏教なんだよ。根本仏教という言い方もなされているが、初期仏教に着目するあまり、大乗仏教を位置づけきれていない。釈尊にしてみれば、もっと大きく眼を開き、教え全体を見なさいと言っているかもしれんな」〉(『人間革命』第八巻、『池田大作全集』第一四七巻、三三八〜三三九頁)

戸田先生は一般的な仏教学の立場をあえて「ロンドン仏教」であると言い換え、仏教学もまた一つの立場に過ぎないことを示唆的に語っています。その後、戸田先生はイギリスが数百年にわたるインドの植民地統治の中で、インドの文化全般を幅広く研究し、その中で現在まで続く仏教学の源流が形作られたことを指摘します。そして、仏教学が僅かに残された仏跡や文献を手掛かりに仏教全体を論じた「実証主義の悲劇」に陥ったとして、大乗仏教を仏教と認めない所謂「大乗非仏説」がなぜ提唱されるようになったのか、その根本原因を論じています。その後、こうした仏教学の立場と対比する形で、日蓮仏法に基づく信仰学的な仏教理解を次のように示しています。

〈もともと、釈尊の教えには、大乗仏教的な真実が内在している。『撰時抄』を読めばわかることだが、その教えが、竜樹、天親を経て、時とともに展開し、やがて中国に入り、朝鮮を経て日本に伝来した。そして、日本において、末法の仏法を日蓮大聖人が確立して、今日に至っているわけです。このような仏法の歴史の流れを、ヨーロッパの仏教学者は、仏跡や文献にとらわれてしまって、もっとダイナミックに展望しようとしない。

これがイギリスを中心とする仏教学者の仏教観といってよい。初期仏教のみを仏説とする、いわゆる実証主義的な仏教研究は、ロンドンで確立をみたわけで、そこへ西洋崇拝の日本の学者などが留学して、イギリスの学者から仏教を学ぶという珍現象になってしまった。それをまた、帰ってきた学者が、大学で得意になって講義するという始末だ。

だから、東大の仏教学は、残念ながら、仏教の本義に光を当てきれていないと言わざるを得ないんです〉（同前、三三九〜三四〇頁）

戸田先生は日蓮仏法を基軸とした信仰学的な仏教理解をダイナミックな展望として述べられ、実証主義的な仏教研究に影響を受けた日本仏教界の現状を鋭く批判しています。もちろん、この対話は仏教学が主流となっているアカデミズムの世界に身を置く多感な学生を対象としているため、教育指導としての側面もあるように思います。ですから、信仰の学として仏教を学ぶことの意義を強調するため、あえて仏教学を批判する形で諭(さと)しているのではないでしょうか。

創価信仰学では仏教学を信仰の証明学として活用することを目指しています。仏教学の見解は仏教全体を代表した唯一の公式見解ではなく、あくまで一つの立場に過ぎません。そうした前提に立ち、仏教学の知見や研究成果が信仰にとってどのような意味を持つのかと思索し、積極的な意義を見出すことを志向しています。そのため、信仰学は仏教学などの実証主義的な研究を否定しているという単純な理解は誤りです。しかし一方で、信仰学的な見解が否定された場合には戸田先生のようにしっかりと反駁することも求められるでしょう。

その後、この対話を経て、その場にいた学生たちは戸田先生の厳しい批判に言いようのない感動につつまれたと記述されています。こうした斜に構えない素直な受け止め方こそ、信仰学者のあるべき姿ではないかと思わされます。信仰という確たる軸が打ち立てられているならば、あらゆる学問が本来の輝きを取り戻し、信仰を証明する糧となるのではないでしょうか。戸田先生と学生との対話に象徴されるように、特に青年期において自らの基盤を確立することは何にも増して重要になってくると思います。

10　内在的論理の普遍言語化

ここで、これまでの話を整理する意味でも、キリスト教と比較しながら、図を通して信仰学について説明したいと思います。信仰学は信仰における「内在的論理の普遍言語化」を志向しています。その意味で、内側から外側というベクトルを持っていると言えます。キリスト教では神学がその立場に相当するでしょう。もちろん、信仰者が自らの信仰を深めるために神学を学ぶ場合もありますし、外側が対象といっても、内側の信仰が神学によって深まる場合もあるでしょう。ですから、あくまで主たる対象がどこなのか、どういう方向性を持っているのか、という話だとご理解ください。また前述したように、それぞれの学問領域を明確に区別することは困難です。虹の色の境目が曖昧なように、本来、その境はグラデーションになっていることも申し上げておきます。

世界各国の高等教育機関に神学部が設置されています。神学はキリスト教における信仰学です。信仰を持たない人にとって、教会の説法を聞くことは困難です。また教会の教理である教義学は信仰の素養がなければ理解することが難しいように思います。しかし、神学であればクリスチャンでない人間もキリスト教の内在的論理に触れられます。だからこそ、信仰の有無を問わず神学を学ぶことが出来ますし、神学に関連した著作も比較的手軽に入手出来るわけです。一方で、キリスト教の信仰に影響を受けた哲学者や文学者の作品は世の中に溢れており、西洋文明におけるキリスト教思想の広大な地平を形成していると言えるでしょう。

加えて、中心からの最遠部に「宗教学」という層を位置付けています。皆さんが宗教について専門的に知ろうと思った場合、宗教学を学ぶことになるのが一般的であろうかと思います。また世間で宗教の専門家を名乗っている人たちの多くは宗教者ではなく宗教学者です。現在のアカデミズムに大きな影響を与えている宗教学の成り立ちについて、神学部を出られた作家の佐藤優氏が興味深い話をしていました。神学といっても実践神学、組織神学など細分化されているのですが、その中に自由主義神学という世俗的な考え方を取り入れた極めてリベラルな神学があります。宗教学は自由主義神学から派生した学問だというのです。さらに、佐藤優氏は宗教学の底流にあるのは無神論だと言って

キリスト教の場合

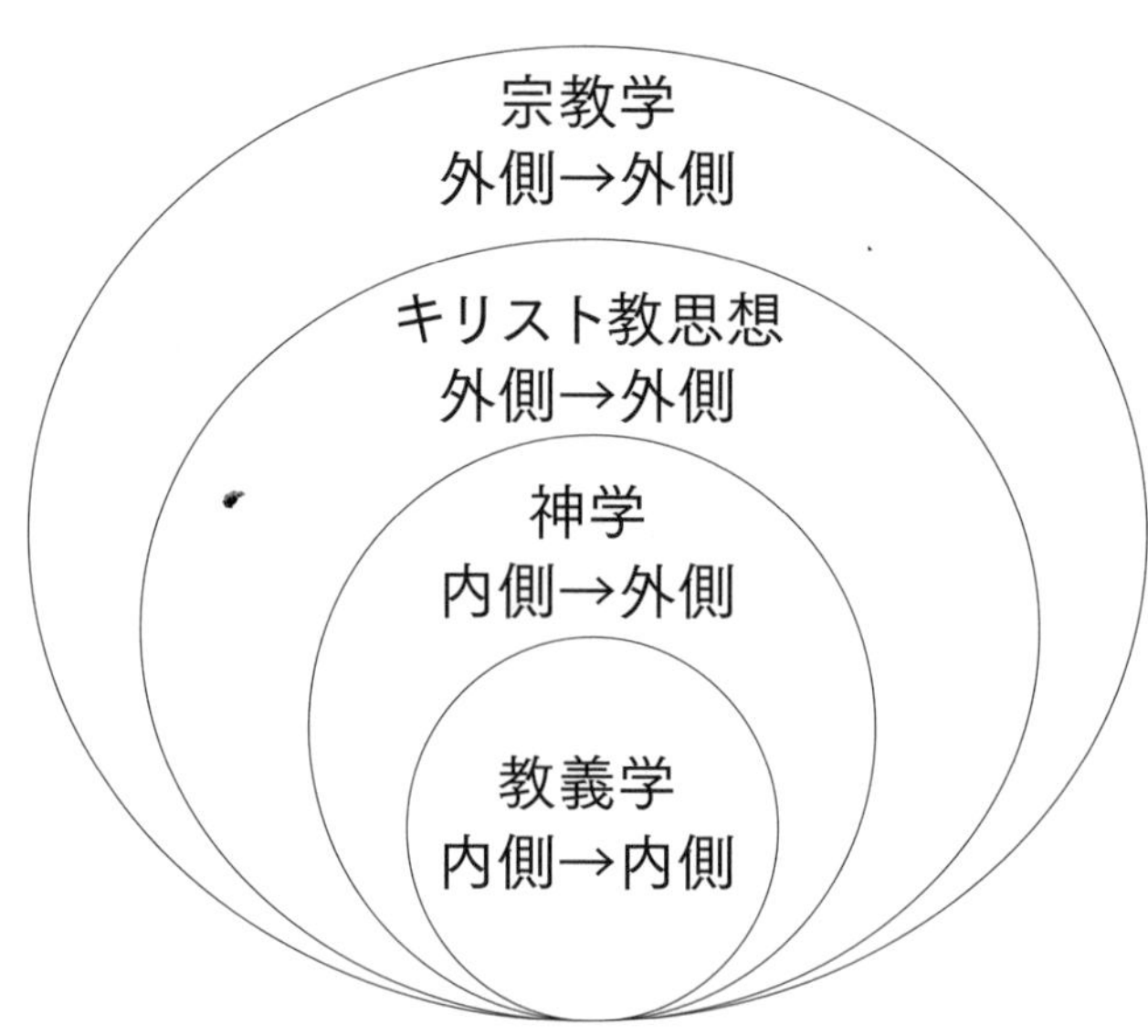

いました。宗教学の裏側に信仰を相対化する無神論があるとすれば、そのことについて宗教学を学ぶ者は自覚する必要があるように思います。ちなみに、カール・マルクスは自由主義神学の流れに関わる中で宗教批判を形成し、その後、無神論を徹底した唯物思想を確立したようです。こうした背景を踏まえて、最遠部に宗教学を位置付けています。

次にキリスト教と対比する形で創価学会について考えてみたいと思います。本講義の中ですでに論じていますが、キリスト教の教義学に相当するものが創価学会では教学と呼ばれています。教学はあくまで信仰者同士が学び合うものですが、創価学会の場合は教学任用試験など、信仰を持たない人も教学を学べるような取り組みを行っています。ですので、創価信仰学が内在的論理の普遍言語化を目指し、内側の信仰を外側に開く営みであると言っても、教学との境が曖昧に感じる方も多いのではないでしょうか。そのことについてもすでに触れていますが、創価学会の思想運動は永遠の師匠である三代会長に根差しているため、教学と信仰学が現実の信仰において混然一体となっている側面があります。例えば、日蓮大聖人の御書を生命論から

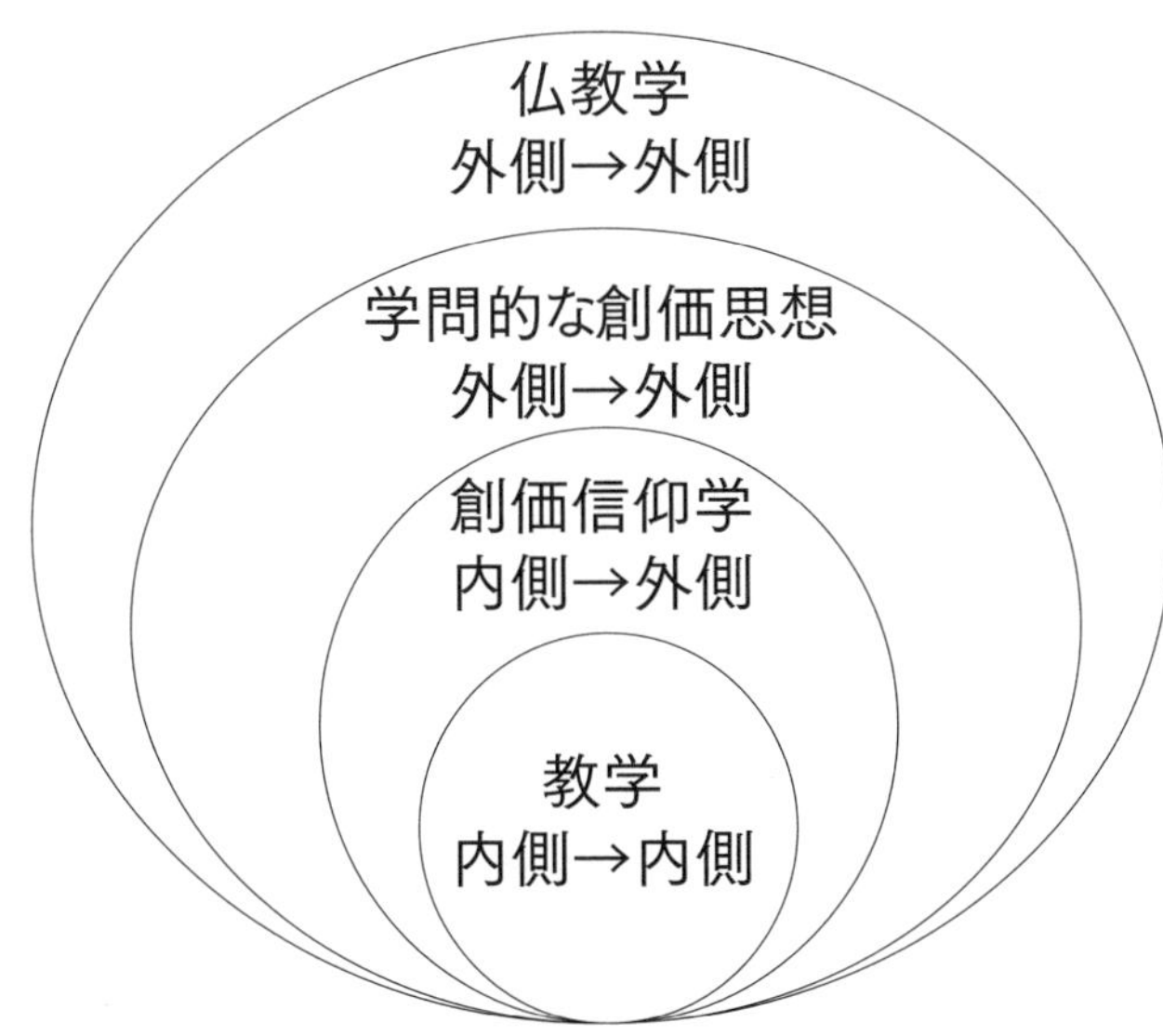

紐解き、人間革命として成仏を論じることは、創価学会の信仰において違和感なく行われています。このように、創価学会の信仰では教学と信仰学が互いを生かし合いながら現場に息づいているわけです。

創価学会において、創価信仰学の最もわかりやすい事例は牧口先生の価値論、戸田先生の生命論、そして池田先生の提唱する人間主義ではないかと思います。これら三代会長の展開した信仰の学は当然、教学を基礎としていますが、現代の諸学問を取り入れた広がりを持っています。キリスト教の神学がギリシャ哲学や啓蒙思想と対峙する中で発展していったように、日蓮仏法を現代社会に向けて展開しているのが創価信仰学です。創価学会が基軸となる信仰学を有していることは、創価学会の宗教的独自性を考える上でも極めて重要であると思います。

そしてキリスト教思想と対比する形で、「学問的な創価思想」という層を位置付けました。あえて「学問的な」としているのは、潜在的に信仰学を志向している方もいるのではないかと考えているからです。その意味で、それぞれの学問における立場や研究手法に基づいた創価思想の研究のみ、創価信仰学と違う層に位置付けています。さらに図の最遠部に仏教学を配置していますが、大乗非仏説に象徴されるように、仏教学はたしかに信仰学と相反する側面を持っています。もし、仏教学と教学の間に両者を架橋する信仰の学がなかった場合、両者の関係は没交渉になるか、互いを根本から否定し合う関係になってしまうのではないでしょうか。その結果として、運動面においては極端な世俗化と宗教原理主義の二極化に拍車がかかり、個人の信仰も股裂き状態になってしまうでしょう。この図からもわかるように、信仰学は信仰の確信や情熱を虚無主義や相対主義から護る防波堤でもあり、信仰の内在的論理を普遍言語化し、信仰を外側に開く緩衝材の役割も果たしているのです。

11 「日蓮大聖人」「池田先生」と呼称する理由

これまで創価信仰学の大枠について詳述してきましたので、ここで創価信仰学の具体的な記述方法についても触れておきたいと思います。再度、当方の論考を引用します。

〈創価信仰学では、これまでの言説からもわかる通り、「日蓮大聖人」「牧口先生」「戸田先生」「池田先生」という敬称を用います。「大聖人」という敬称は、日蓮大聖人が「末法の御本仏」であるという創価学会の信仰の根幹に関わる表現です。また「先生」という敬称についても、創価学会の根本規範である創価学会会憲において、「永遠の師匠」である創価学会三代会長は「先生」という敬称を用いることが定められています。そのため、創価信仰学の立場から、「大聖人」「先生」という敬称を用いています。学術研究においては、「日蓮」「池田」などの敬称を略した表記を用いることが一般的です。しかし、創価信仰学は創価学会の信仰を前提にしています。そのため、信仰の根幹に関わる敬称を用いないならば、逆に信仰学の立場に反することになります。さらに、創価信仰学では敬称を用いながらも、内容の記述方法については客観的な表現を用います。例えば、「池田先生は〜と指摘している」といった表記が考えられます。〉（三浦健一「創価信仰学の継承と発展」https://www.sogakuken.com/8/）

現在、池田先生の思想に関する研究は世界各国で行われています。学問的な創価思想研究においては「池田は〜と指摘した」というように、あくまで客観的な立場に立ち、敬称表現を用いずに記述されている場合が多いです。一方、創価学会の機関紙誌等では「池田先生は〜と仰られた」といった信仰上の敬意を最大限に含んだ表現が多く見られます。信仰学においては両者の中間的な表記として、「池田先生は〜と指摘している」といった記述方法を用います。創価学会の信仰に立脚して「先生」という敬称を用いながら、内在的論理を普遍言語化する意味であえて過度な尊敬語は使用しません。

　このように、創価信仰学は記述方法においても自らの立ち位置を明確にしています。こうした創価信仰学の立場を理解いただけない場合、片方からは「客観性がない」と言われ、もう一方からは「不遜だ」と批判されることも想定されます。ですので、記述方法についても丁寧な説明が求められると思っています。創価信仰学的な記述方法のわかりやすい事例として、池田先生による諸機関での講演が挙げられると思います。池田先生は信仰者に向けた語り方とは異なり、海外の大学講演などでは「日蓮大聖人」「戸田先生」といった敬称を用いていますが、表現としては客観性を担保しながら、信仰の学として日蓮仏法を論じています。創学研究所としてもこうした池田先生の記述方法に倣いながら、言論活動を展開していきたいと考えています。

12―後半部分のポイント

ここで後半部分のポイントを三つ示しておきたいと思います。

一つ目は、内在的論理を外部に表現することが教学との相違、という点です。特に日蓮仏法を信仰している方にとって、教学と創価信仰学の類似点と相違点については関心が大きいのではないでしょうか。簡潔に申し上げれば、創価信仰学は教学を基礎としていますが、主たる対象が信仰の内側なのか外側なのか、という点に違いがあるとご理解いただければと思います。

二つ目は、仏教学が陥った「実証主義の悲劇」を反面教師とする、という点です。もちろん、信仰学は仏教学を否定するものではありません。しかし、仏教学の見解を通して御書を読み、池田先生の思想を分析す

後半部分のポイント

①内在的論理を外部に表現することが教学との相違

②仏教学が陥った「実証主義の悲劇」を反面教師とする

③創価信仰学的な記述は教学とも仏教学とも異なる

ることはしません。むしろ逆で、池田先生の言説を通して御書を読み、仏教学の研究成果を信仰の証明学として活用することを目指しています。

そして三つ目が、創価信仰学的な記述は教学とも仏教学とも異なる、という点です。創価信仰学では教学同様、「日蓮大聖人」「池田先生」といった敬称表現を用いながらも、内在的論理の普遍言語化を目指し、客観的な記述を心がけます。こうした言論の在り方は池田先生が日蓮仏法を世界的に展開する上ですでに実践していることであり、創価信仰学ではその継承を目指しています。

13 神学と創価信仰学

これまで創価信仰学の概要を明らかにするため、特にキリスト教における神学と創価信仰学を比較しながら話をしてきました。皆さんの中には創価信仰学は「仏教版神学」だと理解された方もいるかもしれません。一面において、そうした理解も間違ってはいません。たしかに、創価信仰学はキリスト教において神学が果たしている役割を担い得る学問であると思っています。しかし、神学と創学には当然、異なっている点

神学と創価信仰学

<u>創価信仰学は仏教版神学なのか？</u>

⇒半分正解で半分間違い

神学	創学
学問(補助学)	学問(証明学)

もあります。

佐藤優氏から教えてもらったのですが、神学では神学以外の諸学問を「補助学」と位置付けているようです。一方、創学においては本講義でも何回か使用している表現ですが、日蓮仏法以外のさまざまな学問を「証明学」と称しています。今回は一回目の講義ですので、プロローグ的な話に留めます。次回からは『創学研究Ⅰ――信仰学とは何か』に収められた松岡所長の論文「創価信仰学の基礎」に基づいて講義を進めていきたいと思っています。当該論文で示された創価信仰学における十の基礎の一つが「信仰の証明学」です。ですので、詳細については次回以降で話をしていきたいと思いますが、創学では神学よりも学問に対してより積極的な意義を見出しています。

こうした考え方の相違は、神学と創学が立脚する信仰の違いから生まれていると言えるでしょう。キリスト教的な世界観では、全知全能の神様に対して不完全で罪を背負った人間が存在しています。ですから、人間の理性が考えた学問は神の教えである神学を補助するものだと考えられているのではないでしょうか。一方、日蓮仏法では「凡夫即極」「一切法即仏法」といった考え方があります。つまり、人間が究極の仏であり、森羅万象が仏法の全体であるという世界観を持っているわけです。ですから、人間の理性が生み出した学問は補助的なものではなく、仏法を表現し、証明するより積極的な役割を果たすことが出来ると考えます。この点が、創学が仏教版神学でありながら、神学とも異なる部分です。そのため、創価信仰学は仏教版神学なのかと問われれば、半分正解で半分間違いという答えになろうかと思います。

14　潜在的信仰学と顕在的信仰学

次ページの図はすでにお見せした四六五ページの図のうち、「学問的な創価思想」と「創価信仰学」の中間に「潜在的信仰学としての創価思想」を書き加えたものです。潜在的信仰学とは、例えば池田先生の教育思想に関する研究など、三代会長の思想を肯定するために行われる客観的研究が想定されます。さらに、人間主義的な日蓮思想の提唱など、三代会長の思想を根底に持つ純学術的な研究も潜在的信仰学と呼べるでしょう。このように、創価思想も外側に近ければ仏教学と変わらない研究もあるかもしれません。逆に内側

潜在的信仰学と顕在的信仰学

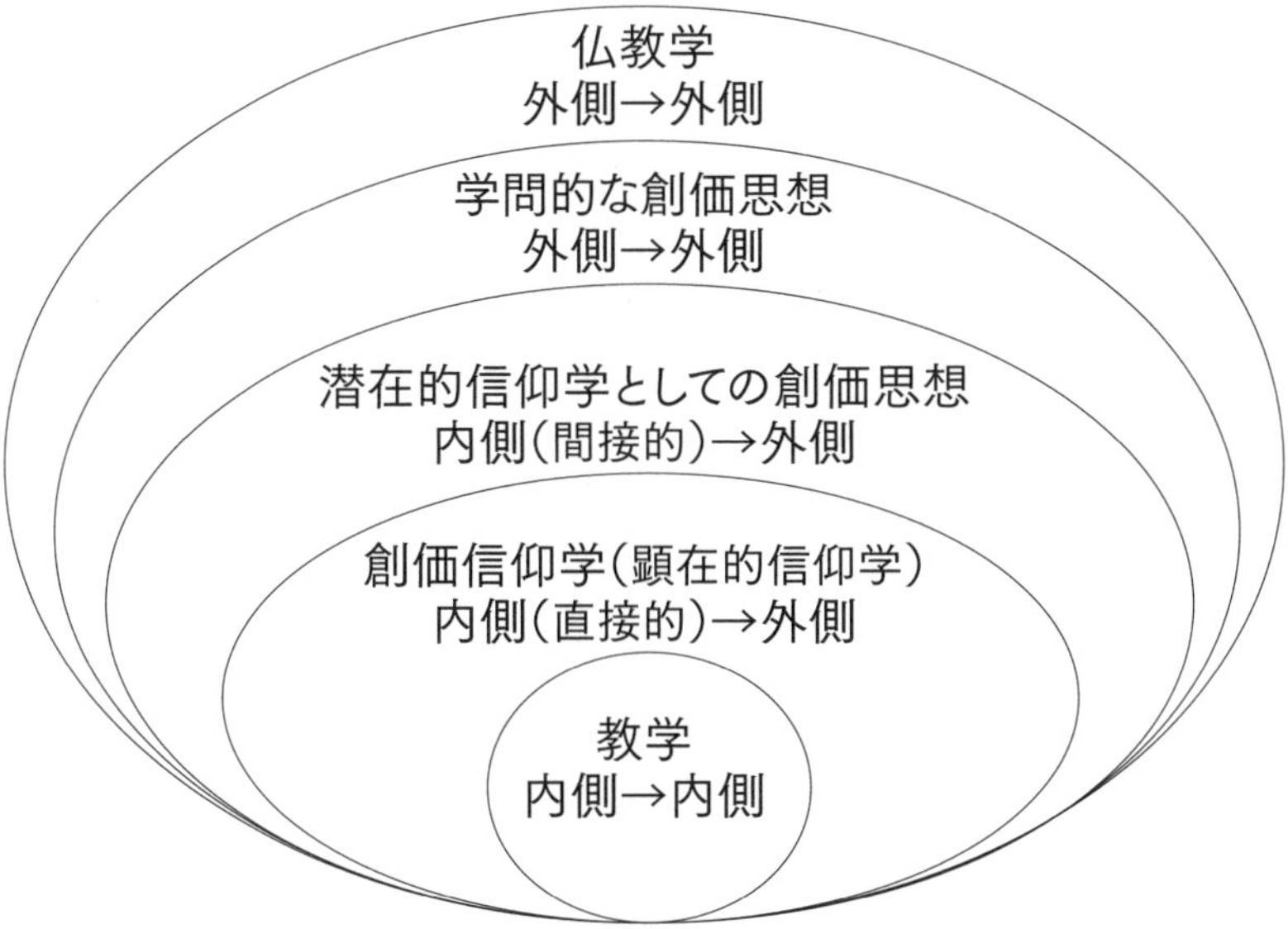

仏教学
外側→外側

学問的な創価思想
外側→外側

潜在的信仰学としての創価思想
内側（間接的）→外側

創価信仰学（顕在的信仰学）
内側（直接的）→外側

教学
内側→内側

に近ければ、潜在的に信仰学を志向している研究者の方もいるのではないでしょうか。

あえて言えば、創価信仰学は顕在的信仰学です。顕在化させているので新しい学問や取り組みのように感じられる方もいるかもしれませんが、三代会長の確立した創価の信仰学を継承、発展させることが創価信仰学の目的です。これまでも同じ志を共有し、潜在的に信仰学を探究されていた方はすでにたくさんいらっしゃるのではないかと思います。創学研究所は顕在的にその旗を掲げているに過ぎません。これからは創価信仰学と共に、潜在的信仰学としての創価思想のすそ野がさらに大きく広がっていくことを期待しています。

加えて、創価信仰学も今後は神学のように、さらなる体系化、細分化が求められると思っています。その一つの試みとして、顕在的信仰学と潜在的信仰学という立て分けを行ってみました。神学の中には実践神学、歴史神学、組織神学などのたくさんの分野が存在し、壮大な学知を構築しています。創価信仰学もまた、池田先生が残された膨大な言論を基礎としつつ、世界精神となるような英知の体系を築いていくことが必要であろうと思っています。

特に神学における牧会学に相当するような研究が創価信仰学においても盛んに行われることを展望しています。牧会学というのは信仰の現場において、如何にして人々をキリストの物語へと誘い、信仰を深めることが出来るのかを探究する学問です。創価学会に当てはめれば、「創価指導学」と呼べるような分野だと言えるでしょう。牧会学には「牧会カウンセリング」といった心理学と隣接した領域も存在し、現代社会に大きな影響を与えています。私自身もそうした実践創学的な研究の一翼を担っていきたいと思っています。当然一人では出来ませんので、志を同じくする方がいれば心から嬉しく思います。

15　池田先生による講演「スコラ哲学と現代文明」

最後に、『新・人間革命』第一五巻、「創価大学」の章に記された「スコラ哲学と現代文明」という池田先生の有名な講演の一部を引用して、本講義を終わりたいと思います。「スコラ哲学と現代文明」と題された池田先生の講演は一九七三年七月十三日、創価大学で行われたものです。ぜひ今までの話を踏まえつつ、スコラ哲学を創価の信仰学と重ねながら読んでいただきたいと思います。

〈テーマは「スコラ哲学と現代文明」であった。

「スコラ哲学」とは、十二世紀から十四世紀を頂点として栄えた、中世ヨーロッパ哲学の総称である。当時の教会や修道院に付属する学校で研究された学問で、キリスト教神学を権威あらしめるために存在した、いわゆる〝御用哲学〟とも言われてきた。

しかし、伸一は、この講演で、「スコラ哲学」は中世暗黒時代の象徴などではなく、むしろ近世、近代の出発点であると、とらえ直したのだ。また、その時代は中世ヨーロッパを象徴するゴシック建築や、ボローニャ、パリ、オックスフォード、ケンブリッジ等の大学の形成に見られるように、優れた文化が花開いたことを述べた。

さらに、この「スコラ哲学」の時代に、ヨーロッパ文明の原型が実質的に完成し、ルネサンス、宗教改革、ナショナリズムの勃興など、幾多の変遷を重ねながら、現代文明が築かれてきたことを論じていった。

だが、伸一は、その現代文明は、今や人間性の喪失や公害、大学の崩壊など、既に深刻な行き詰まりを見せていることを指摘し、新しい次の時代の開幕のために、新しい大学、新しい哲学の興隆が、今こそ必要であることを訴えた。

青葉は、厳寒の冬に発芽の準備を整える。人生も、また文明も、試練に挑む戦いによって、大きく開花していくのだ。

伸一の講演は四十五分間であり、一回の授業にも満たない時間にすぎなかった。

しかし、創価大学の使命を明らかにし、学生たちに次代を建設する深い自覚を促す、歴史的な講演となったのである。〉（『新・人間革命』第一五巻、「創価大学」の章、二三五～二三七頁）

池田先生はキリスト教の信仰を基盤としたスコラ哲学が現代文明の礎になったことを指摘しています。そして、新しい文明の礎を担う新しい大学、新しい哲学の興隆をすでに半世紀も前から訴えているのです。こうした池田先生の構想を実現することが、創価信仰学の使命であると思っています。本年（二〇二三年）は奇しくも「スコラ哲学と現代文明」の講演から五十年の節目を迎えますが、今こそ、この講演の意義を再確認する時ではないでしょうか。

以上で、一回目の講義を終了させていただきます。ご清聴ありがとうございました。

第5章 寄稿

1 寄稿

書評にかえて

創学研究所編『創学研究I——信仰学とは何か』

羽矢辰夫
創価大学名誉教授

はじめに

筆者は本年（二〇二二年）三月まで六年間、創価大学で教鞭をとっていました。六年前に就任するにあたり、本務は大学院でしたが、学部の学生に対する授業も担当することになっていたので、創価学会について、また大学創立者である池田大作名誉会長について、幾分でも知っておいたほうがよいと考え、『新・人間革命』を第一巻から二十数巻までを一気に読んでみました。

数カ月経って、その他の書物も読みながら、また学生との対話のなかから、教学的な面での創価学会の実態がおぼろげながらも浮かんできました。それは、帰依しているはずの法華経そのものへの関心よりも、また日蓮本人に対する関心よりも、池田名誉会長に対する尊崇の念が優っているということです。法華経も日蓮も、すべてが池田名誉会長の法華経観、日蓮観を通しての理解であるということです。

その根拠となるべき池田名誉会長の思想は『池田大作全集』百五十巻に収められています。これだけでも膨大な量なので、簡単に読めるわけではありません。しかも『新・人間革命』は含まれていません。池田思想について体系的にまとめられた書物があってもいいように思いましたが、意外と見つかりません。池田思想についての研究も、海外ではけっこう行なわれているようですが、日本では、これも意外でしたが、あまり行なわれていません（これは程度の問題です。筆者が想像していたものに比べるという意味です）。外部はむろんのこと、内部においても、池田思想研究はごく少数に限られているようでした。盛んに行なわれているだろうと思っていたので、そのギャップに驚かされました。

老婆心ながら、これから創価学会が国際的にも発展するにあたって、池田思想を研究することは不可欠的に必要なのではないかと思います。それを妨げている理由として、日蓮正宗との関連もあげられますが、それよりも、尊崇の対象である池田名誉会長の思想を相対化することのむずかしさがあるのではないかと思われます。池田思想を批判的に考察することに困難がともなうようなのです。批判的にということが、どうしても池田名誉会長の足りない部分を指摘するように感じられるので、躊躇（ちゅうちょ）してしまいがちです。思想の批判と個人の批判とが混同されているのです。また、相対化によって池田思想が他の多くの思想と同列に扱われてしまいます。人によっては、その価値が失われるように感じられるかもしれません。もう一つ、周りの目があります。おまえごときが池田先生の思想を云々できるのか、などなど。

広範囲にわたる池田思想の根底にあるのは仏教思想です。とりわけ法華経と日蓮の思想が根幹となっています。この池田名誉会長の仏教思想について、主観的に体系化しようとする動きが、内部から起こってきています（内部からしか起こりえないともいえますが）。仏教思想を池田名誉会長がどのように解釈しているかではなく、池田名誉会長の解釈を根本として仏教思想を再構築しようとする試みです。「創価信仰学」と名づけられるこの新しい試みによって、キリスト教でいわれる神学のようなものを構築したいと考えているようです。じつは筆者自身もなじみがないので、いったいどのようなものなのか、まずは『創学研究Ⅰ』を通し、その主張をみていきます。

1――創価信仰学とは何か

まず、本書の構成から紹介します。

第一章　「創学研究所開所式」から
第二章　論文「創価信仰学の基礎」
第三章　「啓蒙主義と宗教」研究会
第四章　「理性と信仰」をめぐる研究会（上）
第五章　対談「仏教哲学と信仰」
第六章　インタビュー「世界宗教と創価信仰学」
第七章　書評　佐藤優著『池田大作研究　世界宗教への道を追う』

「発刊の辞」によると、本書は二〇一九年四月に松岡幹夫氏を中心として設立された創学研究所のこれまでの活動の足跡の記録です。「創学」とは「創価信仰学」の略称で、創価学会の信仰の学のことです。これまでも行なわれてきた池田思想研究などとあわせて、創価学会の教学の外側にある創価思想の一つのあり方を目指しているといいます。ただし、客観的な学問とは異なり、創価信仰学は池田先生から出発する学問であり、池田先生と同じ側に立ち池田先生の考え方に従って学問的な客観性を取り入れていき、創価学会の中心に池田先生をすえる言論に挑戦するということです。

現実の信仰生活のあり方をそのままストレートに表現したい、池田先生を通しての法華経理解、日蓮理解をすなおに表出したい、さらに池田思想の普遍性を西洋的な学問を通して一般社会に証明したい、世界宗教にふさわしい基盤としての仏教思想を構築したいという、松岡氏のやむにやまれぬ欲求の発露ではないかと思います。

筆者がもっと盛んに行なわれるべきであると考えていた池田思想研究は、暗黙のうちに、客観的な学問を通しての研究でした。池田名誉会長の仏教思想研究についても同様です。これには、先ほども述べたように、研究する側に多少のブレーキがかかります。ところが、松岡氏の目指す池田名誉会長の仏教思想研究はブレーキがかかりません。信仰者の立場からの言及なので、池田名誉会長およびその仏教思想を相対化する必要がありません。自分自身の信仰のあり方そのものを記述することが池田名誉会長の仏教思想を語ることになります。思う存分表現できるように思います。今回は松岡氏の考える池田名誉会長の仏教思想が提示されますが、これを契機にして、同じ方向を向いた人々のなかで、さまざまに異なる池田名誉会長の仏教思想が提示されていってほしいと思います。

とはいえ、創価学会員一人ひとりがそれぞれの池田先生像をもっており、池田先生からの指導を何にもまして大切に思っているので、この手法によると、収拾がつかなくなる可能性があります。しかし、筆者はいずれ妥当な着地点が見つかるであろうと楽観視しています。もちろん、時間はかかります。長い時間をかけ、たがいの切磋琢磨をつうじて、よりよい方向に向かうというのが、ベストのシナリオです。真のボサツを目指すべき者同士がどのような過程を経ていくのかが試されていくことでしょう。

大枠の感想は以上ですが、本書刊行の目的は「創価信仰学」の創出の意義を問うことなので、そこを中心に詳しくみていきたいと思います。「創学研究所」は松岡氏の個人的な組織であり、「創価信仰学」も松岡氏の個人的な発想でもあるので、松岡氏の論文を中心にみていきます。「創価信仰学の基礎」と題する論考に「基礎」となる見解が示されています。

松岡氏は創価の信仰の存在論的意義を十項目にまとめ、創価信仰学の基礎とします。あくまでも創価学会の見方からはずれていないことが慎重に確認されています。

・解釈論の五項目（根源的事実・信仰的中断・自在の論理・民衆の救済史・基点からの歴史）
・実践論の五項目（法の具現・宗教の進化・信仰の証明学・逆説的ヒューマニズム・共感的多一主義）

これら十項目のそれぞれについて、①池田先生のことば、②解説、③松岡氏の考察、という順序でくわしく論じています。松岡氏が何を創価信仰学の基礎としているかが分かると思います。

（1）根源的事実――宇宙生命との一体性

「根源的事実とは、我々が法華経に予言された末法の救済者・地涌の菩薩に他ならず、究極的には永遠の仏である宇宙生命と一体であるという『生命の真実』のことである」。「創価信仰学では我々が永遠なる宇宙生命と一体であることを根源的事実とする」。「創価信仰学は宗教的事実である根源的事実への信仰から出発して仏教を理解する」。「根源的事実を第一原理とし、『池田的解釈』『学問包括性』『世界宗教化』を標榜する三証をその説得原理として、創価信仰学はその方法論的基盤を固める」。池田的解釈とは、「現在の教団の公式見解である『創価学会会憲』に準拠する池田的解釈が、信仰上の正統性を持つと言ってよいだろう」。「自分たちの信仰が仏法の道理だけでなく種々の学問的な見解とも矛盾しないことを示す必要がある」。

（2）信仰的中断――池田先生からの出発

「信仰的中断とは、仏教用語で言う『帰依（帰投依伏）』の信仰的表現である」。「その意図は自己自身の思考の方法論的死である。決して思考の全面否定ではない。今の自分の理解力を基準とした思考を停止して、偉大な師の思考を基準に思考することである」。「信仰的中断とは、第一に池田先生から出発する姿勢でなければならない」。「（池田）先生の仏教観を絶対的な前提とし、この前提を証明するために再生的懐疑を用いて学問的な考察を行う」。

（3）自在の論理――法華経の存在論

「自在の論理は、『諸法実相』『一念三千』という法華経の教えから導かれる信仰の論理である。それは個々の存在を区別しながらも一体と見る」。「自己と他者は、二として区別されながらも区別されない（自他不二）。森羅万象の区別相は、そのまま究極の実在として無区別である（諸法実相）」。「問題は学問の側が、この自在の論理をどう受け取るか」。

（4）民衆の救済史――聖典の解釈論

「創価学会には、釈尊による救済の開始、日蓮大聖人による救済方法の完成、創価学会による救済の実現、という救済史的な自覚がある」。「救う者も民衆、救われる者も民衆である。地涌の菩薩という聖なる民衆こそが、仏法の救済史の主体である」。「創価学会の信仰上の聖典と言うべき法華経、日蓮大聖人の御書、三代会長の著作は、いずれも救済史的に読まれるべきである」。「池田先生の著作である小説『人間革命』『新・人間革命』には、創価学会の救済史が厳然と綴られている」。「その核心的なテーマは、地涌の民衆の仏法流布による人類救済であり、まさに民衆の救済史が文学的に投影された作品だからである」。「仏法による救済の歴史は仏法そのもの＝『体』の歴史であり、それに従う『影』の歴史が世界史である」。

(5) 基点からの歴史――仏教思想史の解釈論

「創価信仰学では、現在の池田先生の思想を基点として過去の仏教思想を解釈していく」。「仏教思想史の解釈論として独立して扱う」。「創価信仰学では仏教思想史の解釈にあたって、日蓮大聖人、創価三代の会長なかんずく池田先生、という二つの根本基点に立ち、重層的な『基点からの歴史』を構想する」。

(6) 法の具現――修行観の日蓮的転回

「法の具現とは、日蓮大聖人が宇宙根源の『法』を文字曼荼羅の御本尊として具現されたことを言う」。「これによって、仏道修行のあり方は、法を求めて俗世間を離れる方向から、法を具現して俗世間に向かう方向へと大きく転換した」。(1) の根源的事実も文字曼荼羅の御本尊に具現されている。

(7) 宗教の進化――救済の智慧

「創価学会が掲げる『人間主義』の宗教観にあっては、宗教の目的が人生の目的と一致する。その目的とは『幸福』と『平和』である」。「このような幸福と平和を実現する方法として、仏教では人間生命に宇宙生命を顕現するための修行法や真理の表現法が二千数百年にわたって進歩し続けてきたと、創価学会では見る」。修行法の進化と表現の進化。「三学の目的である智慧の獲得は信仰の強さに置き換えられ、ただ御本尊を信じる心が強ければ三学一体で成仏が適う修行法が整えられた」。「『信仰のみ』の修行法が完成した」。「仏教の修行法の進化は日蓮仏法で極点に達し、基本的に完成したものと我々は見る」。「仏教史における法の表現の進化は、天台の『一念三千』で極まったものと、創価信仰学では捉える」。「布教表現の進化は終わりなき課題である」。「創価信仰学が仏教の進化という枠組みを超えて、広く宗教の進化という枠組みに参画することを意味する」。

(8) 信仰の証明学──学問の捉え方

「仏法者が行う学問研究は、少なくとも内面的信念において信仰の『証明学』でなければならない」。「創価信仰学は仏教学を信仰の証明学として活用する」。「創価信仰学は、信仰で得た智慧の力で、一つの蓋然性、部分観としての証明学をその都度構築する」。

(9) 逆説的ヒューマニズム──人間主義、師弟不二、人間革命

「我々一人一人の生命が本来、この宇宙生命と一体だとするのが、池田先生の言う『人間主義』の教義的根拠なのである」。「我々は、この御本尊を信仰して宇宙生命と一体不二になれる」。

(10) 共感的多一主義──宗教間対話の原理

「共感的多一主義とは、人間的共感から出発して異なる宗教を理解していくことを言う。創価信仰学は、これを宗教間対話の原理とする」。「池田先生が提唱してきた人間主義は、(中略) 全人類が本来的に仏であり、尊極の存在であると見る思想である」。「他宗教の人に対する仏法者の人間的共感は、善き人間性の表れである以上に、人間主義の信念の発露である」。「ヒックとは異なる宗教多元主義として、唯一にして多様な真理のあり方を考える『多一主義』を主張する」。

筆者が大枠で示したものを格調たかく語っています。筆者の当初の推察がほぼ正しかったことが分かります。ただそれだけでなく、ここには池田名誉会長の仏教思想を絶対的前提として、法華経も日蓮も含めて、仏教全体を主観的に理解しようという壮大な目的がありま す。絶対的な前提である池田名誉会長の仏教思想が正しいことを証明し、学問的な見解とも矛盾しないことを社会全般に示すために、客観的で学問的な考察を行なっていく。それは自分たちが正しいことの証明にもなります。主観的な見解だけを述べても、独善としてしか映らないので、客観的で学問的な見解によって、説得力をもって提示したいということです。すでに世界的な宗教になっていますが、そこに甘んじることなく、よりいっそうの普遍性を求め、世界宗教としてふ

さわしい実質をそなえるべきであると考えているようです。

前提の前提となっているのは「根源的事実」です。「永遠なる宇宙生命と一体であること」および「法華経に予言された末法の救済者・地涌の菩薩に他ならないこと」はいずれも実践体験的な事実です。表現は別として、前者は仏教そのものの始原であり、後者は仏教の救済史の始原であるといってもよいでしょう。池田名誉会長の仏教思想の根源でもあり、創価信仰学の第一原理としてふさわしいと思います。仏教史全体を人類の救済史としてみるという点も、創価信仰学の立場からすると当然のものといえます。ゴータマ・ブッダは個人的な実存苦からの解放を実現し、同じ苦しみを抱える人々も解放しました。これを救済といいかえることは可能であると考えます。

他宗教との宗教間対話が人間的共感から始まるという点はたいへんユニークに感じます。おそらく池田名誉会長が世界の多様な宗教者と対話して得られた実感がもとになっていると思われます。たがいの宗教の教義や理論を理解するということだけでなく、生身の人間同士の共感からこそいっそう実りのある理解が得られるという、貴重な対話を池田名誉会長は重ねてこられました。

2 ゴータマ・ブッダないし仏教の原点と信仰者

本書一五九ページ以下（松岡幹夫「論考　創価信仰学を考える」）には、仏教研究が三つに分類されています。学術者の仏教研究と宗教者の仏教研究と信仰者の仏教研究です。筆者はここで分類されるような学術者でも宗教者でも信仰者でもありません。自分で定義するのも何か変ですが、ゴータマ・ブッダの本当を探究してきたつもりです（ゴータマ・ブッダ原理主義者ではありません）。そのような立場から、現段階の創価信仰学についていて直接的に語れることは多くありません。それでも、現段階においても、何かしら考察のヒントになればと思い、参考までに、筆者がたどりついたゴータマ・ブッダの本当を簡潔に示しておきます。現状では以下の通りです。

ゴータマ・ブッダはみずからの実存的な苦しみを解決するために、さまざまに試行錯誤したすえに、苦しみの原因がサンカーラであることをつきとめ（苦しみの原因は無明でも渇愛でもありません）、そのサンカーラを静めるために、瞑想という修行をはじめました。その結果、苦しみを解決して安らぎが得られました。苦・集・滅・道という四諦説として説かれているとおりです。この安らぎは現世で得られるものです。そうして、自分と同じ苦しみをもっている者は、自分と同じように修行すれば自分と同じような安らぎが得られる、だから、いっしょに実践しよう、と説きました。出家修行僧たちはゴータマ・ブッダとその教えを信頼し、ゴータマ・ブッダの教えを教えられたとおりに実践して、ゴータマ・ブッダと同じように安らぎを得ました。在家の信者たちは、ゴータマ・ブッダを信頼しながらも、現世では同じような修行はできないので、来世以降により条件のいい生まれを得るように、功徳を積む行為をする生活を営みます。

あまりなじみのないサンカーラについて少し説明します。漢訳では行と訳されていて、諸行無常ではおなじみかもしれません。筆者はサンカーラを「自他分離的な自己を形成する力」と解釈しています。このサンカーラがはたらいて、固定的で実体的な「わたし」が変わることなく永遠に他と関係なくそれだけで存在するかのように思いこむ自他分離的な自己が形成されます。自己を中心として自己と世界が対立しているかのような自他分離的な認識の形態が成立します。この自他分離的な自己を中心として自己中心的な欲望をもって人生が営まれます。そこでは、生まれることと生きることと死ぬことが生命あるもののたどる正当なプロセスとして把握されず、不当で不条理な現象として把握されます。あるとき、自分が死ぬということが避けようもなく突きつけられると、衝撃的な苦しみがもたらされます。すなわち、変わることなく永遠につづくべき「わたし」がなぜか死んでしまう、その矛盾に耐えきれず、どうしようもない恐れや不安をいだくのです。わたしたちの実存的な苦しみはこのようにして生じるのです。

ところが、瞑想などの実践によってサンカーラが静まると、それだけで変わることなく永遠に存在するものなどなく、自己と自己以外のものが、区別はあるが隔てはなく、必然的につながりあい融合して存在している新しい世界が開けてきます。自他融合的な自己とともに自他融合的な認識がたちあがってきます。自他融合的な自己を基盤とする人生では、生まれることと生きることと死ぬことが生命あるもののたどる正当なプロセスとして把握され、不当で不条理な現象として把握されないので、実存的な苦しみとは感じられなくなります。すなわち、変わることなく永遠につづくべき「わたし」が想定されないので、死んでしまうことは矛盾ではなくなり、耐えるまでもなく、恐れや不安をいだくことはないのです。わたしたちの実存的な苦しみはこのようにして消滅し、心底からの安らぎが得られるのです。

これをゴータマ・ブッダないし仏教の原点として、先ほどの学術者と宗教者と信仰者を考察してみます。

学術者には苦しみはありません。苦しみがなければ、安らぎもありません。苦しみも安らぎも価値中立的な記号にすぎません。修行実践もありません。それでも、かれらは正確な文献を提供してくれます。それをどう読んで、どのような意味を汲みあげるかは、学術者以外の探究者に任せられています。

宗教者で苦しみも修行実践もない者は論外です。苦しみがないのに、修行実践はある宗教者はいます。たとえば、覚りを得たいと欲する者です。修行実践は熱心に行ないます。それなりの体験もします。しかし、覚りとは何かが自分では分かりません。明確に語ってくれる者もいません。純粋経験とか、意識のゼロポイントなどといわれて、それを目指すこと、つまり修行実践すること自体が目的になります。修行実践することが覚りであるといわれるようになっても疑問に思いません。覚りが見失われているからです。苦しみがないので、安らぎもありません。安らぎらしい体験はあるはずですが、安らぎの価値が分かりません。つねに欲求不満の状態です。永遠に届かない覚りを目指しているからです。苦しみがあって修行実践をする者は、次の信仰者と同じようです(実践の仕方は異なります)。

信仰者には苦しみがあります。しかし、宗教者のような修行実践はできません。そのかわりに信仰実践をします。修行実践とはいわゆる出家修行僧が行なう実践で、仏教の伝統でいえば瞑想です。インドのゴータマ・ブッダをはじめとして、中国の天台智顗(ちぎ)も日本の最澄も日蓮も瞑想をしました。先ほどのゴータマ・ブッダないし仏教の原点をみてください。何のために瞑想という修行実践をするのでしょうか。苦しみの原因であるサンカーラを静めるためです。サンカーラを原因として苦しみが生じる。そのサンカーラを静めるために、瞑想が効果があると考えられてきました。現実的には、ゴータマ・ブッダが瞑想によってサンカーラを静めて、安らぎが得られたので、伝統的に瞑想が方法として採用されてきたのでしょう。肝心なのは、サンカーラを静めるということです。それが実現できるのであれば、瞑想でなくてもよいはずです。瞑想以外でも方法として採用できるということです。瞑想においてもさまざまな工夫がなされているくらいです。ここで初めて、信仰実践である題目や念仏が意味をもってきます。在家の信者であっても、信仰実践してサンカーラを静めることができれば、出家修行僧のような修行実践と同じ結果が得られるのです。

これまでは、出家修行僧が在家の信者よりも優位に考えられてきました。それは瞑想という修行実践が出家修行僧の独占物であって、瞑想だけが安らぎを得られる唯一の方法であると考えられていたからです。瞑想すれば何がどうなって、苦しみが解決できるのかがよく理解されていなかったこともあります。したがって、修行実践のほうが信仰実践よりも価値が高く、効果も大きいというように考えられてきました。それではたして、信仰実践である題目や念仏はサンカーラを静める効果があるのでしょうか。

創価学会の信仰者について考えてみます。池田名誉会長ならびに創価学会の信仰者は、「この信心で幸せになれます」といいます。病気の人や障がいをもつ人に対して同じようにいう場合も、「この信心で病気が治ります」とか「この信心で障がいがなくなります」という表現よりも、きわめて誠実な物言いだと感じます。「幸せになれます」というのですから、現状は幸せでないわけです。それを苦しみといいかえると、創価学会の信仰者には最初に苦しみがあります。それから創価学会の信仰を通じて「幸せになった」と感じるようになっているわけですから、現証として安らぎがあるということです（過大に評価しているかもしれません）。ということは、創価学会の信仰者の信仰実践がサンカーラを静める効果があったということになります。それが題目だけの効果なのか、折伏などの活動も含まれるのかは、今後の検証が必要でしょう。他者の幸せを願う祈り、ボサツ行としての学会活動が題目とあわせてサンカーラを静める効果があるのではないかというのが、筆者の現状認識になりつつあります。少なくとも、ゴータマ・ブッダないし仏教の原点として提示されたものとほぼ合致しているといえます。

創価学会の信仰者は池田名誉会長ならびにその指導を信頼し、それにもとづいて、日蓮ならびに日蓮の教えを指標として題目を唱えます。自他共の幸福を祈ります。学会活動をします。ゴータマ・ブッダないし仏教の原点においては、在家の信者たちは、ゴータマ・ブッダを信頼しながらも、現世では同じような修行はできないので、来世以降により条件のいい生まれを得るように、功徳を積む行為をする生活を営んでいました。二千五百年を経て、仏教に画期的な変化が現われています。修行実践から信仰実践へ、出家中心から在家中心へ、と大きく変化している事態を、時代の要請あるいは社会の発展と関連づけて論じることもできるでしょう。その一方で、方法論の進化あるいは救済史における進化と捉えることもできます。創価信仰学の重要なテーマの一つです。よく整理して、議論を尽くしていただきたいと思います。

3―人間主義と自在の論理について

最後に、創価信仰学の基礎となっている事項について、二点ほどコメントしておきます。一つは人間主義という言葉です。筆者は、創価学会とは関係なく、サンカーラが静まり、自他分離的な認識が自他融合的な認識へと統合され、あわせて自他分離的な自己が自他融合的な自己へと成長することを、凡夫が仏ボサツへと成長することと捉えています。成長したボサツを凡夫とは異なる新しい人間のモデルとして設定し、二十一世紀は新しい人間のモデルとしてのボサツが活躍できる時代になることを提唱しています。

池田名誉会長および創価学会は人間革命ということを主張しています。凡夫が凡夫のままでは人間革命にはなりません。人間改善ではなく、人間革命というからには、革命の先には仏ボサツが想定されているのが自然です。地涌のボサツという自覚をもつことも強調されます。地涌のボサツという自覚をもった時点で、もうすでに凡夫ではないはずです。凡夫が地涌のボサツという自覚をもって信仰実践して人間革命し、真の〔地涌の〕ボサツになるという成長の筋書きが描けるのではないかというのが筆者の勝手なイメージです。

人間主義はヨーロッパ由来の概念です。かれらが想定する人間のモデルは凡夫しかありません。人間主義という言葉を使えば、おのずと〔凡夫の〕人間主義の意味に受け取られてしまいます。池田名誉会長および創価学会が唱える人間主義はそれとは異なると考えます。そうであれば、みずからの主張をより正確に伝えるべきではないでしょうか。これまで凡夫を人間の唯一のモデルとしてきた人間主義を凡夫的人間主義、ボサツを人間の新しいモデルとする人間主義をボサツ的人間主義と呼んで区別し、新しいボサツ的人間主義という呼称を採用することをお勧めします。あるいはもっとよい名称があるかもしれません。ただの人間主義だと正確に伝わらないし、誤解を生じる恐れがあると思います。

二つ目は自在の論理です。「自在の論理は、『諸法実相』『一念三千』という法華経の教えから導かれる信仰の論理である。それは個々の存在を区別しながらも一体と見る」、「自己と他者は、二として区別されながらも区別されない（自他不二）。森羅万象の区別相は、そのまま究極の実在として無区別である（諸法実相）」といわれています。しかし、松岡氏も「問題は学問の側が、この自在の論理をどう受け取るか」と心配するように、この論理は禁じ手です。対話や議論を不毛にし、相手を煙にまく手段としては有効かもしれません。しかし、対話や議論を深めたいと思えば、封印するべきであると思います。対話や議論で使うとしても、「区別しながらも一体と見る」「二として区別されながら区別されない」ではなく、「一体と見ながらも区別されている」あるいは「区別されないまま二として区別される」方向で使うべきであると思います。

また「即」はジョーカーです。対話や議論の相手はこのようなカードはもちあわせていません。安易に「即」に頼るのではなく、言葉を尽くして思考を深め、説明するべきです。それによって自分自身の思想も深まります。対話や議論もより充実します。対話や議論を望むのであれば、公平な土俵で正々堂々とするべきです。むしろ、あえてハンディーを受けて、それを跳ね返すくらいの気概と覚悟が必要とされると思います。

第一原理である根源的事実については、対話や議論の相手は実感できないかもしれません。それでも、言葉を尽くせば、表面上は理解できるはずです。その他についても、「即」「不二」「自在」などに逃げないで、表現を駆使し工夫することにもっと力を注ぐべきであると思います。「信仰学」を掲げる以上、「即」「不二」「自在」などを安易に使うことは、学問上の怠慢であると考えます。

おわりに

本書にはこの他にも興味深い論文などがありますが、それらについての論評は割愛させていただきました。創価信仰学は非常に挑戦的な試みであるがゆえに、内外からの批判にさらされることでしょう。焦らず、慎重に事を進めていっていただきたいと思います。本書にも登場するキリスト者や仏教学者などからの貴重なアドヴァイスに耳を傾けながら、大勢の納得感が得られるような創価信仰学を構築されんことを祈っています。

2 寄稿

仏法から見た協同教育——十界論から授業を観る

関田一彦
創価大学教授

はじめに

私は先日、十界論[※1]に基づく協同教育論を他所[※2]で発表しました。この小論では、そこでは十分に描けなかった十界論と協同学習との関係について少し平易に述べておきたいと思います。

「創学」という学問領域が開拓されはじめました。仏法、なかんずく創価学会の教義を前提に森羅万象を研究・考察する試みを開始された皆さまの勇気と確信に敬意を表します。この私論は、教育学的な指導方法である協同学習が仏法に説く「菩薩界」の生命の活性化につながるのではないか、という問題意識から書かれたものです。池田大作先生の提唱される「人間教育」や「自他共の幸福」の思想の展開として協同学習を捉え直すことは、創価信仰学で言う「信仰の証明学」の一分にあたるようにも思います。創学研究の一つに加えていただければと思い、寄稿させていただきます。

十界論から授業を観る

私は教員養成に関わる科目を担当しています。その関係もあって、教育問題について考える機会は多いと思います。いつだったか正確には思い出せませんが、創価大学での通信教育のスクーリングで教育心理学を講義していたころだと思います。いじめを苦にした自殺について考えていたとき、私は学生時代に読んだ、池田大作先生の『生命を語る』（一九七三）の中で展開された十界論の考察を想い出しました。例えば、次のようなものです。※3

〈修羅界での「怒り」は、利己心から発するものであり、攻撃や破壊の欲望をともなって他の人びとや生物などの生を打ちくだいていく。

地獄界でいう「瞋（いか）り」は、いわば情念みたいなもので、自我意識よりももっと深いところに渦巻いている。そして、他の生命に向かうよりも、むしろ、みずからの生命を破滅の嵐に巻きこんでしまう性質をもっている。また、地獄界には、他の生命に攻撃をしかけるだけの生命的エネルギーもなければ、自由もないと思われる。〉

いじめられれば反発するのが自然でしょう。繰り返されるいじめに、相手に向かっていく気持ちが萎えてしまうとしても、なぜ自死を選ぶのか。そこまで追い詰められてもなお、なぜ学校に行くのか。一見不合理に見える行動が、地獄界の生命の働きによるものと考えることで納得できたのです。これをきっかけに、授業場面における子どもたちの生命状態を考え始めました。すると、子どもたちに分かりやすく講義し、あるいはグループにしてみんなで仲良く学ばせれば済む話ではないことが、はっきりしてきました。真剣に教師の話を聴いているようでも、あるいはグループになって楽しげに課題に取り組んでいたとしても、子どもの境涯は様々です。六道を行ったり来たりするだけの子どもが大半かもしれません。

むろん、子どもたちの発達段階などによって様相は異なるかもしれませんが、隣の子が教師から指名され上手に回答できて嬉しそうな様子を見れば、自分も嬉しくなって隣の子と笑みを交わす子がいるでしょう。自分も教師の注意を惹きたい、褒められたいと必死に手を挙げる子もいるでしょう。自分が指名されなくて良かったと安堵する子、答えが思いつかなかった自分を悲しむ子、教師と級友のやり取りを自分とは関係ない出来事としてボーと眺めている子もいるかもしれません。さらには、自分を指名してくれなかった教師に反感を持つ子や上手に答えた子に嫉妬する子、そして周囲の目を気にして手も挙げられない子や自分だけが理解していないと思い込み孤立感に縮こまってしまう子もいそうです。授業中の子どもたちの生命状態を十界論から観ると、地獄、餓鬼、畜生、修羅、人、天、本当に様々な境涯が子どもたちの中に現れては消え、消えては現れるのが分かります。

協同学習と菩薩界

私は協同学習という授業方法を研究しています。アクティブラーニング型の授業でよく用いられる指導方法です。協同学習の理論では、授業中の子どもたちの関係性は競争・個別・協同の三つに大別できるとされます。競争的な関係というのは、たとえば教員からの指名を得ようと挙手を競うような状態を思い浮かべると良いでしょう。誰かが指名された瞬間、指名された者とされなかった者、勝者と敗者が決まります。このように、一人ないしは一握りの子どもたちだけが目標を達成でき、その目標が達成されてしまうと残りの子どもたちは達成のチャンスを失うような関係にあるということです。競争的な関係においては三悪道・四悪趣の境涯が活性化しやすいのは容易に理解できるでしょう。

個別的な関係というのは、クラスの誰かが目標を達成したとしても、自分の目標達成には直接的な影響が生じないときの関係です。提出が早かろうと遅かろうと、何人が先に提出しようと関係なく、各々の提出物の出来不出来だけで成績が決まるような課題に取り組んでいるとき、多くの子どもたちは没交渉であり、互いの目標達成に対して不干渉になります。勝他(しょうた)の念に駆られる修羅界や弱肉強食の畜生界よりは、自分のペースで落ち着いて取り組む人界や課題を楽しむ天界の境涯が活性化しやすい関係といえそうです。

そして協同的な関係とは、互いの課題の出来不出来、あるいは理解度を気遣い、共通の目標達成に向けて助け合おうとする関係です。自分一人が目標を達成しても不十分であり、仲間全員、自他ともに達成し終えてはじめて成就するような課題に取り組むときに生じる関係です。援け合って学び合う中で感じる分かる喜びや人の役に立つ喜びは、天界に止まらず衆生済度のために尽くす菩薩の境涯に通じるものがあります。ただし協同的な関係は級友とグループになって一緒に活動すれば自然に機能するとは限りません。一緒に活動していても、一方的に意見を押し付けて我偉しと修羅の悦に浸る子、嫌な仕事を押し付けられて不満を募らす子、仲間のための善意や努力が認められず、あるいは裏切られて心を閉ざす子、等々やはり三悪道・四悪趣の境涯に囚われてしまう子もいるでしょう。

そこで協同学習では互いの取り組みが互いの役に立つような、互恵的な活動を促す課題設定をします。バケツリレーのように、全員が協力し合わないと終わらない作業はその典型例でしょう。各自が分担して資料を読み込み、それぞれの分担部分について互いに説明し合うことではじめて全体の話が理解できるような（ジグソー法と呼ばれる）学習活動なども好例でしょう。

こうした互恵的な関係性が生まれる課題設定に加え、課題達成に向けた互いの取り組み具合を点検し合うような手順や場面を学習活動に組み入れているのも協同学習の特徴です。ペアでもグループでも、順番に自分の意見を述べる場面があれば、仲間の意見にただ乗りして自分は何も考えないというわけにいかないでしょう。バケツリレーで手を抜けば、作業は滞りますし、誰が手を抜いたのかすぐに判ってしまいます。反対に、誰かの作業や分担が滞っているのが分かれば、積極的に応援することもできます。こうした協同作業における各自の責任の見える化、あるいは共有した目標達成に向けた個人の責任の明確化を意識することで、互恵的な関係はより確かなものになります。

十界論と協同教育

実際の授業では、授業に臨むクラス全体としての子どもたちの関係性が競争や個別であっても、菩薩界に通じるような他者への献身がみられることもあります。畜生界や修羅界が顕現化しやすい状況にあっても、援け合う喜びや深く学び合う喜びを満たそうとする子もいるでしょう。十に大別された境涯は縁に触れて様々に顕在化します。教師から同じ指示を受けても、それを縁として生じる境涯は、子どもたちの生育歴や性格、さらには仏法で説くところの業によって変わります。

それでもなお、誰かを援けたい、誰かの役に立ちたいという思いを素直に表出・実行しやすい協同的な関係性が多くの子どもたちに認知・共有され、互恵的な関わり合いが奨励される状況においては、四悪趣から離れ、人・天、さらには菩薩の境涯が顕在化する可能性は高まると思います。

そこで私は協同学習に取り組ませる中で、言い換えれば互恵的な関係を意識し、互いの貢献を認め合い、互いの学習成果を喜び合う関係の中で、相手の躓きに寄り添い、その克服への挑戦を励ます菩薩の生命が活性化すると考えたのです。この狙い通りに協同学習が機能するなら、教師は意図せずに子どもたちに菩薩の振る舞いを促していることになるのではないか、と思い至りました。協同学習を子どもたちに菩薩の振る舞いを促す学習活動として、学級全体の境涯を高める「協同的な関係」強化の方法と捉え、子どもたちに菩薩の振る舞いを促すことを視野に入れた教育実践を仏法から見た協同教育と定義することにしたのです。※4

協同学習は十界論を基にしたものではありません。グループダイナミクスの考え方を背景に、生産的な活動を支える肯定的な人間関係を生起させ、強化・発展させる中で子どもたちの学習成果を高める、教育学的・教育心理学的に認められた指導方法です。その上で、池田大作先生が教示された生命論の高台に立つと、協同学習の持つ潜在的な価値、新たな可能性が見えてきます。教師が意図せずにも、巧まずして菩薩の振る舞いを促す指導法、という視点で協同学習が語られたことはありません。学校の中で「協同」を通じて菩薩界を活性化させるアプローチ、すなわち協同教育の意義も明らかになってきます。学校が子どもたちを苦しめるいじめや不登校の温床となって久しいにも関わらず、未だ解決できないのは仏法の生命論、なかんずく十界論の観点から子どもたちの学校生活を考えるという発想が乏しいからではないでしょうか。池田大作先生が示される人間教育において、協同教育は大事な役割を持つと思います。

注

※1　十界論とは、法華経の生命哲学である「一念三千」を構成する一つの重要な法理である。天台大師智顗は『摩訶止観』において法華経の根本義を「一念三千」と説いた。これは衆生の一瞬の生命（一念）の内に多種多様な現象世界のすべて（三千）が欠けることなく収まることを説いたものである。法華経には「地獄、餓鬼、畜生、修羅、人、天、声聞、縁覚、菩薩、仏」の十界の衆生が現れるが、それぞれが互いに十界の境涯を具えていることを「十界互具」「百法界」と言う。これに法華経迹門の「十如是」、本門の「三世間」のすべてを収めて「一念三千」とする。

日蓮大聖人は『観心本尊抄』において「しばしば他面を見るに、ある時は喜び、ある時は瞋り、ある時は平かに、ある時は貪り現じ、ある時は癡か現じ、ある時は諂曲なり。瞋るは地獄、貪るは餓鬼、癡かは畜生、諂曲なるは修羅、喜ぶは天、平かなるは人なり。他面の色法においては六道共にこれ有り。四聖は冥伏して現ぜざれども、委細にこれを尋ねばこれ有るべし。」（新一二七頁・全二四一頁）と述べた。即ち、あらゆる衆生には十界の生命が常に冥伏しており、様々な縁に触れて顕現していく。日蓮大聖人はこうしたありのままの自身を変えることなく、南無妙法蓮華経の信仰を通して仏界の生命を湧現していくことを説いている。

これを現代において実践しているのが創価学会の信仰であり、池田大作先生の『生命を語る』における十界論もそのことの現代的意義を述べたものである。

※2　関田一彦（二〇二三）「人間教育の最高学府をめざす創価大学において協同教育を扱う意義」『創価大学教育学論集』七五号、一九九～二一〇頁。この論文は二〇一三年に創価大学教職大学院で行った「協同教育素描」という小講義を下敷きに、創価大学で協同教育を扱う意義を解説したものである。

※3　池田大作（一九九五）『池田大作全集』第九巻、一九七頁。

※4　協同教育は人間の持つ「誰かの（何かの）役に立ちたい（あるいは、そのような自分でありたい）」という本然的欲求を教育の営みに活かし、人間本来の学び（方）を伸ばす試みである。同時に、平和教育が平和の概念的理解と共に、平和を希求する心や平和を構築する態度の養成を目指す教育であるように、協同教育は一般的には「協同」の意義や価値、そして作法を学習の対象として扱う教育である。

編集後記

本書発刊時（二〇二三年十月）、池田大作先生は齢九十五歳にして今なお新たな言説を創出し続けている。創価学会の月刊機関誌『大白蓮華』では「世界を照らす太陽の仏法『御義口伝』要文編」を昨年十一月号より連載中である。

『御義口伝』は日蓮大聖人による法華経講義であるが、その本質は二十八品のすべてが末法今時には題目に集約されることを口述された南無妙法蓮華経の講義である。そして、それを直弟子・日興上人が筆録した師弟の書であり、「日蓮本仏論」の根拠となる相伝書である。文献学的には口述の筆録を著者自身の著述よりも過少評価する見方がある。しかし、創価学会の三代会長は一貫して『御義口伝』を信仰の指南書として重視してきた。そのこと自体、創価学会が日蓮大聖人を末法の御本仏と仰ぐ大聖人直結の教団であることの証左である。本書では著名な日蓮研究者の見解を踏まえつつ、日蓮大聖人から創価学会に流れる信仰の命脈の根幹にある「日蓮本仏論」の意義を考察している。

前号『創学研究Ⅰ』の発刊（二〇二二年十二月）以降、多くの反響をいただいたが、その大半が創価信仰学の意義に共鳴し、その道を前進せよとの真摯なる叱咤激励であった。以来二年弱、その声に応えて地道な討議を重ねながら一歩前進した結実が本書である。さらに多くの方の手に取っていただき、御批正を賜りたいと念願している。

（Y）

〈主な参考文献〉


【本書全体を通して】

池田大作監修『日蓮大聖人御書全集　新版』創価学会、二〇二一年。

堀日亨編『日蓮大聖人御書全集』創価学会、一九五二年。

『牧口常三郎全集』全一〇巻、第三文明社、一九八一～一九九六年。

『戸田城聖全集』全九巻、聖教新聞社、一九八一～一九九〇年。

『池田大作全集』全一五〇巻、聖教新聞社、一九八八～二〇一五年。

池田大作『新・人間革命』全三〇巻、聖教新聞社、一九九八～二〇一八年。

創価学会教学部編『教学入門――世界宗教の仏法を学ぶ』聖教新聞社、二〇一五年。

創価学会教学部編『日寛上人文段集』聖教新聞社、一九八〇年。

堀日亨編『富士宗学要集』全一〇巻、創価学会、一九七四～一九七九年。

末木文美士『日蓮入門　現世を撃つ思想』ちくま新書、二〇〇〇年。


【第1章】

『新編　日本古典文学全集』第二六巻、小学館、一九九四年。

浅井要麟『日蓮聖人教学の研究』平楽寺書店、一九六五年。

花野充道『天台本覚思想と日蓮教学』山喜房佛書林、二〇一一年。

松戸行雄『日蓮思想の革新――凡夫本仏論をめぐって』論創社、一九九四年。

執行海秀『御義口伝の研究』山喜房佛書林、二〇〇六年。

池田大作『御義口伝講義（上一）』聖教文庫、一九八〇年。

下田正弘『仏教とエクリチュール　大乗経典の起源と形成』東京大学出版会、二〇二〇年。

【第2章】


多田厚隆他校注『天台本覚論』岩波書店、一九七三年。

カール・バルト『ローマ書講解（上）』小川圭治・岩波哲男訳、平凡社ライブラリー、二〇〇一年。

望月歓厚『日蓮宗学説史』平楽寺書店、一九六八年。

ポール・リクール『悪の神話』一戸とおる・佐々木陽太郎・竹沢尚一郎訳、渓声社、一九八一年。

ポール・リクール『聖書解釈学』久米博・佐々木啓訳、ヨルダン社、一九九五年。

ポール・リクール、エーバーハルト・ユンゲル『隠喩論——宗教的言語の解釈学』麻生建・三浦国泰訳、ヨルダン社、一九八七年。

『ウィトゲンシュタイン全集』第八巻、藤本隆志訳、大修館書店、一九八八年。

『日蓮宗史料』全一三巻、法華ジャーナル、一九八四～八七年。

『充洽園全集』第三編、大東出版社、一九七五年〔校訂版、初版は一九二三年〕。

『富士日興上人詳伝』創価学会、一九六四年。

『日興上人全集』興風談所、一九九六年。

『日蓮聖人真蹟集成』第一〇巻、法蔵館、一九七六年。

『日興上人御本尊集』興風談所、一九九六年。

『日蓮聖人門下歴代大曼荼羅本尊集成』日蓮聖人門下歴代大曼荼羅集成刊行会、一九八六年。

『日蓮正宗要義』日蓮正宗宗務院、一九七八年。

『日蓮宗教学史』平楽寺書店、二〇一六年（一九五二年初版）。

『日蓮正宗富士年表』富士学林、一九九〇年（増補版）。

望月歓厚『日蓮教学の研究』平楽寺書店、一九五八年。

『日蓮宗宗学全書』全二三巻、山喜房佛書林、一九六〇～八九年。

『研究教学書』全三〇巻、富士学林、一九七〇～七一年。

『天台宗全書』第九巻、第一書房、一九七三年。

『日本仏教の思想5　法然　一遍』岩波書店、一九九一年。

富谷日震『本宗史綱』下巻、本山要法寺、一九九四年。

J・S・ミル『自由論』塩尻公明ほか訳、岩波文庫、一九七一年。

望月歓厚『日蓮宗学説史』平楽寺書店、一九六八年。

創価学会教学部編『妙法蓮華経並開結』創価学会、二〇〇二年。

『興風叢書』1、興風談所、一九九一年。

『日応上人全集』1、法道院、一九九八年。

『日淳上人全集』日蓮正宗仏書刊行会、一九六〇年。

福重照平『日蓮本仏論』大日蓮社、一九二七年。

大橋慈譲『仏教思想と富士教学』日蓮正宗仏書刊行会、一九七八年。

『日達上人全集』第一輯第四巻、日達上人御登座十周年奉祝委員会、一九六九年。

浅井昭衛『基礎教学書　日蓮大聖人の仏法』富士大石寺顕正会、二〇一五年。


【第3章】


佐藤優『希望の源泉　池田思想――「法華経の智慧」を読む』第二巻、第三文明社、二〇一九年。

佐藤優『池田大作研究　世界宗教への道を追う』朝日新聞出版、二〇二〇年。

佐藤優・松岡幹夫『創価学会を語る』第三文明社、二〇一五年。

佐藤優『神学の思考――キリスト教とは何か』平凡社、二〇一五年。

黒住真『文化形成史と日本』東京大学出版会、二〇一九年。

阿部日顕監修『平成新編　日蓮大聖人御書』日蓮正宗総本山大石寺、一九九四年。

岩下壮一『カトリックの信仰』ちくま学芸文庫、二〇一五年。

岩下壮一『中世哲学思想史研究』岩波書店、一九四二年。

田原総一朗『創価学会』毎日新聞出版、二〇一八年。

【略歴一覧】（登場順）

佐藤弘夫（さとう・ひろお）
一九五三年、宮城県生まれ。東北大学文学部卒。同大学院文学研究科博士前期課程修了。博士（文学）。盛岡大学文学部助教授、東北大学文学部教授などを歴任。東北大学大学院文学研究科名誉教授。著書に『鎌倉仏教』（ちくま学芸文庫）、『日蓮――われ日本の柱にならむ』（ミネルヴァ書房）など。

末木文美士（すえき・ふみひこ）
一九四九年、山梨県生まれ。東京大学文学部卒。同大学院人文科学研究科博士課程修了。博士（文学）。東京大学文学部人文社会系研究科教授などを歴任。東京大学名誉教授、国際日本文化研究センター名誉教授。著書に『日本仏教史』（新潮社）、『日蓮入門　現世を撃つ思想』（筑摩書房）など。

佐藤　優（さとう・まさる）
一九六〇年、東京都生まれ。同志社大学神学部卒。同大学院神学研究科修了。神学修士。外務省に入省し、在露日本大使館勤務等を経て、主任分析官として活躍。二〇〇二年、背任と偽計業務妨害容疑で逮捕、起訴され、執行猶予付有罪確定。一三年六月、執行猶予満了し、刑の言い渡しが効力を失った。著書に『自壊する帝国』（新潮社）、『池田大作研究』（朝日新聞出版）など。

黒住　真（くろずみ・まこと）
一九五〇年、岡山県生まれ。東京大学文学部卒。東京理科大学助教授、東京大学大学院総合文化研究科・教養学部教授などを歴任、同大学院博士（学術）。東京大学名誉教授。著書に『複数性の日本思想』『日本祭祀とその心を知る』〔福田恵子との共著〕（ともに、ぺりかん社）、『文化形成史と日本』（東京大学出版会）など。

羽矢辰夫（はや・たつお）
一九五二年、山口県生まれ。東京大学文学部卒。同大学院人文科学研究科印度哲学専攻博士課程単位取得退学。文学修士。青森公立大学経営経済学部教授、創価大学大学院文学研究科教授などを歴任。創価大学名誉

教授。著書に『ゴータマ・ブッダ』（春秋社）、『スッタニパータ――さわやかに、生きる、死ぬ』（NHK出版）など。

関田一彦（せきた・かずひこ）

一九六〇年、東京都生まれ。創価大学文学部卒。イリノイ大学大学院博士課程修了。博士（教育学）。創価大学副学長・教育学部長・教授。著書に『はじめて学ぶ教育心理学』（共著、ミネルヴァ書房）、『思考を鍛えるライティング教育』（共著、慶應義塾大学出版会）など。

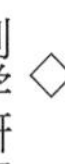  ◇

松岡幹夫（まつおか・みきお）創学研究所所長。

一九六二年、長崎県生まれ。創価大学教育学部卒。東京大学大学院総合文化研究科博士課程修了。博士（学術）。東日本国際大学東洋思想研究所教授・所長。公益財団法人東洋哲学研究所研究員。著書に『日蓮仏教の思想的展開』（東京大学出版会）、『［新版］日蓮仏法と池田大作の思想』（第三文明社）など。

山岡政紀（やまおか・まさき）創学研究所研究員。

一九六二年、京都府生まれ。筑波大学第一学群卒。筑波大学大学院文芸言語研究科博士課程単位取得。博士（言語学）。創価大学文学部教授。公益財団法人東洋哲学研究所委嘱研究員。著書に『ヒューマニティーズの復興をめざして』（共編著、勁草書房）、『日本語配慮表現の原理と諸相』（編著、くろしお出版）など。

蔦木栄一（つたき・えいいち）創学研究所研究員。

一九七八年、山梨県生まれ。東京外国語大学外国語学部卒。放送大学大学院文化科学研究科文化科学専攻修士課程修了。学術修士。公益財団法人東洋哲学研究所研究事業部副部長・委嘱研究員。

三浦健一（みうら・けんいち）創学研究所研究員。

一九九〇年、東京都生まれ。創価大学文学部卒。北海道大学公共政策大学院修了。同大学大学院国際広報メディア・観光学院観光創造専攻博士後期課程単位取得満期退学。公共政策学修士（専門職）。東日本国際大学東洋思想研究所准教授・主任研究員。

創学研究所とは

創学研究所とは信仰と理性の統合を目的に掲げ、創価学会の信仰の学を探究する研究機関です。

所長挨拶

創学研究所は、創価学会の信仰に基づく研究を行う場として2019年4月1日に設立されました。

現代の社会では、学問が大きな権威を持っています。その中で、学問で説明できない宗教の世界は、どうしても異質に見えてしまいます。宗教が市民権を得るには、その信仰が学問を介する必要があります。

創価学会の初代から三代に至る会長は、いずれも信仰を根本に置いて学問を生かそうとしました。当研究所は、その精神を受け継ぎ、信仰中心の学問研究、言うなれば「信仰学」を展望し、形成していきたいと考えています。

第三代会長の池田大作先生は、あらゆる学問が仏法の証明になると洞察しました。ゆえに、仏法の智慧で学問を指導し、生かして使うべきだ、と述べています。あらゆる学問を生かして使う、という宗教的な積極性は、キリスト教の神学などにはないものです。

このように、創価学会の学問論は、新たな信仰の学の地平を切り開く可能性を秘めています。私たちの研究所は小さな組織です。それでも、創価信仰学の構築に向けて、微力ながら前進を続けてまいります。賛同して下さる皆様のご支援とご協力を心よりお願い申し上げます。

2020年1月26日

創学研究所所長　松岡幹夫

「創学研究所ホームページ」https://www.sogakuken.com/

研究所の活動報告や研究員による下記の論文（本書未収録）も掲載しています。

山岡政紀「創価信仰学を考える」
蔦木栄一「創価学会に脈動する信仰の学と未来」
三浦健一「創価信仰学の継承と発展」

創学研究Ⅱ ――日蓮大聖人論

2023年10月13日　初版第1刷発行

編　者　創学研究所
発行者　大島光明
発行所　株式会社　第三文明社
　　　　東京都新宿区新宿1-23-5
　　　　郵便番号　160-0022
　　　　電話番号　03（5269）7144（営業代表）
　　　　　　　　　03（5269）7145（注文専用）
　　　　　　　　　03（5269）7154（編集代表）
　　　　振替口座　00150-3-117823
　　　　URL　https://www.daisanbunmei.co.jp
印刷・製本　中央精版印刷株式会社

ISBN 978-4-476-03418-9